高等学校土建类学科专业"十三五"系列教材
高等学校土木工程专业应用型本科推荐教材

道路勘测设计

主　编　黄显彬
副主编　邹祖银　肖维民　魏召兰　赵　宁

中国建筑工业出版社

图书在版编目（CIP）数据

道路勘测设计/黄显彬主编. —北京：中国建筑工业
出版社，2020.8
高等学校土建类学科专业"十三五"系列教材　高
等学校土木工程专业应用型本科推荐教材
ISBN 978-7-112-25199-5

Ⅰ．①道…　Ⅱ．①黄…　Ⅲ．①道路测量-高等学
校-教材②道路工程-设计-高等学校-教材　Ⅳ．①U412

中国版本图书馆 CIP 数据核字（2020）第 091463 号

本书主要讲述道路的勘测与设计。全书共分 10 章，包括绪论、汽车行驶理论、平面设计、缓和曲线、弯道超高与加宽、行车视距、纵断面设计、横断面设计、选线与定线、路线交叉。全书结合现行标准规范，结构合理、内容新颖、贴近实用、理论与应用组合恰当，与其他教材的重复率低。

本书可作为高等学校公路工程、公路桥梁工程、桥梁工程和土木工程专业教材，也可作为高职院校土建类专业教材，还可供工程技术人员参考。

为了更好地支持教学，本书作者制作了教学课件，请有需要的任课老师发送邮件至：2917266507@qq.com 索取。

* * *

责任编辑：聂　伟　吉万旺
责任校对：赵　菲

高等学校土建类学科专业"十三五"系列教材
高等学校土木工程专业应用型本科推荐教材

道路勘测设计

主　编　黄显彬

副主编　邹祖银　肖维民　魏召兰　赵　宁

*

中国建筑工业出版社出版、发行（北京海淀三里河路 9 号）
各地新华书店、建筑书店经销
霸州市顺浩图文科技发展有限公司制版
北京京华铭诚工贸有限公司印刷

*

开本：787×1092 毫米　1/16　印张：19　插页：2　字数：461 千字
2020 年 6 月第一版　　2020 年 6 月第一次印刷
定价：**49.00** 元（赠课件）
ISBN 978-7-112-25199-5
（35973）

前　言

本书共 10 章。全书最重要的是第 3 章平面设计、第 4 章缓和曲线和第 5 章弯道超高与加宽，其涉及重点、难点内容多；该部分详细介绍了平曲线半径及其确定、中线里程计算（含平曲线、缓和曲线和断链）及中桩布置、中桩的测设（含偏角法和坐标法）、超高加宽的计算、全站仪测量技术（含具体操作步骤）、行车视距、平面设计成果等内容。本书还重点介绍了第 7 章纵断面设计、第 8 章横断面设计和第 9 章选线与定线，其中纵断面设计介绍纵坡设计规定、纵坡设计方法、竖曲线设计、纵断面设计成果等内容；横断面设计介绍了公路用地范围及建筑限界、横断面设计、土石方计算与调配、横断面设计成果等内容；选线与定线介绍了平原区选线、越岭线选线、沿溪线、定线等内容。

全书内容编排新颖、贴近实际，重点、难点内容结合示例，深入浅出，结合现行规范、标准编写。本书由高等学校教师与工程勘测设计、施工等企业工程技术人员合作编写。读者身临其中将会耳目一新，初学者能够学到扎实的理论和实用知识，专业人员能够得到升华和新的启迪。本书的重点概念高度浓缩和概括，浅显易懂，易于熟记和掌握。全书大部分图表为原创，便于理解和掌握。教材示例逻辑条理清楚，着重于解决实际工程问题。图表精彩纷呈，直观详细，内容全面并具有代表性，如平面图、纵断面图、路基设计表、土石方数量计算表。

本书由四川农业大学土木工程学院黄显彬担任主编，由邹祖银、肖维民、魏召兰、赵宁担任副主编。参与本书编写的单位包括：四川农业大学、西华大学、东北林业大学、邵阳学院、呼伦贝尔学院、中国华西工程设计建设有限公司、中国电建成都勘测设计研究院有限公司、中铁五局集团第四工程有限责任公司、四川交投建设工程股份有限公司。具体编写分工如下：邹祖银、魏召兰、田玉梅和孟晓文编写第 1 章；邹祖银、魏召兰、赵宁、罗斌、田玉梅、孟晓文和舒志乐编写第 2 章；黄显彬、肖维民、赵宁、罗斌、罗飞、魏召兰、舒志乐、李云广和王绿斌编写第 3 章；黄显彬、肖维民、罗飞、魏召兰、舒志乐、宁建刚和刘慧编写第 4 章；黄显彬、邹祖银、肖维民、赵宁、罗斌、罗飞、魏召兰和舒志乐编写第 5 章；黄显彬、田玉梅、孟晓文、舒志乐和曾永革编写第 6 章；黄显彬、魏召兰、黄星、田玉梅和孟晓文编写第 7 章；王学伟、贾少敏、张青青、黄星、谢宗荣、曾永革、贾少敏和王绿斌编写第 8 章；王学伟、谢宗荣、曾永革、吴坚、李云广和王绿斌编写第 9 章；王学伟、贾少敏、张青青、谢宗荣、舒志乐、曾永革编写第 10 章。

四川农业大学本科生林童、杨钦、许家琳、先进参与绘图、制表和计算工作；四川农业大学硕士研究生梅玉娇、赵伟、温庆文参与绘图与校稿工作；全书由黄显彬发起、组织和规划，并统稿。

本书在编写中，参阅了相关规范、标准和同类教材，在此一并表示感谢。

由于教材内容多、新的图表多、计算内容多，书中难免出现错误或不妥，恳请广大读者批评指正。

目　　录

第1章　绪论 ·········· 1

1.1 交通运输组成及公路运输的
　　特点 ·········· 1
1.2 公路分级 ·········· 4
　1.2.1 道路分类 ·········· 4
　1.2.2 公路分级 ·········· 5
1.3 公路勘测设计程序 ·········· 5
　1.3.1 公路基本建设程序 ·········· 5
　1.3.2 公路勘测设计程序 ·········· 6
1.4 公路勘测设计依据、交通量及
　　公路网 ·········· 8
　1.4.1 技术依据 ·········· 8
　1.4.2 自然条件 ·········· 8
　1.4.3 交通条件 ·········· 9
　1.4.4 公路网规划 ·········· 11
复习思考题 ·········· 12

第2章　汽车行驶理论 ·········· 14

2.1 设计速度 ·········· 14
　2.1.1 设计速度概念 ·········· 14
　2.1.2 设计速度的确定 ·········· 14
　2.1.3 《公路工程技术标准》JTG B01—
　　　　2014 规定 ·········· 14
2.2 汽车的牵引力和行驶阻力 ·········· 15
2.3 汽车行驶条件、动力特性及
　　制动距离 ·········· 17
　2.3.1 汽车的行驶条件 ·········· 17
　2.3.2 汽车的动力特性 ·········· 17
　2.3.3 汽车的制动距离 ·········· 19
复习思考题 ·········· 19

第3章　平面设计 ·········· 21

3.1 概述 ·········· 21

3.1.1 平面的概念 ·········· 21
3.1.2 平面的基本线形 ·········· 21
3.2 平曲线半径及平曲线长 ·········· 23
　3.2.1 平曲线半径 ·········· 23
　3.2.2 平曲线三大半径 ·········· 25
　3.2.3 平曲线长度 ·········· 27
　3.2.4 实地平曲线半径确定 ·········· 28
3.3 中线里程 ·········· 32
　3.3.1 平曲线要素计算 ·········· 32
　3.3.2 平曲线主点里程计算 ·········· 34
　3.3.3 中桩设置 ·········· 37
　3.3.4 断链加桩 ·········· 40
　3.3.5 测量标志与测量记录 ·········· 43
3.4 平曲线上加桩的测设 ·········· 47
　3.4.1 加桩分类及测设方法分类 ·········· 47
　3.4.2 切线支距法 ·········· 49
　3.4.3 弦长纵距交会法 ·········· 51
　3.4.4 偏角法 ·········· 54
3.5 坐标法测设中线上的加桩 ·········· 60
　3.5.1 概述 ·········· 60
　3.5.2 方位角 ·········· 61
　3.5.3 工程坐标计算公式 ·········· 62
　3.5.4 直线上中桩坐标计算示例 ·········· 64
　3.5.5 平曲线上中桩坐标计算示例 ·········· 66
　3.5.6 坐标法测设中桩 ·········· 68
　3.5.7 采用全站仪测量技术 ·········· 74
3.6 线形设计 ·········· 100
　3.6.1 一般规定 ·········· 100
　3.6.2 平面线形设计 ·········· 101
　3.6.3 纵断面线形设计 ·········· 102
　3.6.4 横断面线形设计 ·········· 103
　3.6.5 线形组合设计 ·········· 104
　3.6.6 线形与桥梁、隧道的配合

　　　　设计 ·················· 104
　　3.6.7　线形与沿线设施的配合
　　　　设计 ·················· 105
　　3.6.8　线形与环境的协调设计 ·· 105
3.7　平面设计成果 ·············· 106
　　3.7.1　平面设计表格 ········· 106
　　3.7.2　平面设计图 ··········· 108
复习思考题 ····················· 113

第4章　缓和曲线 ················· 118
4.1　概述 ······················ 118
　　4.1.1　缓和曲线的概念 ······· 118
　　4.1.2　设置缓和曲线或缓和段的基本
　　　　条件 ·················· 118
4.2　缓和曲线的特性、螺旋角及
　　支距公式 ·················· 120
　　4.2.1　缓和曲线的类型 ······· 120
　　4.2.2　带有缓和曲线的曲线主点 ····· 120
　　4.2.3　缓和曲线的特性及长度
　　　　确定 ·················· 121
　　4.2.4　螺旋角公式 ··········· 122
　　4.2.5　支距公式 ············· 123
　　4.2.6　缓和曲线的运用 ······· 124
4.3　带有缓和曲线的曲线要素
　　计算 ····················· 124
　　4.3.1　带有缓和曲线的曲线要素
　　　　计算 ·················· 124
　　4.3.2　有关符号意义 ········· 125
　　4.3.3　增设缓和曲线后曲线的
　　　　变化 ·················· 126
　　4.3.4　带有缓和曲线的整个曲线要素
　　　　计算 ·················· 126
4.4　带有缓和曲线的整个曲线的
　　主点里程计算 ·············· 127
　　4.4.1　带有缓和曲线的整个曲线主点
　　　　里程计算 ·············· 127
　　4.4.2　下一个交点里程计算 ···· 128
　　4.4.3　带有缓和曲线的曲线主点里程
　　　　计算示例 ·············· 128
4.5　带有缓和曲线的曲线上的

　　中桩设置 ·················· 130
4.6　CASIOFX-4500P 里程计算
　　程序及实例 ················ 131
　　4.6.1　程序编制思路 ········· 131
　　4.6.2　编制程序 ············· 132
　　4.6.3　程序使用方法 ········· 133
　　4.6.4　程序应用实例 ········· 134
4.7　带有缓和曲线的整个曲线加桩
　　范畴及测设方法 ············ 135
　　4.7.1　加桩范畴 ············· 135
　　4.7.2　带有缓和曲线的整个曲线上的
　　　　加桩 ·················· 135
　　4.7.3　测设方法 ············· 136
4.8　支距法测设带有缓和曲线的
　　整个曲线上的加桩 ·········· 136
　　4.8.1　缓和曲线上的中桩支距
　　　　计算 ·················· 137
　　4.8.2　所夹圆曲线上的加桩 ···· 138
4.9　偏角法测设带有缓和曲线的
　　整个曲线上的加桩 ·········· 140
　　4.9.1　概述 ················· 140
　　4.9.2　第一缓和曲线及第二缓和曲线
　　　　偏角法测设及实例 ······· 140
4.10　带有缓和曲线的整个曲线上
　　的加桩的坐标计算 ·········· 145
4.11　坐标法测设带有缓和曲线的
　　整个曲线上的加桩 ·········· 151
复习思考题 ····················· 152

第5章　弯道超高与加宽 ··········· 153
5.1　弯道加宽 ·················· 153
　　5.1.1　概述 ················· 153
　　5.1.2　平曲线上的全加宽 ····· 154
　　5.1.3　缓和段上的加宽 ······· 155
　　5.1.4　缓和曲线上的加宽 ····· 157
5.2　弯道超高 ·················· 157
　　5.2.1　概述 ················· 157
　　5.2.2　平曲线上的全超高（边轴
　　　　旋转法） ·············· 159

5

5.2.3 缓和段上的超高（边轴旋转法） ……………… 161

5.2.4 有中央分隔带的缓和曲线上超高 …………… 166

5.2.5 超高加宽计算示例 ……… 168

复习思考题 ……………………… 175

第6章 行车视距 …………… 178

6.1 概述 ……………………… 178

6.1.1 行车视距概念 ……… 178

6.1.2 《公路工程技术标准》JTG B01—2014 视距规定 ……… 180

6.1.3 《公路路线设计规范》JTG D20—2017 视距规定 ……… 181

6.1.4 设计视距 ……………… 183

6.2 弯道上视距的保证 ……… 183

6.2.1 基本概念 …………… 183

6.2.2 计算理论清除障碍物范围 …… 184

6.2.3 弯道上最大横净距的计算 …… 184

6.2.4 弯道上视距的保证 …… 184

6.2.5 保证弯道视距清除的横断面图示例 …… 184

6.3 其他视距的保证 ………… 185

复习思考题 ……………………… 186

第7章 纵断面设计 ………… 187

7.1 基本概念 ………………… 187

7.2 纵坡设计规定 …………… 189

7.2.1 一般规定 …………… 189

7.2.2 纵坡设计技术指标 …… 190

7.3 纵坡设计方法 …………… 195

7.4 竖曲线设计 ……………… 197

7.4.1 概述 ………………… 197

7.4.2 竖曲线要素计算 …… 199

7.4.3 竖曲线计算示例 …… 200

7.5 纵断面设计成果 ………… 204

7.5.1 路基设计表 ………… 204

7.5.2 纵断面设计图 ……… 205

复习思考题 ……………………… 205

第8章 横断面设计 …………… 208

8.1 概述 ……………………… 208

8.1.1 横断面概念及组成 …… 208

8.1.2 路基路面宽度 ……… 212

8.1.3 路拱、边沟及边坡 …… 216

8.2 公路用地范围及建筑限界 …… 229

8.2.1 公路用地范围 ……… 229

8.2.2 公路建筑限界 ……… 230

8.3 横断面设计 ……………… 233

8.3.1 准备工作 …………… 233

8.3.2 横断面的设计 ……… 234

8.4 土石方计算与调配 ……… 237

8.4.1 横断面面积计算 …… 237

8.4.2 路基土石方计算 …… 238

8.4.3 土石方调配 ………… 239

8.4.4 土石方调配计算示例 …… 242

8.5 横断面设计成果 ………… 244

8.5.1 路基土石方数量计算表 …… 244

8.5.2 路基设计表 ………… 244

8.5.3 横断面设计图 ……… 246

复习思考题 ……………………… 246

第9章 选线与定线 …………… 248

9.1 概述 ……………………… 248

9.1.1 选线的原则 ………… 248

9.1.2 选线的方法和步骤 …… 249

9.1.3 路线方案比选 ……… 250

9.2 平原区选线 ……………… 255

9.3 越岭线选线 ……………… 257

9.3.1 概述 ………………… 257

9.3.2 越岭线选线 ………… 258

9.4 沿溪线选线 ……………… 263

9.4.1 沿溪线的优缺点 …… 263

9.4.2 沿溪线的路线布局应解决的问题 …… 263

9.5 定线 ……………………… 267

9.5.1 实地定线 …………… 268

9.5.2 纸上定线 …………… 270

复习思考题 ·················· 272

第 10 章 路线交叉 ·················· 273

10.1 概述 ·················· 273

10.2 平面交叉 ·················· 273

  10.2.1 交叉口平面设计构成及
类型 ·················· 273

  10.2.2 交叉口纵横坡度设计要求、
原则及类型 ·················· 276

  10.2.3 交叉口纵横坡度设计的方法和
步骤 ·················· 278

  10.2.4 交叉口纵横坡度设计计算
示例 ·················· 283

10.3 立体交叉 ·················· 287

  10.3.1 概述 ·················· 287

  10.3.2 立体交叉的组成 ·················· 287

  10.3.3 立体交叉的分类及适用
条件 ·················· 288

10.4 《公路工程技术标准》JTG B01—
2014 对路线交叉的规定 ······ 289

  10.4.1 公路与公路平面交叉 ······ 289

  10.4.2 公路与公路立体交叉 ······ 290

  10.4.3 公路与铁路交叉 ······ 291

  10.4.4 公路与乡村道路交叉 ······ 291

  10.4.5 公路与管线交叉 ······ 292

复习思考题 ·················· 292

参考文献 ·················· 293

第 1 章 绪 论

1.1 交通运输组成及公路运输的特点

1. 公路运输特点

(1) 机动灵活，直达门户。这是其他运输方式所不具备的。

(2) 对于短距离运输，公路运输最迅速。

(3) 运输速度快，适应性强。公路运输可避免中转，重复装卸，能满足各个方面多种运输需要，不受批量限制，时间不受约束，对贵重物品、易碎物品、防腐保鲜货物的中短途运输，尤为适宜。

(4) 受地形、地物和地质影响较小，可延伸到任何山区、平川、城市、农村、机关、学校、工矿企业，直至家庭。

(5) 为其他运输方式集散、接运客货。如果缺少公路运输这种方式，其他运输方式功能及发展将受到极大限制。

(6) 公路运输的技术特性简单，容易普及，车辆易于驾驶，投资回收快。

(7) 道路运输在客运上具有很大优势。这不仅表现在公路运输的机动灵活和直达门户方面，还表现在客运成本低、投资小、收效大和舒适方便等方面。

当然，公路运输不免存在汽车燃料费贵、服务人员多、单位运量小、运输成本高、尾气对大气污染严重等缺点。

近年来，随着公路等级的逐渐提高，汽车性能不断改善，新能源汽车的研发，一些高新技术在公路运输中广泛应用，使得公路运输越来越快捷、舒适、安全、方便，公路运输在国民经济和社会生活中的地位日益提高，公路运输已经成为各个国家广泛采用的一种主要运输方式。

2. 道路发展概况

(1) 中国公路发展历史

我国的公路建设曾经有过辉煌的时期，有着悠久的历史。早在公元前 2000 年，就有轩辕氏造舟车，到周朝有"周朝如砥，其直如失"的记载，并将道路按不同等级进行统一规划，修建了从镐京（周朝初年国都，今西安市西南）通往各诸侯城邑的牛马道路，形成了以都城为中心的道路体系。秦始皇统一六国后，大修驰道，"东穷燕齐，南及吴楚，江湖之上，滨海之观毕至"，规模宏大，并颁布"车同轨"法令，使道路建设得到较大发展。西汉时期（公元前 206 年～公元 25 年），汉承秦制，随着城市的兴起和商业的发展，形成了举世闻名的"丝绸之路"。到唐代初步形成了以城市为中心的四通八达的道路网。到清朝全国已形成了层次分明、功能较完善的道路体系——"官马大道""大路""小路"，分别为京城到各个省城、省城至地方重要城市及重要城市到市镇的三级道路。

1886 年，第一辆汽车在德国的"奔驰"公司诞生，开创了公路运输的新纪元。20 世纪初，汽车输入我国，公路开始发展。1906 年在广西友谊关修建了第一条公路。由于受战争、灾荒及其他因素的影响，到 1949 年，全国仅有汽车 5 万辆，公路通车里程仅 8 万 km。

唐代大诗人李白在《蜀道难》感叹："蜀道之难，难于上青天"。从中华人民共和国成立之初到 20 世纪 90 年代，我国公路相对落后，人们出行较为困难，特别是经济不发达的省市、地区。20 世纪 90 年代末期开始，随着我国经济逐渐好转，公路建设逐步得到发展，尤其是 2005 年以后，称得上蓬勃发展，现在我国无论是公路总里程还是高速公路里程，均居于世界前茅。

交通运输作为国民经济的基础产业之一，是联系国民经济各个领域及城市、乡村，生产和消费的纽带，是推动社会经济发展和人类文明进步的重要因素。

现代交通运输体系由公路、铁路、水运、航空及管道运输 5 种方式组成，这些运输方式在技术经济上各有特点。公路运输机动灵活，可以实现门到门的运输，覆盖面广，避免中转和重复装卸，是综合交通运输体系中最活跃的一种运输方式。铁路运输对于远程的大宗客货运输具有明显优势；水运具有通过能力高、运量大、耗能小、成本低的优点，但受自然条件限制大，速度慢；航空运输速度快，单运量小，运价高；管道运输适用于运输液态、气态及散装物品，具有连续性强、运输成本低、耗能少、安全性高的特点。

中华人民共和国成立以来，我国公路建设取得了巨大的成就。到 2018 年末我国公路概况如下：

1）全国公路总里程 484.65 万 km，全国等级公路里程 446.59 万 km，如图 1-1、图 1-2 所示。

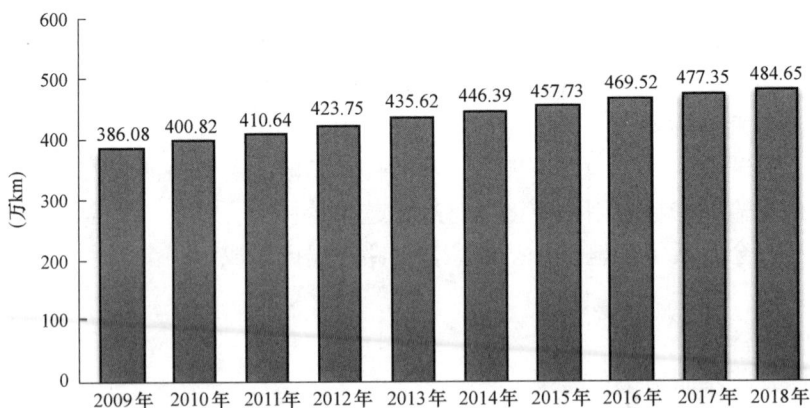

图 1-1　2009～2018 年全国公路总里程

2）各行政等级公路里程分别为：国道 17.92 万 km（其中普通国道 10.61 万 km）、省道 32.28 万 km、县道 55.20 万 km、乡道 110.51 万 km、专用公路 8.03 万 km。

3）全国高速公路里程 14.26 万 km，其中国家高速公路 8.5 万 km，如图 1-3 所示。

4）全国农村公路（含县道、乡道、村道）里程 388.16 万 km，其中村道 222.45 万 km。全国通公路的乡（镇）占全国乡（镇）总数 99.98%，其中通硬化路面的乡（镇）占全国乡（镇）总数 98.08%；通公路的建制村占全国建制村总数 99.82%，其中通硬化

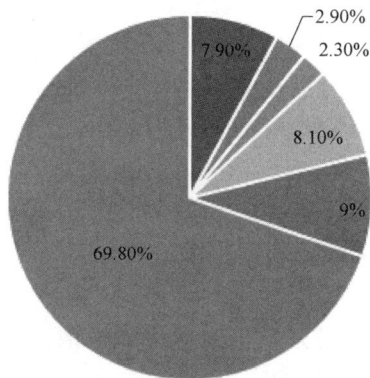

图 1-2 2018 年全国各技术等级公路里程构成

■ 等外 ■ 高速 ■ 一级 ■ 二级 ■ 三级 ■ 四级

图 1-3 2010～2018 年全国高速公路里程

■ 高速公路里程

路面的建制村占全国建制村总数 91.76%，如图 1-4 所示。

5) 全国公路桥梁 80.64 万座，共 4257.89 万 m。其中，特大桥梁 3404 座，共 610.54 万 m，大桥 72979 座，共 1863.01 万 m。全国公路隧道为 12404 处，共 1075.67 万 m，其中特长隧道 626 处，共 276.62 万 m，长隧道 2623 处，共 447.54 万 m。

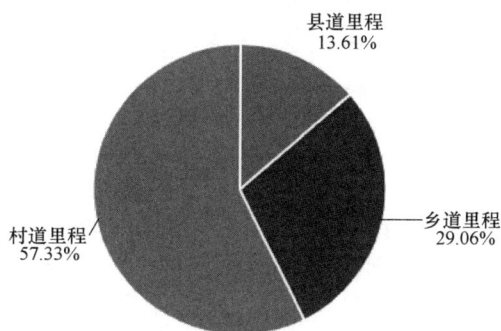

图 1-4 2018 年全国农村公路里程构成

改革开放以来我国的公路建设取得了巨大成就，但由于公路交通基础薄弱，各地发展极不平衡，与发达国家公路建设水平相比，仍有差距。改革开放前，我国公路存在的问题主要有：一是公路密度低；二是质量差，包括设计质量和施工质量均较差，导致我国公路使用年限远远低于发达国家，造成社会资源的巨大浪费，这与我国目前建设单位管理水平低、人员道德素质和职业素质不高、招标投标乱象等有直接关系；三是公路总体等级低；四是服务水平和管理水平低下；五是重建轻养，养护水平和质量没有跟上，不少甚至钱没有少花，养护形式走了，而没有达到养护质量和水平；六是公路运输和交通管理乱象丛生，货车严重超载直接破坏公路的现象不在少数。

2012 年，我国高速公路通车里程超过美国，成为世界第一。高速公路的迅速发展，极大地提高了我国公路网的整体水平，优化了交通结构，对缓解交通运输的瓶颈制约发挥了重要作用。

一般来说，公路建设分三个大的阶段，即新建阶段、新建与改建并举和改建阶段。目前我国发达地区、大中城市及其郊区，新建公路已经基本完成，可以说基本进入改建阶段；我国其他大部分地区目前处于新建与改建并举阶段；我国少数偏远地区仍处于公路新建阶段。由此可见，不就的将来我国公路新建基本完成，将逐渐过渡到以改建和养护为主。

（2）中国公路的国际地位

世界上修建高速公路最早的是德国，早在 1928～1932 年就建成了从科隆到波恩的第一条高速公路。1933 年又建成了从柏林至汉堡的高速公路，1957 年通过"长途公路建设

3

法"，从 1959～1970 年，制定了 3 个 4 年建设计划，开始了公路大发展。

虽然，中华人民共和国成立初期，我国交通条件非常落后，公路总里程数为 8 万 km。截止到 2018 年末，我国公路总里程为 484.65 万 km，高速公路达 14.26 万 km，居世界第一。到目前为止，全世界已有近 60 个国家和地区拥有高速公路，其中拥有 1000km 以上的国家和地区有 17 个，有中国、德国、日本、美国、加拿大、法国、英国、西班牙等。高速公路的产生和发展，改变了世界交通运输的宏观格局，进一步显示公路运输便捷灵活、速度快、门到门的优势，带来了巨大的经济效益和社会效益，有利地促进了世界各国经济社会的发展。

中国国家高速公路网采用放射线与纵横网格相结合布局方案，由 7 条首都放射线、9 条南北纵线和 18 条东西横线组成，简称为"7918"网。截止 2019 年底，我国已经基本完成国家高速公路网的建设。

（3）铁路发展概况

中国第一条铁路是 1876 年英商在上海至吴淞间修建的，较之世界上第一条正式营业的铁路落后了 51 年。1881 年清政府准许修建的一条自唐山矿区至胥各庄 10km 铁路，掀开了中国铁路建设的序幕。中华人民共和国成立后，成立了铁道部，统一管理全国铁路，组织了桥梁和线路恢复工程，并大力修建新铁路，以保证日益增长的运输需要。我国铁路建设经历了艰难历程，速度慢，代价大。成昆铁路是西南地区乃至我国重要的铁路干线，北起四川省成都市，南至云南省昆明市，线路全长 1096km，于 1958 年 7 月开工建设，1970 年 7 月 1 日竣工通车，是国家一级单线电气化铁路。其沿线三分之二为崇山峻岭、奇峰耸立、深涧密布、沟壑纵横、地势陡峭，地质状况复杂，创造了世界铁路建设史上的奇迹，与美国的阿波罗带回的月球岩石、苏联的第一颗人造地球卫星，被联合国并称为"象征 20 世纪人类征服自然的三大奇迹"。由于成昆铁路工程异常艰巨以及当时的施工条件限制，大量铁道兵在建设时期牺牲在工地。根据《人民铁道》的介绍，铁道部第二工程局的一个单位因工牺牲即达 600 多人，另一个单位在两次洪水、泥石流中就有 130 人殉职。总之，为修建成昆铁路，平均每千米铁轨就有两三名建设者牺牲，这一说法并不为过。近年来我国铁路建设得到高速发展。我国高铁建设已经达到世界领先水平。截至 2019 年底，我国铁路营业里程达到 13.9 万 km，高铁里程已经达到 3.5 万 km。

（4）中国公路和铁路客货运输权重

2018 年，客运方面，公路客运量占比为 78%，铁路客运量占比为 19.3%，其余运输方式占 2.7%。在公路总里程中，高速公路里程占 3.1%，但高速公路客运量却占公路总客运量的 11.3%。货运方面，公路货运量占比为 78%，铁路货运量占比为 7.8%，其余运输方式占 14.2%。

1.2 公路分级

1.2.1 道路分类

从广义来说，道路可以分为公路（交通系统）、铁路（铁道系统）、城市道路（建设系统）、林区道路（林业系统）、工矿道路（工矿企业）、农村道路（农业系统）等。由于道路涉猎广、范围大，限于篇幅，这里重点介绍具有代表意义的道路，即交通系统的公路，本教材以交通系统涉及公路的标准、规范为依据展开介绍，其余道路依据相应标准、规范参考本教材即可。

1. 公路

公路是连接城市、乡村和工矿的道路，主要供汽车行驶，具有一定技术指标和工程设施的道路。公路按其功能和性质又可分为国道、省道、县道及专用公路。因公路隶属于中华人民共和国交通运输部管理，有完善和系统的标准和规范，本教材仅仅介绍公路；其他道路的标准和规范本教材不做解释。

2. 城市道路

城市道路，指在城市管辖范围内，供车辆及行人通行且具有一定技术条件和工程设施的道路。城市道路按在道路网中的地位、交通功能以及对沿线建筑物及车辆和行人进出的服务功能，分为快速路、主干路、次干路和支路4类。

1.2.2 公路分级

1. 公路分级

《公路工程技术标准》JTG B01—2014将公路分为高速公路、一级公路、二级公路、三级公路和四级公路5个技术等级。

（1）高速公路为专供汽车分方向、分车道行驶，全部控制出入的多车道公路。高速公路的年平均日设计交通量宜在15000辆小客车以上。

（2）一级公路为供汽车分方向、分车道行驶，可根据需要控制出入的多车道公路。一级公路的年平均日设计交通量宜在15000辆小客车以上。

（3）二级公路为供汽车行驶的双车道公路。二级公路的年平均日设计交通量宜在5000～15000辆小客车。

（4）三级公路为供汽车、非汽车交通混合行驶的双车道公路。三级公路的年平均日设计交通量宜在2000～6000辆小客车。

（5）四级公路为供汽车、非汽车交通混合行驶的双车道或单车道公路。双车道四级公路年平均日设计交通宜在2000辆小客车以下；单车道四级公路年平均日设计交通量宜在400辆小客车以下。

2. 公路技术等级选用应遵循原则

（1）公路技术等级选用应根据路网规划、公路功能，并结合交通量论证确定。

（2）主要干线公路应选用高速公路。

（3）次要干线公路应选用二级及二级以上公路。

（4）主要集散公路宜选用一、二级公路。

（5）次要集散公路宜选用二、三级公路。

（6）支线公路宜选用三、四级公路。

1.3 公路勘测设计程序

1.3.1 公路基本建设程序

公路作为国民经济基本建设项目，其建设全过程包括公路网规划、公路勘测设计、公路施工及养护 4 个环节。

我国《公路工程基本建设管理办法》规定，公路基本建设程序为：

1. 根据长远规划或项目建议书，进行可行性研究。

2. 根据可行性研究，编制计划任务书或设计任务书。

3. 根据批准的计划任务，进行现场勘测，编制初步设计文件和概算。

4. 根据批准的初步设计文件，编制施工图和施工图预算。

5. 列入年度基本建设计划。

6. 进行施工前的各项准备工作。

7. 编制实施性施工组织设计及开工报告，报上级主管部门审批。

8. 严格执行有关施工的规程和规定，坚持正常施工秩序，做好施工记录，建立技术档案。

9. 编制竣工图表和工程决算，办理竣工验收。

公路工程基本建设程序框图见图 1-5。

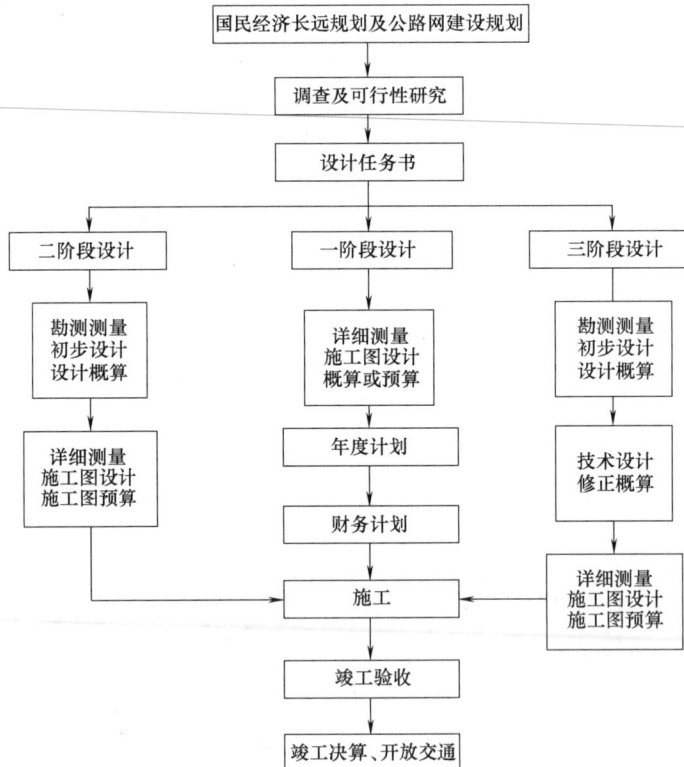

图 1-5 公路工程基本建设程序

1.3.2 公路勘测设计程序

1. 工程可行性研究

工程可行性研究是基本建设前期工作的一项重要内容，是基本建设程序的组成部分，是建设项目立项和编制设计任务书的主要依据。

（1）公路工程可行性研究的任务

可行性研究的任务是：在对地区社会、经济发展及路网状况进行充分调查研究、评价预测和必要的勘测工作基础上，对项目建设的必要性、经济合理性、技术可行性、实施可能性等方面进行综合性的研究论证，推荐最佳方案，进行投资估算和经济评价，为建设项目的决策和审批提供科学的依据。

（2）公路建设项目可行性研究报告的主要内容

1）概述或总论，包括建设任务的依据、历史背景、研究范围、主要内容及研究的主要结论等。

2）现有公路技术状况评价，包括区域运输网现状和存在的问题、拟建公路在区域运输网中的作用、现有公路技术状况及适应程度等。

3）经济与交通量发展预测，包括项目所在区域经济特征、经济发展与公路运量、交通量之间的关系、交通量的发展预测。

4）建设规模与标准，包括项目建设规模和采用的等级及其主要技术指标。

5）建设条件和方案比选，包括调查沿线自然条件和社会条件，进行方案比选，提出推荐方案走向及主要控制点和工程概况，对环境应做出分析并编制环境影响评价报告。

6）投资估算和资金筹措，包括主要工程数量、公路建设与拆迁、投资估算与资金筹措等。

7）工程建设实施计划，包括勘测设计和工程施工的计划与要求、工程管理和技术人员的培训等。

8）经济评价，包括运输成本等经济参数的确定，建设项目的直接经济效益和费用的估算，进行经济评价敏感性分析、建设项目的间接经济效益分析。对于贷款项目还要进行项目的财务评价。

根据上述研究结果，通过综合分析评价，提出技术先进、投资少、效益好的建设方案。

2. 设计任务书

公路施工前的勘测设计工作是根据批准的设计任务书及有关标准、规范进行的。设计任务书是由提出计划的主管部门下达或由上级单位编制后再按规定上报审批。设计任务书应根据批准的工程可行性研究报告进行编制。设计任务书的基本内容包括：

（1）建设依据和意义。

（2）建设规模和性质。

（3）路线基本走向和主要控制点。

（4）工程技术标准和主要技术指标。

（5）设计阶段及各阶段完成时间。

（6）建设期限和投资估算，对分期修建项目应提出每期的建设规模和投资估算。

（7）施工力量的安排原则。

（8）路线示意图、工程数量、钢材、水泥用量和投资估算表。

设计任务书经上级主管部门批准后，如建设规模、期限、技术等级和标准以及路线基本走向等重大问题有变更时，应报原批准机关重新审批。

3. 勘测设计阶段

公路勘测设计应根据项目的性质和要求分阶段进行。《公路工程基本建设项目设计文件编制办法》(交公路发［2007］358 号)规定：

(1) 公路基本建设项目一般采用两阶段设计，即初步设计和施工图设计。对于技术简单、方案明确的小型建设项目，可采用一阶段设计，即一阶段施工图设计；技术复杂、基础资料缺乏和不足的建设项目或建设项目中的特大桥、长隧道、大型地质灾害治理等，必要时采用三阶段设计，即初步设计、技术设计和施工图设计。

高速公路、一级公路必须采用两阶段设计。

(2) 各个勘测设计阶段资料编制依据

1) 初步设计应根据批复的可行性研究报告、测设合同和初测、初勘资料编制。

2) 一阶段施工图设计应根据批复的可行性研究报告、测设合同和定测、详勘资料编制。

3) 两阶段设计时，施工图设计应根据批复的初步设计、测设合同和定测、详勘(含补充定测、详勘)资料编制。

4) 三阶段设计时，技术设计应根据批复的初步设计、测设合同和定测、详勘资料编制；施工图设计应根据批复的技术设计、测设合同和补充定测、补充详勘资料编制。

(3) 概预算编制

1) 采用一阶段设计的建设项目，编制施工图预算。

2) 采用两阶段设计的建设项目，初步设计时编制设计概算；施工图设计时编制施工图预算。

3) 采用三阶段设计的建设项目，初步设计时编制设计概算；技术设计时编制修正概算；施工图设计时编制施工图预算。

1.4 公路勘测设计依据、交通量及公路网

1.4.1 技术依据

1. 《公路工程技术标准》JTG B01—2014

2. 《公路勘测规范》JTG C10—2007

3. 《公路勘测细则》JTG/T C10—2007

4. 《公路路线设计规范》JTG D20—2017

5. 《公路桥涵设计通用规范》JTG D60—2015

6. 《公路工程基本建设项目设计文件编制办法》(交公路法［2007］358 号)

7. 《公路工程基本建设项目概算预算编制办法》JTG 3830—2018

1.4.2 自然条件

影响公路的自然因素主要有地形、气候、水文、地质、土壤及植被等。这些自然因素主要影响公路等级和设计速度的选用、路线方案的确定、路线平纵横几何形状、桥隧等构造物的位置和规模、工程数量和造价等方面。其中，地形决定了选线条件，并直接影响公

路技术标准和指标的选取；气候状况直接或间接影响地面水及地下水位高度、路基水文状况以及泥泞期、冬季积雪和冰冻期等路面使用质量；水文情况决定排水结构物的数量和大小，水文地质情况决定了含水层厚度的位置、地基或边坡的稳定性；地质构造决定了地基和路基附近岩层的稳定性，决定有无滑坍、碎落和崩坍的可能，同时也决定了土石方工程施工难易程度和筑路材料的质量；土是路基和路面基层的材料，它影响路基形状和尺寸，也影响路面类型和结构；地面的植物覆盖影响暴雨径流、水土流失程度等。

1.4.3 交通条件

1. 设计车辆

作为公路设计依据的车型为设计车辆。车辆的几何尺寸、质量、性能等，直接关系行车道宽度、弯道加宽、公路纵坡、行车视距、公路净空、路面及桥涵荷载等，因此设计车辆的规定及采用对确定公路几何尺寸和结构具有重要意义。

根据《公路工程技术标准》JTG B01—2014，公路设计所采用的设计车辆外轮廓尺寸规定见表 1-1。

设计车辆外轮廓尺寸　　　　　　　　　表 1-1

车辆类型	总长(m)	总宽(m)	总高(m)	前悬(m)	轴距(m)	后悬(m)
小客车	6	1.8	2	0.8	3.8	1.4
大型客车	13.7	2.55	4	2.6	6.5+1.5	3.1
铰接客车	18	2.5	4	1.7	5.8+6.7	3.8
载重汽车	12	2.5	4	1.5	6.5	4
铰接列车	18.1	2.55	4	1.5	3.3+11	2.3

注：铰接列车的轴距（3.3+11）m；3.3m 为第一轴至铰接点的距离，11m 为铰接点至最后轴的距离。

2. 交通量

（1）交通量概念

交通量，指单位时间内通过公路某一断面的车辆数。

交通量分年平均日交通量、年平均月交通量、年平均小时交通量、小时交通量。交通量又可分为调查统计交通量（已有数据）、预测交通量（根据已有数据交通量的年平均增长率推算）。

设计上常常采用第 30 位大的小时交通量作为设计交通量，预测交通量根据公路的使用年限确定（例如公路设计使用年限为 20 年，就预测从设计基准期开始到 20 年后的交通量）。设计上也可以采用年平均日交通量。

1）年平均日交通量

年平均日交通量可以作为确定公路等级、论证公路的计划费用及进行各项结构设计的重要依据，但不宜直接用于公路几何设计。在 1 年中的某些季节或时段的交通量可能会高于平均日交通量数倍，不具有代表性，而年平均日交通量就具有一般性。

由于公路的交通量是随着经济的发展和路况条件的改善而在逐渐变化，所以，公路的设计应以预测年限交通量变化的需要为准。预测年限所能达到的平均日交通量是根据历年交通观测资料求得，目前常用多年年平均增长率计算，见式（1-1）。

$$N = 365N_{0r}(1+\gamma)^{n-1} \qquad (1\text{-}1)$$

式中　N——设计年限内，从设计年限内第一年开始到末年的累计交通量；

　　　N_{0r}——从设计年限内第一年的年平均日交通量；

　　　γ——交通量年平均增长率（%）；

　　　n——预测设计年限（年）。

2）小时交通量

小时交通量以小时为计算时段的交通量，它是确定车道数和车辆宽度及评价公路服务水平的主要依据。

大量交通量统计资料表明，在1天以及全年期间，每小时的交通量都在变化，且变化幅度较大。如果用1年中最大的高峰小时交通量作为设计依据，会造成巨大浪费。但如果采用日平均小时交通量则不能满足实际交通的需求，会造成交通拥挤或阻塞。为使设计交通量的取值既能保证安全畅通，又能使工程造价经济合理，借助1年中的每小时交通量的变化曲线来指导确定最合乎设计使用的小时交通量。将1年中8760个小时的交通量（双向）按其与年平均日交通量的百分数大小顺序排列起来并画成曲线，如图1-6所示。

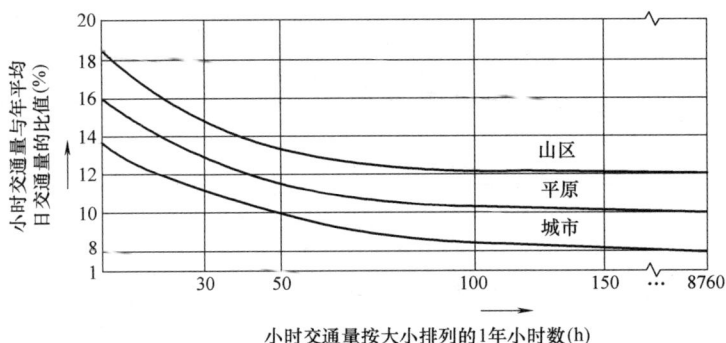

图 1-6　小时交通量与年平均日交通量的关系曲线

从图1-6中可以看出，在第20～40位小时交通量附近，曲线急剧变化，其右侧曲线明显变缓，而左侧曲线变陡。显然，设计小时交通量的合理取值范围应在第20～40位小时交通量。如以第30位小时交通量作为设计依据，意味着在1年中将有29个小时超过设计值，可能发生拥挤，占全年小时数的0.33%，也就是说，全年将有99.67%的时间交通畅通。

目前，包括我国在内的世界上许多国家都采用第30位小时交通量作为设计依据。

（2）新建和改建公路设计预测交通量

1）高速公路和一级公路设计交通量预测年限为20年；二级、三级公路设计预测交通量年限为15年；四级公路可根据实际情况确定。

2）设计预测交通量年限的起算年为该项目可行性研究报告的计划通车年。

（3）交通量的标准车型

交通量换算采用小客车为标准车型。各汽车代表车型及车辆折算系数规定见表1-2。

1）畜力车、人力车、自行车等非机动车按路侧干扰因素计。

2）公路上行驶的拖拉机每辆折算为4辆小客车。

各汽车代表车型及车辆折算系数　　　　表 1-2

汽车代表车型	车辆折算系数	说明
小客车	1.0	座位≤19座的客车;载质量≤2t的货车
中型车	1.5	座位>19座的客车;2t<载质量≤7t的货车
大型车	2.5	7t<载质量≤20t的货车
汽车列车	4.0	载质量>20t的货车

3）公路通行能力分析所要求的车辆折算系数应针对路段、交叉口等形式，按不同的地形条件和交通需求，采用相应的折算系数。

（4）公路设计小时交通量宜采用第 30 位小时交通量，也可根据项目特点与需求，在当地第 20～40 位小时交通量之间取值。

1.4.4　公路网规划

1. 公路网，指由区域内的运输点以及连接各运输段的所有公路，按一定的要求组合而成，并具有特定功能的网络系统。运输点，指区域内的城市、集镇及运输集散点（如大型工矿、农牧业基地、车站、港口等）。对公路网内公路的基本要求：四通八达、干支结合，布局合理，效益最佳。公路网规划的根本目的是从总体优化的角度，对区域公路建设在时间和空间上进行宏观控制。而公路设计就是以公路网为基础，按其规划要求分段分级逐步实施的前期过程。

2. 公路网的功能和特性

合理规划的公路网应具有必要的通达深度和公路里程长度；具有与交通量相适应的公路技术标准和使用质量；具有经济合理的平面网络。公路网的主要功能有：满足区域内外的交通需要，承担城市之间的运输联系；维持区域内交通的畅通及交通运输的快速和高效；确保交通安全和提供优质运输服务；维护生态平衡，防止水土流失，注意环境保护，方便人民生活；满足国防建设和防灾减灾需要。公路网具有如下特性：

（1）集合性

区域公路网是由许多元素（运输点和公路中线等）按一定方式组合而成的系统，由于区域范围内运输点的规模和重要性不同，公路网的组合结构与级别也有所差别。目前我国的公路网可以分为国道网、省道网和地方道路网三个级别。

（2）关联性

构成公路网的全部运输点和公路是相互联系、相互制约的，是具有一定规律性和高效性的整体，它不是若干条公路的简单相加。公路网的建设是一个动态的过程，路网中每条公路的建设，均受到全局因素的制约，并随着经济的发展和时间的变化进行调整，公路网的关键性包含着时间和空间特征。

（3）目的性

按照一定的目的而规划的公路网，才具有特定的功能，并在特定的路网系统中发挥汽车运输的优势，给区域的交通运输创造良好的条件。

（4）适应性

公路网作为区域公路运输的基本组成部分，必须适应于区域国土开发利用和经济发展规划，适应于区域综合运输系统发展规划，并满足公路运输的发展需要。

3. 公路网的结构形式

区域公路网可以简化为以运输点或交叉点为节点，两点间的公路为边的网络图示。由于受区域内运输点的地理位置和公路走向的制约，各个规划区域内的公路网的结构形式不可能一样。图 1-7 为常用的几种典型公路网结构形式。

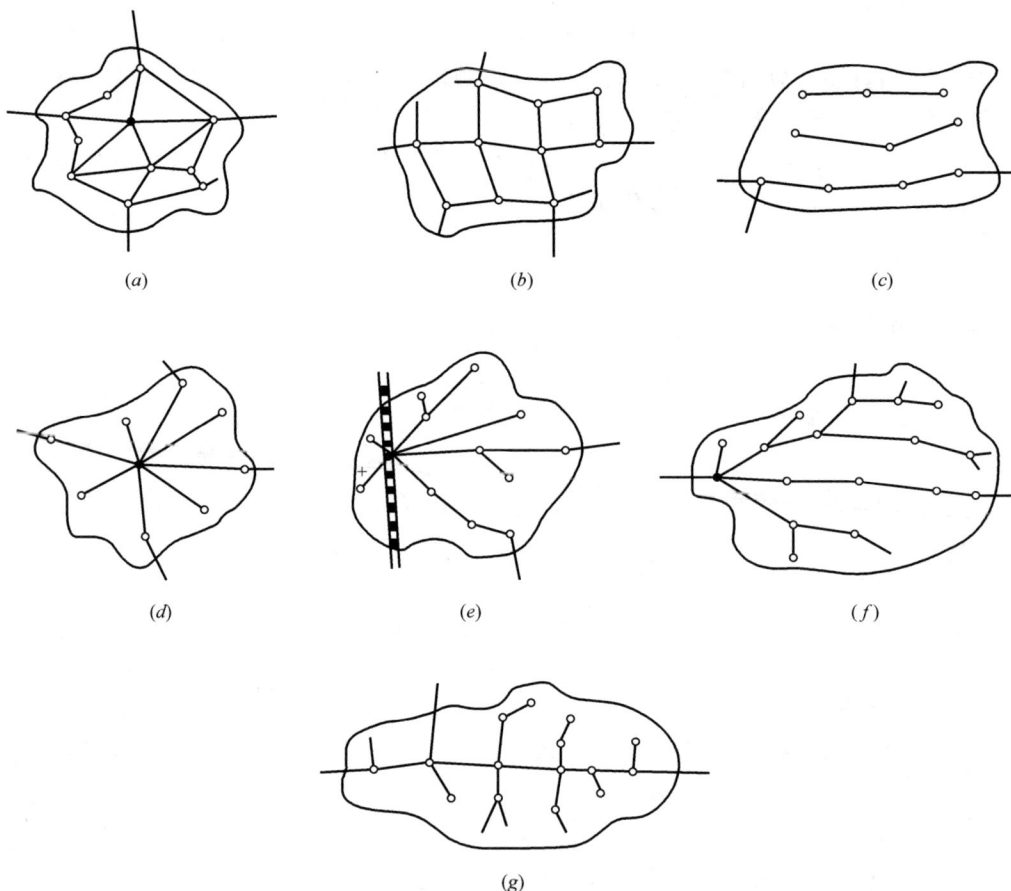

图 1-7　常用的几种典型公路网结构形式
(a) 三角形；(b) 棋盘形；(c) 并列形；(d) 放射形；(e) 扇形；(f) 树杈形；(g) 条形

一般说来，平原和丘陵地区，宜采用三角形、棋盘形和放射形路网；而重丘和山区由于受山脉和河川的影响，宜采用并列形、树杈形或条形路网；当区域内的主要运输点偏于边缘时，可以采用扇形或树杈形；在狭长地带的地方路网中可以采用条形路网；在较大区域内各种结构形式可相互配合使用而形成混合行路网。我国国道网采用的是放射形和网格形组合的结构形式。

复习思考题

1. 名词解释

(1) 两阶段设计；(2) 交通量；(3) 年平均日交通量；(4) 第 30 位小时交通量。

2. 简述题

(1)《公路工程技术标准》JTG B01—2014 将公路分为哪几级？

(2) 公路建设项目可以有哪几种阶段设计？

(3) 公路基本建设项目一般采用哪个阶段设计？

(4) 两阶段设计包括什么设计？

(5) 两阶段设计应分别编制什么概预算？

(6) 什么条件下采用一阶段设计？

(7) 我国公路等级及总里程在世界上的占比和地位如何？

第2章 汽车行驶理论

2.1 设 计 速 度

2.1.1 设计速度概念

1. 设计速度概念

设计速度，指在保证安全的前提下，公路受限制部分汽车能够达到的最大速度，是公路受限制部分的主要指标，是公路等级、平面、纵断面和横断面的重要技术指标之一。也就是说，设计速度是一个非常重要的指标，既是公路等级指标，也是技术标准的前置指标。一般说来，勘测设计公路（包括桥梁、隧道等），首先要确定公路等级，其次确定设计速度，再次才确定公路的平面（例如半径等）、纵断面（例如纵坡度等）、横断面（例如路基、路面、路肩宽度等）指标，最后确定桥梁（宽度等）和隧道（宽度、高度等）净空等重要设计参数。

2. 区别设计速度与实际速度和平均速度

设计速度是确定公路等级的技术标准；实际速度是不同汽车实际行驶时的现时速度；平均速度是中等水平司机、天气良好、不失安全，舒适条件下可能达到的最大速度。三者有明显区别。

2.1.2 设计速度的确定

交通部门确定设计速度综合考虑下列因素：

1. 地区、地形；
2. 汽车性能；
3. 人的适应性、心理习惯；
4. 安全性、经济性；
5. 汽车的实际速度。

2.1.3 《公路工程技术标准》JTG B01—2014 规定

1. 设计速度定义

设计速度，是确定公路设计指标并使其相互协调的设计基准速度，这是规范的广义定义。

2. 各级公路设计速度应符合表 2-1 的规定。设计速度的选用应根据公路的功能与技术等级，结合地形、工程经济、预期的运行速度和沿线土地利用性质等因素综合论证确定，并应符合下列规定：

（1）高速公路设计速度不宜低于 100km/h，受地形、地质等条件限制时，可以选用 80km/h。

公路等级	高速公路			一级公路			二级公路		三级公路		四级公路	
设计速度(km/h)	120	100	80	100	80	60	80	60	40	30	30	20

（2）作为干线的一级公路，设计速度宜采用 100km/h；受地形、地质等条件限制，可采用 80km/h。作为集散的一级公路，设计速度宜采用 80km/h；受地形、地质等条件限制，可采用 60 km/h。

（3）高速公路和作为干线的一级公路的特殊困难局部路段，且因新建工程可能诱发工程地质病害时，经论证，该局部路段的设计速度可采用 60km/h，但长度不宜大于 15km，或仅限于相邻两互通式立体交叉之间的路段。

（4）作为干线的二级公路，设计速度宜采用 80km/h；受地形、地质等条件限制，可采用 60km/h。作为集散的二级公路，设计速度宜采用 60km/h；受地形、地质等条件限制，可采用 40km/h。

（5）三级公路设计速度宜采用 40km/h；受地形、地质等条件限制，可采用 30km/h。

（6）四级公路设计速度宜采用 30km/h；受地形、地质等条件限制，可采用 20km/h。

3. 公路设计应采用运行速度进行检验。相邻路段运行速度之差应小于 20km/h，同一路段运行速度与设计速度之差宜小于 20km/h。

4. 公路限制速度应根据设计速度、运行速度及路侧干扰与环境等因素综合论证确定。部分国家最大设计速度见表 2-2。

部分国家公路的最大设计速度 表 2-2

国家类别	中国	日本	美国	俄罗斯	英国	德国
最大设计速度(km/h)	120	100	130	110	115	130

注：德国部分高速公路不限速。

2.2 汽车的牵引力和行驶阻力

汽车行驶的力，一般指水平方向的力，包括牵引力 F_k 和行驶阻力，行驶阻力又分滚动阻力 P_f、坡道阻力 P_i、空气阻力 P_w 和惯性阻力 P_j。

1. 牵引力 F_k

（1）牵引力概念

牵引力指牵引或促使汽车前进的力。

（2）牵引力公式的简单推导，见式（2-1）和式（2-2），如图 2-1 所示。

$$M_k = M \times i_k \times i_0 \times \eta \qquad (2-1)$$

$$F_k = \frac{M_k}{r_k} \approx 270 \times \frac{N}{V} \times \eta \qquad (2-2)$$

式中　M_k——驱动轮的扭矩；

　　　M——发动机的扭矩；

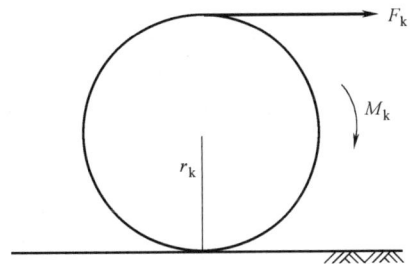

图 2-1 汽车的牵引力示意

i_k——驱动轮的传动比；

i_0——主传动轴的传动比；

η——发动机的机械效率；

F_k——发动机的牵引力；

N——发动机的功率；

V——汽车的行驶速度（km/h）。

由式（2-2）可以看出，发动机功率越大，牵引力越大；速度越小，牵引力越大。

2. 滚动阻力 P_f

滚动阻力由轮胎和道路变形损失及轮胎和道路之间的摩擦力组成，见式（2-3）。

$$P_f = G \times f \tag{2-3}$$

式中　G——汽车重力；

f——滚动阻力系数，相当于物理学上的摩擦系数。

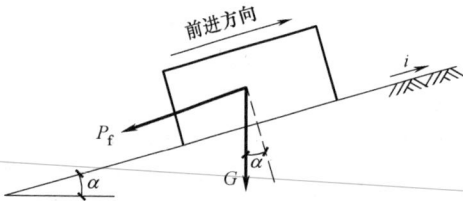

3. 坡道阻力 P_i

坡道阻力指汽车重力在坡道上的分力，见式（2-4），如图 2-2 所示。

$$P_i = \pm G \times i \tag{2-4}$$

式中　i——坡道纵坡度；

其余符号意义同前。

图 2-2　坡道阻力示意

4. 空气阻力 P_w

空气阻力由三部分组成：空气对汽车表面的摩擦作用；空气对汽车正面产生的正压力；后部真空吸力。空气阻力计算见式（2-5）。

空气阻力，车型占 80%～90%，表面阻力占 10%～20%，故流线型车是理想车型。

$$P_w = \frac{KFV^2}{13} \tag{2-5}$$

式中　P_w——汽车前进时产生的空气阻力；

K——空气阻力系数；

F——汽车正面投影面积；

V——汽车行驶速度。

5. 惯性阻力 P_j

惯性阻力指汽车加减速时出现的一种企图保持原来状态而造成的阻力。汽车加速时，惯性阻力与前进方向相反，阻力增大；汽车减速时，惯性阻力与前进方向相同，阻力减小。

惯性阻力公式依据牛顿第二定律推导，见式（2-6）。

$$P_j = \pm \delta \times \frac{G}{g} \times \frac{dV}{dt} \tag{2-6}$$

式中　P_j——汽车加减速时产生的惯性阻力；

δ——汽车回转质量系数；

g——重力加速度；

dV——速度的微分；

dt——时间的微分；

其余符号意义同前。

2.3 汽车行驶条件、动力特性及制动距离

2.3.1 汽车的行驶条件

汽车在道路上行驶，需要满足 2 个条件，即牵引平衡条件和附着条件。

1. 牵引平衡条件

汽车行驶时，需要有足够的牵引力，即牵引力需要克服各项阻力之和，这就是牵引平衡条件，又称驱动条件，有时也称必要条件。牵引平衡条件用式（2-7）表示。

$$F_k \geqslant P_f + P_i + P_w + P_j \tag{2-7}$$

2. 附着条件

只有足够的牵引力还不能保证汽车行驶，如果轮胎和路面之间没有足够的附着力，牵引力将不能发挥作用，汽车车轮将在路面上打滑，此时车轮速度飞快但前进速度很慢，甚至无法前进。汽车轮胎与路面接触时应保持相对无位移（无相对滑动），即牵引力应不大于路面与轮胎之间的附着力，这就是附着条件，又称为汽车行驶的充分条件，见式（2-8）。有时附着力可理解为摩擦力。

$$P_t \leqslant G_d \times \varphi \tag{2-8}$$

式中　P_t——轮胎与路面之间的附着力；

　　　G_d——作用在所有驱动轮上的路面法向反作用力，一般小汽车为车重 G 的 0.50～0.65 倍，载重汽车为车重 G 的 0.65～0.80 倍；

　　　φ——附着系数，随路面类别、潮湿程度等因素而异，见表 2-3。

附着系数参考值　　　　　　　　　　　　　　　表 2-3

路面类型	路面状况			
	干燥	潮湿	泥泞	冰滑
水泥混凝土路面	0.7	0.5	—	—
沥青混凝土路面	0.6	0.4	—	—
沥青表面处治路面	0.4	0.2	—	—
中级及低级路面	0.5	0.3	0.3	0.1

附着程度的好坏主要取决于轮胎与路面在接触处变形后相互摩擦的情况。附着系数 φ 的影响因素有：路面的粗糙程度和潮湿泥泞程度；轮胎花纹和轮胎气压；车速；汽车重力。车速越高，载重越大，路面表面越光滑而潮湿，附着系数 φ 就越低。

2.3.2 汽车的动力特性

1. 动力因素

式（2-7）中取等号，得式（2-9）：

$$F_k = G \times f \pm G \times i + P_w \pm \delta \times \frac{G}{g} \times \frac{dV}{dt} \tag{2-9}$$

将式（2-9）移项得：

$$F_k - P_w = G \times f \pm G \times i \pm \delta \times \frac{G}{g} \times \frac{dV}{dt} \tag{2-10}$$

式中　$F_k - P_w$——汽车的有效牵引力；

其余符号意义同前。

将式（2-10）等式右边的 G 移至等号左边，得：

$$\frac{F_k - P_w}{G} = f \pm i \pm \delta \times \frac{1}{g} \times \frac{dV}{dt} \tag{2-11}$$

式中　$\dfrac{F_k - P_w}{G}$——动力因素，用 D 表示。

动力因素 D，指单位车重的有效牵引力。动力因素越大，表示汽车的动力性能越强。

将 D 代入上式，得：

$$D = f \pm i \pm \delta \times \frac{1}{g} \times \frac{dV}{dt} \tag{2-12}$$

2. 动力特性图及其应用

显然式（2-12）中，D 是 V 的二次函数，依据式（2-12）画出 $D \sim V$ 曲线，如图 2-3 和图 2-4 所示。

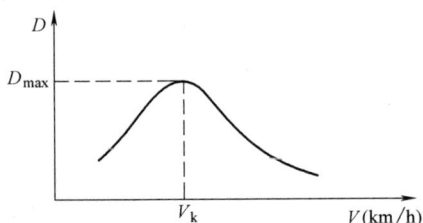

图 2-3　同一档位汽车的动力特性图

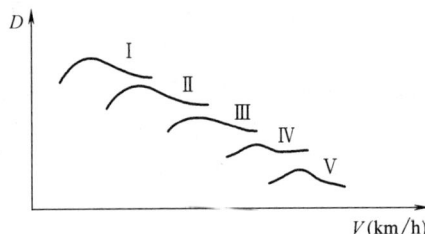

图 2-4　不同档位汽车的动力特性图

由图 2-3 可以看出，同一档位曲线峰值点对应的动力因素最大值 D_{max} 和临界速度 V_k；并非动力因素越大，速度就越大；只有在临界速度 V_k 状态下行驶，动力因素达到最大值 D_{max}，此时汽车的动力特性最佳。

从图 2-4 可以看出：

（1）不同档位，动力因素和速度是不同的。

（2）不同档位，动力因素最大值 D_{max} 和临界速度 V_k 也是不同的。

（3）档位越低，动力因素越大，速度越小；反之，档位越高，动力因素越小，速度越快。这也是熟练司机驾驶汽车上下坡频繁换挡的原因；上坡阻力增大时，由高档位换成低挡位，速度由快变慢，动力因素由小变大；下坡阻力减小时，由低挡位换成高挡位，速度由慢变快，动力因素由大变小。

3. 汽车正常行驶范围

同一档位行驶速度与临界速度的关系，见图 2-5。

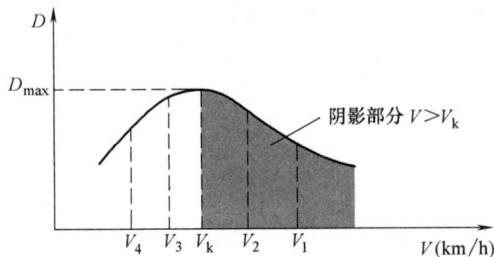

图 2-5　汽车行驶范围分析图

（1）汽车在 $V>V_k$ 区间行驶，若遇到额外阻力时，速度由 V_1 减小到 V_2，相应动力因素由 D_1 增大到 D_2；阻力消失后，汽车仍然稳定行驶。$V>V_k$ 的范围称为汽车稳定行驶速度范围，或称为正常行驶范围。

（2）汽车在 $V<V_k$ 区间行驶，若遇到额外阻力时，速度由 V_3 减小到 V_4，相应动力因素由 D_3 减小到 D_4，直至熄火停车，这也是初学者为什么 1 挡也容易熄火的原因。$V<V_k$ 的范围称为汽车不稳定行驶速度范围，或称为不正常行驶范围，这也是熟练司机驾驶汽车在起步后迅速加油加挡，让汽车正常行驶的缘故。

2.3.3　汽车的制动距离

汽车正常行驶时，因前方障碍物等因素，常常需要制动（俗称刹车），制动距离的判断和计算涉及安全和公路等级。

从理论上讲，制动距离包括反应距离和（纯机械）理论制动距离，其中反应距离又包括司机心理反应时间汽车行驶的距离和制动器反应时间汽车行驶的距离。

制动距离公式利用功能原理推导，本书不作详细推导，见式（2-13）。不同版本教材对制动距离计算公式，可能存在差异，这个公式的计算结论不要求精确度，推荐采用式（2-13）。在这里制动距离计算本身意义不大，在第 6 章行车视距中要应用这个公式。有的教材将式（2-13）中的 $\varphi-i$ 写为 $\varphi+\psi$（其中 $\psi=f+i$）。

$$S_T=\frac{V_1}{3.6}\times(t_1+t_2)+\frac{V_1^2-V_2^2}{254(\varphi-i)}\times k \qquad (2\text{-}13)$$

式中　S_T——制动距离（m）；

V_1——汽车制动前的行驶速度（km/h）；

V_2——汽车制动后的行驶速度（km/h），若制动完全停车时 $V_2=0$；

t_1——司机心理反应时间（s），一般为 0.1s；

t_2——从开始踩踏制动器至生效的时间（s）；液压式制动器，t_2 取 0.4s；气压式制动器，t_2 取 0.6～1.0s；

φ——附着系数；

i——坡道纵坡；

k——制动系数，$k=1.0～1.4$。

从式（2-13）可以看出：

（1）速度越快，制动距离越大。

（2）路面越光滑，附着力越小，制动距离就越大。

（3）纵坡度越大，制动距离就越大。

（4）反应时间越长，制动距离就越大。

复习思考题

1. 名词解释

（1）设计速度；（2）动力因素；（3）牵引力。

2. 简述题

（1）设计速度有哪些重要意义？设计速度等于实际行车速度吗？设计速度等于限制速度吗？

（2）汽车行驶的力有哪些？

（3）汽车行驶的条件有哪两个？

（4）简述不同档位与汽车行驶速度、动力因素之间的关系。

（5）公路等级与设计速度之间有何规律？

3. 计算题

某货车以 60km/h 的速度在坡度 6% 的下坡行驶，司机突然发现前方 30m 远处一名儿童横穿公路，问该儿童是否有生命危险？已知司机心理反应时间 0.1s，从开始踏制动器到生效的时间为 0.4s，纵向附着系数 0.3，制动系数 1.2。

第3章 平面设计

3.1 概 述

3.1.1 平面的概念

"工程制图"将工程中的几何体投影到平面、立面，用图形语言来反映该几何体。公路工程中常常将具有一定宽度的公路投影到水平面上，这个投影为一个路线带，见图3-1。为了方便计算、设计和测设，常用公路中线简单代表路线带，显然在中线左右两侧各加上规定路基宽度，就又变成了路线带，见图3-1。因此，从定义概念来说，平面指公路中线在水平面上的投影。本章就以中线代替具有一定宽度的路线带，实际工程中经常这么做。规定从起点到终点为前进方向，中线沿着前进方向，有左转和右转，见图3-1。

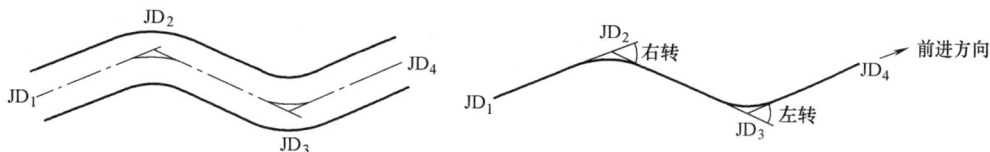

图3-1 平面示意简图与中线

3.1.2 平面的基本线形

1. 平面的基本线形分类

平面的基本线形用中线替代，中线（平面）分为直线、平曲线、缓和曲线或缓和段，见图3-1。

2. 直线

两相邻平曲线起点、终点之间线条为直线，又称为间直线（平曲线起点、终点之间的直线），用 L_j 表示，见图3-2。显然，为了行车平顺和安全，直线不宜过短，也不宜过长，平面线形必须与地形、景观、环境等相协调，同时注意线形的连续与均衡性，并同纵断面、横断面相互配合，减少占地及征地拆迁，降低造价，综合考虑。

《公路路线设计规范》JTG D20—2017规定直线的长度不宜过长。受地形条件或其他特殊情况（如城市环线）限制而采用长直线时，应结合沿线具体情况采取相应的技术措施。

直线是平面线形基本要素之一，具有能以最短的距离连接两控制点和线形易于选定的特点。但是由于直线线形缺乏变化，不易与地形相适应等，位于山岭重丘区的公路，往往造成工程量增大、破坏自然环境等弊端。在高速公路、一级公路行车速度快的情况下，长

21

直线更易使驾驶员感到单调、疲劳，难以准确目测车辆间距，增加夜间行车车灯炫目的危险，还会导致出现超速行驶状态。因而在设计直线线形和确定直线长度时，必须慎重。

有些国家在长直线的运用上有条件地加以限制。意大利和日本为多山之国，高速公路平面线形以曲线为主，日本、德国规定直线最大长度不宜超过设计速度的 20 倍，即 72s 行程；西班牙规定不宜超过 80% 的设计速度的 90s 行程；法国认为长直线宜采用半径 5000m 以上的平曲线代替；美国规定线形应尽量直捷，而应与地形一致；俄罗斯对直线的运用未作规定，且部分类似于高速公路的快速干道则不封闭，但都采用宽中央分隔带改善路容，设置低路堤、缓边坡以增加高速行车的安全度。

不少设计人员借鉴德国标准，最长直线为 $20V_s$（m）（V_s 为设计速度，km/h），例如成（都）灌（都江堰）老路为二级（平原区），V_s＝80km/h，则其最长直线不宜 1600m。我国各省对长直线的运用存在不同作法，也确有直线长度超过 $20V_s$ 的实例，关键在于如何结合地形恰当地加以运用，给设计人员留下空间去分析、判断，使设计更加符合实际。

《公路路线设计规范》JTG D20—2017 规定两圆曲线间以直线径向连接时，直线的长度不宜过短。

（1）设计速度大于或等于 60km/h，同向平曲线间最小直线长度（以"m"计）以不小于设计速度（以"km/h"计）的 6 倍为宜；反向平曲线间的最小直线长度（以"m"计）以不小于设计速度（以"km/h"计）的 2 倍为宜，见图 3-2。

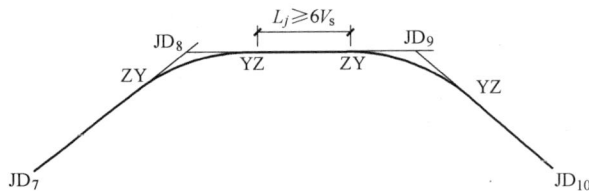

图 3-2　同向平曲线间直线

（2）设计速度小于或等于 60km/h，可以参照上述规定执行。

如果不满足《公路路线设计规范》JTG D20—2017 规定的两同向平曲线之间的间直线长度，而夹以短直线，则两个同向平曲线称为断臂曲线。断臂曲线对行车十分不利，实际勘测时，尽量避免断臂曲线。可以采取拉长交点之间的距离、复曲线、同向同半径复曲线（相当于一个单曲线）、减小平曲线半径等措施避免出现两同向平曲线之间夹短直线。

3. 平曲线

平面上凡是交点（国内用字母 JD 表示，国际上用英文字母 IP 表示）位置均需要设置圆曲线，圆曲线是具有固定圆心、半径和固定起终点的一段曲线，见图 3-3 和图 3-4。圆曲线在平面上投影，又称为平曲线。平曲线具有三个主点（又称为平曲线控制点）：起点（国内用 ZY 表示，国际上用 BC 表示）、中间点（国内用 QZ 表示，国际上用 MC 表示）、终点（国内用字母 YZ 表示，国际上用 EC 表示）。对于平曲线的半径、长度，《公路路线设计规范》JTG D20—2017 有相应规定。

4. 缓和曲线或缓和段

不同等级公路其相应设计速度下的平曲线半径要求不同，当半径小于其规定数值时，就需要在平曲线上进行加宽和超高；从正常直线段逐渐过渡到平曲线的全加宽和全超高需

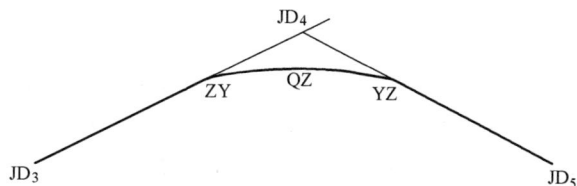

图 3-3 国内通用平曲线交点和主点示意

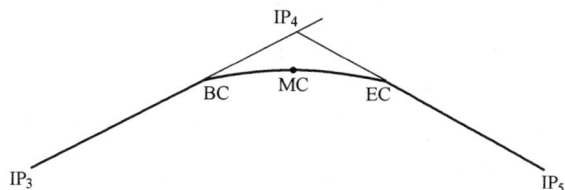

图 3-4 国际上通用平曲线交点和主点示意

要一个适宜的过渡段，如果采用直线过渡就叫作缓和段，如果采用曲线过渡就叫作缓和曲线。有关缓和段的内容见第 5 章，有关缓和曲线的内容见第 4 章。

3.2 平曲线半径及平曲线长

3.2.1 平曲线半径

1. 提出问题

汽车在弯道特别是半径较小的弯道上行驶，可能产生两种危险：一是向外滑移，二是向外倾覆，见图 3-5。

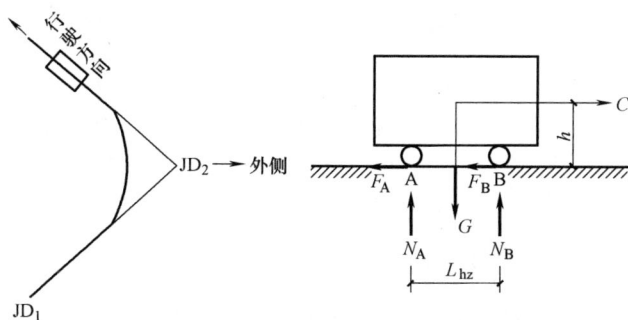

图 3-5 汽车在弯道行驶示意

分析图 3-5 可以得出汽车的横向力平衡式，见式（3-1）~式（3-3）。

$$C = F_A + F_B \tag{3-1}$$

$$C > F_A + F_B \tag{3-2}$$

$$C_h > \frac{G}{2} \times L_{hz} \tag{3-3}$$

式中及图中　　C——汽车在弯道上行驶时产生的离心力，指向弯道外侧方向；

　　　　　　　F_A——汽车产生横向外侧滑移时 A 轮产生的摩阻力；

　　　　　　　F_B——汽车产生横向外侧滑移时 B 轮产生摩阻力；

　　　　　　　h——汽车重心离路面高度；

　　　　　　　G——汽车自重；

　　　　　　　L_{hz}——汽车横向 AB 轮之间的轴距；

　　　　　　　N_A——汽车 A 轮的路面支承反力；

　　　　　　　N_B——汽车 B 轮的路面支承反力。

显然产生式（3-2）的状况时，汽车横向向弯道外侧滑移。

假设汽车绕外侧轮 B 产生倾覆而没有倾覆的瞬间，此时 A 轮没有了汽车支承反力，对 B 轮支承点取力矩，此时倾覆力矩和稳定力矩相等，即 $C_h = \frac{G}{2} \times L_{hz}$。当产生式（3-3）的状况时，汽车横向向弯道外侧倾覆。

从设计理念的角度，当弯道半径比较小时，如何避免汽车产生向弯道外侧滑移和倾覆呢？

2. 平曲线半径基本计算公式

（1）基本原理及要求

基本原理：从设计理念的角度，当弯道半径比较小时，避免汽车产生向弯道外侧滑移和倾覆的思路是超高，即将弯道外侧抬高内侧降低，以克服离心力作用，见图 3-6。

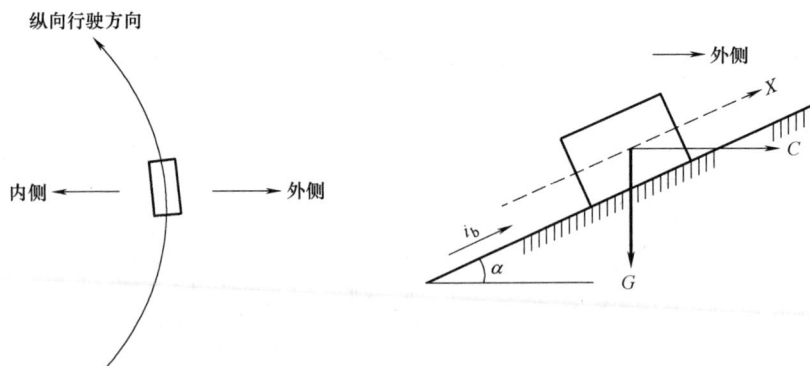

图 3-6　汽车在弯道行驶受力分析

基本要求：保证汽车横向、纵向都安全行驶，保证不滑移、不倾覆，舒适，尽量减少额外消耗。

（2）平曲线公式推导

一般来说超高横坡度较小（4%～10%），可以近似认为 $\alpha \approx \sin\alpha \approx \tan\alpha \approx i_b$，$\cos\alpha \approx 1$，推导时汽车设计速度 V_s 以"m/s"计。

分析图 3-6，取弯道外侧超高横向坡度为 X 轴，则横向力 $\sum X$ 及平曲线半径推导见式（3-4）～式（3-9）。

$$\sum X = C\cos\alpha - G\sin\alpha \tag{3-4}$$

$$\sum X = C - Gi_b \tag{3-5}$$

$$\sum X = \frac{G}{g} \times \frac{V_s^2}{R} - Gi_b \tag{3-6}$$

$$\mu = \frac{\sum X}{G} = \frac{1}{g} \times \frac{V_s^2}{R} - i_b \tag{3-7}$$

$$R = \frac{V_s^2}{g(\mu + i_b)} \tag{3-8}$$

$$R = \frac{V_s^2}{127(\mu + i_b)} \tag{3-9}$$

式中　$\sum X$——沿超高横坡度方向的横向力；

　　　C——离心力；

　　　α——超高横坡度方向的水平倾角；

　　　G——汽车自重；

　　　i_b——超高横坡度（%）；

　　　V_s——设计速度，在式（3-8）以"m/s"计，在式（3-9）以"km/h"计；

　　　μ——横向力系数，即单位车重的横向力；

　　　g——重力加速度；

　　　R——平曲线半径（m）。

式（3-9）为平曲线半径的推导公式。从式（3-9）可以看出，平曲线半径与设计速度的平方成正比、与横向力系数和超高横坡度的和成反比。

3.2.2 平曲线三大半径

根据《公路路线设计规范》JTG D20—2017 和《公路工程技术标准》JTG B01—2014平曲线三大半径应以相应的设计速度和不同的超高横坡度为前提。

1. 极限最小半径

式（3-9）中要使 R 最小，在设计速度一定的前提下，分母应取最大值，见式（3-10）。

$$R_{\min} = \frac{V_s^2}{127(\mu_{\max} + i_{b_{\max}})} \ (\text{m}) \tag{3-10}$$

式中　$R_{\min}$——平曲线极限最小半径（m）；

　　　V_s——设计速度，以"km/h"计；

　　　$\mu_{\max}$——弯道上允许的最大横向力系数；

　　　$i_{b_{\max}}$——弯道上允许的最大超高横坡度。

2. 不设超高的平曲线半径

如果弯道上的平曲线半径足够大，可以不进行超高就能满足行车安全，其相应的半径为不设超高的平曲线半径或称为无超高半径。不设超高的平曲线半径就能满足安全、舒适的要求，从两个方面来考虑：行驶时可能在外侧路拱上（相当于反超高），行驶时也可能遭遇泥泞（南方）或冰雪条件（北方）。考虑反超高时将式（3-9）变为式（3-11）。

$$R_{\mathrm{w}} = \frac{V_{\mathrm{s}}^2}{127(\mu - i_1)} \text{ (m)} \tag{3-11}$$

式中 R_{w}——平曲线无超高半径（m）；

μ——横向力系数，南方$\leqslant 0.15$，东北、内蒙古$\leqslant 0.06$，《公路工程技术标准》JTG B01—2014 建议取 $0.035 \sim 0.040$；

i_1——路拱横坡度（%）。

3. 一般推荐半径

$$R_{\mathrm{t}} = \frac{V_{\mathrm{s}}^2}{16} \text{ (m)} \tag{3-12}$$

式中 R_{t}——平曲线一般推荐半径（m）。

4. 三大半径实例

【例 3-1】 以 $V_{\mathrm{s}} = 40\text{km/h}$，路拱横坡度 $i_1 = 2\%$ 为例，计算平曲线三大半径并讨论规范取值。

【解】

$$R_{\min} = \frac{V_{\mathrm{s}}^2}{127(\mu_{\max} + i_{\mathrm{b}_{\max}})} = \frac{40^2}{127(0.15 + 0.06)} = 59.99\text{m}$$

《公路路线设计规范》JTG D20—2017 取设计速度为 40km/h，极限最小半径 $R_{\min} = 60\text{m}$。

$$R_{\mathrm{w}} = \frac{V_{\mathrm{s}}^2}{127(\mu - i_1)} = \frac{40^2}{127(0.040 - 0.02)} = 629.92\text{m}$$

《公路路线设计规范》JTG D20—2017 和《公路工程技术标准》JTG B01—2014 取设计速度为 40km/h，无超高半径 $R_{\mathrm{w}} = 600\text{m}$；即该等级下的公路平曲线半径（路拱横坡度 $i_1 = 2\%$）大于或等于 600m 就无需超高了，相当于汽车在直线上正常路拱行驶一样的。

$$R_{\mathrm{t}} = \frac{V_{\mathrm{s}}^2}{16} = \frac{40^2}{16} = 100\text{m}$$

《公路路线设计规范》JTG D20—2017 取设计速度为 40km/h 的一般推荐半径为 100m。一般来说，实际公路勘测设计现场，平原地区及平原微丘区容易做到大半径，甚至超过无超高半径。但是在山区，选择较大半径是比较困难的，而半径过小标准偏低，行车安全性降低，综合一下得到的半径就是一般推荐半径。

5. 规范规定的三大半径

《公路路线设计规范》JTG D20—2017 对三大半径进行了规范，见表 3-1 和表 3-2。

平曲线一般推荐半径和极限最小半径　　　　　　　　　　　表 3-1

设计速度（km/h）	120	100	80	60	40	30	20
一般推荐半径（m）	1000	700	400	200	100	65	30
极限最小半径（m）	650	400	250	125	60	30	15

无超高的平曲线半径（m）

表 3-2

设计速度(km/h)	120	100	80	60	40	30	20
路拱横坡度 $i_1 \leqslant 2\%$	5500	4000	2500	1500	600	350	150
路拱横坡度 $i_1 > 2\%$	7500	5250	3350	1900	800	450	200

《公路工程技术标准》JTG B01—2014 对三大半径根据超高横坡度进行了细化，见表 3-3。

平曲线最小半径（m）

表 3-3

设计速度(km/h)		120	100	80	60	40	30	20
最大超高横坡度	10%	570	360	220	115	/	/	/
	8%	650	400	250	125	60	30	15
	6%	710	440	270	135	60	35	15
	4%	810	500	300	150	65	40	20
无超高平曲线半径(m)	$i_1 \leqslant 2\%$	5500	4000	2500	1500	600	350	150
	$i_1 > 2\%$	7500	5250	3350	1900	800	450	200

3.2.3 平曲线长度

1. 一般平曲线最小长度

平曲线长度过短，汽车在短曲线上行驶，司机易产生错觉，高速时比较危险。

$$L \geqslant \frac{V_s}{3.6} \times t \quad (\text{m}) \tag{3-13}$$

式中　L——平曲线长度（m）；

　　　V_s——设计速度（km/h），以"km/h"计；

　　　t——汽车在平曲线上以设计速度的行驶时间，一般不短于 5s。

参考式（3-13），《公路路线设计规范》JTG D20—2017 规定各级公路设计平曲线长度不宜过短，见表 3-4。

一般平曲线最小长度

表 3-4

设计速度(km/h)	120	100	80	60	40	30	20
一般值(m)	600	500	400	300	200	150	100
最小值(m)	200	170	140	100	70	50	40

2. 小转角平曲线长度

《公路路线设计规范》JTG D20—2017 认为平面设计中采用小转角、大半径平曲线一般是受条件限制不得已而为之。小转角设置大半径平曲线系曲线长度规定所致，否则路容将出现扭转，还会造成曲率看上去比实际大得多的错觉。鉴于小转角的不利一面，对其使用还存在不同的看法，并把 7°～10°转角归于小转角，要求少用。以 7°作为引起驾驶员错觉的临界角度只是一种经验值，因为通过选择合适的圆曲线半径，或设置足够长度的曲线可以改善视觉效果，这是提出小转角平曲线最小长度限制的原因。

《公路路线设计规范》JTG D20—2017规定当路线转角小于或等于7°时，应设置足够长的平曲线，见表3-5。

转角小于或等于7°的平曲线最小长度 表3-5

设计速度(km/h)	120	100	80	60	40	30	20
最小值(m)	$1400/\alpha$	$1200/\alpha$	$1000/\alpha$	$700/\alpha$	$500/\alpha$	$350/\alpha$	$280/\alpha$

注：表中 α 为路线转角值（°），当 $\alpha<2°$ 时，按 $\alpha=2°$ 计算。

3.2.4 实地平曲线半径确定

平曲线半径确定需要根据现场具体情况，结合规范，减少占用耕地，减少拆迁。本小节就实地如何确定平曲线半径进行全面介绍，并用实例说明半径确定方法。认真领会这些内容后，对选择平曲线半径将会有很大帮助。

1. 原则

必须满足平曲线半径大于或等于极限最小半径，尽量使用较大半径平曲线，极限最小半径 $R_{\min}$ 只有在极其困难条件下才采用，选择较小半径的弯道在设计上应采取设置限速、警示警告标志等安全措施。

2. 理想半径

尽量选用大半径平曲线，最好大于或等于相应等级的无超高半径 R_w。但是实际勘测设计中，特别是山区复杂地形时难以达到。

3. 长直线末端半径

位于平坡或下坡的长直线末端（或尽头），尽量采用大半径平曲线，避免采用小半径平曲线。《公路路线设计规范》JTG D20—2017规定长直线不宜与陡坡或半径小且长度短的竖曲线组合。长直线末端设置小半径平曲线，实际行车非常危险，而规范又没有对这个问题量化，根据多年的勘测设计和施工及驾驶经验，长直线末端半径应至少大于2倍极限半径，而且应设置限速、警示警告标志等。

4. 不同公路等级半径要求

干线道路、中高等级公路应尽量采用大半径平曲线，即尽量高标准；又线、低等级公路以工程量经济为主，在不过分增加工程量和造价的前提下尽量采用大半径，即尽量低造价高标准。

5. 平曲线最大半径不宜超过10000m。

6. 综合考虑其他控制因素

确定平曲线半径时还要根据实际情况综合考虑其他控制因素。其他控制因素较多，下面以实例来说明，实际勘测设计也可能不会遇到下列因素，可能会遇到下列其中一种或几种因素，也可能会遇到其他控制因素。

（1）切线长控制半径

假设某线JD₉和JD₁₀直线之间有一条河流，需要修建大中桥（图3-7）。从选线原则来看，从整体上来说大中桥服从路线，而从局部而言路线应服从大中桥。从局部而言路线应服从大中桥，说明选择大中桥位不是一件简单的事情，大中桥位选择需要综合考虑路线总体方向、河道顺直、地质稳定、桥位主轴线与主航道水流正交等因素。

【例 3-2】 已知 JD_{10} 的右转角为 $24°42'16''$，在 JD_9 和 JD_{10} 直线之间有一条岷江，JD_{10} 距离岷江右岸边直线距离 276m，该处拟修建大桥，要求大桥为直线桥梁，见图 3-7。JD_{10} 的半径至多可以为多大？

【解】 根据题意，考虑切线长控制半径：

$$T = R \tan \frac{\alpha_y}{2} \leqslant 276\text{m}，则 R \leqslant 1260.33\text{m}。$$

也就是说 JD_{10} 的半径至多为 1260.33m 就能保证该河流的桥位为直线桥梁。

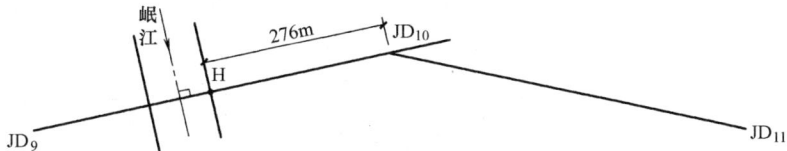

图 3-7　切线长控制半径示意

（2）曲线长控制半径

1）一般平曲线长控制半径

【例 3-3】 已知某线设计速度 40km/h，JD_{27} 的左转角为 $12°33'06''$，有关指标参见表 3-4 和表 3-5。通过计算判断：

① 考虑一般平曲线长的一般值，该交点可以选择半径 500m 吗？

② 考虑一般平曲线长的最小值，该交点可以选择半径 500m 吗？

【解】

① 考虑一般平曲线长的一般值

查表 3-4，设计速度 40km/h，一般平曲线长的最小长度（一般值）200m。

根据题意，考虑平曲线长控制半径：

$$L = \frac{\pi \alpha R}{180} \geqslant 200\text{m}，R \geqslant 912.96\text{m}$$

也就是说 JD_{27} 的半径至少为 912.96m，选择 500m 是不恰当的。

② 考虑一般平曲线长的最小值

查表 3-4，设计速度 40km/h，一般平曲线长的最小长度（最小值）70m。

根据题意，考虑平曲线长控制半径：

$$L = \frac{\pi \alpha R}{180} \geqslant 70\text{m}，R \geqslant 319.54\text{m}$$

也就是说 JD_{27} 的半径至少选 319.54m，选择 500m 是可以的，见图 3-8。

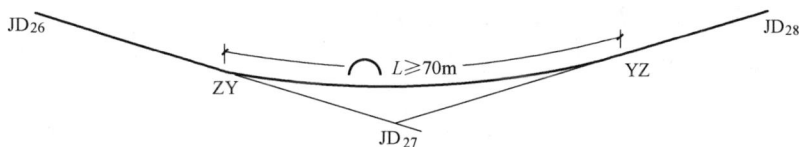

图 3-8　曲线长控制半径示意

29

2）小转角平曲线长控制半径

【例 3-4】 已知某线设计速度 40km/h，JD_{47} 的左转角为 $5°54'41''$，有关指标参见表 3-5。通过计算判断：该交点可以选择半径 500m 吗？

【解】 根据题意，考虑小转角平曲线长控制半径。

查表 3-5，设计速度 40km/h，小转角平曲线的最小长度 $500/\alpha$。

$$L = \frac{\pi \alpha R}{180} \geqslant 500/\alpha，得 R \geqslant 819.81m$$

显然 JD_{47} 的平曲线半径至少为 819.81m，不能为 500m，见图 3-9。

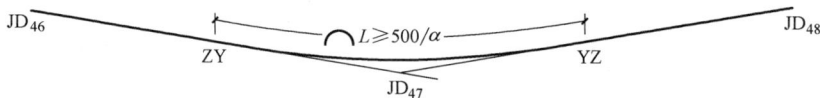

图 3-9 小转角曲线长控制半径示意

（3）外距控制半径

【例 3-5】 已知 JD_{12} 右转角 $32°16'37''$，内侧（分角线方向）有滨江小区，JD_{12} 距离滨江小区 68m，不考虑拆迁建筑物，见图 3-10。JD_{12} 的半径可以大于 1000m 吗？

【解】 根据题意，考虑外距控制半径。

$$E = R\left(\sec\frac{\alpha}{2} - 1\right) \leqslant 68，则 R \leqslant 1657.57m$$

显然 JD_{12} 的平曲线半径至多为 1657.57m，则 $1000m \leqslant R \leqslant 1657.57m$。

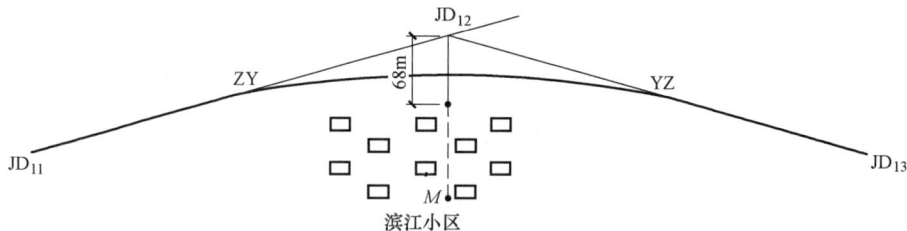

图 3-10 外距控制半径示意

（4）间直线长控制半径

【例 3-6】 已知某线设计速度为 60km/h，JD_7 至 JD_8 之间的链距 768.86m，JD_7 的右转角为 $21°19'38''$，JD_8 的右转角为 $30°27'56''$，其中 JD_7 的半径为 800m，如图 3-11 所示。确定 JD_8 的半径选择区间（此题的 JD_7 和 JD_8，与例 3-7 和例 3-8 没有关联，可以理解为另外一条线路）。

【解】 根据题意，考虑同向间直线长控制半径。

$T_7 + 6V_s + T_8 \leqslant 768.86$，即：

$$R_7 \tan\frac{\alpha_{42}}{2} + 6 \times 60 + R_8 \tan\frac{\alpha_{43}}{2} \leqslant 768.86，得 R_8 \leqslant 948.26m$$

显然 JD_8 的平曲线半径至多为 948.62m，则 $R_{min} \leqslant R \leqslant 948.62m$。

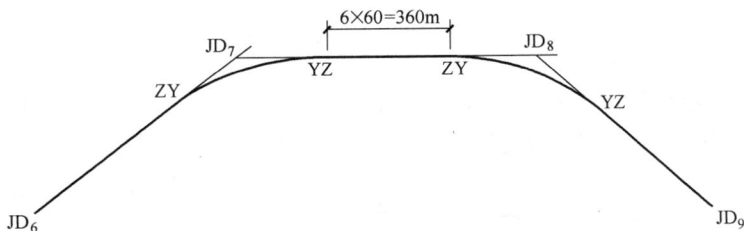

图 3-11　间直线长控制半径示意

（5）同向复曲线控制半径

【例 3-7】　某线设计速度为 60km/h，JD_7 的右转角为 $19°34'55''$，JD_8 的右转角为 $20°46'53''$，$K_{78}=213.12m$，实际考虑设置同向复曲线，如图 3-12 所示。JD_7 的半径为 560m，JD_8 的半径为多大？

【解】　根据题意，考虑同向复曲线控制半径。

$$K_{78}=T_7+T_8=213.12，则\ T_8=K_{78}-T_7$$

$$R_8\tan\frac{\alpha_8}{2}=K_{78}-R_7\tan\frac{\alpha_7}{2}，得\ R_8=635.23m$$

JD_8 的平曲线半径只能为 635.23m，精确至两位小数，不能选择其他任何半径，否则 JD_7 和 JD_8 的平曲线就不是复曲线了，更谈不上满足间直线的要求。

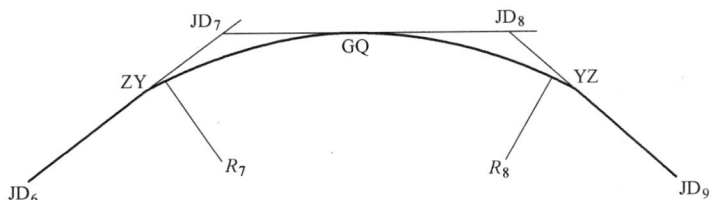

图 3-12　同向复曲线控制半径示意

（6）同向同半径复曲线控制半径

【例 3-8】　某线设计速度为 60km/h，JD_7 的右转角为 $19°34'55''$，JD_8 的右转角为 $20°46'53''$，$K_{78}=213.12m$，实际考虑设置同向同半径复曲线，如图 3-13 所示。JD_7 和 JD_8 的共同半径选多少？

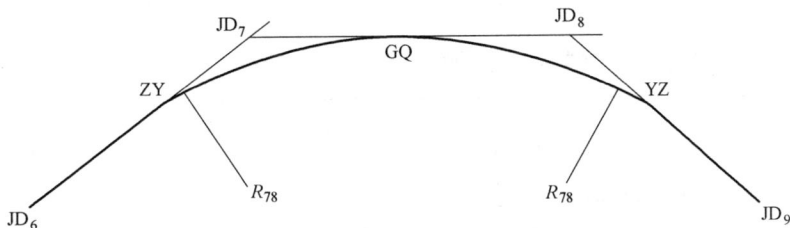

图 3-13　同向同半径复曲线控制半径示意

【解】　根据题意，考虑同向同半径复曲线控制半径。

$$K_{78}=T_7+T_8=213.12，则\ T_8=K_{78}-T_7$$

$$R_{78}\tan\frac{\alpha_8}{2}+R_{78}\tan\frac{\alpha_7}{2}=K_{78}，得 R_{78}=598.76\text{m}$$

JD_8 的平曲线半径只能选择 598.76m，精确至两位小数，不能选择其他任何半径。此时，JD_7 和 JD_8 可以看成一个单曲线。

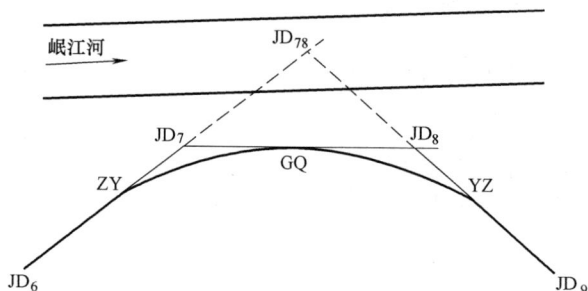

图 3-14　在河流当中设置虚交点示意

同向同半径复曲线也为困难地区的交点（交点位于河流当中或悬崖位置）提供一个变通的思路，把这个困难的交点看成虚交点，在其适当位置（能够进行勘测的地方）设置交点 JD_7 和 JD_8，再计算出虚交点 JD_{78} 的位置及其转角。当然，可以通过 JD_7 和 JD_8 间接计算有关圆曲线，可以不直接计算 JD_{78} 的位置及其转角，见图 3-14。

例 3-8 为在困难地带选线提供了另外一种思路，即虚交点、用 2 个交点替代虚交点、回避河流深水区、回避悬崖危险地带等。

3.3　中 线 里 程

3.3.1　平曲线要素计算

1. 测设交点的右侧角度

进行中线测设时，首先需要测设交点的右侧水平角度和相邻交点之间的链距（相邻交点之间的水平距离）。一般测设交点的右侧角度，见表 3-6 和图 3-15。

交点水平角度测设记录表　　　　　　　　　　　　　表 3-6

测站	盘位	定向目标	水平盘读数	右侧水平角度		转角	分角线读数
				半测回值	测回值		
JD_5	盘左	JD_4	1°01′34″	247°39′08″	247°38′40″	左转角＝67°38′40″	57°12′00″
		JD_6	113°22′26″				
	盘右	JD_4	181°01′32″	247°38′12″			237°12′26″
		JD_6	293°23′20″				

本书以 JD_5 为例介绍使用经纬仪测设水平角度（全站仪测试方法类似），在 JD_5 置仪，对中整平。首先盘左后视 JD_4 测得水平盘读数 1°01′34″，前视 JD_6 测得水平盘读数 113°22′26″，利用等式"右侧水平角度 β＝后视读数－

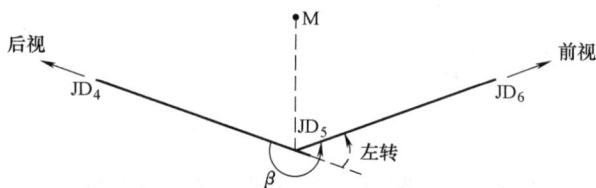

图 3-15　测设 JD_5 的右侧角度

32

前视读数（出现负数时加上 360°）"可以计算出：盘左的半测回值（即盘左的右侧水平角度）＝1°01′34″−113°22′26″＋360°＝247°39′08″；然后盘右后视 JD$_4$ 测得水平盘读数 181°01′32″，前视 JD$_6$ 测得水平盘读数 293°23′20″，利用等式"右侧水平角度＝后视读数−前视读数（出现负数时加上 360°）"可以计算出：盘右的半测回值（即盘右的右侧水平角度）＝181°01′32″−293°23′20″＋360°＝247°38′12″；最后判定测设精度是否满足要求（如不满足需要返工重测，本例盘左盘右限差 60″），满足精度要求取盘左和盘右右侧水平角度的平均值 247°38′40″作为 JD$_5$ 的右侧水平角度，见表 3-6。

在水平角度精度满足要求，测设完毕后，最好顺便把该交点的角平分线标出来，可利用等式"角平分线读数＝（后视读数＋前视读数）/2"或"角平分线读数＝（后视读数＋前视读数）/2＋180°（倒镜）"，至于盘左还有盘右差别不大（精度范围内均可以）。如果经纬仪出于盘左侧，可以计算出盘左的角平分线读数＝（1°01′34″＋113°22′26″）/2＝57°12′00″；如果经纬仪出于盘右侧，可以计算出盘右侧的角平分线读数＝（181°01′32″＋293°23′20″）/2＝237°12′26″，见表 3-6。以盘右为例，当经纬仪处于盘右位置时，将经纬仪的水平盘拨角到 237°12′26″，在 JD$_5$ 的适当距离沿此方向（圆心方向）定一个临时角平分线点 M（以备后用）。

2. 计算交点的转角

交点的右侧水平角度测设出来后，可以计算该交点的转角。转角概念非常重要，见图 3-15，转角指以交点（想象一下人站在 JD$_5$ 上）为起点，从后一交点（JD$_4$）往该交点（JD$_5$）的延长线（见图 3-15 的虚线）开始旋转，旋转到与下一导线边（JD$_4$～JD$_5$）重合，旋转的角度称为转角。旋转的顺序是向右的，称为右转角；旋转的顺序是向左的，称为左转角。转角的计算和判断见式（3-14）和式（3-15）。

$$当 \beta < 180° 时，\alpha_y = 180° - \beta \tag{3-14}$$

$$当 \beta > 180° 时，\alpha_z = \beta - 180° \tag{3-15}$$

【例 3-9】 图 3-15 和表 3-6 中 JD$_5$ 的右侧水平角度 $\beta = 247°38′40″$，计算 JD$_5$ 的转角。

【解】 根据图 3-15 和表 3-6，并参照式（3-14）和式（3-15），得：

JD$_5$ 的左转角 $\alpha_z = 247°38′40″ - 180° = 67°38′40″$

3. 平曲线要素计算

已知交点的转角和平曲线半径，可以计算平曲线要素。平曲线要素有切线长、曲线长、外距和切曲差，见式（3-16）～式（3-19）和图 3-16。

$$T = R \tan \frac{\alpha}{2} \tag{3-16}$$

$$L = \frac{\pi \alpha R}{180} \tag{3-17}$$

$$E = R \left(\sec \frac{\alpha}{2} - 1 \right) \tag{3-18}$$

$$D = 2T - L \tag{3-19}$$

式中 T——平曲线的切线长（m），$T = AN = BN$；

L——平曲线的曲线长（m），$L = \overset{\frown}{AB}$；

E——平曲线的外距，即该交点到平曲线中点之间的水平距离，$E = \mathrm{NC}$；

D——平曲线的切曲差，又称为超距，超过曲线长的切线长。

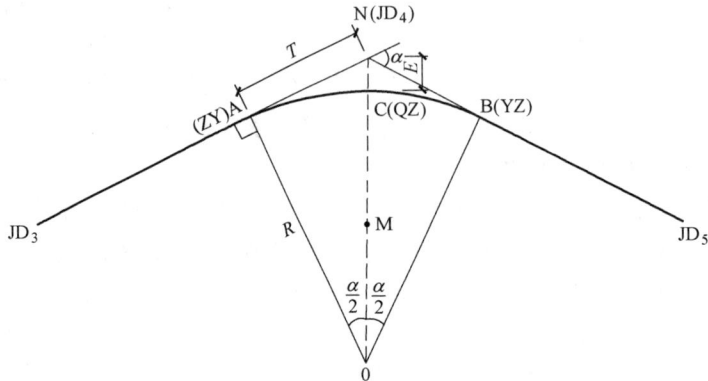

图 3-16　平曲线要素

3.3.2　平曲线主点里程计算

1. 里程概念

里程，又称桩号、中桩里程、中桩桩号，是一个非常重要的概念。里程指从起点出发，沿中线方向，到计算点的水平距离。知道了起点和终点里程，就知道了路线长度；知道了任意两个中桩里程，就知道了这两个中桩之间的水平距离。值得注意的是里程概念不仅包含中线上的直线长度，还包含平曲线长度；里程指的是水平距离，不是斜距，更不是高差。里程概念里面有三个关键词，即起点、中线方向、计算点，把握住这三个关键词就很容易把握里程的概念了。

里程表达可能有下列几种方式（k 表示 "km" 的缩写；X 的单位为 "km"；Y 的单位为 "m"）：

（1）$X^k + Y$

例如：$9^k + 168$，表示该中桩距离起点 $0^k + 000$ 水平距离为 9168m 或 9.168km。

（2）$kX + Y$

例如：k9 + 168，表示该中桩距离起点 k0 + 000 水平距离为 9168m 或 9.168km。

（3）$Xk + Y$

例如：9k + 168，表示该中桩距离起点 0k + 000 水平距离为 9168m 或 9.168km。

这三种方式，无所谓正确与错误，只是表达习惯而已，作者认为第 3 种 $Xk + Y$ 更复合逻辑，也符合书写和读写习惯，即 "多少千米＋多少米＝9k + 168m"。值得一提的是，在同一个设计文件（设计图）上，应采用统一的表达方式，不宜同时采用几种表达方式。

2. 平曲线主点里程计算

（1）平曲线主点

平曲线主点，又称为控制点，有 ZY、QZ 和 YZ 三个主点。ZY 点为平曲线的起点，又称为直线和平曲线相切点；QZ 点为平曲线中间点；YZ 点为圆曲线和直线相切点，见图 3-17。

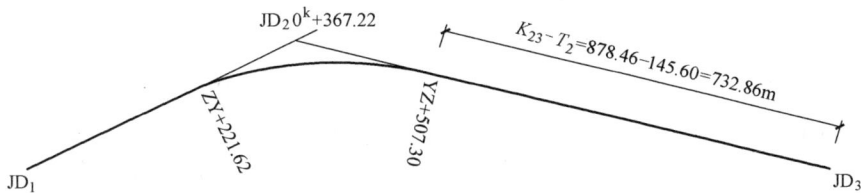

图 3-17 平曲线主点里程及下一个交点里程计算

（2）主点里程计算

在计算平曲线要素的切线长、曲线长、外距和切曲差基础上，计算平曲线主点里程。根据里程概念，主点里程计算见式（3-20）～式（3-22），式（3-23）为校核公式。

$$ZY \text{ 里程} = JD \text{ 里程} - T \quad (3\text{-}20)$$

$$YZ \text{ 里程} = ZY \text{ 里程} + L \quad (3\text{-}21)$$

$$QZ \text{ 里程} = YZ \text{ 里程} - L/2 \quad (3\text{-}22)$$

$$JD \text{ 里程} = QZ \text{ 里程} + D/2 \quad (3\text{-}23)$$

3. 下一个交点里程计算

从上述平曲线主点里程计算来看，要计算主点里程首先要计算出交点里程。那么要计算下一个平曲线主点里程，首先应计算下一个交点里程。

根据里程概念，虽然交点没有在中线上，但是里程概念还有一个关键词"计算点（即到计算点的水平距离）"，见式（3-24）。

$$下一个 JD \text{ 里程} = 上一个交点的 YZ \text{ 里程} + 该两交点之间的链距 } K - 上一个交点的切线长 } T$$

$$(3\text{-}24)$$

4. 里程计算示例

【例 3-10】 假设某线起点 JD_1 的里程为 $0^k + 000$，JD_1 到 JD_2 的链距 $K_{12} = 367.22$m，JD_2 的右转角为 $27°16'48''$，JD_2 到 JD_3 的链距 $K_{23} = 878.46$m。计算：

（1）JD_2 的里程；

（2）JD_2 的主点里程；

（3）JD_3 的里程。

【解】 （1）JD_2 的里程计算

按照里程概念，JD_2 的里程应为 $0^k + 367.22$。

（2）JD_2 的主点里程计算

计算方法：首先用（3-16）～式（3-19）计算平曲线要素，计算结果见表 3-7；然后用式（3-20）～式（3-22）计算主点里程，用式（3-23）校核里程计算结果。手算宜按表 3-7 列竖式计算，里程计算结果见表 3-7。当然，主点里程计算也可以在 Excel、程序计算器等工具里面编程计算，见第 4 章。

表 3-7 中不仅记录平曲线上的中桩，还应记录所在交点附近直线上的中桩，这些中桩在室内按照桩距规定就可以确定。中桩记录表还应记录桥涵加桩、地形变化地点加桩、地物加桩及其他特殊加桩，这些加桩应根据现场实际情况确定。一个交点中可以用一个中桩记录表，也可以用 2 个或 3 个表。

（3）JD_3 的里程计算（下一个交点里程计算）

表 3-7 中，下一个交点里程计算：

$$JD_3 \ 里程＝JD_2 \ 的 \ YZ \ 里程＋K_{23}-T_2$$
$$JD_3 \ 里程＝507.30＋878.46-145.60＝1240.16m$$

即 JD_3 的里程为 $1^k+240.16$。

计算出 JD_3 的里程后，如果已知 JD_3 的里程和平曲线半径及转角，按照式（3-20）～式（3-22）和表 3-7 的方法，同理可以轻松地计算出的 JD_3 平曲线要素和主点里程，以此类推，后面的交点及平曲线可以采用同样的方法进行计算。

由此可以看出下一个交点里程计算是非常重要的，如果交点里程计算错误，后续平曲线主点里程及后续交点里程将会错误，式（3-19）和表 3-7 只能依据已知交点里程校核本平曲线内的要素及主点里程，无法自行判断该交点的里程是否正确，因此交点里程计算应十分仔细。实际勘测设计中尽量不要出现因里程计算错误人为产生断链，当然改线等不得已的困难情况除外。

圆曲线中桩记录表　　　　　　　　表 3-7

交点编号及里程	$JD_2 \ 0^k+367.22$	转角	$\alpha_y=27°16'48''$	桩号	编号	备注
$R=600m$	$T=145.60m$	$L=285.68m$	$K_{12}=367.22m$	0^k+200	10	
$E=17.41m$	$D=5.52m$	/	$K_{23}=878.46m$	ZY+221.62	11	
				+240	12	
				+260	13	
				+280	14	
JD		367.22		+286	15	涵洞
－） T		145.60		+300	16	
ZY		221.62		+320	17	
＋） L		285.68		+340	18	
YZ		507.30		QZ+364.46	19	
－） $L/2$		142.84		+380	20	
QZ		364.46		+400	21	
＋） $D/2$		2.76		+420	22	
JD		367.22		+440	23	
				+452	24	地形
				460	25	
				+480	26	
				+500	27	
				YZ+507.30	28	
				+520	29	
				+540	30	

初学者在课堂练习、作业和考试，建议根据图 3-18 格式，按照计算公式、计算竖式和里程表达方式三步曲完成，遇到主点里程计算时，首先写出计算公式，其次列出计算竖

式，最后按照里程表达式将主点里程表达出来，这是掌握公式，完成平时作业和考试的需要。而在实际工作中，不需要这么麻烦，可以采用计算器编程或 Excel 直接计算主点里程。

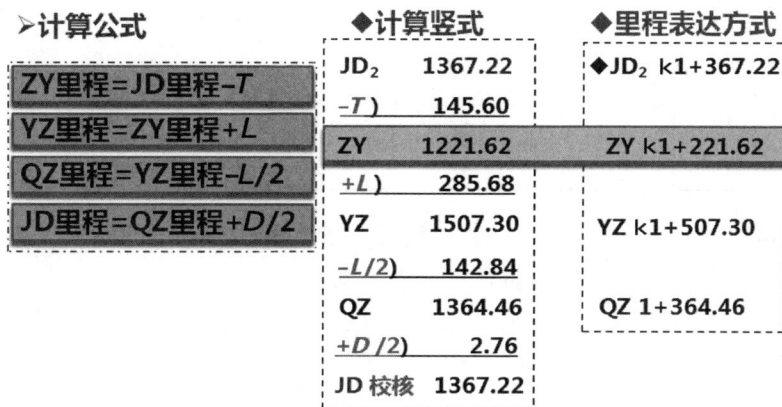

➤计算公式	◆计算竖式		◆里程表达方式	
ZY里程=JD里程−T	JD$_2$	1367.22	◆JD$_2$ k1+367.22	
YZ里程=ZY里程+L	−T)	145.60		
QZ里程=YZ里程−L/2	ZY	1221.62	ZY k1+221.62	
JD里程=QZ里程+D/2	+L)	285.68		
	YZ	1507.30	YZ k1+507.30	
	−L/2	142.84		
	QZ	1364.46	QZ 1+364.46	
	+D/2)	2.76		
	JD 校核	1367.22		

图 3-18　圆曲线主点里程计算三步曲示意图

3.3.3　中桩设置

某交点及其主点里程计算完毕，就可以设置中桩了，见表 3-7 中的桩号和编号栏。中桩的设置需要考虑下列因素：

1. 规定桩距加桩

《公路勘测规范》JTG C10—2007 规定路线中桩间距不应大于表 3-8 规定。

规定中桩桩距　　　　　　　　　　　　　　　　表 3-8

直线（m）		曲线（m）			
平原、微丘	重丘、山岭	不设超高的曲线	$R>60$	$30<R<60$	$R<30$
50	25	25	20	10	5

一般来说，桩距为 20m 的情况较多，实际勘测设计中一般默认的桩距就是 20m，表 3-7 中桩号栏的桩距就是 20m（个别起终点段和中点段除外）。当然，地形平坦地区，工程量变化不大，桩距可以为 50m。地形变化较大，且平曲线半径较小，桩距可以加密到 10m 甚至 5m。桩距越大，测设速度越快，测设成本越低，但是工程量误差就越大；反之，桩距越小，测设速度越慢，测设成本越高，工程量精度就越高。

直线上桩距为 20m 和 50m 的对比　　　　　　　　　　表 3-9

桩距 20m	编号	桩距 50m	编号	桩距 20m	编号	桩距 50m	编号
K0+000	1	K0+000	1	+100	6	+250	6
+020	2	+050	2	+120	7	+300	7
+040	3	+100	3	+140	8	+350	8
+060	4	+150	4	+160	9	+400	9
+080	5	+200	5	+180	10		

桩距20m	编号	桩距50m	编号	桩距20m	编号	桩距50m	编号
+200	11			+320	17		
+220	12			+340	27		
+240	13			+360	28		
+260	14			+380	29		
+280	15			+400	30		
+300	16						

从表 3-9 可以看出，桩距越大，中桩数量越少，测设速度越快，测设成本越小；但是，对于地形变化较大地区，工程量计算误差越大。

平曲线上的加桩可以采用整桩号法或整桩距法，表 3-7 中采用的整桩号法。整桩距法可以表示为 ZY+221.62、+241.62、+261.62、+281.62 等。

平曲线上整桩号法和整桩距法加桩对比 表 3-10

整桩号	编号	整桩距	编号	整桩号	编号	整桩距	编号
ZY+221.62	1	ZY+221.62	1	+380	11		
+220	2	+241.62	2	+400	12		
+240	3	+261.62	3	+420	13		
+260	4	+281.62	4	+440	14		
+280	5	+301.62	5	+460	15		
+300	7	+321.62	7	+480	16		
+320	8	+341.62	8	+500	17		
+340	9			YZ+507.30			
QZ+364.46	10						

从表 3-10 看出，整桩距法涉及小数点的桩号较多，熟悉和读念都不方便。

【例 3-11】 已知起点 JD_1 桩号 k0+000。JD_2：左转角 $27°26'56''$，$R_2=380m$，相应平曲线要素：$T=92.81m$；$L=182.05m$；$E=11.17m$；$D=3.56m$。交点之间的链距：$K_{12}=323.11m$，$K_{23}=625.46m$。计算：

（1）JD_2 的主点里程；

（2）JD_3 的里程；

（3）布置 k0+000～k0+500（直线）的中桩，现场实测 k0+383 和 k0+455 分别有电杆和小沟。

【解】 （1）JD_2 的主点里程

JD_2 主点里程计算同例 3-10，这里省略。ZY0k+230.30，QZ0k+321.33，YZ0k+412.35

（2）JD_3 的里程

JD_3 的里程计算同例 3-10，这里省略。$JD_3$0k+945.01

（3）布置 k0+000～k0+500（直线）的中桩。

一般默认桩距 20m。

从 k0+000～ZY0k+230.30 为直线，布置中桩：0k+000、0k+020、0k+040、0k+060、0k+080、0k+100、0k+120、0k+140、0k+160、0k+180、0k+200、0k+220、ZY0k+230.30。

从 ZY0k+230.30～YZ0k+412.35 为平曲线，布置中桩：ZY0k+230.30、0k+240、0k+260、0k+280、0k+300、QZ0k+321.33、0k+340、0k+360、0k+380、0+383（电杆）、0k+400、YZ0k+412.35。

从 YZ0k+412.35～0k+500 为直线，布置中桩：YZ0k+412.35、0k+420、0k+440、0k+455（小沟）、0k+460、0k+480、0k+500。

2. 固定点加桩

固定点指起到固定中线作用的点，是中线上较为重要的点。固定点是比较重要的中桩点，这些点桩如果丢失或偏差较大，将会影响其他加桩。当然固定点根据测设方法和使用的仪器不同有所不同，传统测设方法就将圆曲线主点当成固定点，而使用全站仪或 GPS 采用坐标法测设时，可以采用少数几个控制点坐标，无需太多控制点。

一般认为固定点（又称为控制点）有：路线起点、终点、公里桩、百米桩、平曲线及缓和曲线控制桩、桥梁或隧道轴线控制桩、交点桩、中线转点桩。

中线转点桩是指位于地势较高，并传递前后两个交点通视的加桩，即前后两个交点互不通视，通过该两个交点直线上的中间适当位置（地势最高）设置一个中线转点桩，可以起到传递中介作用，把前后两个交点互不通视变得能够通视和测设。以图 3-19 为例说明中线转点如何初步确定和精确标定，JD_7 和 JD_8 互不通视，假定事先确定了 JD_7 和 JD_8，而中线转点 ZD_4 未知；从 JD_7 出发初步确定 ZD_4，即从 JD_7 往 JD_8 大致方向确定一个方向花杆 G_1 和 G_2，由 G_1 和 G_2 传递第三花杆 G_3，以此类推，一直传递到山顶最高位置，就可以初步确定 ZD_4（该点既能看到 JD_7 又能看到 JD_8）；在初定的 ZD_4 位置精确标定 ZD_4，在初定 ZD_4 位置安置经纬仪或全站仪，后视 JD_7，倒镜，判断 JD_7、ZD_4、JD_8 是否在同一直线上，若不在同一直线上，适当调整初定的 ZD_4 位置，再后视 JD_7，再倒镜，再判断 JD_7、ZD_4、JD_8 是否在同一直线上，如此反复，直到 JD_7、ZD_4、JD_8 在一条直线上为止，在此过程中需要注意 ZD_4 一定要在最高位置，并要求既能看到 JD_7 又能看到 JD_8。精确标定好 ZD_4 后，ZD_4 起到承前启后的作用，可以从 JD_7 往 ZD_4 方向、从 ZD_4 往 JD_8 方向测设，也就相当于从 JD_7 往 JD_8 方向测设。当然，使用全站仪、GPS 等手段采用坐标法，可以不受转点的限制。

此外，公路勘测中还有一个水准测量的转点，水准转点仅仅起传递高程点的作用。

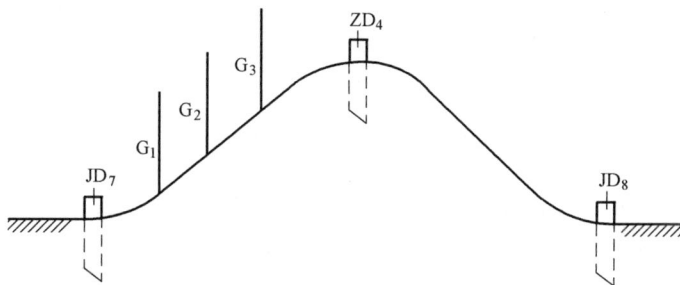

图 3-19　中线转点传递通视示意

3. 地形和地物加桩

在各类特殊地点应设加桩，加桩的位置和数量必须满足路线、构造物、沿线设施等专业勘测调查的需要。根据《公路勘测细则》JTG/T C10—2007，具体而言，路线经过下列位置应设加桩：

（1）路线纵向、横向地形变化处；

（2）路线与其他线状物交叉处；

（3）拆迁建筑物处；

（4）桥梁、涵洞、隧道等构造物处；

（5）土质变化及不良地质地段起点、终点处；

（6）道路轮廓及交叉中心；

（7）省、地（市）、县级行政区划分界处；

（8）改、扩建公路地形特征点、构造物和路面面层类型变化处。

3.3.4 断链加桩

现场勘测里程计算错误或内业设计、改线等原因造成中线里程断开而不连续，此时可能线路已经完成全线勘测，如果自断链桩至路线终点从头沿原来线路重复勘测一遍既没有必要也造成时间、人力和设备浪费。出现断链以后，在适当位置进行断链处理（断链加桩）显得十分必要。

1. 断链分类
断链分长链和短链。

2. 断链概念
断链是指中线因改线等原因造成里程不连续或断开。长链指原来路线终点记录中桩里程短于地面实际长度，即中桩里程少加了，实际长度需要在原来记录中桩里程基础上增加；短链反之。

3. 断链实例
为了弄清楚断链，本书以长链为例（短链反之）进行介绍。图 3-20 中，已知原来已经勘测的起点 $JD_1 0^k+000$，终点 $JD_{321} 143^k+468.31$，后经过现场分析对比认为在 $JD_{27} \sim JD_{28}$ 之间的 $14^k+500 \sim 14^k+700$ 区段有淤泥地段不宜直线通过（图中粗虚线段为原来路

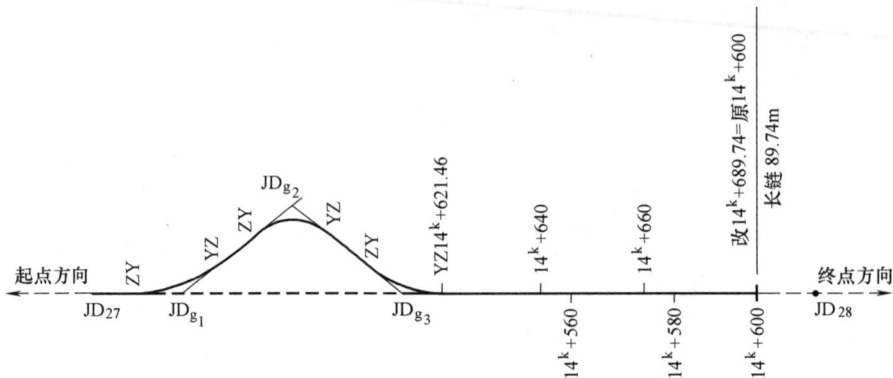

图 3-20 长链处理示意

线），需要增设三个改线交点 JD_{g1}、JD_{g2} 和 JD_{g3} 绕开通过（图中粗实线段为改线）。

在图 3-20 可以看出，改线后，线路实际长度比原来长度变得长了一些，需要进行断链处理，根据实际情况应设置长链加桩，断链等式表示为"改 $14^k+689.74=$ 原 14^k+600"（长链 89.74m）。

等式"改 $14^k+689.74=$ 原 14^k+600"含有 5 层意义：

（1）断链设置位置

断链位置是新线中桩里程 $14^k+689.74$，原来线路中桩里程 14^k+600；事实上这两种表示均为同一地点同一中桩。

（2）从起点新线推算里程

"改 $14^k+689.74$"表示新线（改线后）从起点 $JD_1 0^k+000$ 开始，连续不间断正确推算里程一直到 $14^k+689.74$，即该桩距离起点水平长度为 14689.74m。

（3）老线从 14^k+600 开始里程一直推算至终点

"原 14^k+600"表示老线（改线前的原来线路）从起点 $JD_1 0^k+000$ 开始，连续不间断正确推算里程一直到 14^k+600，即该桩距离起点水平长度为 14600m。认识到这点的意义在于后续意义，即老线（改线前的原来线路）从起点 $JD_1 0^k+000$ 开始，连续不间断正确推算里程一直到 14^k+600，并一直连续不间断正确推算里程一直到终点 $JD_{321} 143^k+468.31$（假设该线路仅有这一个地点产生断链）。认识到这点的意义还在于忽略意义，即因为产生了断链，就应忽略 14^k+600 之前的老线（改线前的原来线路），因为已经改线为新线路。

（4）长链 89.74m

根据长链概念，从图 3-20 和断链等式"改 $14^k+689.74=$ 原 14^k+600"可知，该线发生长链。实际线路比原来线路增长了 89.74m，因此：

$$全线实际长度=143468.31-0.00+89.74=143558.05m$$

（5）长链表示方法及其意义

"改 $14^k+689.74=$ 原 14^k+600"，等式左边表示改线后的新线里程，等式右边表示改线前的老线里程；等式左边数字大于等式右边数值表示长链，反之短链。

4. 含有断链的路线实际总长度计算

含有断链路线起点到终点的实际总长度，按式（3-25）计算。

$$路线实际总长度=终点里程-起点里程+\sum 长链 - \sum 短链 \qquad (3-25)$$

式中　终点里程——表示该路线中线终点的里程；

起点里程——表示该路线中线起点的里程，一般新建公路起点里程为 0^k+000；

$\sum$ 长链——表示该路线多个长链长度之和，没有时该项值为 0；

$\sum$ 短链——表示该路线多个短链长度之和，没有时该项值为 0。

含有断链路线任意两个中桩之间的实际长度，按式（3-26）计算。

$$任意两个中桩之间的实际长度=末桩里程-起桩里程+\sum 长链 - \sum 短链 \qquad (3-26)$$

式中　末桩里程——表示该段路线结尾中桩的里程；

起桩里程——表示该端路线开始中桩的里程；

$\sum$ 长链——表示该段路线之间的多个长链长度之和，没有时该项值为 0；

∑短链——表示该段路线之间的多个短链长度之和，没有时该项值为0。

5. 断链表示方法

断链用断链分子式表示，见图3-20。

$$断链分子式：\quad \frac{改\times\times^k+\times\times=原\times\times^k+\times\times}{长链或短链\times\times m}$$

式中，分子表示断链等式或换算里程，等式左边数字大表示长链，反之为短链；分母表示断链增减长度。

$$长链分子式：\quad \frac{改14^k+689.74=原14^k+600}{长链89.74m}$$

$$短链分子式：\quad \frac{改28^k+523.72=原28^k+700}{短链176.28m}$$

在平面设计图、纵断面设计图和横断面设计图，以及"直线、曲线及转角一览表""路基设计表"和"路基土石方数量计算表"等相应中桩位置，均应用断链分子式明显表示出来，否则容易忽略该断链，容易造成路线实际长度、坡长、土石方计算等方面的混淆或错误。

6. 断链设置地点

为了方便计算和记录，断链宜设置在改线前原来路线直线段10m及10m倍数桩上，不宜设在桥梁、隧道、立交等构造物范围之内，不宜设在平曲线段、缓和段及缓和曲线范围之内，不宜设在小数桩、非10m及10m倍数桩的整数米桩上。在现场可通过挪动断链位置实现，如图3-21所示。在新线改线JD_{g3}的$YZ14^k+621.46$以后的直线段上，原来路线直线上中桩14^k+560、14^k+580、14^k+600、14^k+620等位置均可以设置断链，如果在14^k+580设置断链，则有断链等式$\frac{改14^k+669.74=原14^k+580}{长链89.74m}$，比较图3-20和图3-21的异同。

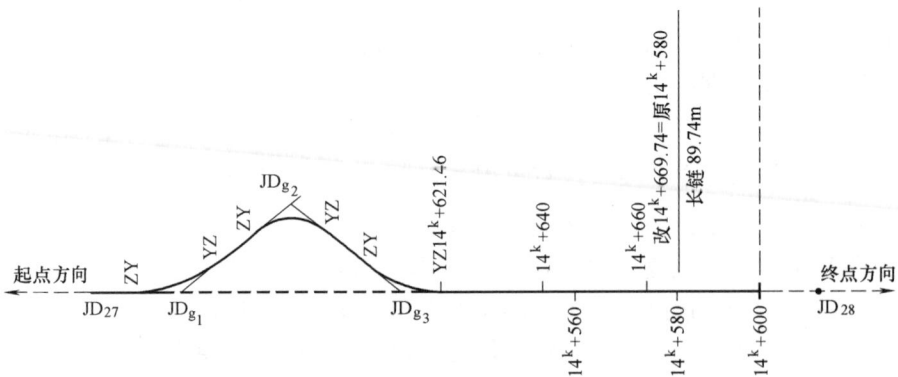

图3-21 断链位置挪动至原14^k+580处理示意

值得注意的是为了简便和不发生错觉，在同一地点及其附近地点只能设置一个断链。如果同一地点及其附近地点有几个地方改线或里程计算错误，必须前后移动到一个地点设置断链，而且断链桩前后的里程必须推算正确。

3.3.5 测量标志与测量记录

1. 测量标志

（1）测量标志分类

1）测量标志分为控制测量桩、路线控制桩和标志桩三种。

2）控制测量桩主要用于控制测量的 GPS 点、三角点、导线点、水准点，以及特大型桥隧控制桩等。

3）路线控制桩指路线起终点桩、公里桩、曲线要素桩、交点桩、转点桩、断链桩等。

4）标志桩指路线中线桩和控制桩的指示桩。

（2）测量标志要求

1）控制测量标志应采用混凝土制作，也可采用不易破碎的石材或其他具有较高强度的材料制成，测量控制点的标志可按要求预制或现场浇筑，尺寸规格见图 3-22～图 3-28。

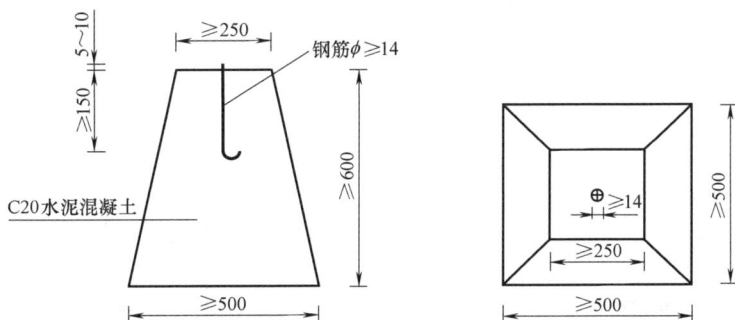

图 3-22 三等平面控制测量桩尺寸（mm）

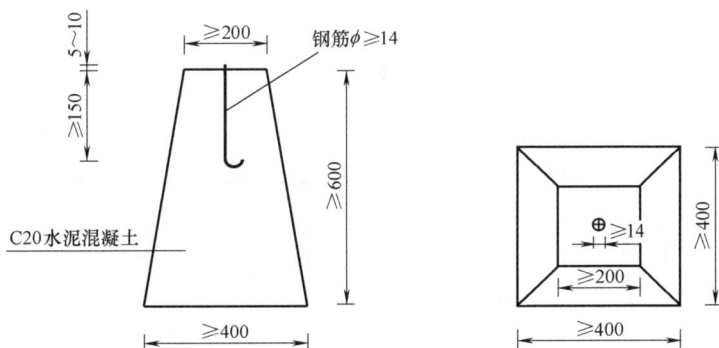

图 3-23 四等平面控制测量桩尺寸（mm）

2）重要的构造物控制网，其控制点标志的大小、高度、结构，应视构造物的精度要求、当地的地质情况、通视情况具体确定，标志规格应使桩具有足够的稳定性，必要时应埋至弱风化层，并采用强制对中装置。

3）各级控制测量桩必须设有中心标志。中心标志宜采用具有中心记号的铸铁，也可采用直径不小于 14mm 的钢筋制作。平面控制测量桩钢筋头表面应凿平并刻成细小、清晰的十字线，其露出标石表面的高度应为 2～5mm；高程控制测量桩的中心标志顶端应圆滑，应采用球形中心标志或凿平表面的钢筋。

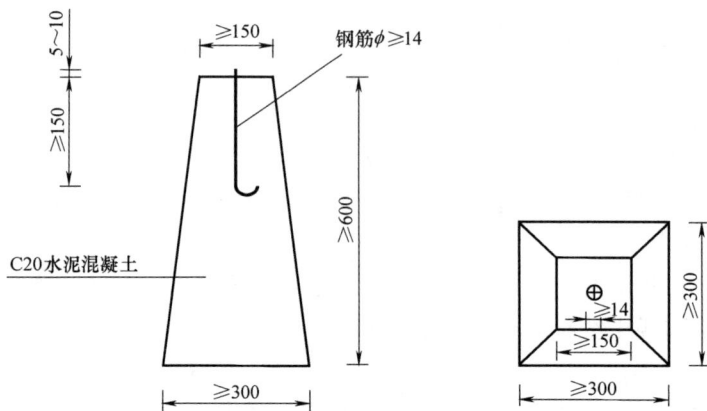

图 3-24　一级平面控制测量桩尺寸（mm）

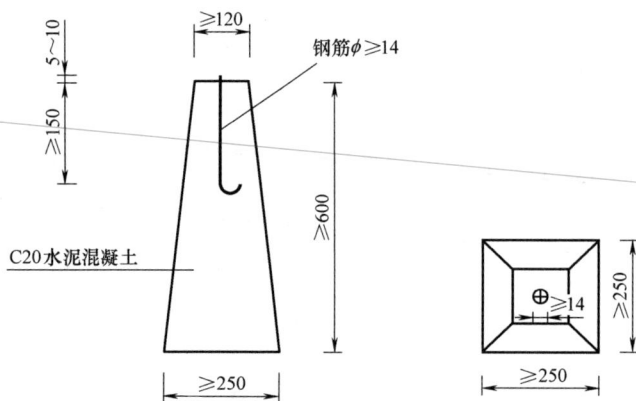

图 3-25　二级平面控制测量桩尺寸（mm）

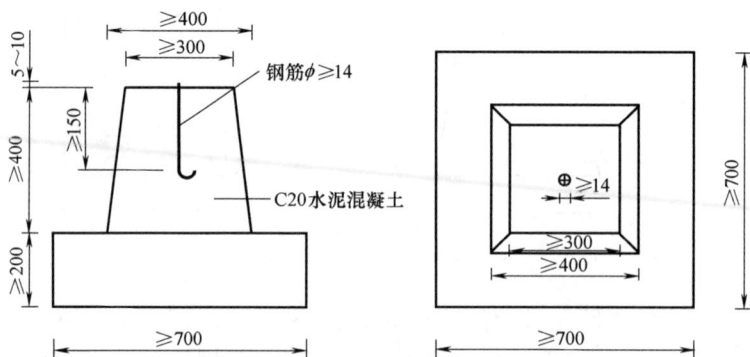

图 3-26　三等高程控制测量桩尺寸（mm）

4）不同的控制测量桩可以共用，但必须满足各自的埋设和作业要求，标志高、上顶面长和宽、下底面长和宽以其中规格要求较高者为准。

5）路线控制桩同时作为控制测量桩使用时，应使用水泥混凝土作为护桩，同时应设置指示标志。

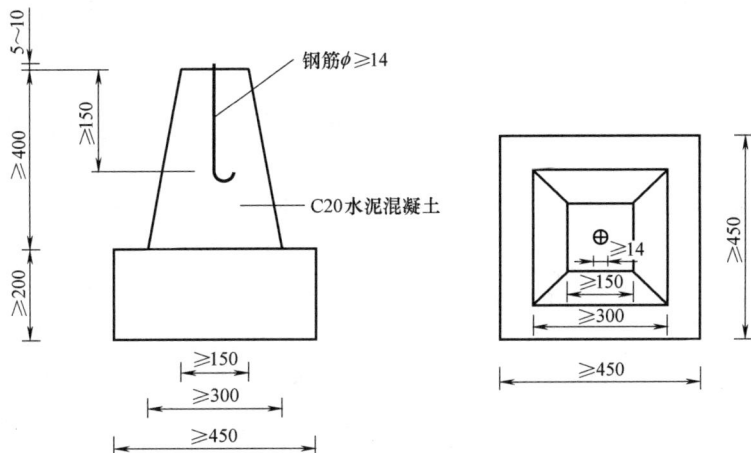

图 3-27　四等高程控制测量桩尺寸（mm）

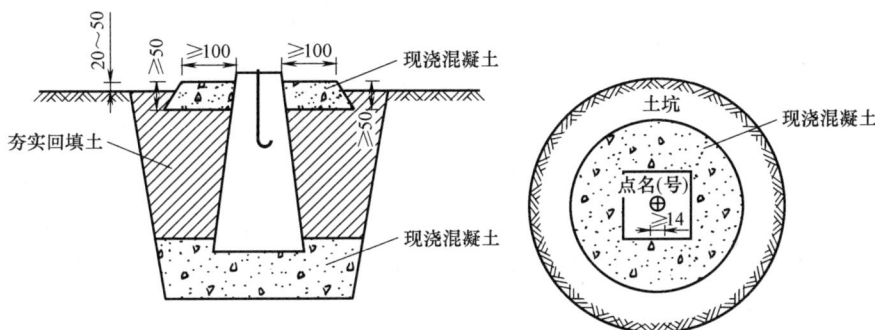

图 3-28　控制测量桩埋设剖面图（mm）

6）路线控制桩应采用断面不小于 5m×5cm、长度不小于 30cm 的木质桩。

7）标志桩应采用断面不小于 5m×1.5cm、长度不小于 30cm 的木质桩或竹质桩。

（3）标志埋设

1）控制测量桩

① 控制测量桩应埋设在基础稳定、易于长期保存的地点。埋设时，应使其具有足够的稳定性。控制测量桩高出地面的部分不得超过 5cm。

② 控制测量桩埋设时坑底应填以砂石，并捣实或现浇厚度 20cm 以上的混凝土，地表应在控制测量桩周围现浇厚度 5cm 以上、控制桩以外宽度 10cm 以上的混凝土。埋设的控制测量桩应待沉降稳定后方可使用。

③ 冻土地区，季节性冻土层以下标志的高度应大于标准高度的 2/3，并应在位于季节性冻土层段的标志周围包裹防火材料。

④ 控制测量桩位于岩石或固定建筑物上时，应将表面凿毛、冲洗干净后，在其上浇筑混凝土并埋入中心标志，其顶部外形尺寸应与相应标志相符，混凝土的高度隐蔽大于 20cm。

⑤ 控制测量桩位于沙丘和土层松软地区时，应增加标志尺寸和基坑底层现浇混凝土的面积和厚度，直至具有足够的稳定性。

45

⑥ 利用原有控制测量桩时，应确认该点标石完好，并符合相应控制测量桩的规格和埋设要求。

2）路线控制桩

① 路线控制桩顶面宜与地面齐平，并加设指示桩。路线控制桩的木质方桩顶面应钉小钉，表示点位。

② 路线控制桩位于岩石或建筑物上时，可用油漆标记。柔性路面地段可用钢筋打入路面且与路面平齐。

③ 路线控制桩应具有较高的稳定性，不得随意搁置于地表。

3）标志桩

① 标志桩打入地下的长度应大于15cm。当标志桩作为指示桩时，应钉设在被指示的标志附近。

② 标志桩位于岩石后建筑物上时，可用油漆标记。柔性路面地段可用铁钉打入路面且与路面平齐。

③ 标志桩应具有一定的稳定性，不得随意搁置于地表。

（4）标志书写

1）控制测量桩应在其标石表面刻制或用红色油漆标注点名（号）。

2）控制测量的等级可分别以"A""B""C""D"表示"一等""二等""三等""四等"；以"E"表示平面控制点的"一级"、高程控制点的"五等"；"F"表示平面控制点的"二级"。

3）路线控制桩、标志桩宜采用油漆或记号笔书写桩号、标注中心位置；当路线控制桩作为控制测量桩使用时，中心记号应细小、清晰且牢固。

4）路线控制桩、标志桩位于岩石、建筑物或路面上时，应将其表面清理干净，在点位的旁边书写桩号。

5）控制测量桩、路线控制桩和标志桩应按起点、终点方向顺序连续编号。中线桩的背面宜按0～9循环编号。

6）分离式路基测量，其左、右侧路线桩号前应冠以Z、Y字母符号，并以前进方向右侧路线为全程连续计算桩号。

7）有比较方案时，按方案的顺序，桩号前冠以A、B……字样。

8）路线控制桩应在附近的建筑物、电线杆、大树、岩石等固定物上标明指示方向及距离，并填写固定标志表，也可采用堆土、石或混凝土包桩方式予以保护。

9）公路测量符号宜采用汉语拼音，有特殊要求时可采用英文字母。

2. 测量记录

（1）标志记录

1）控制测量桩应填写点的记录，并应在现场填绘。

2）当路线控制桩作为控制测量桩使用时，应填写固定标志表。

（2）勘测记录

1）原始数据和记事项目应现场记录，字迹应清楚、整齐，不得涂改、擦改和转抄。外业手簿应进行编号并不得撕页。

2）当记录发生错误时，应按下述条款进行处理：

① 角度记录汇总的分位、距离测量的往返值、水准测量的前后读数值不得同时更改。

② 角度记录中的秒位、距离和水准记录中的厘米及厘米以下位数不得涂改，必须重测。

③ 允许改正的内容应用横道线整齐划去错误的记录，在其上方重新记录正确的数值并在备注栏注明原因。

3）记录薄中所规定的项目应记录齐全，说明及草图应现场完成，做到精炼、准确。

4）测量结束后，应及时整理、检查计算是否正确，成果是否符合各项限差及技术要求，经复核无误并签署后，方能交付使用。

5）测量完毕后，各种记录薄应编目、整理，并由测量、复核及主管人员签署，按规定归档、保存。

6）公路勘测的各种记录，应采用专用记录薄，记录薄必须编排页码，严禁撕页。采用电子设备记录时，打印输出的内容应具有可查性。

3.4 平曲线上加桩的测设

3.4.1 加桩分类及测设方法分类

1. 加桩分类

中线加桩分直线上加桩、平曲线上主点加桩和平曲线上一般加桩。

2. 加桩测设方法

（1）平曲线上主点测设

以图 3-29 和表 3-7 的实例说明平曲线上主点的测设。已知 JD_2 的 $T=145.60$m，$E=17.41$m；JD_2 的主点 ZY0^k+221.62、QZ0^k+364.46、YZ0^k+507.30。

一般来说某交点的主点以该交点为起点进行测设，这里介绍常规测设方法，坐标法在 3.5 节中介绍，见图 3-29。在 JD_2 置仪（经纬仪即可），JD_1 定向，从 JD_2 往 JD_1 方向测量水平距离 145.60m 很容易定打 ZY0^k+221.62 中桩；在 JD_2 置仪，JD_3 定向，从 JD_2 往 JD_3 方向测量水平距离 145.60m 很容易定打 YZ0^k+507.30 中桩。在 JD_2 置仪，角平分线 M 点定向，从 JD_2 往 M 点方向测量水平距离 17.41m，很容易定打 QZ0^k+364.46 中桩。以此类推，可以方便准确地测设出交点 JD_3、JD_4、JD_5……的主点。

由此可以看出，平曲线上主点桩的测设也类似直线上加桩测设，即定向量距（切线长或外距）。以该交点为起点测设平曲线主点的好处在于误差不累计，即误差仅限于该平曲

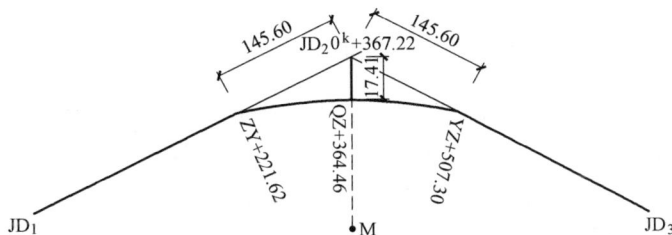

图 3-29 平曲线上主点测设

线主点，不会累计到下一个交点的平曲线主点上，因为下一个交点的平曲线主点是以下一个交点为起点测设平曲线主点的。

（2）直线上加桩测设

平曲线上主点测设完后，可以进行直线上加桩和平曲线上加桩测设。

直线上加桩测设比较简单。以图 3-30 为例介绍直线上加桩 0^k+020 和 0^k+040 的测设。测设方法分定向测设法和坐标测设法，这里介绍定向测设法，坐标测设法在 3.5 节中介绍。在 JD_1 置仪（经纬仪即可），JD_2 定向，在距离 JD_1 稍远（超过 20m）立一花杆 G_1，JD_1 司仪人员指挥确保 G_1 在 JD_1 到 JD_2 的直线上，用钢尺从 JD_1 往 G_1 方向测量水平距离 20m 定打中桩 0^k+020。在距离 G_1 稍远（超过 20m）立一花杆 G_2，JD_1 司仪人员指挥确保 G_2 在 JD_1 到 JD_2 的直线上，用钢尺从 G_1 往 G_2 方向测量水平距离 20m 定打中桩 0^k+040。以此循环往复，定打直线上的其余中桩，一直可以定打出 0^k+200，也可以采用此法定打 $ZY0^k+221.62$（从 JD_1 往 JD_2 方向定打，仅仅作为复核）。定打直线中桩需要注意，经纬仪、钢尺应在标定有效期范围内，经纬仪定向应确保中桩在直线上（定打好后，可以再用经纬仪复核，然后用细铁钉打点）。

从一个高级点出发定打一系列中桩，一直可以定打到下一个高级点，见图 3-30，从 JD_1 往 JD_2 方向定打中桩，可以定打 0^k+020、0^k+040……0^k+200、$ZY0^k+221.62$，即从一个高级点 JD_10^k+000 到另一个高级点 $ZY0^k+221.62$。高级点是之前就已经可靠地测设出来的，而中间的加桩是后面加打出来的，其是否符合精度要求，需要校核。校核方法有多种，一种是直接量出中桩 0^k+200 到固定点 $ZY0^k+221.62$ 的水平距离是否满足精度要求，另一种是从一个高级点 JD_10^k+000 出发，测设出新的 $ZY0^k+221.62$，与高级点（原来已经测设出来）$ZY0^k+221.62$ 比较纵横向误差。

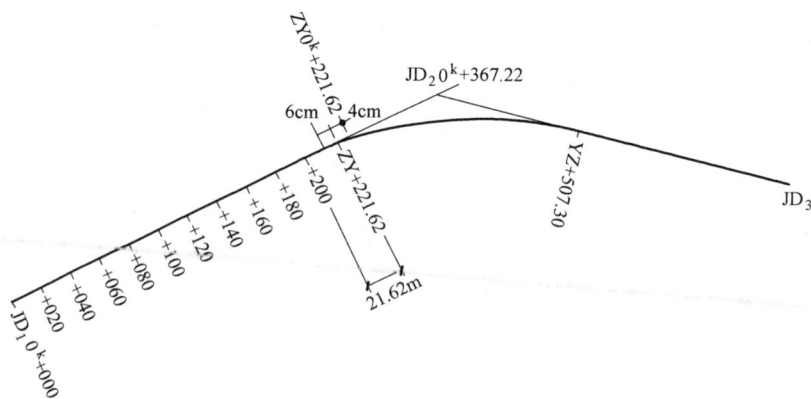

图 3-30 直线上加桩测设及加桩的校核

中桩平面桩位精度，见表 3-11。通常可以采用纵横向误差校核，加桩横向误差 $\pm10cm$，加桩纵向误差 $\pm(S/1000+0.1)m$，S 为一个高级点（或者是交点、主点、设转点）到另一个高级点（或者是交点、主点、设转点）之间的水平距离。

（3）平曲线上的加桩测设方法

平曲线上加桩测设方法较多，早期传统的方法有切线支距法（包括 20 世纪 70 年代~

48

公路等级	中桩位置中误差(cm)		桩位检测之差(cm)	
	平原、微丘	重丘、山岭	平原、微丘	重丘、山岭
高速公路,一、二级公路	≤±5	≤±10	≤10	≤20
三级及以下公路	≤±10	≤±15	≤20	≤30

90年代初期查表法)、弦长纵距交会法和偏角法(包括查表法),近年来比较常用的有坐标法(必要时采用 GPS)。目前支距法、弦长纵距交会法和偏角法已经较少使用了,因方法的系统性和坐标法中坐标的计算与之有一定关联,本节一并介绍。因平曲线上加桩测设比直线上加桩和平曲线上主点加桩复杂得多,麻烦得多,后续章节将介绍支距法、弦长纵距交会法、偏角法和坐标法,重点介绍偏角法和坐标法。

3.4.2 切线支距法

1. 概述

切线支距法,通常采用整桩距法,此法一直从中华人民共和国成立后沿用至20世纪90年代前期,现在已经很少使用。

切线支距法方便简单,但是曲线较长时误差较大,横断面方向不宜把握。该方法使用的仪器设备为花杆、皮尺、十字架,见图3-31。在偏远地区及简易道路测采用设切线支距法显得实用而快速。

2. 支距计算公式

支距法以 ZY(或 YZ)为坐标原点,以指向交点方向为 x 轴,指向圆心方向为 y 轴,计算出从 ZY 到 QZ 或从 YZ 到 QZ 上的中桩的支距,如图3-32所示。支距计算见式(3-27)和式(3-28),支距近似计算见式(3-29)和式(3-30)。

$$x = R\sin\varphi \tag{3-27}$$

$$y = R - R\cos\varphi \tag{3-28}$$

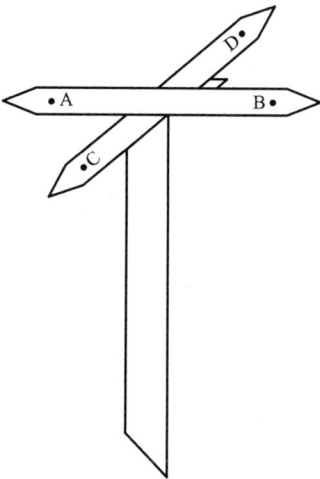

图 3-31 木质十字架示意

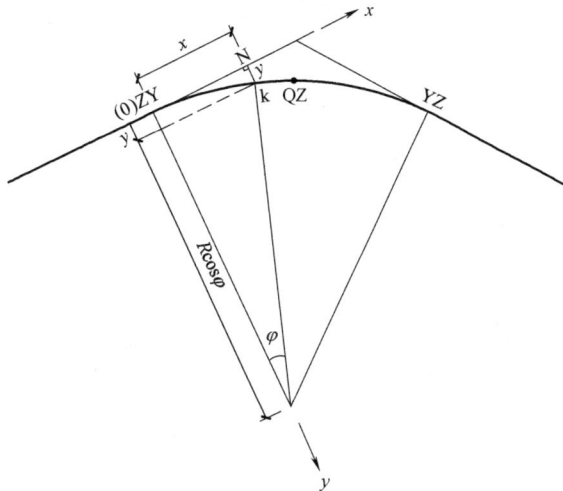

图 3-32 切线支距坐标建立及公式推导示意

由圆曲线理论将 $l=\dfrac{\pi\varphi R}{180}$ 代入式（3-27）和式（3-28），自变量变成弧长 l，按照高等数学级数展开，得：

$$x=l-\frac{l^3}{6R^2} \qquad (3-29)$$

$$y=\frac{l^2}{2R}-\frac{l^4}{24R^3} \qquad (3-30)$$

式中　x——平曲线上任一中桩的 x 轴方向的支距（有的称为局部坐标 x）（m）；

　　　y——平曲线上任一中桩的 y 轴方向的支距（有的称为局部坐标 y）（m）；

　　　R——交点的平曲线半径（m）；

　　　φ——平曲线上任一中桩到计算支距坐标原点 ZY（或 YZ）的弧长所对应的圆心角；

　　　l——平曲线上任一中桩到计算支距坐标原点 ZY（或 YZ）的弧长（m）。

3. 支距计算及测设实例

【例 3-12】 采用切线支距法测设例 3-10 和表 3-7 中的平曲线上的中桩。

【解】

（1）计算平曲线上中桩的支距

按式（3-27）、式（3-28）或式（3-29）、式（3-30）计算出平曲线上任意中桩的支距，以表 3-7 数据为例说明切线支距的计算和测设方法，计算结果见表 3-12。

平曲线支距及弦长计算表　　　　　　　　　表 3-12

中桩桩号	距起点弧长 l_i(m)	x_i	y_i	距上一点弧长 l_i(m)	距上一点弦长 (m)	备　注
ZY0^k+221.62						左半曲线起点
+240	18.38	18.38	0.28	18.38	18.38	
+260	38.38	38.35	1.23	20	19.99	
+280	58.38	58.29	2.84	20	19.99	
+300	78.38	78.16	5.11	20	19.99	
+320	98.38	97.94	8.05	20	19.99	
+340	118.38	117.61	11.64	20	19.99	
QZ+364.46						
+380	127.30	126.34	13.45	20	19.99	
+400	107.30	106.63	9.57	20	19.99	
+420	87.30	86.99	6.34	20	19.99	
+440	67.30	67.16	3.77	20	19.99	
+460	47.30	47.25	1.86	20	19.99	
+480	27.30	27.29	0.62	20	19.99	
+500	7.30	7.30	0.04	7.30	7.30	
YZ+507.30						右半曲线起点

（2）左半曲线测设

为了提高切线支距法的测设精度，一般以 QZ 点为界，将平曲线分为左右两半。左半曲线以 ZY 点为支距坐标原点，分别计算左半曲线的中桩＋240、＋260、＋280、＋300、＋320、＋340 的支距，见表 3-12。

1）＋240 测设

从 ZY 点往 JD$_2$ 方向量支距 $x_1＝18.38$m（水平距离）定垂足 N$_1$ 点，在垂足 N$_1$ 点安置十字架，十字架的主向线 AB 正对 JD$_2$ 方向，其副向线 CD 方向则指向支距方向，沿支距方向量 $y_1＝0.28$m，定＋240 桩，见图 3-33。

2）＋260 测设

从 ZY 点往 JD$_2$ 方向量支距 $x_2＝38.35$m（水平距离）定垂足 N$_2$ 点，在垂足 N$_2$ 点安置十字架，十字架的主向线 AB 正对 JD$_2$ 方向，其副向线 CD 方向则指向支距方向，沿支距方向量 $y_1＝1.23$m，定＋260 桩，见图 3-33。

3）＋280 等测设

其余＋280、＋300、＋320、＋340 等中桩的测设方法同＋260 桩。

（3）右半曲线测设

右半曲线以 YZ 点为支距坐标原点，分别计算左半曲线的中桩＋500、＋480、＋460、＋440、＋420、＋400、＋380 的支距，见表 3-12。

1）＋500 测设

从 YZ 点往 JD$_2$ 方向量支距 $x_{1y}＝7.30$m（水平距离）定垂足 N$_{1y}$ 点，在垂足 N$_{1y}$ 点安置十字架，十字架的主向线 AB 正对 JD$_2$ 方向，其副向线 CD 方向则指向支距方向，沿支距方向量 $y_{1y}＝0.04$m，定＋500 桩，见图 3-33。

2）＋480 测设

从 YZ 点往 JD$_2$ 方向量支距 $x_{2y}＝27.29$m（水平距离）定垂足 N$_{1y}$ 点，在垂足 N$_{1y}$ 点安置十字架，十字架的主向线 AB 正对 JD$_2$ 方向，其副向线 CD 方向则指向支距方向，沿支距方向量 $y_{2y}＝0.62$m，定＋480 桩，见图 3-33。

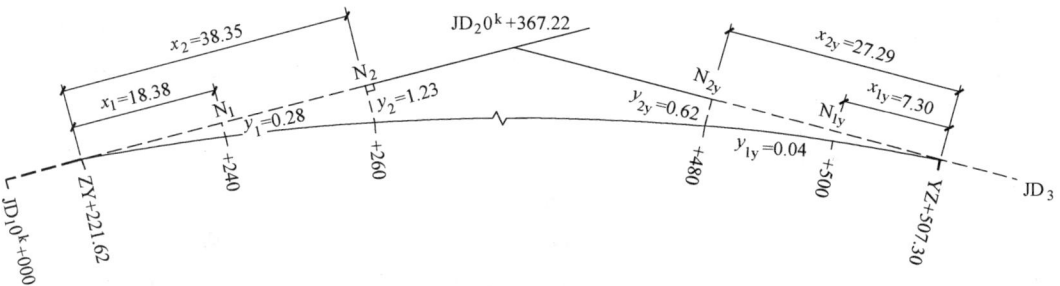

图 3-33　切线支距测设示意

3）＋460 等测设

其余＋460、＋440、＋420、＋400、＋380 等中桩的测设同＋480 桩。

3.4.3　弦长纵距交会法

1. 计算距离上一点弦长

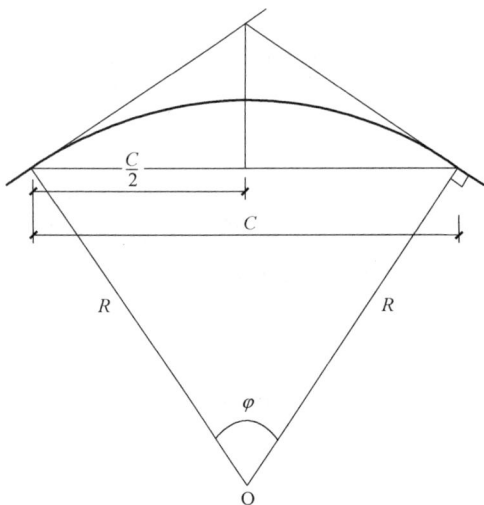

图 3-34 已知弧长计算弦长示意

弦长纵距交会法，是支距法的改进方法，它不需要单独寻找垂直支距 y 方向，垂直支距 y 自动产生。与切线支距法相比，精度稍微高一些，可以采用钢尺量距；与偏角法和坐标法相比精度较低。当中桩较多时，一直测量从起点的弦长受到皮尺或钢尺长度的限制，往往采用从上一点测设就能克服这点不足。为了提高精度，与切线支距法类似，以 QZ 点为界，左右侧分开测设。弦长计算见式（3-31）或式（3-32）和图 3-34。

$$C = 2R\sin\frac{\varphi}{2} \tag{3-31}$$

将式（3-31）中自变量用弧长表示，并按照高等数学级数展开，近似公式弦长为：

$$C = l - \frac{l^3}{24R^2} \tag{3-32}$$

式中　R——交点的平曲线半径（m）；

　　　φ——平曲线上两个中桩之间的弧长所对应的圆心角，这里指平曲线上任意中桩到支距原点的弧长所对应的圆心角；

　　　l——平曲线上两个中桩之间的弧长，这里指平曲线上任意中桩到支距原点的弧长（m）。

式（3-32）后一项为弦弧差。

2. 左半曲线测设

【例 3-13】 采用弦长纵距交会法测设例 3-10 和表 3-7 中的平曲线上的中桩。

【解】

为例提高切线支距法的测设精度，一般以 QZ 点为界，将平曲线分为左右两半。左半曲线以 ZY 点为支距坐标原点，分别计算左半曲线的中桩＋240、＋260、＋280、＋300、＋320、＋340 的支距及弦长，见表 3-12。

（1）＋240 测设

从 ZY 点往 JD_2 方向量支距 $x_1 = 18.38m$（水平距离）定垂足 N_1 点。加桩＋240 点代号为 A_1，在 $\triangle ON_1A_1$ 中，已知 O 点和 N_1 点，且已知 N_1A_1 边长（即纵距 $y_1 = 0.28m$）、边长 OA_1（即弦长 $C_1 = 18.38m$），怎么测定 A_1 点（该点是唯一的点）呢？

测定 A_1 点需要甲乙丙 3 人配合，需要 3 根花杆和钢尺。甲站在 O 点位置立花杆，卡住钢尺的 0 刻度点，乙站在 N_1 点卡钢尺的 18.76m 刻度点（$C_1 + y_1 = 18.38 + 0.28 = 18.66m$）此时钢尺是软的，丙找到钢尺 18.38m 和 0.28m 的分界点（即 C_1 和 y_1 的分界点）；甲乙丙三人拉紧、抬平钢尺，甲乙的花杆要正对已知 O 点和 N_1 点，丙在准确刻度分界点落下花杆定打桩＋240，测设要领为"花杆立直、点要对正、尺子台平、尺子拉紧"，见图 3-35。

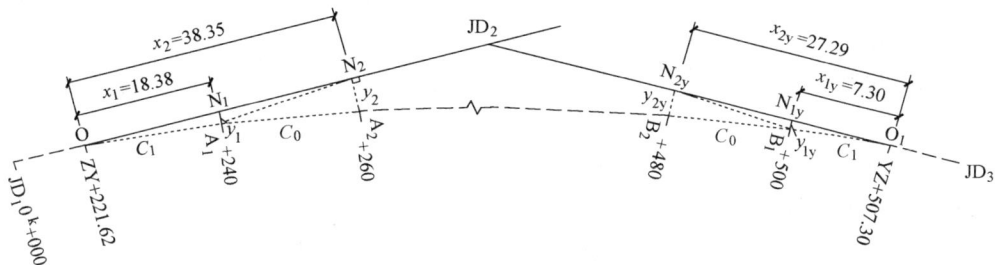

图 3-35 弦长纵距交会测设示意

（2）+260 测设

从 ZY 点往 JD_2 方向量支距 $x_2 = 38.35m$（水平距离）定垂足 N_2 点。加桩+260 点代号为 A_2，在 $\triangle A_1 N_2 A_2$ 中，已知 A_1 点和 N_2 点，且已知 $N_2 A_2$ 边长（即纵距 $y_2 = 1.23m$）、边长 $A_1 A_2$（即弦长 $C_0 = 19.99m$），怎么测定 A_2 点（该点是唯一的点）呢？

测定 A_2 点需要甲乙丙 3 人配合，需要 3 根花杆和钢尺。甲站在 A_1 点位置立花杆，卡住钢尺的 0 刻度点，乙站在 N_2 点卡钢尺的 21.22m 刻度点（$C_0 + y_2 = 19.99 + 1.23 = 21.22m$），此时钢尺是软的，丙找到钢尺 19.99m 和 1.23m 的分界点（即 C_0 和 y_2 的分界点）；甲乙丙三人拉紧、抬平钢尺，甲乙的花杆要正对已知 A_1 点和 N_2 点，丙在准确刻度分界点落下花杆定打桩+260，见图 3-35。

（3）+280 等测设

其余+280、+300、+320、+340 等中桩的测设方法同+260 桩，值得注意的是宜从上一点测设下一点。

3. 右半曲线测设

为了提高切线支距法的测设精度，一般以 QZ 点为界，将平曲线分为左右两半。右半曲线以 YZ 点为支距坐标原点，分别计算左半曲线的中桩+500、+480、+460、+440、+420、+400、+380 的支距及弦长，见表 3-12。

（1）+500 测设

如图 3-35 所示，从 YZ 点往 JD_2 方向量支距 $x_{1y} = 7.30m$（水平距离）定垂足 N_{1y} 点。加桩+500 点代号为 B_1，在 $\triangle O_1 N_{1y} B_1$ 中，已知 O_1 点和 N_{1y} 点，且已知 $N_{1y} B_1$ 边长（即纵距 $y_{1y} = 0.04m$）、边长 $O_1 B_1$（即弦长 $C_{1y} = 7.30m$），怎么测定 B_1 点（该点是唯一的点）呢？

测定 B_1 点需要甲乙丙 3 人配合，需要 3 根花杆和钢尺。甲站在 O_1 点位置立花杆，卡住钢尺的 0 刻度点，乙站在 N_{1y} 点卡钢尺的 7.34m 刻度点（$C_{1y} + y_1 = 7.30 + 0.04 = 7.34m$），此时钢尺是软的，丙找到钢尺 7.30m 和 0.04m 的分界点（即 C_{1y} 和 y_{1y} 的分界点）；甲乙丙三人拉紧、抬平钢尺，甲乙的花杆要正对已知 O_1 点和 N_{1y} 点，丙在准确刻度分界点落下花杆定打桩+500，见图 3-35。

（2）+480 测设

从 YZ 点往 JD_2 方向量支距 $x_{2y} = 27.29m$（水平距离）定垂足 N_{2y} 点。加桩+480 点代号为 B_2，在 $\triangle B_1 N_{2y} B_2$ 中，已知 B_1 点和 N_{2y} 点，且已知 $N_{2y} B_2$ 边长（即纵距 $y_{2y} = 0.62m$）、边长 $B_1 B_2$（即弦长 $C_0 = 19.99m$），怎么测定 B_2 点（该点是唯一的点）呢？

测定 B_2 点需要甲乙丙 3 人配合，需要 3 根花杆和钢尺。甲站在 B_1 点位置立花杆，卡住钢尺的 0 刻度点，乙站在 N_{2y} 点卡钢尺的 20.61m 刻度点（$C_0+y_2=19.99+0.62=20.61$m），此时钢尺是软的，丙找到钢尺 19.99m 和 0.62m 的分界点（即 C_0 和 R 的分界点）；甲乙丙三人拉紧、抬平钢尺，甲乙的花杆要正对已知 B_1 点和 N_{2y} 点，丙在准确刻度分界点落下花杆定打桩+480，见图 3-35。

（3）+460 等测设

其余+460、+440、+420、+400、+380 等中桩的测设方法同+480 桩，一般宜从上一点（测设起点方向）测设下一点。

3.4.4 偏角法

1. 概述

偏角法测设一般采用整桩号法，测设精度比切线支距法和弦长纵距交会法高，测设速度稍慢，需要使用经纬仪测设角度。偏角指平曲线上任意中桩到平曲线起点 ZY 或终点 YZ 的连线与其切线的夹角，相当于数学上的弦切角，见图 3-36。

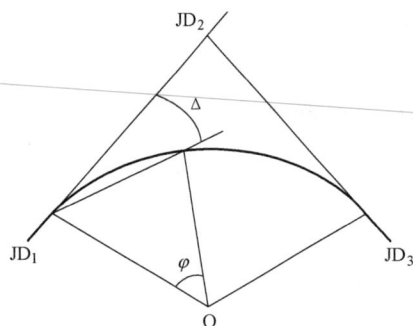

图 3-36 偏角计算示意

$$\Delta=\frac{90°l}{\pi R} \tag{3-33}$$

已知平曲线上任意中桩到平曲线起点 ZY 的弧长 l 可以计算出该段弧长对应的圆心角 φ，众所周知偏角（即弦切角）等于圆心角的一半（即 $\Delta=\varphi/2$），偏角计算见式（3-33）或式（3-34）。

$$\Delta=\frac{l}{2R} \tag{3-34}$$

式中 Δ——平曲线上任意中桩的偏角，计算结果单位为"度/弧度"，经纬仪测设还应转化为"度/分/秒"；

l——平曲线上任意中桩到平曲线起点 ZY 或终点 YZ 的弧长（m）；

R——平曲线半径（m）。

2. 偏角法测设及实例

【例 3-14】 采用偏角法测设例 3-10 和表 3-7 中的平曲线上的中桩。

【解】 以表 3-7 交点 JD_2 的数据为例，说明偏角法的计算及测设。

（1）计算 JD_2 的平曲线上所有中桩的偏角

由式（3-33）计算偏角，计算结果见表 3-13。为了提高测设精度，一般以 QZ 点为界，将平曲线分为左右两半。无论是经纬仪还是全站仪，顺时针旋转其水平度盘读数是逐渐增加的，认识到这一点很重要，便于偏角法测设。偏角法测设的不足是仅仅限于在 ZY或 YZ 点置仪，若 ZY 或 YZ 点与待测中桩之间因障碍物不通视则无法采用偏角法完成测设任务。

（2）左半曲线测设

左半曲线测设以 ZY 点置仪，JD_2 定向可以采用两种方法，一种是 JD_2 定向角度为 0°00′00″（严格说来应为水平盘读数而不是角度，两条直线之间才能称为角度，而经纬仪对正某一点方法只能是水平盘读数，因此实际当中有时称的角度实际上是水平盘读数）；另一种是 JD₂ 定向，确保第一个加桩+240 的水平盘读数为 0°00′00″。

1）左半曲线以 ZY 点置仪，JD₂ 定向，定向角度为 0°00′00″。

JD₂ 为右转角，测设左半曲线时显然经纬仪需要顺时针旋转，故测设偏角等于计算偏角，见表 3-13。平曲线上加桩较少时采用这种方法比较方便。

平曲线偏角计算及测设表（JD₂ 定向角度 0°00′00″）　　　　表 3-13

中桩桩号	距离起点弧长 l_i(m)	计算偏角	测设偏角	距离上一点弧长 l_i(m)	距离上一点弦长(m)	备　注
ZY0ᵏ+221.62	ZY 为左半曲线安置经纬仪点，JD₂ 定向，定向角度为 0°00′00″					
+240	18.38	0°52′39″	0°52′39″	18.38	18.38	
+260	38.38	1°49′57″	1°49′57″	20	19.99	
+280	58.38	2°47′15″	2°47′15″	20	19.99	
+300	78.38	3°44′33″	3°44′33″	20	19.99	
+320	98.38	4°41′50″	4°41′50″	20	19.99	
+340	118.38	5°39′08″	5°39′08″	20	19.99	
QZ+364.46						
+380	127.30	6°04′41″	353°55′19″	20	19.99	
+400	107.30	5°07′24″	354°52′36″	20	19.99	
+420	87.30	4°10′06″	355°49′54″	20	19.99	
+440	67.30	3°12′48″	356°47′12″	20	19.99	
+460	47.30	2°15′30″	357°44′30″	20	19.99	
+480	27.30	1°18′13″	358°41′47″	20	19.99	
+500	7.30	0°20′55″	359°39′05″	7.30	7.30	
YZ+507.30	YZ 为右半曲线安置经纬仪点，JD₂ 定向，定向角度为 0°00′00″					

① 测设+240

以 ZY 点置仪，JD₂ 定向，定向角度为 0°00′00″，然后将经纬仪水平度盘读数调整到 +240 的测设偏角 0°52′39″，从 ZY 点往此方向稍远（距离大于 18.38m）定一临时方向点 P，从 ZY 点往 P 点方向量弦长（即水平距离 18.38m）定打+240 桩。测设原理是定向（经纬仪偏角）量距（沿偏角方向量距），仅仅适用于首段弧的第一个中桩+240，见图 3-37。

② 测设+260

测设原理是定向视线（经纬仪偏角）、从上一点量距（距离上一点弦长），二者交会定下一个中桩，从上一点测设时为了避免距离太长不便测量距离。测设+260 需要甲乙丙 3 人共同配合完成。

甲以 ZY 点置仪，JD₂ 定向，定向角度为 0°00′00″，然后将经纬仪水平度盘读数调整到 +260 的测设偏角 1°49′57″。乙以+240 为圆心（位置不变），丙以+240～+260 的弦长 19.99m 为半径量水平距离，乙丙钢尺拉紧保持两点之间的距离恒为 19.99m，将钢尺抬平，甲指挥丙，当甲在经纬仪视线里面交会对正丙的花杆时，定打（确定打桩）+260，见图 3-38。

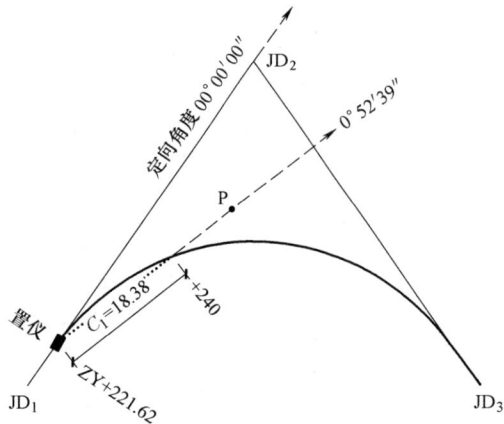

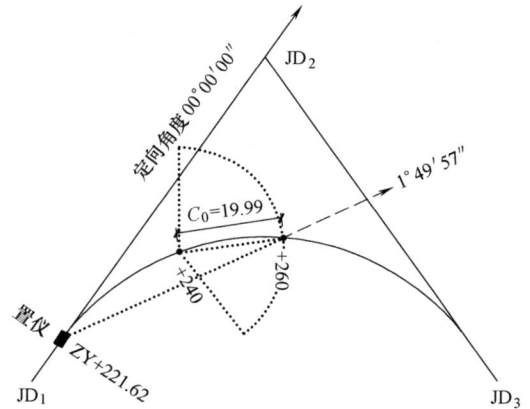

图 3-37 ＋240 测设示意（JD₂ 定向角度 0°00′00″）

图 3-38 ＋260 测设示意（JD₂ 定向角度 0°00′00″）

③ ＋280 等中桩测设

其余＋280、＋300、＋320、＋340 等中桩的测设方法同＋260 桩，值得注意的是宜从上一点测设下一点，测设原理是经纬仪偏角定向，从上一点测量弦长交会定下一个中桩。

2）左半曲线以 ZY 点置仪，JD₂ 定向，定向角度为 359°07′21″（即 360°－0°52′39″），确保＋240 方向水平度盘读数为 0°00′00″，见表 3-14。从表 3-14 中可以看出整桩距为 20m，整弧长 20m 对应的弦长按式（3-31）或式（3-32）计算，$C_0 = 19.99$m，整弧长 20m 对应的偏角按式（3-33）或式（3-34）计算，$\Delta_0 = 0°57′18″$。

平曲线偏角计算及测设表（JD₂ 定向且保证第一个加桩为 0°00′00″） 表 3-14

中桩桩号	距离起点弧长 l_i(m)	计算偏角	测设偏角	距离上一点弧长 l_i(m)	距离上一点弦长 (m)	备 注
ZY0ᵏ+221.62	左半曲线 ZY 点安置经纬仪，JD₂ 定向角度为 359°07′21″（即 360°－0°52′39″）					
＋240	18.38	0°52′39″	0°00′00″	18.38	18.38	
＋260	38.38		0°57′18″	20	19.99	$1\Delta_0/C_0$
＋280	58.38		1°54′36″	20	19.99	$2\Delta_0/C_0$
＋300	78.38		2°51′54″	20	19.99	$3\Delta_0/C_0$
＋320	98.38		3°49′12″	20	19.99	$4\Delta_0/C_0$
＋340	118.38		4°46′30″	20	19.99	$5\Delta_0/C_0$
QZ+364.46						
＋380	127.30		354°16′12″	20	19.99	$360°-6\Delta_0/C_0$
＋400	107.30		355°13′30″	20	19.99	$360°-5\Delta_0/C_0$
＋420	87.30		356°10′48″	20	19.99	$360°-4\Delta_0/C_0$
＋440	67.30		357°07′06″	20	19.99	$360°-3\Delta_0/C_0$
＋460	47.30		358°05′24″	20	19.99	$360°-2\Delta_0/C_0$
＋480	27.30		359°02′42″	20	19.99	$360°-1\Delta_0/C_0$
＋500	7.30		0°20′55″	0°00′00″	7.30	7.30
YZ+507.30	右半曲线 YZ 点安置经纬仪，JD₂ 定向，JD₂ 定向角度为 0°20′55″					

平曲线上加桩较多时采用这种方法非常方便，不需要计算每一个加桩的偏角，只计算整段弧长的偏角即可。

① 测设+240

ZY 点置仪，JD$_2$ 定向，定向角度为 359°07′21″，然后将经纬仪水平度盘读数调整到其测设偏角 0°00′00″，从 ZY 点往此方向稍远（距离大于 18.48m）定一临时方向点 P，从 ZY 点往 P 点方向量水平距离 18.38m 定打+240 桩。其测设原理是定向（经纬仪偏角）量距（沿偏角方向量距），仅仅适用于首段弧的第一个中桩+240，见图 3-39。

② 测设+260

测设原理是定向视线（经纬仪偏角）、从上一点量距（距离上一点弦长），二者交会定下一个中桩，从上一点测设是为了避免距离太长不便测量距离，且仅仅计算整弧段的偏角和弦长。需要甲乙丙 3 人共同配合完成。

甲以 ZY 点置仪，JD$_2$ 定向，定向角度为 359°07′21″，然后将经纬仪水平度盘读数调整到其测设偏角 $1\Delta_0$=0°57′18″。乙以+240 为圆心（位置不变），丙以+240～+260 的整弧段弦长 C_0=19.99m 为半径量水平距离，乙丙钢尺拉紧保持两点之间的距离恒为 19.99m，将钢尺抬平，甲指挥丙，当甲在经纬仪视线里面对正丙的花杆时，定打+260，见图 3-40。

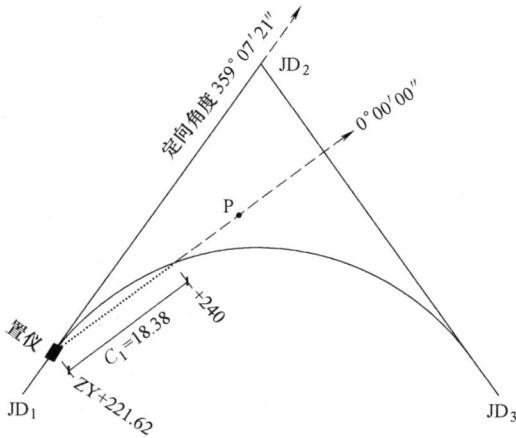

图 3-39　+240 测设示意（JD$_2$ 定向角度
359°07′21″）

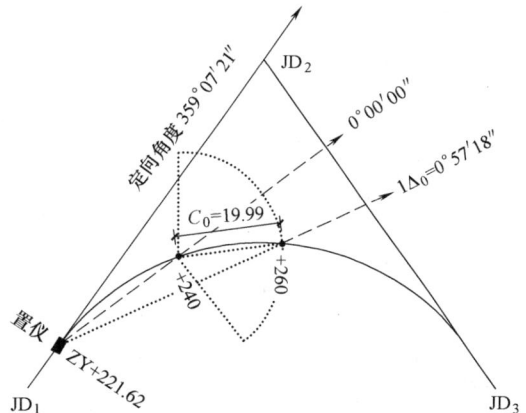

图 3-40　+260 测设示意（JD$_2$ 定向角度
359°07′04″）

③ +280 等中桩测设

+280、+300、+320、+340 等中桩的测设方法同+260 桩，值得注意的是宜从上一点测设下一点，测设原理是经纬仪偏角定向，从上一点测量整弧段弦长 C_0 交会定下一个中桩。所不同的是每一次测设偏角为桩号+240～+260 的整弧长 20m 的倍数对应的偏角。

（3）右半曲线测设

1）右半曲线以 YZ 点置仪，JD$_2$ 定向，定向角度为 0°00′00″。右半曲线在 YZ 点置仪、左半曲线在 ZY 点置仪，经纬仪旋转顺序相反。同左半曲线一样，右半曲线测设以 YZ 点置仪，JD$_2$ 定向可以采用两种方法，一种是 JD$_2$ 定向角度为 0°00′00″；另一种是 JD$_2$

定向，确保第一个加桩＋500的水平盘读数为0°00′00″。

JD$_2$为右转角，测设左半曲线时，显然经纬仪需要逆时针旋转，故测设偏角等于360°减去计算偏角，见表3-14。

① 测设＋500

以YZ点置仪，JD2定向，定向角度为0°00′00″，然后将经纬仪水平度盘读数调整到＋240的测设偏角359°39′05″（360°－0°20′55″），从YZ点往此方向稍远（距离大于7.20m）定一临时方向点Q，从YZ点往Q点方向量弦长（即水平距离7.30m）定打＋500桩。测设原理就是定向（经纬仪偏角）量距（沿偏角方向量距），仅仅适用于首段弧的第一个中桩＋500（从右往左起算），见图3-41。

② 测设＋480

测设原理是定向视线（经纬仪偏角）、从上一点量距（距离上一点弦长），二者交会定下一个中桩，从上一点测设是为了避免距离太长不便测量距离。测设＋480需要甲乙丙3人共同配合完成。

甲以YZ点置仪，JD$_2$定向，定向角度为0°00′00″，然后将经纬仪水平度盘读数调整到＋480的测设偏角358°41′48″（即360°－计算偏角＝360°－1°18′12″）。乙以＋500为圆心（位置不变），丙以＋500～＋480的弦长19.99m为半径量水平距离，乙丙钢尺拉紧，保持两点之间的距离恒为19.99m，将钢尺抬平，甲指挥丙，当甲在经纬仪视线里面交会对正丙的花杆时，定打＋480，见图3-42。

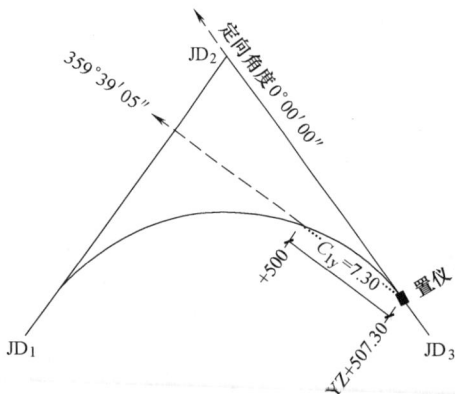

图3-41 ＋500测设示意（JD$_2$定向角度0°00′00″）   图3-42 ＋480测设示意（JD$_2$定向角度0°00′00″）

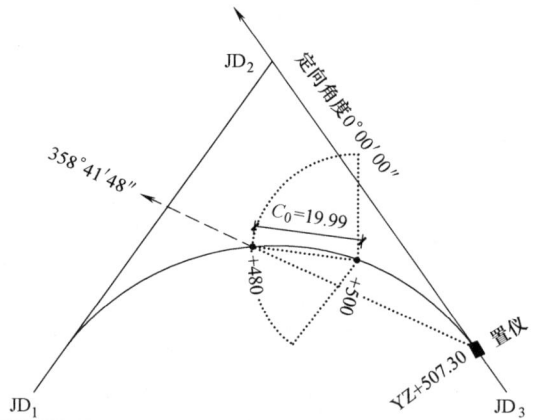

③ ＋460等中桩测设

＋460、＋440、＋420、＋400、＋380等中桩的测设方法同＋480桩，值得注意的是宜从上一点测设下一点，测设原理是经纬仪偏角定向，从上一点测量弦长交会定下一个中桩。

2）右半曲线以YZ点置仪，JD$_2$定向，确保＋500方向水平度盘读数为0°00′00″，见表3-14。

① 测设＋500

YZ点置仪，JD$_2$定向，定向角度为0°20′55″，然后将经纬仪水平度盘读数调整到其测设偏角0°00′00″，从YZ点往此方向稍远（距离大于7.30m）定一临时方向点Q，从YZ

58

点往 Q 点方向量水平距离 7.30m 定打＋500 桩。测设原理就是定向（经纬仪偏角）量距（沿偏角方向量距），仅仅适用于首段弧的第一个中桩＋500，见图 3-43。

② 测设＋480

测设原理是定向视线（经纬仪偏角）、从上一点量距（距离上一点弦长），二者交会定下一个中桩，从上一点测设是为了避免距离太长不便测量距离，且仅仅计算整弧段的偏角和弦长。需要甲乙丙 3 人共同配合完成。

甲以 YZ 点置仪，JD$_2$ 定向，定向角度为 $0°20'55''$，然后将经纬仪水平度盘读数调整到其测设偏角 $359°02'42''$（即 $360°-1\Delta_0$）。

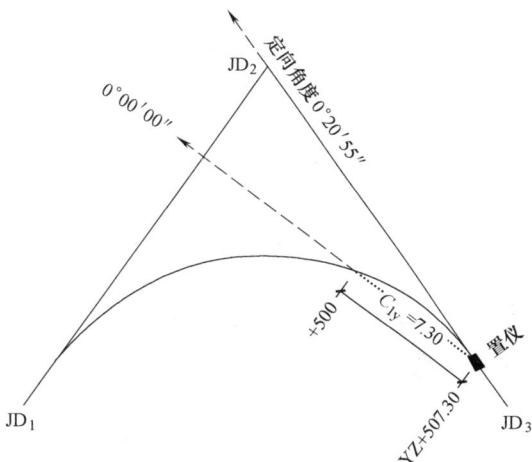

图 3-43　＋500 测设示意（JD$_2$ 定向角度 $0°20'55''$）

乙以＋500 为圆心（位置不变），丙以＋500～＋480 的整弧段弦长 $C_0=19.99$m 为半径量水平距离，乙丙钢尺拉紧，保持两点之间的距离恒为 19.99m，将钢尺抬平，甲指挥丙，当甲在经纬仪视线里面对正丙的花杆时，定打＋480，见图 3-44。

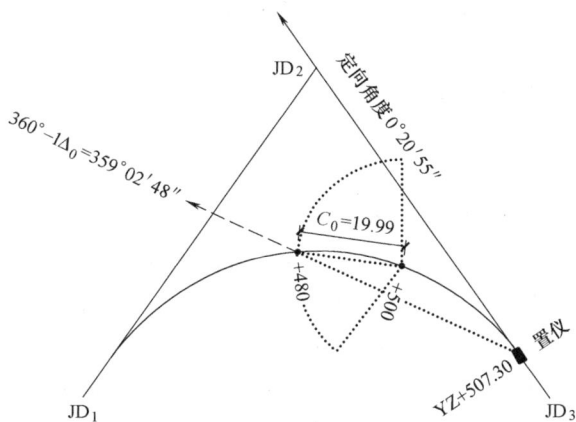

图 3-44　＋480 测设示意（JD$_2$ 定向角度 $0°20'55''$）

③ ＋460 等中桩测设

＋460、＋440、＋420、＋400、＋380 等中桩的测设方法同＋480 桩，值得注意的是宜从上一点（从 YZ 往 ZY 方向）测设下一点，测设原理是经纬仪偏角定向，从上一点测量整弧段弦长 C_0 交会定下一个中桩。所不同的是每一次测设偏角＝$360°$－"桩号＋280～340 的整弧长 20m 的倍数"对应的偏角。

（4）校核

校核分两个方面：一是从一个主点测设到下一个主点，包括从上一个交点的 YZ 点测设到下一个交点的 ZY 点、从一个交点的 ZY 测设到该交点的 QZ 点、从一个交点的 YZ 点测设到该交点的 ZQ 点，见 3.4.1 节和图 3-30；二是平面曲线的主点校核，包括平曲线上主点校核和带有缓和曲线的曲线主点校核。

在进行平曲线上加桩测设时首先要对平曲线上主点进行校核。以图 3-37 测设＋240 和图 3-38 测设＋260 为例，在 ZY 点置仪，JD$_2$ 定向角度 $0°00'00''$，在测设＋240、＋260 之前首先校核 ZY、QZ、YZ 点的可靠性（其相对位置是否正确），见图 3-45。

1）ZY 点置仪，JD$_2$ 定向角度 $0°00'00''$。

2）计算 ZY 点到 QZ 点方向的偏角和 ZY 点到 YZ 点方向的偏角。

显然，ZY 点到 QZ 点方向的偏角 $\Delta_{ZY\sim QZ}=\dfrac{\alpha_y}{4}=6°49'12''$；

59

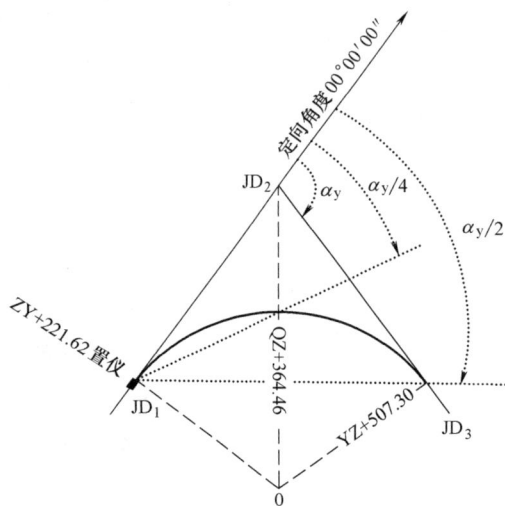

图 3-45 主点校核（JD$_2$ 定向角度 0°00′00″）

ZY 点到 YZ 点方向的偏角 $\triangle_{ZY\sim YZ} = \frac{\alpha_y}{2} = 13°38′24″$。

3）校核 ZY、QZ、YZ 点的可靠性

在 QZ 点立花杆，经纬仪对正 QZ 点花杆底部，经纬仪水平盘读数为 6°49′12″，说明 ZY 点与 QZ 点的相对位置正确无误；在 YZ 点立花杆，经纬仪对正 YZ 点花杆底部，经纬仪水平盘读数为 13°38′24″，说明 ZY 点与 YZ 点的相对位置正确无误。

只有确定 ZY、QZ、YZ 点位置正确之后，才能进行后续中桩的测设。如果 ZY、QZ、YZ 点位置校核误差超过限制，应重新测设主点 ZY、QZ、YZ 点，重新校核。

3. 偏角法测设优缺点

(1) 偏角法测设优点

偏角法测设平曲线中桩精度高，采用传统的经纬仪结合钢尺就可以完成测设，也可以采用全站仪测设；可以从平曲线起点 ZY 测设到平曲线中间 QZ 点，从平曲线终点 YZ 测设到平曲线中间 QZ 点；也可以从平曲线起点 ZY 测设到平曲线终点 YZ，或从平曲线终点 YZ 测设到平曲线起点 ZY。与此同时，熟悉偏角法后，熟练计算偏角和弦长对坐标法测设中桩计算坐标大有裨益。

(2) 偏角法测设缺点

偏角法测设置仪点仅仅局限于平曲线起点 ZY 或平曲线终点 YZ，不能在其他地方安置仪器；平曲线起点 ZY 或平曲线终点 YZ 置仪点与待测平曲线上中桩需要相互通视，二者之间有障碍物无法采用偏角法完成测设。偏角法仅能测设平曲线或缓和曲线上的中桩，无法测设直线上的中桩；偏角法无法结合自动办公软件（如 Excel、AutoCAD）和先进的电子设备（如全站仪、GPS 设备）自动完成测设，其先进性和自动化程度介于早期的支距法和现代先进的坐标法之间。

3.5 坐标法测设中线上的加桩

3.5.1 概述

如前所述支距法测设平曲线上加桩精度较低，而偏角法受置仪点、障碍物限制，为了克服这些不足坐标法应运而生。坐标法测设机理简单，操作方便；坐标法不仅仅测设直线加桩，还可以测设平曲线、缓和曲线上的加桩，可以测设测区范围内所有点位。坐标法可以结合自动办公软件（如 Excel、AutoCAD）和先进的电子设备（如全站仪、GPS 设备）半自动或自动完成测设。基于这些特点，坐标法逐渐得到广泛认可和应用推广，目前已经广泛应用在公路、铁路、市政、发电站等工程领域。

可以说不懂坐标法及其测设就不能叫作懂工程测设。本节从方位角及其坐标理念、坐标计算、坐标测设及坐标应用等方面对坐标法进行详细介绍，深入浅出，层次分明，易于读者把握和工程实际应用。

3.5.2　方位角

1. 方位角概念

方位角指从北向出发，沿顺时针旋转到与计算边重合，所旋转的角度叫作方位角，见图 3-46。全面理解方位角应关注下面几个要点：

（1）N 向（即北向）方位角为 $0°00'00''$。

（2）N 向直接套在计算边的起点上。如起始边 $JD_1 \sim JD_2$ 的起点 JD_1 上套上 N 向，起始边 $JD_1 \sim JD_2$ 的方位角 θ_{12}；又如边 $JD_2 \sim JD_3$ 的起点 JD_2 上套上 N 向，边 $JD_2 \sim JD_3$ 的方位角 θ_{23}；又如边 $JD_4 \sim JD_5$ 的起点 JD_4 上套上 N 向，边 $JD_4 \sim JD_5$ 的方位角 θ_{45}，如图 3-46 所示。

（3）方位角是指计算边与 N 向的夹角或方位，一条边才有方位角之说，一个点没有方位角之说。

（4）方位角是指从 N 向开始，顺时针旋转，而不是逆时针旋转。

（5）方位角大小为 $0° \leqslant \theta \leqslant 360°$，不得出现负值。

（6）在测区内默认坐标方位角的 N 向是互相平行的，而不是指向地球绝对方位角的北极。

（7）工程上的方位角默认为坐标方位角。

（8）导线起始边的方位角一经确定（可以联测国家坐标网方位角，可以是局部假定）就不得随意变动，以后各边就以此为推算依据。

2. 方位角的计算

（1）测设路线交点的右侧角见 3.3.1 节。

（2）根据交点的右侧角计算路线在交点处的转角，见 3.3.1 节。

（3）方位角的计算见图 3-46。

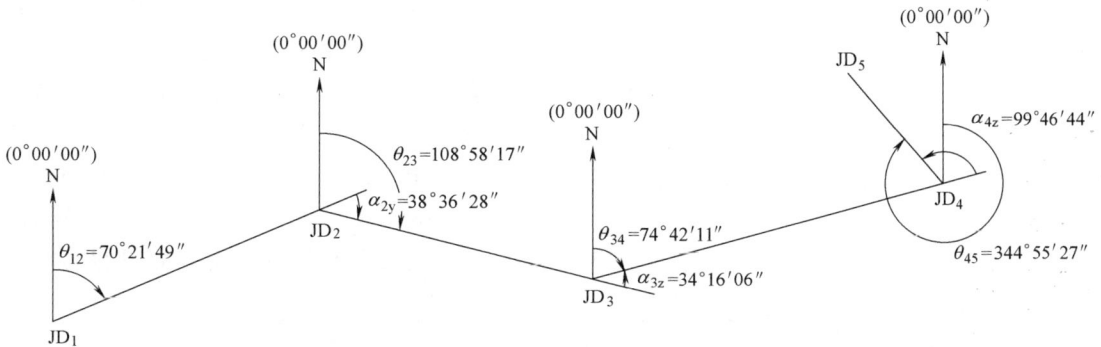

图 3-46　方位角计算示意

1）JD_2 右转，显然

$$当交点为右转角时，\theta_{23} = \theta_{12} + \alpha_{2y} \tag{3-35}$$

2）JD_3 左转，显然

$$当交点为左转角时，\theta_{34} = \theta_{23} - \alpha_{3z} \tag{3-36}$$

式中　θ_{12}——边 JD$_1$~JD$_2$ 的方位角；

　　　　θ_{23}——边 JD$_2$~JD$_3$ 的方位角；

　　　　α_{2y}——交点 JD$_2$ 的右转角；

　　　　θ_{34}——边 JD$_3$~JD$_4$ 的方位角，结算结果小于 0° 时加上 360°；

　　　　α_{3z}——交点 JD$_3$ 的左转角。

3）以此类推，可以连续不断计算出以后各条边的方位角，直至计算出最后一条边的方位角。

3. 方位角计算示例

【例 3-15】　采用 2 种方法计算出图 3-46 的末边方位角。

【解】

在图 3-46 中，若 $\theta_{12}=70°21'49''$，JD$_2$ 的右转角 $\alpha_{2y}=38°36'28''$，JD$_3$ 的左转角 $\alpha_{3z}=34°16'06''$，JD$_4$ 的左转角 $\alpha_{4z}=99°46'44''$。计算边 JD$_2$~JD$_3$ 的方位角 θ_{23}、边 JD$_3$~JD$_4$ 的方位角 θ_{34}、边 JD$_4$~JD$_5$ 的方位角 θ_{45}。

由式（3-35）或式（3-36）得：

$\theta_{23}=\theta_{12}+\alpha_{2y}=70°21'49''+38°36'28''=108°58'17''$；

$\theta_{34}=\theta_{23}-\alpha_{3z}=108°58'17''-34°16'06''=74°42'11''$；

$\theta_{45}=\theta_{34}-\alpha_{4z}+360°=74°42'11''-99°46'44''+360°=334°55'27''$。

θ_{45} 可以直接按照式（3-35）或式（3-36）计算，即等于起始边方位角加上起始边到计算边的所有右转角 $\sum\alpha_y$ 并减去起始边到计算边的所有左侧转角 $\sum\alpha_z$，计算结果小于 0° 时加上 360°，见式（3-37）。

$$\theta_{45}=\theta_{12}+\sum\alpha_y-\sum\alpha_z \tag{3-37}$$

则 $\theta_{45}=\theta_{12}+\alpha_{2y}-\alpha_{3z}-\alpha_{4z}+360°=334°55'27''$

3.5.3　工程坐标计算公式

众所周知，数学坐标系中，水平向右为 x 轴，竖直向上为 y 轴；而工程坐标系中，竖直向上为 x 轴，水平向右为 y 轴，见图 3-47，一般来说工程上的坐标就是指工程坐标。工程坐标系与数学坐标系不同点为坐标轴的方向不同；数学坐标系可以在四个象限中进行布点计算，而工程坐标系仅仅在第一象限中布点计算。工程坐标系与数学坐标系相同点是具有类似的数学计算逻辑。

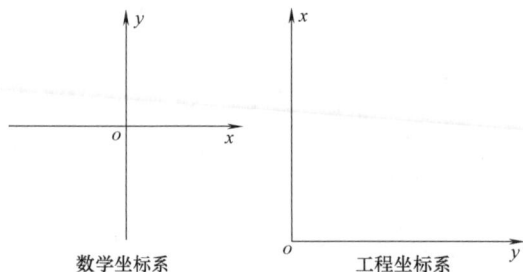

图 3-47　工程坐标系与数学系坐标对比

1. 工程坐标系意义

测区内建筑物、构筑物和点的平面位置常常用平面工程坐标表示，即通常所说的二维坐标 (x,y)；有的也采用三维坐标 (x,y,H)，其中的 H 表示高程。本节讨论二维坐标 (x,y)，不讨论三维坐标。在图 3-47 工程坐标系中，x 轴表示坐标方位轴的北方向（即 N 向），y 轴表示坐标方位轴的东向（即 E 向）。为了便于计算和实际工程中减少错误，工程坐标往往在第一象限内研究问题，即默认所有坐标点的 x、y 坐标大于 0。要做到这一点，常常虚设坐标原点 o（0，0）在西南方向较远处，确保该测区内所有点的 x、y 坐标大于 0。

2. 工程坐标计算

设定了工程坐标系、坐标原点及轴向，也就确定了该测区内点的具体位置，就可以进行点的坐标计算和测设。

（1）已知 A（x_A，y_A），线段 AB 的方位角 θ_{AB}，线段 AB 之间的水平距离 D_{AB}，计算 B（x_B，y_B），如图 3-48 所示。

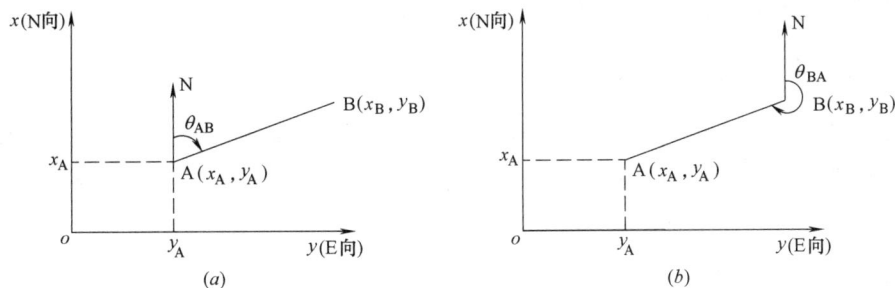

图 3-48　工程坐标计算

（a）计算起点为 A 点；（b）计算起点为 B 点

工程坐标的计算见式（3-38）和式（3-39）。

$$x_B = x_A + \Delta x = x_A + D_{AB}\cos\theta_{AB} \tag{3-38}$$

$$y_B = y_A + \Delta y = y_A + D_{AB}\sin\theta_{AB} \tag{3-39}$$

式中　Δx——x 轴向线段 AB 之间的坐标增量（m），计算时线段 AB 的方位角 θ_{AB} 按实代入，Δx 的大小和正负由 $\cos\theta_{AB}$ 自动计算；

Δy——y 轴向线段 AB 之间的坐标增量（m），计算时线段 AB 的方位角 θ_{AB} 按实代入，Δy 的大小和正负由 $\sin\theta_{AB}$ 自动计算。

（2）已知 B（x_B，y_B），线段 BA 的方位角 θ_{BA}，线段 BA 之间的水平距离 D_{BA}，计算 A（x_A，y_A），如图 3-48 所示。

工程坐标的计算见式（3-40）和式（3-41）。计算时注意区别式（3-38）、式（3-39）与（3-40）、式（3-41）的异同：

1）二者的 Δx、Δy 不同；

2）二者的方位角不同；

3）二者的计算起点不同；

4）二者的水平距离相等。

$$x_A = x_B + \Delta x = x_B + D_{AB}\cos\theta_{BA} \tag{3-40}$$

$$y_A = y_B + \Delta y = y_B + D_{AB}\sin\theta_{BA} \tag{3-41}$$

式中　Δx——x 轴向线段 BA 之间的坐标增量（m），计算时线段 BA 的方位角 θ_{BA} 按实代入，Δx 的大小和正负由 $\cos\theta_{BA}$ 自动计算；

Δy——y 轴向线段 BA 之间的坐标增量（m），计算时线段 BA 的方位角 θ_{BA} 按实代入，Δy 的大小和正负由 $\sin\theta_{AB}$ 自动计算。

实际计算坐标时，可以按照式（3-38）、式（3-39）或（3-40）、式（3-41），但是需要区别其三要素。

（3）坐标计算要领

由式（3-38）～式（3-41）可以看出，坐标计算应具备三要素：

1）计算起点；

2）方位角（计算起点到计算点方向的方位角）；

3）距离（计算起点到计算点之间的水平距离）。

只要明确了上述三要素，也就能计算计算点的坐标了。

3.5.4 直线上中桩坐标计算示例

工程坐标计算分直线和曲线上的中桩，曲线又分平曲线和带有缓和曲线的曲线。其中直线和平曲线上中桩坐标的计算示例为 3.3.2 节中的图 3-17 和表 3-7 中的内容。下面章节分别以具体示例来说明坐标的计算。

【例 3-16】 已知 JD_1 的里程已知 0^k+000，JD_1 到 JD_2 的链距 $K_{12}=367.22$m，JD_2 的右转角 $\alpha_{2y}=27°16'48''$，JD_2 的半径 $R=600$m，JD_2 的 ZY$0^k+221.62$、YZ$0^k+507.30$，JD_2 到 JD_3 的链距 $K_{23}=878.46$m，见图 3-17 和表 3-7。从测区控制点引测来的 JD_1（4689.42，8975.36），边 $JD_1 \sim JD_2$ 的方位角 $\theta_{12}=202°36'52''$，计算：

（1）JD_2 和 JD_3 的坐标；

（2）平曲线主点 ZY$0^k+221.62$、YZ$0^k+507.30$ 的坐标；

（3）直线上中桩 0^k+020、0^k+040、0^k+060、0^k+080、0^k+100、0^k+120、0^k+140、0^k+160、0^k+180、0^k+200 的坐标。

【解】

1. 计算 JD_2 和 JD_3 的坐标

（1）JD_2 的坐标计算

JD_2 位于边 $JD_1 \sim JD_2$ 的直线段上，可以按式（3-38）和式（3-39）直接计算，见图3-49，绘制图 3-49 时不能直接将图 3-17 照搬过来，要考虑起始边的方位角。计算结果见表 3-15。

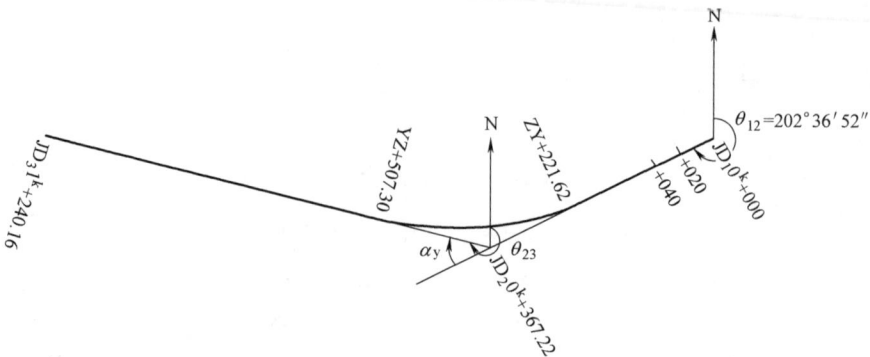

图 3-49 直线上中桩及交点坐标计算

桩号	起点到计算点的方位角	计算点到起点的水平距离(m)	x	y	备注
JD$_1$0^k+000	202°36′52″		4689.42	8975.36	起点/已知
+020	202°36′52″	20	4670.96	8967.67	
+040	202°36′52″	40	4652.50	8959.98	
+060	202°36′52″	60	4634.03	8952.29	
+080	202°36′52″	80	4615.57	8944.60	
+100	202°36′52″	100	4597.11	8936.91	
+120	202°36′52″	120	4578.65	8929.22	
+140	202°36′52″	140	4560.18	8921.53	
+160	202°36′52″	160	4541.72	8913.84	
+180	202°36′52″	180	4523.26	8906.14	
+200	202°36′52″	200	4504.80	8898.45	
ZY0^k+221.62	202°36′52″	221.62	4484.84	8890.14	
JD$_2$0^k+367.22	202°36′52″	367.22	4350.43	8834.15	

计算 JD$_2$ 坐标的三要素为：起点为 JD$_1$（4689.42，8975.36），方位角为 $\theta_{12}=$ 202°36′52″，计算起点到计算点距离为 JD$_1$ 到 JD$_2$ 的链距 $K_{12}=376.12$m，则

$$x_2=x_1+\Delta x=x_1+K_{12}\cos\theta_{12}=4689.42+367.22\cos202°36′52″=4350.43\text{m}$$
$$y_2=y_1+\Delta y=y_1+K_{12}\sin\theta_{12}=8975.36+367.22\sin202°36′52″=8834.15\text{m}$$

即 JD$_2$（4350.43，8834.15）。

（2）JD$_3$ 的坐标计算。

JD$_3$ 位于边 JD$_2$~JD$_3$ 的直线段上，可以按式（3-38）和式（3-39）直接计算，见图 3-49。计算 JD$_3$ 坐标的三要素为：起点为 JD$_2$（4350.43，8834.15），方位角为 θ_{23}（需要计算），计算起点到计算点距离为 JD$_2$ 到 JD$_3$ 的链距 $K_{23}=878.46$m。JD$_2$ 的右转角 $\alpha_{2y}=27°16′48″$。计算结果见表 3-16。

边 JD$_2$~JD$_3$ 的方位角 $\theta_{23}=\theta_{12}+\alpha_{2y}=202°36′52″+27°16′48″=229°53′40″$

$$x_3=x_2+\Delta x=x_2+K_{23}\cos\theta_{23}=4350.43+878.46\cos229°53′40″=3784.53\text{m}$$
$$y_3=y_2+\Delta y=y_2+K_{23}\sin\theta_{23}=8834.15+878.46\sin229°53′40″=8162.25\text{m}$$

即 JD$_3$（3784.53，8162.25）。

边 JD$_2$~JD$_3$ 的直线段上中桩坐标计算　　　　　　　　　表 3-16

桩号	起点到计算点的方位角	计算点到起点的水平距离(m)	x	y	备　注
JD$_2$0^k+367.22			4350.43	8834.15	起点/已知
YZ0^k+507.30	229°53′40″	145.60	4256.63	8722.79	
JD$_3$1^k+240.06	229°53′40″	878.46	3784.53	8162.25	

2. 平曲线主点 ZY0^k+221.62、YZ0^k+507.30 坐标计算

（1）ZY0^k+221.62 的坐标计算

ZY 位于边 $JD_1 \sim JD_2$ 的直线段上，见图 3-49，计算方法同 JD_2。

计算 ZY 坐标的三要素为：起点为 JD_1（4689.42，8975.36），方位角为 $\theta_{12} = 202°36'52''$，计算起点到计算点距离为 JD_1 到 ZY 的链距，即 21.52m，计算结果见表 3-15。

$$x_{ZY} = x_1 + \Delta x = x_1 + 221.62\cos\theta_{12} = 4689.42 + 221.62\cos202°36'52'' = 4484.84\text{m}$$

$$y_{ZY} = y_1 + \Delta y = y_1 + 221.62\sin\theta_{12}$$
$$= 8975.36 + 221.62\sin202°36'52''$$
$$= 8890.14\text{m}$$

即 ZY（4484.84，8890.14）。

（2）$YZ0^k+507.30$ 的坐标计算

YZ 位于边 $JD_2 \sim JD_3$ 的直线段上，见图 3-49。计算 YZ 坐标的三要素为：起点为 JD_2（4350.43，8834.15），方位角为 $\theta_{23} = 229°53'40''$，计算起点到计算点距离为 JD_2 到 YZ 的距离 145.60m（即 JD_2 的切线长）。计算结果见表 3-16。

$$x_{YZ} = x_2 + \Delta x = x_2 + 145.60\cos\theta_{23} = 4350.43 + 145.60\cos229°53'40'' = 4256.63\text{m}$$

$$y_{YZ} = y_2 + \Delta y = y_2 + 145.60\sin\theta_{23} = 8834.15 + 145.60\sin229°53'40'' = 8722.79\text{m}$$

即 YZ（4256.63，8722.79）。

（3）0^k+020、0^k+040 等中桩坐标计算

直线上中桩 0^k+020、0^k+040、0^k+060、0^k+080、0^k+100、0^k+120、0^k+140、0^k+160、0^k+180、0^k+200 全部位于边 $JD_1 \sim JD_2$ 的直线段上，计算方法同 JD_2。计算结果见表 3-15。

3.5.5 平曲线上中桩坐标计算示例

【例 3-17】 已知 JD_1 的里程为 0^k+000，JD_1 到 JD_2 的链距 $K_{12} = 367.22\text{m}$，JD_2 的右转角 $\alpha_{2y} = 27°16'48''$，JD_2 的半径 $R = 600\text{m}$，JD_2 的 $ZY0^k+221.62$、$YZ0^k+507.30$，JD_2 到 JD_3 的链距 $K_{23} = 878.46\text{m}$，见表 3-7。从测区控制点引测来的 JD_1（4689.42，8975.36），边 $JD_1 \sim JD_2$ 的方位角 $\theta_{12} = 202°36'52''$，计算：平曲线上中桩 0^k+240、+260、+280、+300、+320、+340、QZ+364.46、+380、+400、+420、+440、+460、+480、YZ+507.30 的坐标。

【解】 1. 计算 0^k+240 的坐标

计算 0^k+240 坐标的三要素为：起点为 ZY（4484.84，8890.14）（可以为 YZ 点），起点到计算点的方位角（需要计算），计算起点到计算点距离（需要计算）（即弦长）。

令 0^k+240 点号为 A，+260 点号为 B，见图 3-50 和图 3-51。

（1）计算起点 ZY 到 A 边的方位角

在计算起点 ZY 上标注 N 向，起点 ZY 到 A 边的方位角 $\theta_{ZY \sim A}$ 等于 $JD_1 \sim JD_2$ 边方位角 θ_{12} 加上 ZY 到 A 边

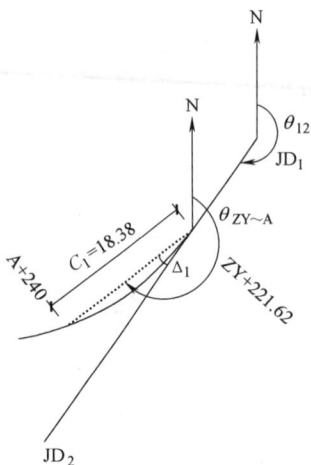

图 3-50　+240 中桩坐标计算

的偏角 Δ_1（加上还是减去偏角应根据具体情况而定），见图 3-50，建议在电子表格 Excel 里面进行自动计算，计算结果见表 3-17。

边 ZY～YZ 的平曲线上中桩坐标计算　　　　　　　　　　　　　　　　表 3-17

桩号	JD_1～JD_2 的方位角 θ_{12}	起点到计算点的偏角	计算点到起点的水平距离(m)	x	y	备　注
ZY0^k+221.62	202/36/52			4484.84	8890.14	起点/已知
+240	202/36/52	0/52/39	18.38	4467.98	8882.81	
+260	202/36/52	1/49/57	38.37	4449.91	8874.26	
+280	202/36/52	2/47/15	58.36	4432.12	8865.11	
+300	202/36/52	3/44/33	78.32	4414.66	8855.37	
+320	202/36/52	4/41/50	98.27	4397.52	8845.05	
+340	202/36/52	5/39/08	118.19	4380.75	8834.17	
QZ0^k+364.46	202/36/52	6/49/12	142.50	4360.73	8820.11	
+380	202/36/52	7/33/44	157.92	4348.32	8810.76	
+400	202/36/52	8/31/01	177.72	4332.71	8798.26	
+420	202/36/52	9/28/19	197.48	4317.53	8785.24	
+440	202/36/52	10/25/37	217.18	4302.79	8771.73	
+460	202/36/52	11/22/54	236.82	4288.50	8757.73	
+480	202/36/52	12/20/12	256.39	4274.69	8743.26	
+500	202/36/52	13/17/30	275.89	4261.38	8728.34	
YZ0^k+507.30	202/36/52	13/38/24	282.99	4256.64	8722.79	校核

注：1. 表中 202/36/52 表示 202°36′52″；

2. 采用 Excel 计算时角度以弧度计；

3. 起点到计算点的方位角等于 JD_1～JD_2 的方位角 θ_{12} 加上相应边的偏角；

4. 从 ZY 点计算 YZ 点坐标与从 JD_2 计算 YZ 点坐标进行校核。

$$\theta_{ZY\sim A}=\theta_{12}+\Delta_1=\theta_{12}+\frac{90l}{\pi R}=202°36'52''+0°52'39''=203°29'31''$$

（2）计算起点 ZY 到 A 边的水平距离

起点 ZY 到 A 边的水平距离即平曲线上起点 ZY 到 A 边的弦长 C_1，按式（3-31）或式（3-32）得：

$$C_1=2R\sin\frac{\varphi}{2}=2R\sin\Delta_1=2\times600\times\sin0°52'39''=18.38m$$

（3）计算 A 的坐标

$x_A=x_{ZY}+\Delta x=x_A+C_1\cos\theta_{ZY\sim A}=4484.84+18.38\cos203°29'31''=4467.98m$

$y_A=y_{ZY}+\Delta y=y_{ZY}+C_1\sin\theta_{ZY\sim A}=8890.14+18.38\sin203°29'31''=8882.81m$

即 YZ（4467.98，8882.81）。

2. 计算 0^k+260 的坐标

计算 0^k+260 坐标的三要素为：起点为 ZY（4484.84，8890.14）（可以为 YZ 点），起点到计算点的方位角（需要计算），计算起点到计算点距离（需要计算）（即弦长）。

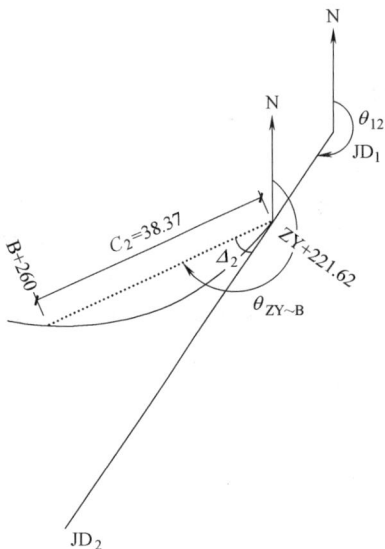

图 3-51　+260 中桩坐标计算

令 0^k+240 点号为 A，+260 点号为 B，见图 3-50 和图 3-51。

(1) 计算起点 ZY 到 B 边的方位角

在计算起点 ZY 上标注 N 向，起点 ZY 到 B 边的方位角 $\theta_{ZY\sim B}$ 等于 $JD_1\sim JD_2$ 边方位角 θ_{12} 加上 ZY 到 B 边的偏角 Δ_2（加上还是减去偏角应根据具体情况而定），见图 3-51，建议在电子表格 Excel 里自动计算，计算结果见表 3-17。

$$\theta_{ZY\sim B}=\theta_{12}+\Delta_2$$
$$=\theta_{12}+\frac{90l}{\pi R}$$
$$=202°36'52''+1°49'57''=204°26'49''$$

(2) 计算起点 ZY 到 B 边的水平距离

起点 ZY 到 A 边的水平距离即平曲线上起点 ZY 到 B 边的弦长 C_2，按式（3-31）式（3-32）计算。

$$C_2=2R\sin\frac{\varphi}{2}=2R\sin\Delta_2=2\times600\times\sin1°49'57''=38.37\text{m}$$

(3) 计算 B 的坐标

$$x_B=x_{ZY}+\Delta x=x_{ZY}+C_2\cos\theta_{ZY\sim B}=4484.84+38.37\cos204°26'49''=4449.91\text{m}$$
$$y_B=y_{ZY}+\Delta y=y_{ZY}+C_2\sin\theta_{ZY\sim B}=8890.14+38.37\sin204°26'49''=8874.26\text{m}$$

即 YZ（4449.91，8874.26）。

3. 计算 0^k+280 到 $YZ0^k+507.30$ 所有中桩的坐标

0^k+280 到 $YZ0^k+507.30$ 所有中桩的坐标，计算方法同 0^k+240 和 0^k+260 中桩。建议在电子表格 Excel 里自动计算，计算结果见表 3-17。

需要说明的是：

(1) YZ 点坐标计算有两个途径，一个途径是从 JD_2 往 JD_3 方向计算 YZ 点坐标；另一个途径是从平曲线起点 ZY 开始，计算+240、+260…一直计算到 YZ 点坐标。二者理论上的坐标数据是相同的，计算时可以采用这种方法进行校核。

(2) 初学者学习过程中，建议按照坐标三要素的计算程序进行计算，并写出计算步骤。而在实际工作中，不需要这么麻烦，可以采用计算器编程或 Excel 直接计算坐标。

3.5.6　坐标法测设中桩

计算坐标的目的是利用坐标法测设中桩，工程上称为放样（投点）。坐标法测设比较便捷，坐标计算相对繁琐一些，特别是复杂曲线上的中桩坐标计算，事实上坐标计算往往是数学问题，这里不做过多论述。

与偏角法、支距法、弦长纵距交会法比较，坐标法测设中桩具有不少优点，表现在：置仪点灵活，不受偏角法仅仅局限于 ZY 或 YZ 点置仪；减少通视障碍，如果一个高级控制点置仪无法通视可以变通，比如调整置仪点或者使用全站仪转站等；测设精度高；测设

68

速度快；已知坐标的待测点和已经测设点可以利用自动化软件自动灵活处理，如 Auto-CAD、Excel 及相关专业软件；可以采用传统仪器测试，如经纬仪等；可以结合先进的电子产品快速测设，如采用全站仪、GPS、北斗系统等。坐标法测试迅速普及，目前坐标法测试已经广泛使用在工程建设的各个领域，可以说不熟悉和掌握坐标法测设就不懂得工程测量和公路勘测设计。

1. 测设原理方法

坐标法测设中桩原理基于工程坐标方位角，即测区内所有边的北向方位角为 $0°00'00''$，待测边的方位角指待测边与北方向所夹的水平角度，经纬仪定制待测边的方位角，从置仪点往待测边方位测量水平距离（待测点到置仪点之间的水平距离），即可测定待测点中桩。

理论上讲在置仪点可以测设出能够通视的中桩，包括直线上加桩、曲线上加桩及其他非中线加桩（如交点桩）；如果二者之间存在通视障碍，调整置仪点进行测设。置仪点选择的原则是通视、就近、方便、快捷。

当然坐标法采用全站仪显得更为方便快捷，目前绝大多数全站仪具有内置简单程序，能够自动识别坐标。经过标定后的全站仪，免去了经纬仪测设需要钢尺测量水平距离的困难，全站仪可以自动测定水平距离，精度高，速度快，利用反光镜测设距离远，甚至能够部分避开钢尺逐段测量距离。

由于坐标法应用越来越广，下面介绍一下坐标法强大的应用范围：

（1）计算测点坐标

1）中线上直线点的坐标；

2）中线上平曲线上的中桩的坐标；

3）中线上缓和曲线上的中桩的坐标；

4）复杂曲线点的坐标，例如复杂立交桥的辅道、匝道等复杂曲线的坐标；

5）其他点坐标，例如房屋角点、运动场边界点、沟渠拐点、围墙拐点等。

（2）测量中线

1）测量公路交点、中线，包括直线、平曲线和缓和曲线上的中桩等；

2）测量铁路交点、中线，包括直线、平曲线和缓和曲线上的中桩等；

3）测量城市道路交点、中线，包括直线、平曲线和缓和曲线上的中桩等；

4）测量其他道路（如小区道路、农村道路）交点、中线，包括直线和平曲线上的中桩等；

5）测量沟渠交点、中线，包括直线和平曲线上的中桩等；

6）测量房屋角点、运动场边界点、沟渠拐点、围墙拐点等；

7）测量复杂曲线点，例如复杂立交桥的辅道、匝道等复杂曲线的点。

（3）测量平面图

1）公路和铁路带状（路线）平面图；

2）公路工点平面图；

3）城市、小区或指定区域平面图。

（4）测量宗地平面图

国土部门也常常采用坐标法测量宗地平面图，并计算宗地面积。

（5）控制测量

1）闭合导线测量；

2）附合导测量；

3）三角测量。

（6）坐标法适合仪器设备

1）经纬仪；

2）全站仪；

3）北斗系统、GPS。

（7）坐标法适合软件

1）CAD；

2）Excel；

3）其他软件，例如相关闭合导线、复合导线计算软件；相关北斗系统、GPS的基线解算软件等。

2. 坐标法测设示例（采用经纬仪）

【例3-18】 （以例3-14和例3-15为工程背景）已知测区内有若干高级控制点，其中高级控制点 KZD_7（4721.49，8930.88）、KZD_9（4340.19，8800.39）。在表3-15～表3-17中已知直线上中桩 S 点 $0^k + 040$（4652.50，8959.98）、平曲线上中桩 A 点 $0^k + 240$（4467.98，8882.81）。

（1）若 KZD_7 与 S 点和 A 点不通视，通过计算并测设 S 点和 A 点；

（2）若各个点位之间相互通视，要求选择距离待测点较近安置经纬仪，通过计算并测设 S 点和 A 点。

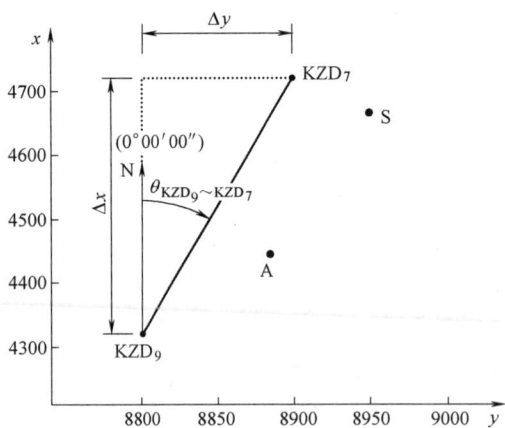

图 3-52　KZD_9 置仪的点位相对位置示意

【解】

（1）在控制点 KZD_9 置仪，KZD_7 定向保证 N 向方位角为 $0°00'00''$，测设 S 点和 A 点。

显然若 KZD_7 与 S 点和 A 点不通视，只能在 KZD_9 置仪。

1）画出点位相对位置示意图

画出 KZD_7、KZD_9、S 和 A 点位相对位置示意图，在置仪点 KZD_9 位置（即计算起点）画出 N 向，见图 3-52。测设前画出一个草图，草图不一定非常准确，能够表示点位相对位置即可，已知点位 x 坐标的最大值与最小值之差为 4721.49－4340.19＝381.30，已知点位 y 坐标的最大值与最小值之差为 8959.98－8800.39＝159.59，x 轴和 y 轴数值标注见图 3-52，x 轴和 y 轴数值不一定成比例。

2）计算控制点 KZD_9 置仪，KZD_7 定向保证 N 向方位角为 $0°00'00''$ 的定向角度。

如图 3-52 所示，锐角 $\theta_{KZD_9 \sim KZD_7}$ 即边 $KZD_9 \sim KZD_7$ 的方位角，则：

$$\tan\theta_{KZD_9 \sim KZD_7} = \frac{|\Delta y|}{|\Delta x|} = \frac{|8930.88 - 8800.39|}{|4721.49 - 4340.19|} = \frac{130.49}{381.30}，得：$$

$$\theta_{KZD_9 \sim KZD_7} = 18°53'32''$$

计算 Δx 和 Δy 时取绝对值是为了减少错误，在采用传统的经纬仪测设时就可以避免这种错误出现。而采用全站仪测设时，全站仪默认坐标，就显得非常简单了。

3）确定 N 向

控制点 KZD_9 置仪，KZD_7 定向，并把经纬仪水平读盘读数调整到 $18°53'32''$，即能保证 N 向方位角为 $0°00'00''$。保证 N 向为 $0°00'00''$以后，松开经纬仪水平读盘读数锁键，就可以进行具体点位坐标测设了。

4）计算并测设 S 点

如图 3-53 所示，锐角 $\theta_{KZD_9 \sim S}$ 即边 $KZD_9 \sim S$ 的方位角（计算时采用锐角和绝对值以免判断失误），则

$$\tan\theta_{KZD_9 \sim S} = \frac{|\Delta y|}{|\Delta x|} = \frac{|8800.39 - 8959.98|}{|4340.19 - 4652.50|} = \frac{159.59}{312.31}，\text{得：}$$

$$\theta_{KZD_9 \sim S} = 27°04'01''$$

设边 $KZD_9 \sim S$ 的水平距离为 $D_{KZD_9 \sim S}$，则：

$$D_{KZD_9 \sim S} = \sqrt{\Delta x^2 + \Delta y^2} = \sqrt{159.59^2 + 312.31^2} = 350.72m$$

将经纬仪水平读盘读数调整到 $27°04'01''$，即为点 KZD_9 到 S 点的方向，从控制点 KZD_9 往此方向测量水平距离 350.72m，定打直线上中桩 S 点 0^k+040。

5）计算并测设 A 点

如图 3-54 所示，锐角 $\theta_{KZD_9 \sim A}$ 即边 $KZD_9 \sim A$ 的方位角（计算时采用锐角和绝对值以免判断失误），则

$$\tan\theta_{KZD_9 \sim A} = \frac{|\Delta y|}{|\Delta x|} = \frac{|8800.39 - 8882.81|}{|4340.19 - 4467.98|} = \frac{82.42}{127.79}，\text{则：}$$

$$\theta_{KZD_9 \sim A} = 32°49'14''$$

设边 $KZD_9 \sim A$ 的水平距离为 $D_{KZD_9 \sim A}$，则：

$$D_{KZD_9 \sim A} = \sqrt{\Delta x^2 + \Delta y^2} = \sqrt{82.42^2 + 127.79^2} = 152.06m$$

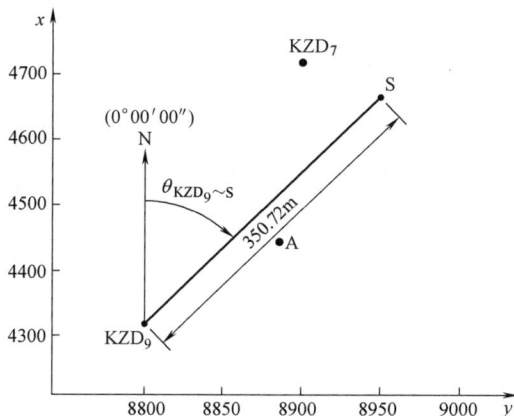

图 3-53　KZD_9 置仪 S 点的计算及测设示意

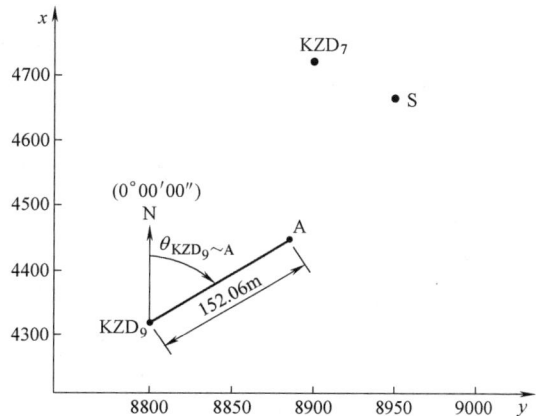

图 3-54　KZD_9 置仪 A 点的计算及测设示意

将经纬仪水平读盘读数调整到 $32°49'14''$，即为边 KZD_9 到 S 点的方向，从控制点 KZD_9 往此方向测量水平距离 152.06m，定打平曲线上中桩 A 点 0^k+240。

（2）在控制点 KZD_7 置仪，KZD_9 定向保证 N 向方位角为 $0°00'00''$，测设 S 点和 A 点应符合"就近原则"。

题干中各个已知点之间相互通视，可以在控制点 KZD_7 置仪，也可在控制点 KZD_9 置仪（前面已经叙述）。实际勘测中应选择待测点位距离置仪点位近一些、比较容易安置经纬仪的控制点置仪。

1）画出点位相对位置示意图

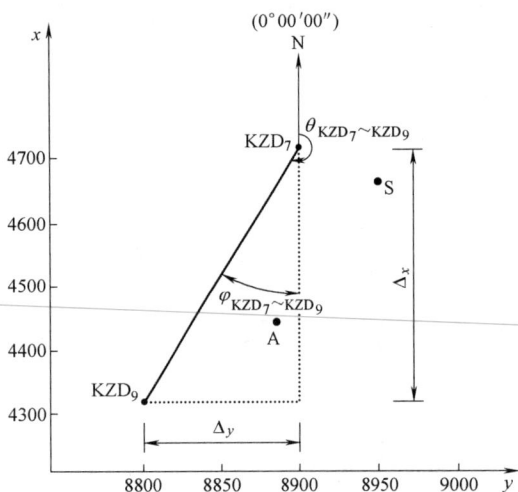

图 3-55 KZD_7 置仪的点位相对位置示意

画出 KZD_7、KZD_9、S 和 A 点位相对位置示意图，在置仪点 KZD_7（即计算起点）上画出 N 向，见图 3-55。测设前画出一个草图，草图不一定非常准确，能够表示点位相对位置示意即可。从题干中知道已知点位 x 坐标的最大值与最小值之差为 $4721.49-4340.19=381.30$，已知点位 y 坐标的最大值与最小值之差为 $8959.98-8800.39=159.59$，x 轴和 y 轴数值标注见图 3-55，x 轴和 y 轴数值不一定成比例。

2）计算控制点 KZD_7 置仪，KZD_9 定向保证 N 向方位角为 $0°00'00''$ 的定向角度。

如图 3-55 所示，边 $KZD_7 \sim KZD_9$ 的方位角等于锐角 $\varphi_{KZD_7 \sim KZD_9}$ 加上 $180°$，得：

$$\tan\varphi_{KZD_7 \sim KZD_9} = \frac{|\Delta y|}{|\Delta x|} = \frac{|8930.88-8800.39|}{|4721.49-4340.19|} = \frac{130.49}{381.30}$$

$\varphi_{KZD_7 \sim KZD_9} = 18°53'32''$，则边 $KZD_7 \sim KZD_9$ 的方位角：

$$\theta_{KZD_7 \sim KZD_9} = 180° + \varphi_{KZD_7 \sim KZD_9} = 198°53'32''$$

3）确定 N 向

控制点 KZD_7 置仪，KZD_9 定向，并把经纬仪水平读盘读数调整到 $198°53'32''$，即能保证 N 向方位角为 $0°00'00''$。保证 N 向为 $0°00'00''$ 以后，松开经纬仪水平读盘读数锁键，就可以进行具体点位坐标测设了。

4）计算并测设 S 点

如图 3-56 所示，$KZD_7 \sim S$ 的方位角等于 $180°$ 减去锐角 $\varphi_{KZD_7 \sim S}$。显然，

$$\tan\varphi_{KZD_7 \sim S} = \frac{|\Delta y|}{|\Delta x|} = \frac{|8930.88-8959.98|}{|4721.49-4652.50|} = \frac{29.1}{68.99}$$

$\varphi_{KZD_7 \sim S} = 22°52'12''$，则 $KZD_7 \sim S$ 的方位角为：

$$\theta_{KZD_7 \sim S} = 180° - \varphi_{KZD_7 \sim S} = 157°07'48''$$

设边 KZD_7~S 的水平距离为 $D_{KZD_7~S}$，则：

$$D_{KZD_7~S}=\sqrt{\Delta x^2+\Delta y^2}=\sqrt{29.10^2+68.99^2}=74.88\text{m}$$

将经纬仪水平读盘读数调整到 $157°07'48''$，即为边 KZD_7 到 S 点的方向，从控制点 KZD_7 往此方向测量水平距离 74.88m，定打直线上中桩 S 点 0^k+040。

5）计算并测设 A 点

如图 3-57 所示，KZD_7~A 的方位角等于锐角 $\varphi_{KZD_7~A}$ 加上 180°，显然

$$\tan\varphi_{KZD_7~A}=\frac{|\Delta y|}{|\Delta x|}=\frac{|8930.88-8882.81|}{|4721.49-4467.98|}=\frac{48.07}{253.51}$$

$\varphi_{KZD_7~A}=10°44'13''$，则 KZD_7~A 的方位角为：

$\theta_{KZD_7~A}=180°+\varphi_{KZD_7~A}=190°44'13''$。

设边 KZD_7~A 的水平距离为 $D_{KZD_7~A}$，则：

$$D_{KZD_7~A}=\sqrt{\Delta x^2+\Delta y^2}=\sqrt{48.07^2+253.51^2}=258.03\text{m}$$

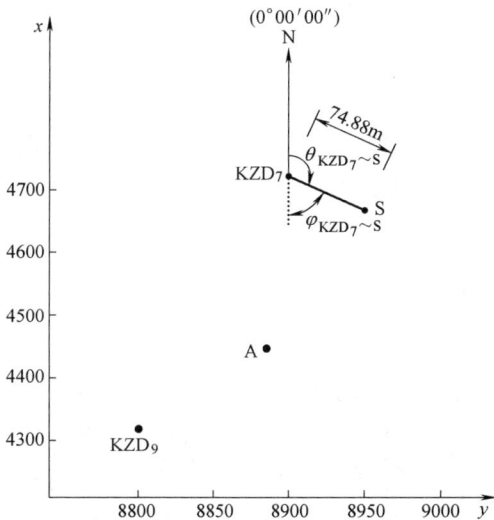

图 3-56　KZD_7 置仪时 S 点的计算及测设示意

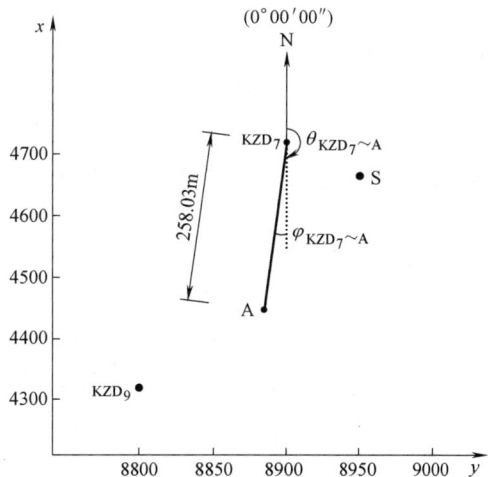

图 3-57　KZD_7 置仪时 A 点的计算及测设示意

将经纬仪水平读盘读数调整到 $190°44'13''$，即为边 KZD_7 到 A 点的方向，从控制点 KZD_7 往此方向测量水平距离 258.03m，定打平曲线上中桩 A 点 0^k+240。

从上述计算测设过程来看，坐标法可以改变置仪点，灵活多变。在一个测站可以测设若干个能够通视的待测点，可以测设直线上的中桩，也可以测设曲线上的中桩。

需要说明的是，初学者在学习时，建议参照例 3-16 格式，按照计算并确定"置仪点""定向点"和"待测点"三个步骤进行，核心问题还是回到方位角理念、坐标理念，这是日常学习的需要。而在实际工作中，不需要这么麻烦，例如采用全站仪测量，全站仪内置简单计算程序，只要输入置仪点和定向点坐标，有关参数（方位角和距离等）可以自动显示（无需计算），非常方便。

3.5.7 采用全站仪测量技术

坐标法测设点位坐标（点的平面位置）在工程中应用十分广泛，随着坐标法的推广应用，其他测设方法如平曲线上中桩采用的支距法、弦长纵距交会法和偏角法等在工程中使用得越来越少，有的方法已经逐渐被淘汰。坐标法不限于使用在公路中线上的中桩测设上，在其他工程领域也广泛使用。当前公路工程领域普遍采用坐标法结合全站仪和 GPS 进行高效快速工程测量。

坐标法可以在以下几方面推广应用：

一是控制测量，采用坐标法，可以对三角网、闭合导线网、附和导线网的控制点进行测设并计算其坐标。二是计算点位坐标，已知曲线方程可以计算出任意点位坐标，在 3.5.3~3.5.5 节中，只要已知曲线方程，利用数学知识就比较容易计算出任意点位坐标，这是坐标测设的前提和基础。不仅可以计算公路、铁路等的中线上的直线、平曲线和缓和曲线上中桩的坐标，还可以计算高速公路互通立交的复杂曲线上的中桩坐标。除了公路、铁路以外，还可以计算市政工程的道路、管网、沟渠、地下工程等的点位坐标，计算房屋建筑、电站主要点位坐标。三是点位坐标测设及放样，已知测区内足够数量的控制点（现场有可靠点位并有可靠的坐标数据），如果公路、铁路、房屋建筑、发电站等主要点位的坐标已经计算出来，就可以利用坐标法测设点位坐标（工程上有时称为放样），见 3.5.6 节。四是平面图测设，利用坐标法测设平面图分两大步骤，测区内控制点测设和利用控制点进行地形地物点的坐标（即平面位置）测设。五是宗地测设，国土部门常常需要测设宗地地界并计算其面积，利用坐标法测设宗地地界具有两大步骤，测区内控制点测设和利用控制点进行宗地界点的坐标（即平面位置）测设。

下面对工程测量中越来越普及的全站仪测量技术（采用坐标法）进行介绍。

1. 全站仪概述

（1）全站仪测设原理

20 世纪 70 年代，随着光电测距技术和光电测角技术的发展及其结合，全站仪这种集测距装置、测角装置和微处理器为一体的新型测量仪器应运而生。这种能自动测量和计算，并通过电子手簿或直接实现自动记录、存储和输出的测量仪器，它可以同时进行角度（水平角、竖直角）测量、距离（平距、斜距、高差）测量，称为全站型电子速测仪，简称全站仪（total station）。全站仪可以一次性地完成测站上所有的测量工作，精确地确定地面两点之间的坐标增量和高差，是目前测绘行业使用最广泛的测量仪器之一。全站仪的基本功能是测量水平角、竖直角和斜距，借助于机载程序，可以组成多种测量功能，如计算并且显示平距、高差和点位坐标，进行偏心测量、悬高测量、对边测量、后方交会法测量、面积计算等。

（2）全站仪的新功能

集成式全站仪问世正逢现代微电子技术快速发展时期，人们将芯片技术应用于全站仪，使全站仪朝着高精度、多功能、自动化、微型化的方向发展。各国厂商竞相研制全站仪，市场产品繁多。经过多年发展，全站仪的体积已经与经纬仪差不多；功能方面可测距、测角，可记录、计算，可进行程序测量；测程一般为 1~3km；测距精度达 $\dfrac{1}{100000}$，测角精度达 10″、5″和 2″；双面数字显示，用键盘操作；数据可上传；使用方便，深受用户喜爱。

进入 21 世纪，全站仪得到了进一步发展。一方面，普通全站仪的稳定性、操作性得到不断改善和升级；另一方面，为适应不同的测绘需求，全站仪出现了很多新功能和差异化产品。

1) 可视对中、可视照准功能

这种全站仪的对中器能发出红色光线，在地面控制点上形成一个很小的红色斑点，可满足对中误差 1mm 左右。望远镜找准目标，也有红色光线沿视准轴发出，方便在夜间或地下环境中使用。

2) 电子气泡功能

电子气泡的分辨率（灵敏度）为 2″/mm，远远高于普通的圆水准器和管水准器，能提高仪器的整平精度。

3) SD 卡和 USB 接口的应用

现在的全站仪基本上都配置了 SD 卡和 USB 接口，这使得全站仪的数据通信变得快速而简捷。

4) 免棱镜功能

免棱镜功能不仅大大减轻了野外作业的强度，而且解决了有些地方无法测距的困难。各种品牌的全站仪系列产品基本上都有免棱镜功能的型号。国产仪器中，免棱镜测距测程一般为 200～500m。拓普康 GPT750、GPT7500 系列全站仪，标称免棱镜测距测程为 2000m。

5) 自动照准功能

在大致找准目标后，按下"AF"键，仪器自动进行精密照准。

6) 精密照准部缓慢旋转，发现目标后，停止扇形扫描，启动精细照准程序，进行精确照准，并进行后续测量工作。自动搜索找准技术多用于智能全站仪（测量机器人）。智能全站仪是自动全站仪的发展方向。

7) 跟踪锁定功能

开启跟踪锁定功能，手动照准棱镜，进行初始化测距，让仪器"记住"棱镜。以后棱镜移动，仪器自动跟踪棱镜，当棱镜短暂停留时，进行测量并记录。

8) 遥控测量技术

棱镜杆上装有一个全站仪的操作面板，与全站仪无线连接，一个人可以在棱镜站上实现对全站仪的各种操控，完成测量工作。

9) 带操作系统和图像显示功能

这种全站仪具有类似计算机的操作系统、触摸式彩屏、图形化界面和功能强大的测量应用软件，极大地提高了仪器的使用性能。因大多数操作系统为 Windows CE. NET4.2 操作系统，故常称这种全站仪为 Windows 全站仪。Windows 全站仪代表了全站仪信息化、可视化的发展方向。

10) 与 GPS 技术相结合

将 GPS 接收机与全站仪一体化，就是所谓的超全站仪。超全站仪由 GPS 接收机进行绝对测量，由全站仪进行相对测量，从而实现了真正的自由设站。

(3) 常用全站仪类型

光电测距技术的问世，就开始了全站仪光电测量技术风行土木工程领域的时代，世界各地相继出现全站仪研制、生产热潮，有拓普康（Topcon）、宾得（PENTAX）、索佳、尼康等厂家。20 世纪 90 年代末，我国研制生产全站仪的有北京测绘仪器厂、广州南方测绘仪器公司、苏州第一光学仪器厂、常州大地测量仪器厂等。

各种类型的全站仪基本性能相同，其外部可视部件也基本相同。同电子经纬仪、光学经纬仪相比，沿用了光学经纬仪的基本特点。全站仪增设了键盘按钮、显示屏等其他部件，全站仪具有比其他测角、测距仪器更多的功能，同时，使用更方便、智能，这些特殊部件构成了全站仪在结构方面独树一帜的特点。

在内部结构关系上，全站仪保留光学经纬仪的基本轴线：望远镜视准轴 CC，横轴 HH，竖轴 VV，水准管轴 LL。这些轴线必须满足表 3-18 的条件。

全站仪内部结构关系　　　　　　　　　　　　表 3-18

应满足条件	目　　的	备　　注
$LL \perp VV$	当气泡居中时，LL 铅垂，水平度盘水平	LL 铅垂是前提
$CC \perp HH$	望远镜 HH 纵转时，CC 移动轨迹为一平面	否则是一圆锥面
$HH \perp VV$	LL 水平时，HH 也水平，使 CC 移动轨迹为一铅垂面	否则为一倾斜面
"|" $\perp VV$	望远镜绕 HH 纵转时，"|"位于铅垂面内，可检查目标是否倾斜或照准位于该铅垂面内任意位置的目标	"|"指十字丝竖丝
光学对中器视线与 VV 重合	使旋转中心（水平度盘中心）位于过测站的铅垂线上	
$x = 0$	便于竖直角测量	

全站仪曾经有过多种分类方法。例如，按结构分为组合式和集成式全站仪，按测程分为远程、中程和短程全站仪，按精度分为Ⅰ级、Ⅱ级和Ⅲ级全站仪等。根据目前全站仪使用现状和大众化的角度，全站仪可以分为以下几个类型。

1）普通全站仪

这类全站仪具有常规测量和程序测量功能，测程 1～5km，测距精度 5mm 左右，测角精度 5″～2″，价格相对低廉，使用最为广泛，在全站仪产品中占绝大多数。

2）Windows 全站仪

Windows 全站仪是普通全站仪未来的替代产品，但因价格原因，目前市场占有率不高。

3）免棱镜全站仪

免棱镜全站仪或无合作目标全站仪是全站仪发展方向之一，也是广大用户期望所在。这类全站仪目前发展较快，但在测程和测距精度方面有待进一步提高。

4）智能全站仪

智能全站仪是全站仪中的高端产品，自动化程度高，精度高，适合于某些特殊场合和科研项目。

5）超全站仪

超全站仪最大的特点是不需要已知点及其坐标（由 GPS 自动捕捉），可以在任何位置设站，极大地提高了全站仪使用的便利性。

(4) 全站仪在工程中的使用范围

全站仪具备丰富的测量程序，同时具有数据存储功能、参数设置功能，功能强大，适用于各种专业测量和工程测量。全站仪在具备常用的基本测量功能之外，还具有特殊的测量程序，可进行悬高测量、偏心测量、对边测量、放样、后方交会、面积计算、道路设计与放样等工作，可满足专业测量与工程测量的需求。

全站仪作为最常用的测量仪器之一，其应用范围已不仅局限于测绘工程、建筑工程、交通与水利工程、地基与房地产测量，而且在大型工业生产设备和构件的安装调试、船体设计施工、大桥水坝的变形观测、地质灾害监测及体育竞技等领域中都得到了广泛的应用。

2. 全站仪的主要技术参数

全站仪的主要技术参数是代表全站仪性能的指标，也是表明全站仪品质的指标，是用户购买产品的主要依据。一般在全站仪的销售宣传单和使用说明书中列出。作为使用者，首先应了解仪器的主要技术参数，熟悉仪器的性能和功能，才能更好地使用仪器。全站仪的主要技术参数如下：

（1）望远镜放大倍数

望远镜放大倍数是反映全站仪光学性能的指标之一，普通全站仪一般为 $30\times$（倍）左右。

（2）望远镜视场角

望远镜视场角是反映全站仪光学性能的指标之一，普通全站仪一般为 $1'30''$。

（3）管水准器格值

管水准器用于全站仪安置时精确整平，管水准器格值大小反映其灵敏度的高低。灵敏度越高的管水准器，整平精度越高。普通全站仪管水准器格值为 $20''/2\mathrm{mm}$ 或 $30''/2\mathrm{mm}$。

（4）圆水准器格值

圆水准器用于全站仪安置时粗略整平，圆水准器格值也代表灵敏度。普通全站仪圆水准器格值为 $8''/2\mathrm{mm}$。

（5）测角精度

测角精度是全站仪重要的计算参数之一。普通全站仪的测角精度有 $10''$、$5''$、$2''$ 几种。

（6）测程

测程指全站仪在良好的外界条件下可能测量的最远距离。普通全站仪在单棱镜时一般测程为 $1\mathrm{km}$ 左右，在三棱镜时测程为 $2\mathrm{km}$ 左右。测程也是全站仪重要的技术参数之一。

（7）测距精度

测距精度是全站仪重要的计算参数之一，测距精度又称为标称精度，$\mathrm{ppm}D$ 为所测距离长度 D 的 $\frac{1}{1000000}$。标称精度有时简称为 $\pm(a+b)$。普通全站仪标称精度一般为 $2+2$，即观测 $1\mathrm{km}$ 长的距离，误差为 $4\mathrm{mm}$。其中固定误差和比例误差各为 $2\mathrm{mm}$。

（8）测距时间

测距时间是表示测距速度的指标。普通全站仪一般单次精测的测距时间为 $1\sim3\mathrm{s}$；跟踪的测距时间为 $0.5\sim1\mathrm{s}$。

（9）距离气象改正

普通全站仪的距离气象改正一般可输入参数自动改正。

（10）高差球气差改正

普通全站仪的高差球气差改正一般可输入参数自动改正。

（11）棱镜常数改正

普通全站仪的棱镜常数改正一般可输入参数自动改正。

（12）补偿功能

全站仪对垂直轴倾斜进行补偿，补偿范围为 3～5s。补偿类型分为单轴补偿、双轴补偿和三轴补偿。普通全站仪一般配有单轴补偿功能或双轴补偿功能。补偿功能也是全站仪重要的技术参数之一。

（13）显示行数

显示行数表示显示屏的大小。全站仪的显示屏有越来越大的趋势。

（14）内存容量

内存容量表示距离存储数据的能力。全站仪的内存容量也是有越来越大的趋势。

（15）尺寸及重量

尺寸及重量反映全站仪的体积和重量大小。

全站仪还有不少其他技术参数，相对来说次要一些，这里不再赘述。

3. 全站仪构造及基本操作流程

全站仪类型及厂家繁多，这里仅仅介绍瑞士 Leica 公司生产的徕卡全站仪和国产中纬 ZT80MR 全站仪。

（1）徕卡全站仪

徕卡全站仪是瑞士 Leica 公司生产的产品，目前市面上有徕卡 TPS400、TPS600、TPS800、TPS1200、TPS2000 等系列全站仪，根据功能和精度不同价格从 1 万元～50 万元不等，"TS""TC"是瑞士 Leica 公司全站仪系列型号的标名之一，如 TC1 全站仪是其中的一种早期产品，如 TC600 全站仪是一种功能较多的工程测量基本型全站仪，TC 系列全站仪的技术指标随仪器而异，一般测距精度在 ±（2mm＋2ppm. D），测角精度 ±1.5″以上的是精密型全站仪。全站仪的基本型编号字母为 TC，TC 后加 R 表示具有可见指向激光免棱镜测距功能，后加 M 表示具有马达驱动功能，后加 A 表示具有自动目标识别与照准功能，后加 P 表示具有超级搜索功能，凡型号中有字母 A、P 的都具有 EGI 导向光功能。

TPS2000 系列产品有令人难以置信的角度和距离测量精度，既可人工操作也可自动操作，既可远距离遥控运行也可在机载应用程序控制下使用，在精密工程测量、变形监测、几乎是无容许限差的机械引导控制等应用领域中无可匹敌。世界上最高精度的全站仪：测角精度（方向测角一测回标准偏差）0.52″，测距精度 1mm＋1ppm，具有 ATR 功能的 TCA2003/1800 全站仪，把地面测量设备带入了测量机器人的时代，并以性能稳定可靠著称，利用 ATR 功能，白天和黑夜（无需照明）都可以工作，配合测量工具仅需普通的反射棱镜和激光对点器（激光束）；可加配 EGL 导向光；配备 RCS 遥控器可组成单人测量系统；通过 GeoBasic 工具，用户可开发机载应用软件；在 GeoCOM 模式下，通过计算机软件的控制，可组成各种自动化测量系统，在测量办公软件 SurveyOffice 或 Leica Geo-Office 的帮助下，可把仪器内 PC 卡上保存的数据轻松地传输到计算机中；广泛用于地上大型建筑和地下隧道施工等精密工程测量或变形监测领域。

TPS1200 系列全站仪是徕卡公司 2004 年推出的智能全站仪，有 1201、1202、1203、1205 四种型号，一测回方向测角观测中误差分别为±1″、±2″、±3″、±5″，测距精度为 2mm+2ppm（有棱镜）、3mm+2ppm（免棱镜，小于 500m），测程为 3km（单圆棱镜）、1.5km（360°棱镜）、1.2km（微型棱镜）、500m（反射片）。图 3-58、图 3-59 是徕卡

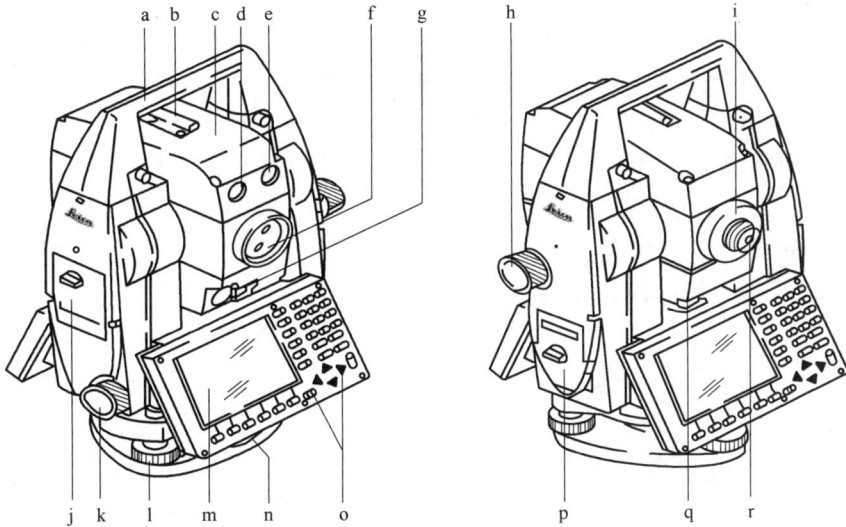

图 3-58　徕卡 TCRA1202 全站仪

a. 提把；b. 粗瞄器；c. 集成了 EDM、ATR、EGL、PS 的望远镜；d. EGL 的闪烁二极管—黄；
e. EGL 的闪烁二极管—红；f. 测角测距设置的同轴光学部件，也用于无棱镜测距仪器的红色激光束输出；
g. 超级搜索；h. 垂直微动螺旋；i. 调焦环；j. CF 卡插槽；k. 水平微动螺旋；l. 基座脚螺旋；
m. 显示屏；n. 基础保险钮；o. 键盘；p. 电池插槽；q. 圆水准器；r. 可互换目镜

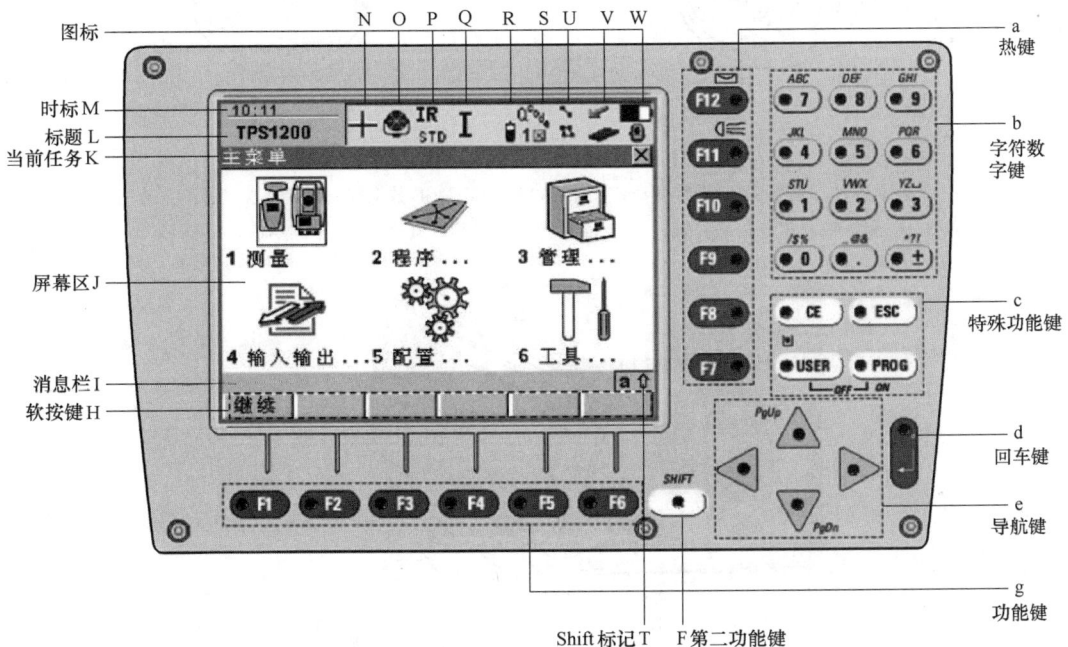

图 3-59　徕卡 TCRA1202 键盘和显示窗

TCRA1202（TPS1200 系列全站仪之一）全站仪外型和操作面板，徕卡 TCRA1202 全站仪除具备全站仪的基本功能外，它还具有红色指向激光、免棱镜测距和马达驱动自动目标识别与照准功能。

（2）中纬 ZT80MR 全站仪

中纬 ZT80MR 是一款国产全站仪，ZT80 是中纬全新设计推出的全站仪系列，是目前为止中纬系列全站仪中功能最强大的全站仪。秉承欧系产品高品质、高精度的技术特色，采用全新 EDM，免棱镜测距 400m。简单的设置及传输均在 PC 上完成，并设置标准 RS232 数据接口、USB 及蓝牙三种通信方式。图 3-60、图 3-61、表 3-19 是中纬 ZT80MR 全站仪操作界面和说明。中纬 ZT80MR 全站仪基本参数如下：

1）测角原理：绝对编码。

2）测角标准：2″。

3）系统：电子双轴液体补偿器。

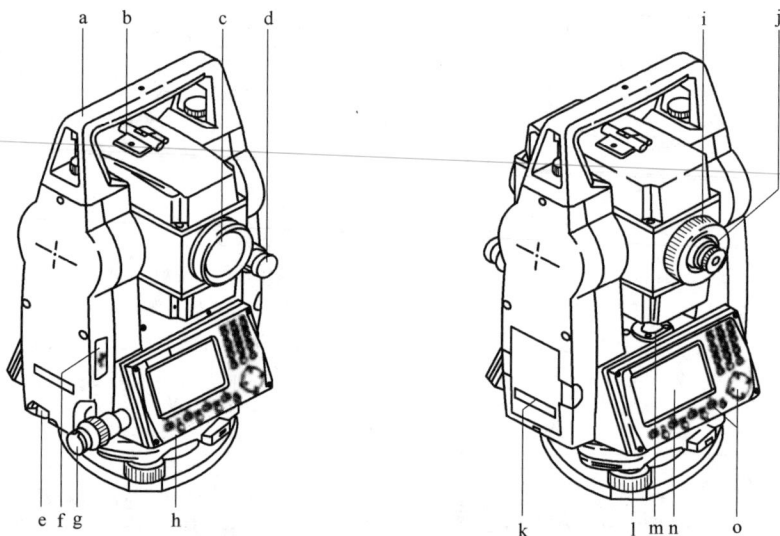

图 3-60　中纬 ZT80MR 全站仪

a. 提把；b. 粗瞄器；c. 物镜；d. 垂直微动；e. RS232 数据口 USB 数据口；f. USB 主机端口；j. 水平微动；h. 键盘，i. 望远镜调焦环；j. 目镜；k. 电池盒；l. 基座脚螺旋；m. 机身圆水泡；n. LCD；o. 键盘

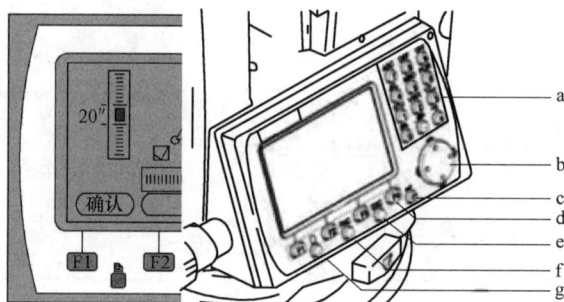

图 3-61　中纬 ZT80MR 全站仪键盘和显示窗

a. 数字/字母按键；b. 导航键；c. 回车键；d. 功能键 F1～F4；e. ESC 键；f. FNC 键；g. 翻页键

按键	描 述
 (翻页键图标)	翻页键,当前显示多余一页时,用于翻至其他显示页面
 FNC	FNC 键(功能键),快速进入功能设置界面
 (导航键图标)	导航键,处于非输入状态时用于控制光标的移动。当处于输入状态时可以进行插入和删除相应的字符同时控制输入光标的位置
 (开关键图标)	第一功能开关键,利用该按键进行开关机操作 第二功能回车键,确认输入并进入下一个界面
 ESC	ESC 键,退出当前屏幕或编辑状态并且放弃修改,回到更高一级界面
 F1 F2 F3 F4	软功能键,用于实现屏幕下方 F1 至 F4 位置处所显示的软功能按键的相应功能
 (数字/字母键图标)	数字/字母按键,用于输入字符或数字

4）设置精度：$0.5''$。

5）测距精度（精测/粗测/跟踪）：$2mm + 2ppm$。

6）显示屏图形：160×280 像素，字符 8 行 $\times$ 17 字。

（3）全站仪基本操作流程（以中纬 ZT80MR 系列全站仪为例）

1）仪器的安置

① 初平三脚架。架设三脚架时，保证三脚架顶端水平。轻微的倾斜可以通过基座螺旋来调节。较大的倾斜需要通过升降脚架来调节，松开脚手架上的螺栓，放开到脚架腿尖踩入土里。

② 将仪器安置在三脚架上。考虑观测的舒适度，调节三脚架腿到合适高度。将脚架置于地面标志物点（测站点）上方，尽可能地将脚架面中心对准该点。旋紧中心连接螺旋，将基座及仪器固定到脚架上，进行初平。

③ 打开仪器开关键，即长按 (开关键图标) 3～5s 开机，如果基座水平达不到要求，显示窗会自动显示整平/对中界面，如果显示窗不自动显示整平/对中界面，则按功能键 FNC 选择 F1整平/对中界面，见图 3-62（按 F2 打开显示窗照明）。

④ 移动脚架腿，使对中激光对准基点（测站点），根据电子水准器的指示，升降基座螺旋以精确整平仪器。

⑤ 松动中心连接螺旋，轻微移动仪器，使仪器精确对准地面点，然后旋紧中心连接

81

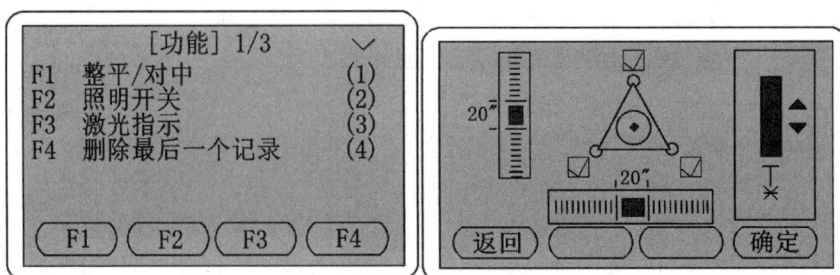

图 3-62　整平对中界面

螺旋，升降基座螺旋以精平仪器。

⑥ 重复④、⑤两个步骤，直至达到所要求的精度。

2）仪器精平

① 将仪器转动至两脚螺旋连线的平行方向。

② 调节脚螺旋使气泡大致居中。

③ 通过转动这两个脚螺旋使该轴向的电子水准气泡居中。箭头会显示需要调整的方向。当气泡居中后箭头会被两个复选标志代替。

④ 转动余下第三个脚螺旋使第二个轴向（垂直于第一个轴向）的电子水准气泡居中。箭头会显示需要调整的方向。当气泡居中后箭头会被一个复选标志代替。

⑤ 当电子水准气泡居中且第三个复选都显示时，表明仪器已经完全整平。

⑥ 按确认键（F4）确认，如图 3-63 所示。

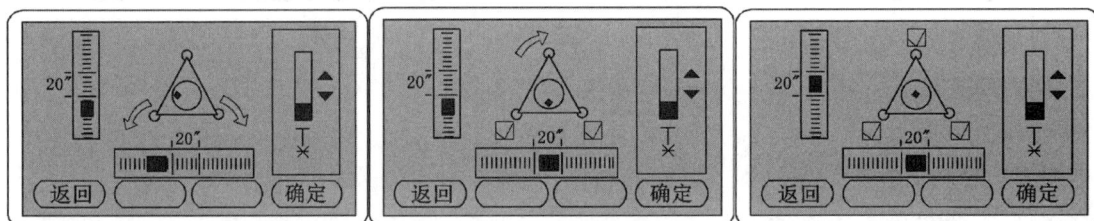

图 3-63　仪器精平

3）仪器设置

在仪器使用前，为保证测量精度，需要对仪器参数进行设置，见表 3-20。

参数设置表　　　　　　　　　　　　　　　　　　　　　　　　　　　表 3-20

字段	说　　明
对比度	从 0% 到 100% 以 10% 的步长调节屏幕显示的对比度
倾斜补偿	关闭　倾斜补偿未激活。 单轴　垂直角得到补偿。 双轴　垂直角和水平角都得到补偿
水平角改正	打开　水平角改正已激活。一般操作时水平角改正都需要打开。每个测量的水平角都将被改正，并且还取决于垂直角。 关闭　水平角改正已关闭

82

字段	说　　明
面Ⅰ定义	设置面Ⅰ　相对于垂直微动螺旋的位置。 盘左　设置当垂直微动螺旋在仪器左侧时为面Ⅰ。 盘右　设置当垂直微动螺旋在仪器右侧时为面Ⅰ
水平角＜＝＞	右　设置顺时针方向进行水平测量。 左　设置逆时针方向进行水平角测量。逆时针方向只是显示,在记录时仍然按照顺时针方向
垂直角设置	 天顶距　天顶距＝0°;水平＝90°。 水平角　天顶距＝90°;水平＝0°。当垂直角在水平面上为正,下为负。 坡度%　45°＝100%;水平＝0°,垂直角用%表示,在水平面上为正,下为负。 当坡度迅速增加,超过300%时,显示为"—.—%"
角度　单位	设置角度显示时的单位。 °　′　″　六十进制的度分秒,可用角度值:0°到359°59′59″。 度　　十进制的度。可用角度值:0°到359.999°。 gon　　Gon.可用角度值:0 gon到399.999gon。 mil　　Mil.可用角度值:0到6399.99mil。 角度单位随时可以修改。实际显示值都经过换算到选择的角度单位
最小读数	设置角度显示的小数位数。仅用于数据的显示,对数据输出或存储不起作用。 用于角度单位 °　′　″:(0°00′01″/0°00′05″/0°00′10″)。 度:(0.0001/0.0005/0.001)。 Gon:(0.0001/0.0005/0.001)。 Mil:(0.01/0.05/0.1)

字段	说　　明
距离单位	设置距离和坐标的单位。 米　　　　米[m]。 US-ft　　美制英尺[ft]。 INT-ft　　国际英尺[fi]。 ft-in/16　美制英尺—英寸—1/16 英寸[ft]
温度单位	设置温度显示的单位。 ℃　摄氏温度。 ℉　华氏温度
气压单位	设置气压显示的单位。 hPa　　　百帕 mbar　　　毫巴 mmHg　　毫米汞柱 inHg　　　英寸汞柱
蜂鸣声	每次按键都会出现的声音信号。 正常　正常音量。 大声　增大的音量。 关闭　关闭声音提示
象限声	打开　当达到一定角度时出现象限蜂鸣声(0°,90°,180°,270°或 0,100,200,300gon)。 1. 无声音。 2. 快速蜂鸣:从 95.0 到 99.5gon/105.0 到 100.5gon。 3. 长音:从 99.5 到 99.995gon 及 100.5 到 100.005gon。 关闭　象限声关闭
照明开关	关闭到 100%以步长 20%来设置照明亮度
十字丝照明	关闭到 100%以步长 20%米设置十字丝亮度
液晶加热	打开液晶屏加热打开。 关闭液晶屏加热关闭。 当屏幕照明打开并且仪器温度≤5℃时液晶屏加热自动启动
数据输出	设置数据存储的位置。 内存　所有数据都记录在内存中。 接口　数据通过串口或 USB 设备接口记录,具体根据在通信参数中选择的端口确定。数据输出 　　　只在连接有外接存储设备时才需要设置,并且使用仪器上的测距/记录或测存进行测量。 　　　当使用数据采集器控制仪器时不需要进行此设置
GSI 格式	设置 GSI 输出格式。 GSI　8 81..00+12345678。 GSI　16 81..00+123456789012345

84

字段	说　明
GSI Mask	设置 GSI 输出面板。 Mask1　PtID,Hz,V,SD,ppm+mm,hr,hi。 Mask2　PtID,Hz,V,SD,E,N,H,hr。 Mask3　StationID,E,N,H,hi(Station)。 　　　　StationID,Ori,E,N,H,hi(Station Result)。 　　　　PtID,E,N,H(Control)。 　　　　PtID,Hz,V(Set Azimuth)。 　　　　PtID,Hz,V,SD,ppm+mm,hr,E,N,H(Measurement)
编码记录	设置测量前或测量后记录的编码块,参照"7 编码"

打开全站仪,进入全站仪主菜单,按 5 字键进入配置菜单界面,如图 3-64 所示,配置菜单包括一般设置、EDM 和通信。

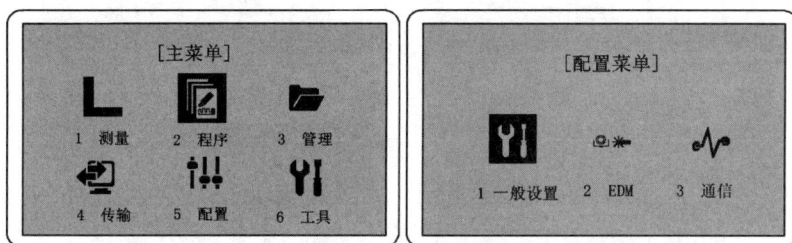

图 3-64　配置界面

① 按 1 字键进入一般设置,一般设置包括对显示器的对比度、倾斜补偿、水平修正、水平角、垂直角设置、角度单位、最小读数、距离单位、温度单位、气压单位、蜂鸣声、象限声、照明开关、十字丝照明、液晶加热、数据输出、GSI 格式、GSI-Mask、编码记录、语言、自动关机等,设置时按导航键上下选择调整项目,再按导航键左右选择需要数据,按翻页键进入第二页面进行设置,如设置不正确,可按重置键（F1）重新设置,设置完成后按确定键（F4）进行确认,如图 3-65 所示。

② 按 2 字键进入 EDM 设置,EDM 设置是定义电子激光测距 EDM,主要有无棱镜模式（NP）和棱镜模式（P）两大类,根据测量时要求,有针对测量的不同设置。一般测量均采用棱镜模式,无棱镜模式主要用于路基、挡墙等精度要求不高的施工放样。EDM 模式包括:P—标准（使用棱镜的精测模式）、NP—标准（无棱镜测距模式）、NP—跟踪（无棱镜连续测距模式）、NP—带棱镜（使用棱镜进行长距离测量模式）、反射片（使用反射片测距模式）,见图 3-66。

③ 棱镜类型较多,一般有圆棱镜（棱镜常数 0.0mm）、Mini 棱镜（棱镜常数+17.5）、360°棱镜（棱镜常数+23.1）、360°Mini 棱镜（棱镜常数+30.0mm）、反射片棱镜（棱镜常数+34.4mm）、JpMini 棱镜（棱镜常数+34.4）、无棱镜（无棱镜常数+34.4mm）。常用棱镜如图 3-67 所示。

棱镜常数是指棱镜反射片的反射点与测点的水平距离差,通常同类型棱镜常数是固定的,但有的棱镜常数不一定固定,使用时必须核实所使用棱镜的常数,参看棱镜包装说明书,设置正确的常数确保测量的正确性。设置步骤为:先设 EDM 模式为 P—标准（使用棱镜的精测模式）,再选择棱镜类型为圆棱镜,棱镜常数自动为 0.0mm,如图 3-68（a）所示;

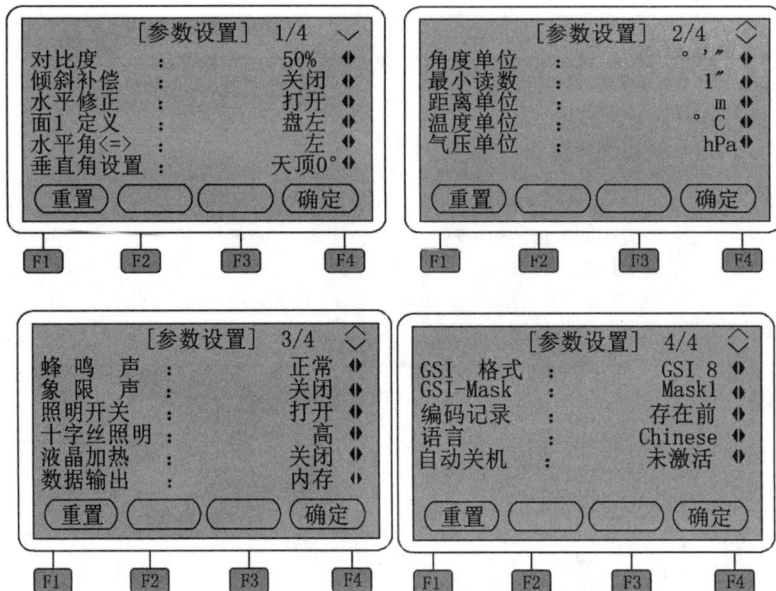

图 3-65　一般参数设置

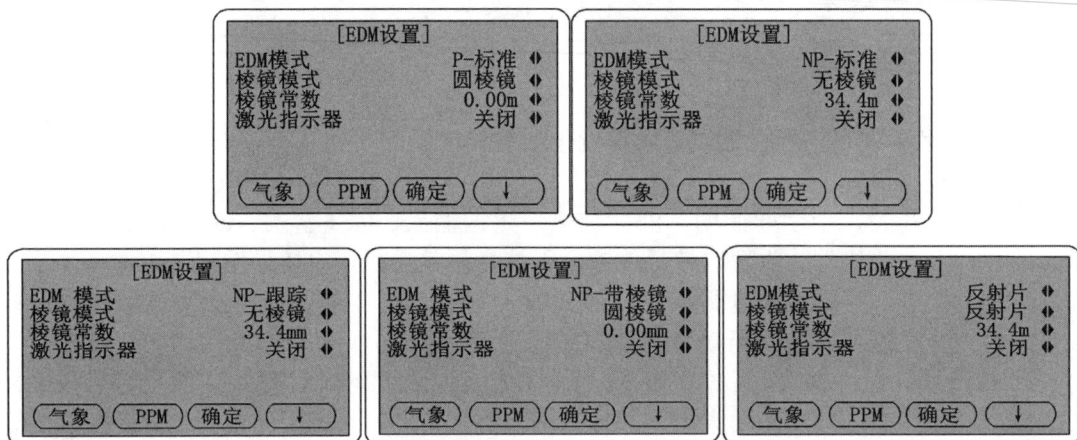

图 3-66　EDM 设置模式

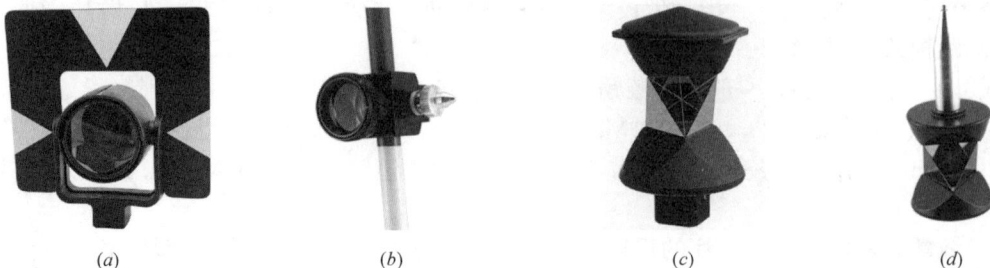

(a)　　　　　　　　*(b)*　　　　　　　　*(c)*　　　　　　　　*(d)*

图 3-67　棱镜

（*a*）圆棱镜；（*b*）Mini 棱镜；（*c*）360°棱镜；（*d*）360°Mini 棱镜

如选择棱镜类型 360°，棱镜常数自动为 23.1mm，如图 3-68（b）所示；如选择棱镜类型的棱镜常数值与说明书上的棱镜常数值不一致时，则选择棱镜类型为自定义，再在棱镜常数上输入常数值，输入值的单位必须为"mm"，范围为−999.9～999.9mm 之间，如图3-68（c）所示；设置完成后按确定键（F3）进行确认。

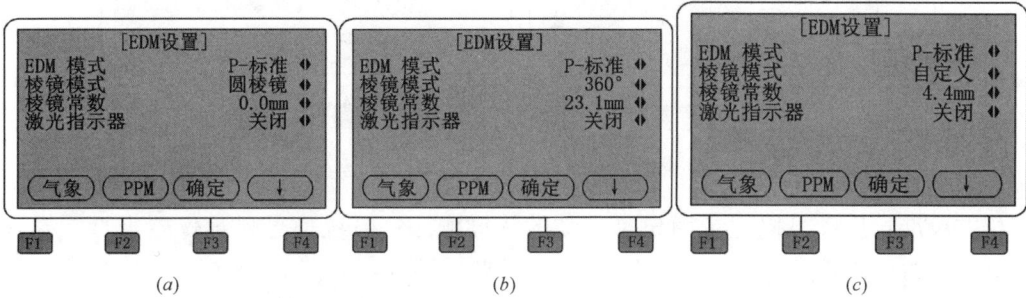

图 3-68　棱镜及棱镜常数设置（图中第二项棱镜模式为应选中项）
（a）圆棱镜；（b）360°棱镜；（c）自定义

激光指示器打开可见激光束，方便直接照准测点，使用时可在 EDM 设置处打开和关闭，见图 3-69。

在 EDM 设置模式下，按 F1 可进入气象设置，按 F2 可进入 PPM 设置，气象设置可以进行现实平均海拔、温度、气压、气象修正和折光系数设置，见图 3-70。

④ 通讯设置是为了进行数据的传输需要进行仪器通讯参数设置，其中包括端口、蓝牙，在端口选择 RS232 的情况下可以设置波特率、数据位、奇偶率、行标志、停止位，如图 3-71 所示。

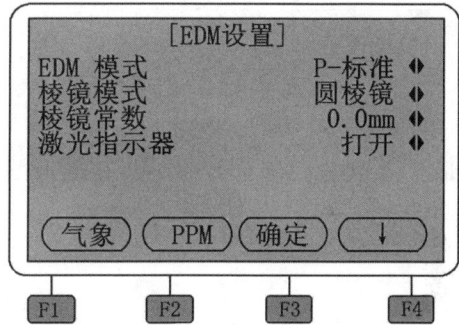

图 3-69　激光指示器（图中第四项激光指示器为应选中项）

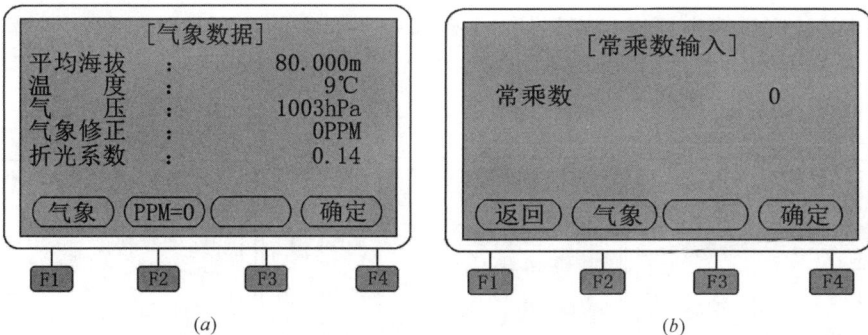

图 3-70　气象和 PPM 设置（图中第一项为应选中项）
（a）气象数据设置；（b）PPM 设置

4）工具菜单

在主菜单中按 6 字键进入工具菜单，工具菜单包括校准、启动、系统信息、许可码和上载固件等菜单，如图 3-72（a）所示。校准菜单中可以进行视准差校准、指标差和补偿

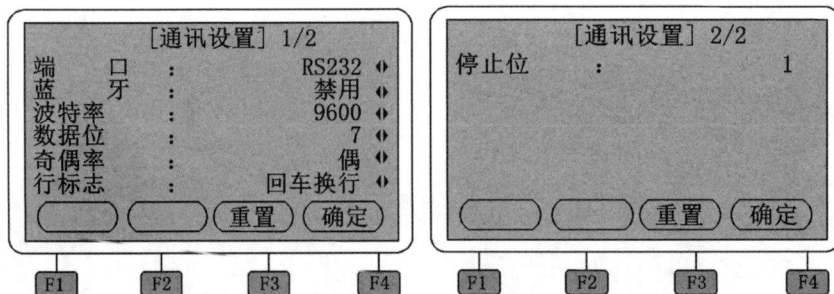

图 3-71　通讯设置（左图第一项端口为应选中项）

器零位差校准；启动可以记录用户自定义的按键顺序；系统信息显示仪器类型、操作系统、日期和时间等信息，也可以对日期和时间进行设置，如图 3-72（b）、（c）所示；许可码：手动输入许可码或通过 U 盘上载许可码后可以完全使用仪器的硬件功能和固件程序；上载固件：可以上载应用程序和语言。

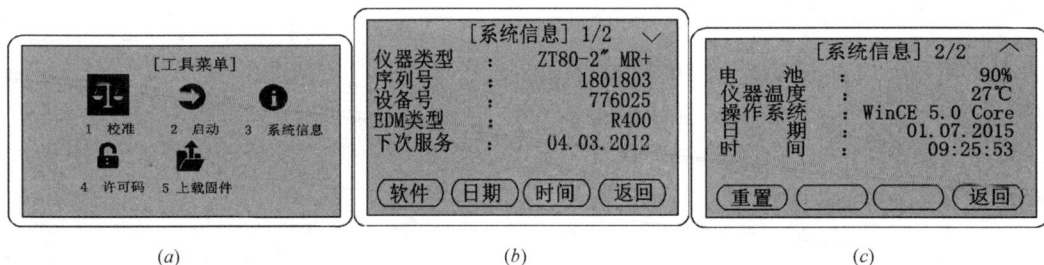

图 3-72　工具菜单和系统信息

（a）工具菜单；（b）系统信息；（c）系统信息

5）功能使用

在任何测量界面下按 FNC 键，均可进入功能选项界面。功能界面主要有如下功能：整平/对中（启动激光对中器和电子水准器）；删除最后一个记录（删除最后一个记录的数据块，既可以是测量值也可以是编码块）；高程传递；隐蔽点测量；编码；主菜单（返回主菜单）；照明开/关（打开或者关闭屏幕照明）；检查对边；EDM 跟踪模式。功能界面如图 3-73 所示。

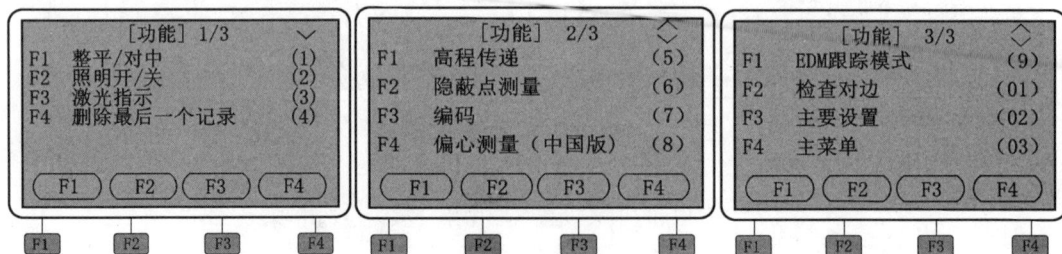

图 3-73　功能设置

4.采用全站仪测量——坐标测量

全站仪测量主要利用全站仪机载软件的计算功能，通过测距仪测量出测站点望远镜中心点与目标点棱镜中心点的斜距、方位角和仰角，自行计算出目标点棱镜中心点的坐标和高程，再加上棱镜与仪器高度差值，最终测量出目标点的坐标值和高程值，如图 3-74 所示。

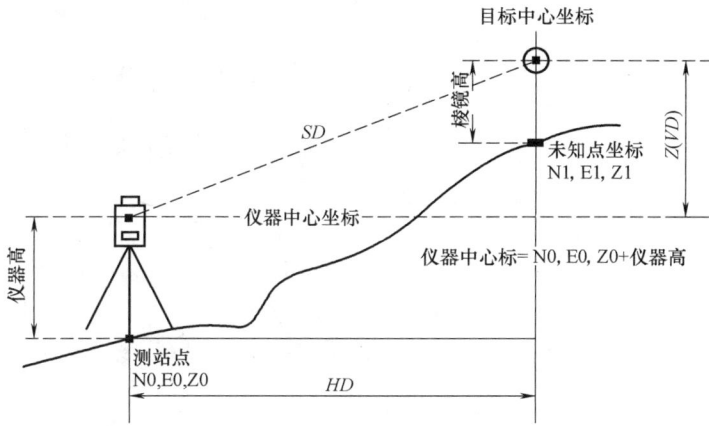

图 3-74 全站仪测量原理图

【例 3-19】 已知某线路控制点 RD_1（X 坐标：505.072，Y 坐标：503.382，高程 Z：88.000）、RD_2（X 坐标：531.058，Y 坐标：518.385，高程 Z：79.985），现使用中纬全站仪 ZT80MR＋测设未知 A 点及 B 点的坐标。操作步骤见表 3-21。

中纬全站仪 ZT80MR＋测设点坐标操作顺序一览表　　　　　表 3-21

序号	操作步骤	图 例	备 注
1	调平仪器，打开显示窗进入主菜单		
2	按 2 键进入程序界面		
3	按 F1 进入测量界面		

序号	操作步骤	图 例	备 注
4	按 F1 进入设置作业,设置作业名称(作业名称自己定义)如 11111,作业员 XZG,日期和时间自动显示。设置成功后按回车键确认,显示窗返回测量界面	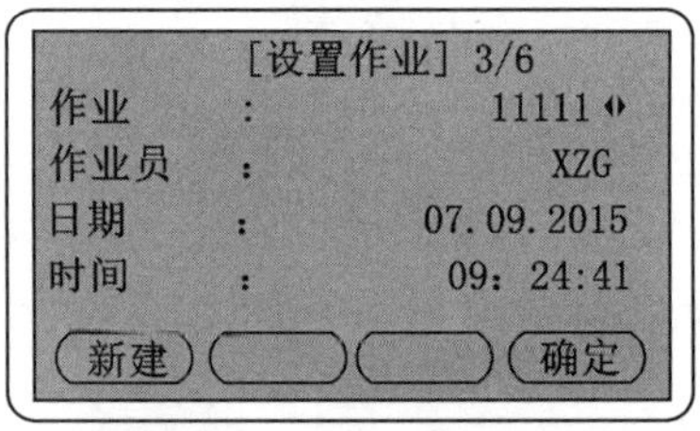 [设置作业] 3/6 作业 ： 11111 ◆ 作业员 ： XZG 日期 ： 07.09.2015 时间 ： 09：24：41 (新建) ( ) (确定)	第 1 项作业为应选中项
5	再 F2 进入设置测站,输入测站号 RD1 后回车确认	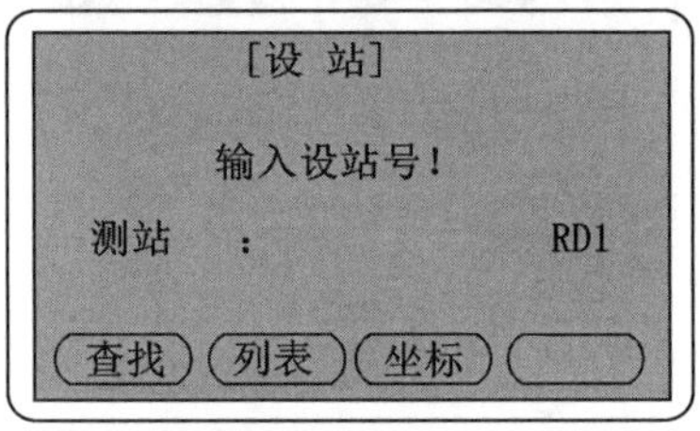 [设 站] 输入设站号! 测站 ： RD1 (查找) (列表) (坐标) ( )	选中测站项
6	输入测站号 RD1 的坐标值(如仪器内已存有测站号 RD1 的信息,则测站号 RD1 的坐标值会自动显示),按回车键确认	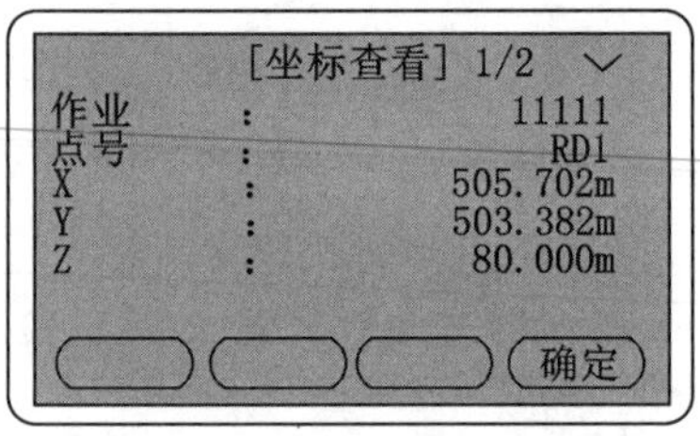 [坐标查看] 1/2 ∨ 作业 ： 11111 点号 ： RD1 X ： 505.702m Y ： 503.382m Z ： 80.000m ( ) ( ) ( ) (确定)	
7	输入仪器高(仪器高是指望远镜中心线与基准点之间的高差,采用钢尺测量如图 3-75 所示),按回车键确认,显示窗返回测量界面	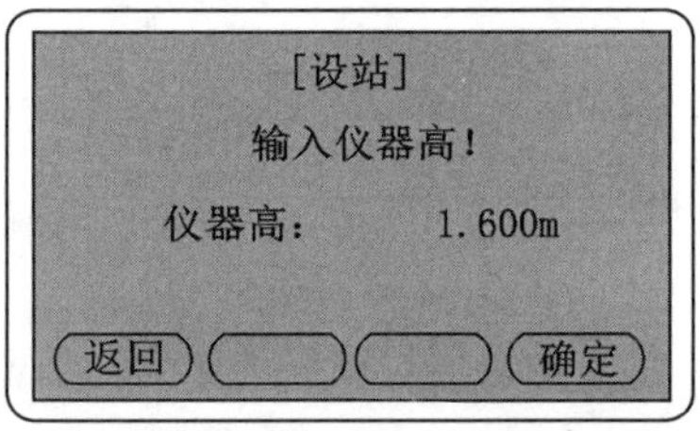 [设站] 输入仪器高! 仪器高： 1.600m (返回) ( ) ( ) (确定)	选中仪器高项
8	按 F3 定向进入定向界面	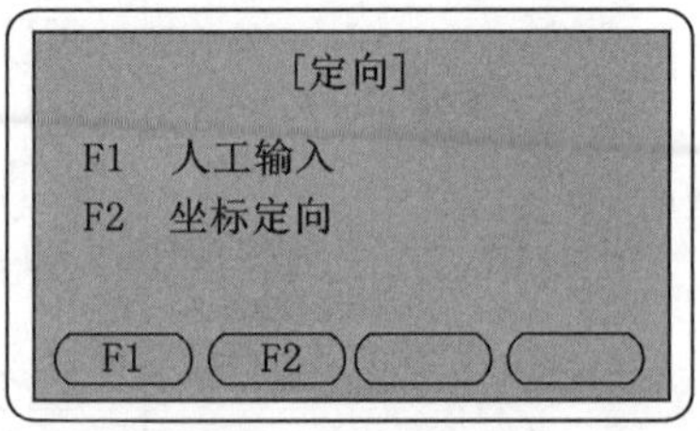 [定向] F1 人工输入 F2 坐标定向 (F1) (F2) ( ) ( )	
9	按 F2 坐标定向,输入点号 RD2 和后视点棱镜高(采用三脚架架设的棱镜需要使用钢尺测量,采用对中杆架设的棱镜可以直接从对中杆上读取,如图 3-76 所示),按回车键确认	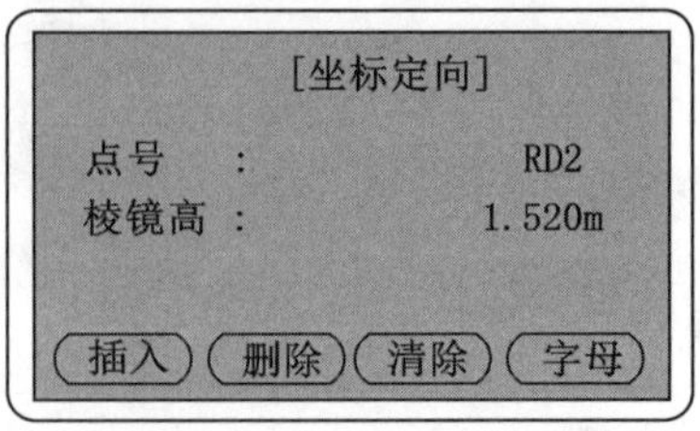 [坐标定向] 点号 ： RD2 棱镜高 ： 1.520m (插入) (删除) (清除) (字母)	

90

序号	操作步骤	图 例	备 注
10	显示窗弹出坐标输入界面,输入 RD2 点的坐标值	[查看坐标] 1/2 作业 ： 11111 ◆ 点号 ： RD2 ◆ X ： 531.058m ◆ Y ： 518.385m ◆ Z ： 79.985m ◆ 确定	
11	按回车键确认后视点设置。平面自动显示测量目标点界面。瞄准后视点 RD2,按 F1 测存。仪器进入测量记录状态	测量目标点! 1/ ﹀ 后视点 ： RD2 棱镜高 ： 1.520m 水平角 163° 14'38" ━━━━m ━━━━m (测存) (测距) (记录) (EDM)	
12	返回主界面,进行后视坐标定向检核,在主菜单页面选择 1 测量进入常规测量界面,按测距键进行测量,坐标检核后视点坐标为 RD2（X 坐标:531.056,Y 坐标:518.385,高程 Z:79.984),与控制点实际值(531.058,518.385,9.985)进行对比:X 差值 2mm,Y 差值 0mm,高程差值-0.001mm,差值在允许定向范围允许值内。所以定向成功	[常规测量] 3/3 圆棱镜 ︿ 点号 ： 2 棱镜高 ： 1.520m 标记 ： X 531.056m Y 518.385m Z 79.984m (测存) (测距) (记录) (↓)	
13	回到主菜单按 1 键测量,进入测量界面,输入测量点号 A 和后视棱镜高,瞄准后视镜头按测距键(F2),A 点的坐标高程测量完成,转动望远镜,对准 B 点后视镜,输入测量点号 B 和后视棱镜高,按测距键(F2)完成 B 点测量操作。定向完成后可以测设任何范围内通视的未知点坐标高程	[常规测量] 3/3 无棱镜 ︿ 点号 ： 2 棱镜高 ： 1.520m 标记 ： X 510.698m Y 495.524m Z 80.140m (测存) (测距) (记录) (↓)	
14	连接电脑,主菜单中按 4 键进入数据传输,按 F2 可将测量作业 APJ01 导入电脑,再由打印机打印出测量成果	[数据传输] (1) (2) (输出) (输入)	

全站仪可以进行一般高程测量（表 3-21 中的 Z 坐标就是高程）,仪器高度测量和棱镜高度,见图 3-75 和图 3-76。值得注意的是,为了提高精度,高程控制测量一般采用符合精度的水准仪测量,而不是采用全站仪测量。

5. 采用全站仪测量——施工中线放样测量（使用全站仪程序对道路中边桩放样）

【例 3-20】 已知某道路其中的一段属于圆曲线,由直线-圆曲线-直线组成,起始点

图 3-75　仪器高测量

图 3-76　后视棱镜高度测量

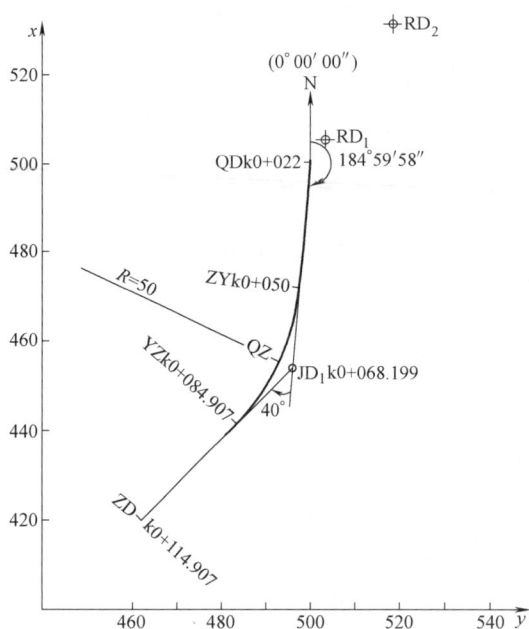

图 3-77　线路中线及其方位示意图

QD 中心里程为 k0+022.000（可以表示为 0^k+022），QD 坐标为（$X=500.000$，$Y=500.00$）。JD_1 平曲线半径 $R=50m$，转角 $\alpha=40°$，ZY 里程 k0+050.000，QZ 里程 k0+067.454，YZ 里程 k0+084.907，ZY 坐标为（$X=472.107$，$Y=487.560$），YZ 至 ZD 直线段长度为 30m，QD 到 JD_1 边的方位角 $\theta_{QD\sim JD_1}=184°59'58''$，如图 3-77 所示。现使用全站仪中纬 ZT80MR+，采用道路放样主点法，对该道路的中线具有代表性直线上的中桩 QD 里程为 k0+022.000 和曲线里程为 k0+062 右偏 3m（边桩）的点进行放样。

【解】

（1）根据已知条件按 3.5.3～3.5.5 节的方法计算平曲线主点和起止点坐标，也可以直接在设计文件上查询这些点的坐标，见表 3-22。

起止点和主点的里程和坐标　　　　　　　　　　　　　　　　表 3-22

起点/主点	QD	ZY	YZ	ZD
里程	k0+022	k0+050	k0+084.907	k0+114.907
X 坐标	500	472.107	441.109	419.896
Y 坐标	500	497.560	483.105	461.892

（2）使用中纬 TZ80MR+全站仪的道路放样中线定义操作程序，输入上述平曲线主点里程和坐标。

1）施工放样测量分主点法和交点法。

92

① 主点法放样分平（圆）曲线放样和缓和曲线放样

主点法圆曲线放样：定义操作输入起点坐标及里程；圆曲线起（终）点坐标、半径及里程；终点坐标及里程，不需要输入转角。主点法具体操作见表3-23和表3-24。

主点法缓和曲线放样：根据起点、直缓点、缓圆点、圆缓点、缓直点、终点逐一按顺序输入里程、该里程点后相接的线形及半径、该里程坐标。线形指的是输入点后面相连的线路线形，有直线、缓曲、圆曲、终点四种选择，圆缓点选择缓曲，半径除圆曲要输入实际半径外，其余均输无穷大99999999.999。这里对主点法缓和曲线放样不做详细介绍，主点法放样缓和曲线基本操作界面，见图3-78。

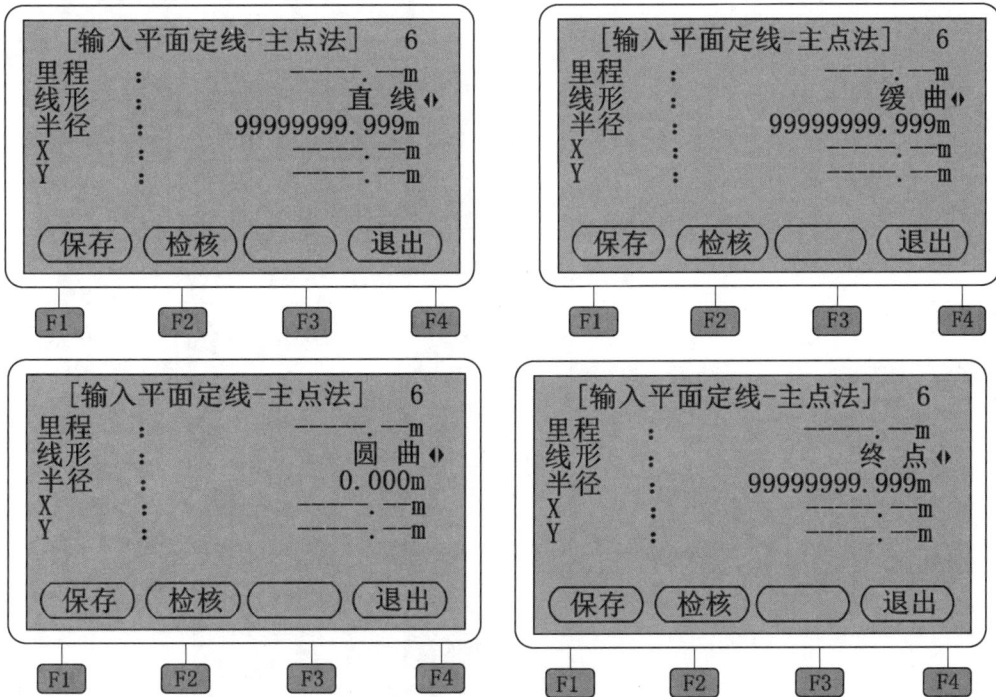

图3-78 主点法放样缓和曲线基本操作界面

② 交点法放样分圆曲线和缓和曲线放样

交点法放样缓和曲线：根据起点、交点、终点逐一按顺序输入里程、该里程点坐标、转角、半径和缓曲线长。起点、终点转角为0，半径无穷大，缓曲线长为0。交点里程和交点坐标：转向角输交点转角（分左转和右转，"－"表示"左转"）、半径为圆曲线半径、缓曲线长（单边缓和曲线长度），见图3-79。

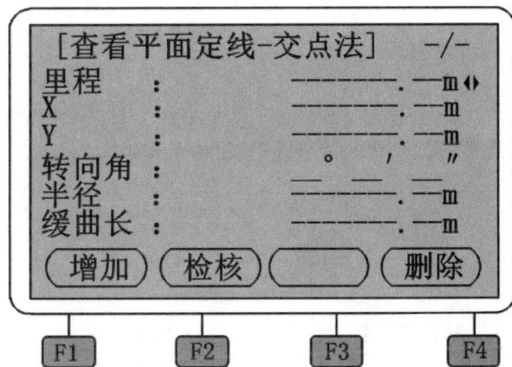

图3-79 交点法放样缓和曲线基本操作界面

2）主点法定义有以下作用及要求

① 线路定义完成后就可以进行中（边）桩放样，定义可以在室内完成。

② 定义操作输入起点坐标及里程，圆曲线起（终）点坐标、半径及里程。

③ 后期在进行中桩及边桩放样时仅仅输入起终点之间的中桩里程，全站仪就可以自动计算起点至终点之间的任意中桩的坐标（相当于把中线和边桩的里程和坐标存储在全站仪存储器里面，需要时随时调出），从而快速地对中桩和边桩进行放样。

④ 同理可以把全线的后续数据一并输入。

⑤ 也可以在 Excel 文档中编辑好后通过数据线导入全站仪内。

3）主点法路线定义和数据输入操作步骤，见表 3-23。

中纬全站仪 TZ80MR＋主点法线路定义顺序一览表 表 3-23

序号	操作步骤	图　例	备　注
1	打开全站仪,安置水平后进入主菜单	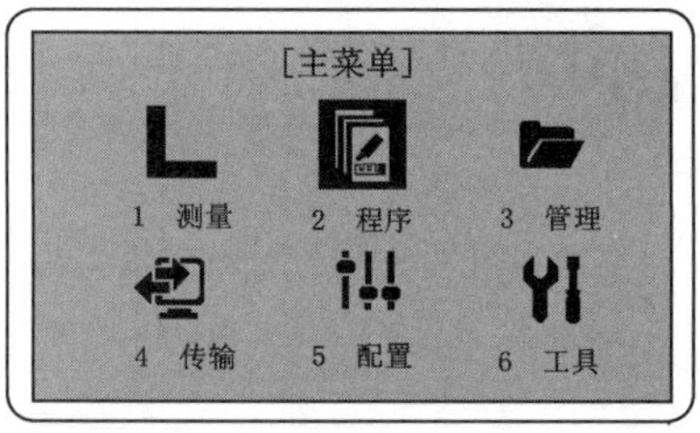 [主菜单] 1 测量　2 程序　3 管理 4 传输　5 配置　6 工具	
2	选中 2 键进入程序菜单	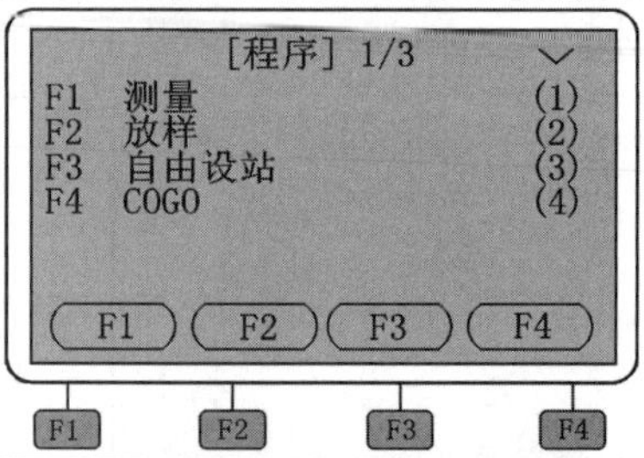 [程序] 1/3 F1　测量　　　　(1) F2　放样　　　　(2) F3　自由设站　　(3) F4　COGO　　　(4) F1　F2　F3　F4	
3	在程序界面选择 F1 进入测量界面	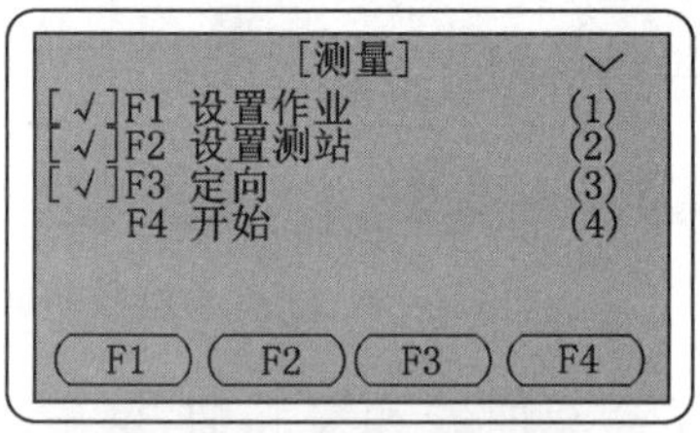 [测量] [√]F1 设置作业　　(1) [√]F2 设置测站　　(2) [√]F3 定向　　　　(3) 　　F4 开始　　　　(4) F1　F2　F3　F4	
4	按 F1 设置作业,自定义作业名称 111111 和作业员 XZG,日期时间自动显示	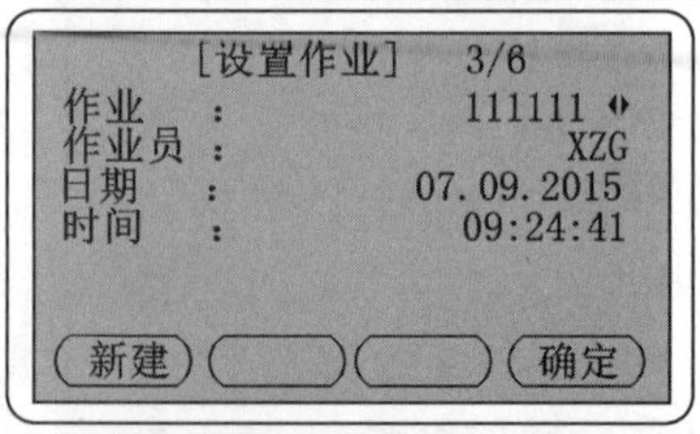 [设置作业] 3/6 作业　　: 　　　111111 作业员　: 　　　　XZG 日期　　: 07.09.2015 时间　　: 09:24:41 新建　　　　　　确定	
5	确定设置作业后返回程序界面,按翻页键选择第 2 页。如图所示页面为程序第 2 页界面。按 F1 道路放样(中国版)	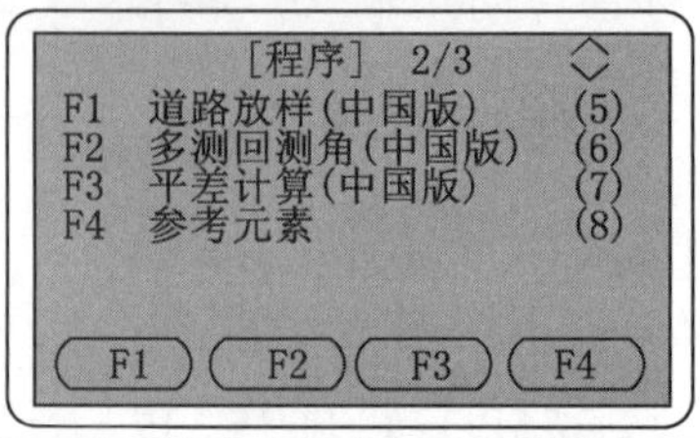 [程序] 2/3 F1　道路放样(中国版)　(5) F2　多测回测角(中国版)(6) F3　平差计算(中国版)　(7) F4　参考元素　　　　　(8) F1　F2　F3　F4	

94

序号	操作步骤	图例	备注
6	按 F1 道路放样(中国版)进入道路放样界面	[道路放样] [√] F1 设置作业 (1) [√] F2 设置测站 (2) [ ] F3 定向 (3) F4 开始 (4) F1 F2 F3 F4	
7	在道路放样界面选择 F4 开始后选择 F1 线路定义	[道路定义-主菜单] F1 路线定义 (1) F2 放样测量 (2) F3 成果查看 (3) F4 数据传输 (4) F1 F2 F3 F4	
8	道路放样-线路定义中包含控制点数据和平面定线数据,通过控制点数据可以进行控制点的输入,与例 3-19 中的 RD1、RD2 一致	[道路放样-路线定义] F1 控制点数据 (1) F2 平面定线数据 (2) F1 F2	
9	按 F2 进入平面定线数据模型界面,有主点法和交点法两种模式,主点法是根据线路主点里程和坐标逐一输入。交点法是根据线路曲线要素输入。本节讲解主点法线路定义	[选择平面定线模型] F1 主点法 (1) F2 交点法 (2) F1 F2	
10	按 F1 键进入主点法输入平面定线,先输入起点 QD 里程和坐标,按增加(F1)键后即可开始输入,里程输入 22.000(回车),线形选择直线,半径显示为 99999999.999,输入坐标为($X=500.00$,$Y=500.00$)按保存键 F1 确认。起点段是直线,半径为无穷大,全站仪内能够显示的最大值为 99999999.999(每输入一项按回车键确认)	[查看平面定线-主点法] 1/4 里程 : 22.000 ◀ 线形 : 直线 半径 : 99999999.999m X : 500.000m Y : 500.000m 增加 检核 删除	选中第 1 项里程
11	按增加继续输入下一个主点 ZY,输入 ZY 点里程 50.000,线形选择圆曲,半径为 50m,输入坐标($X=472.107$,$Y=497.560$)按保存键 F1 确认。ZY 点属于圆曲线的起点,所以选择线形为圆曲	[查看平面定线-主点法] 2/4 里程 : 50.000 ◀ 线形 : 圆曲 半径 : 50.000m X : 472.107m Y : 497.560m 增加 检核 删除	选中第 1 项里程

序号	操作步骤	图 例	备 注
12	继续按增加键输入 YZ 点的里程和坐标。按回车键确定。YZ 点已经属于圆曲线时结束,被系统自动定义到下一个直线的起点。所以线形属丁直线。直线的半径全站仪定义为 99999999.999	[查看平面定线-主点法] 3/4 里程 ： 84.907 ◆ 线形 ： 直线 半径 ： 99999999.999m X ： 441.109m Y ： 483.105m (增加) (检核) ( ) (删除)	选中第 1 项里程
13	继续按增加输入 ZD 里程和坐标。如图所示,终点的线形属于直线段的结束,线形属于直线,直线半径属于无穷大,全站仪自定义最大值为 99999999.999。按回车键确定	[查看平面定线-主点法] 4/4 里程 ： 114.907 ◆ 线形 ： 直线 半径 ： 99999999.999m X ： 419.896m Y ： 461.892m (增加) (检核) ( ) (删除)	选中第 1 项里程
14	输入完成,按检核键(F2)检核,方向和距离误差符合要求,该线形定义完成。	[平面定线检核结果] 最大方向误差: +0° 00′ 00″ 最大距离误差: 0.000m ( ) ( ) ( ) (确定)	

4）交点法路线定义和数据输入操作步骤，见表 3-24。

中纬全站仪 TZ80MR＋交点法线路定义顺序一览表　　　　表 3-24

序号	操作步骤	图 例	备 注
1	接主点法第 9 步(表 3-23)	[选择平面定线模型] F1 主点法 (1) F2 交点法 (2) (F1) (F2) ( ) ( )	
2	按 F2 键进入交点法输入平面定线,先输入起点 QD 里程和坐标,按增加 F1 键后即可开始输入,里程输入 22.000(回车),输入坐标为($X=500,Y=500$),转角 0°00′00″,半径为 99999999.999,缓曲线 0(每输入一项按回车键确认)	[输入平面定线-交点法] 1 里程 ： 22.000m X ： 500.000m Y ： 500.000m 转向角 ： 0° 00′ 00″ 半径 ： 99999999.999m 缓曲长 ： 0.000m (保存) (检核) ( ) (退出)	

続表

序号	操作步骤	图例	备注
3	检查输入正确后,按保存键(F1)保存,界面显示下一点号输入提示	[输入平面定线-交点法] 2 里程 ： X ： Y ： 转向角 ： 半径 ： 缓曲长 ： (保存) (检核) ( ) (退出)	
4	输入交点里程68.199(直缓点里程加切线长度)和交点坐标,转向角 40°00′00″,半径50m,缓和曲线长 0m	[查看平面定线-交点法] 2/3 里程 ： 68.200m X ： 453.976m Y ： 495.974m 转向角 ： 40°00′09″ 半径 ： 50.000m 缓曲长 ： 0.000m (增加) (检核) ( ) (删除)	由于线路存在误差,仪器会自动平差,此时交点里程时已变为68.200,转角平差后变为40°00′09″
5	输入终点里程和坐标	[查看平面定线-交点法] 3/3 里程 ： 114.907m X ： 419.896m Y ： 461.892m 转向角 ： °′″ 半径 ： 99999999.999m 缓曲长 ： m (增加) (检核) ( ) (删除)	
6	按检核键(F2)检核,方向和距离误差符合要求,该线形定义完成(假定放样角度允许误差为20″,距离允许误差为10mm)	[平面定线检核结果] 最大方向误差： +0°00′08″ 最大距离误差： 0.000m ( ) ( ) ( ) (确定)	控制测量误差根据导线等级确定,大中桥的放样误差与路基有所不同

（3）主点法（交点法）道路中桩以及边桩放样步骤

主点法与交点法的道路中桩以及边桩放样步骤是相同的。

在全站仪线路定义和数据输入完成后，就可以对该线路的任意里程中边桩进行放样测量。

【例 3-21】 例 3-20 中，要求对该标段 QD 里程 k0＋022.000 中桩和圆曲线段里程为 k0＋062.000 右偏 3m 的边桩放样，中纬全站仪 ZT80MR＋放样步骤见表 3-25。

【解】

测设时不需再输入其中间点的坐标（直接调用），放样中桩只需输入桩号，放样边桩只需输入桩号及其与边桩距离。具体放样步骤见表 3-25。

中纬全站仪 TZ80MR＋放样步骤一览表 表 3-25

序号	操作步骤	图　例	备　注
1	根据例 3-19 的步骤设置测站点和后视点,完成全站仪定向后,从主菜单进入程序菜单第 2 页界面	[程序] 2/3 ◇ F1 道路放样(中国版)　(5) F2 多测回测角(中国版)　(6) F3 平差计算(中国版)　(7) F4 参考元素　(8) (F1) (F2) (F3) (F4)	
2	按 F1 进入道路放样(中国版)界面	[道路放样] [√]F1 设置作业　(1) [√]F2 设置测站　(2) [√]F3 定向　(3) F4 开始　(4) (F1) (F2) (F3) (F4)	
3	按 F1 进入设置作业,在作业栏按导航键选择已设置作业 111111	[设置作业]　3/6 作业　：　111111 ◆ 作业员　：　XZG 日期　：　07.09.2015 时间　：　09:24:41 (新建) ( ) ( ) (确定)	选中第 1 项作业
4	按 F4 键确定进入道路放样—主菜单	[道路放样-主菜单] F1 路线定义　(1) F2 放样测量　(2) F3 成果查看　(3) F4 数据传输　(4) (F1) (F2) (F3) (F4)	
5	按 F2 键进入道路放样—放样测量界面	[道路放样-放样测量] F1 中边桩放样　(1) F2 横断面测量　(2) (F1) (F2) (F3) (F4)	

序号	操作步骤	图　例	备　注
6	按 F1 进入中边桩放样,在里程栏输入 22.00 和棱镜栏的棱镜高 1.520,全站仪自动显示里程 k0+22.000 的中线位置的方位角偏差值(望远镜轴线与测站点至待测点的水平夹角)+4°40′05″。距离差值后退 1.159m,转动全站仪望远镜,使望远镜轴线与目标方向角度差值为 0°00′00″,固定水平制动。目估一个距离后采用激光束对准一个点,可采用无棱镜模式按测量键 F1 测量距离(粗测),并通过对讲机告诉后视点对中杆的走向调整距离	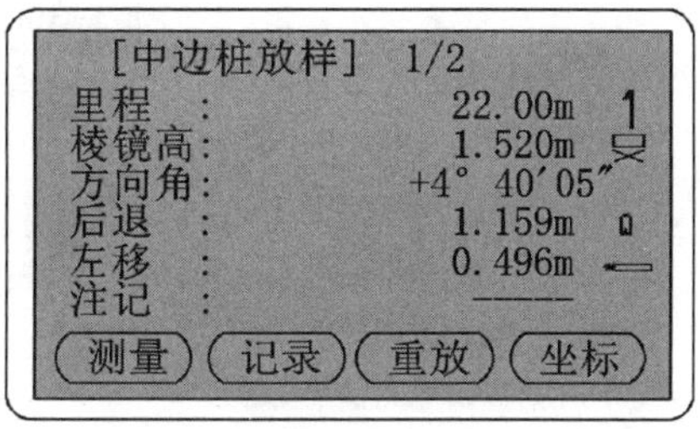 [中边桩放样] 1/2 里程　　：　　　　22.00m 棱镜高　：　　　　1.520m 方向角　：　　+4°40′05″ 后退　　：　　　　1.159m 左移　　：　　　　0.496m 注记　　： (测量)(记录)(重放)(坐标)	
7	在方向角为 0°00′00″固定值的条件下,测距直到到达后退数值为 0。此时放样的点位为里程为 k0+22.000 的中桩点位。做好标记,最后采用棱镜模式按测量键 F1 进行测量,留下测量记录数据,按记录键 F2 保存记录	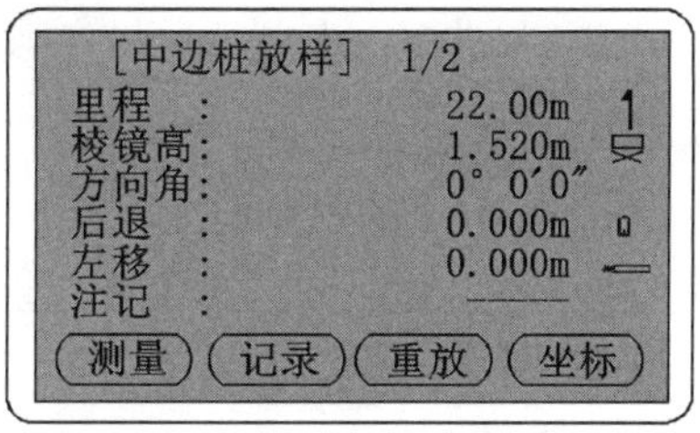 [中边桩放样] 1/2 里程　　：　　　　22.00m 棱镜高　：　　　　1.520m 方向角　：　　　0°0′0″ 后退　　：　　　　0.000m 左移　　：　　　　0.000m 注记　　： (测量)(记录)(重放)(坐标)	选中注记项
8	按翻页键查看放样点坐标信息,此时显示起点中桩 k0+022 的坐标为 X=500,Y=500。偏移量为 0,代表该点在起点中桩上。若为边桩,测量偏向角为 90°(中桩测量此数据无作用,边桩放样时必须确认偏向角为 90°)。确认无误后记录原始记录。QD 中桩放样结束后接着其他点的放样	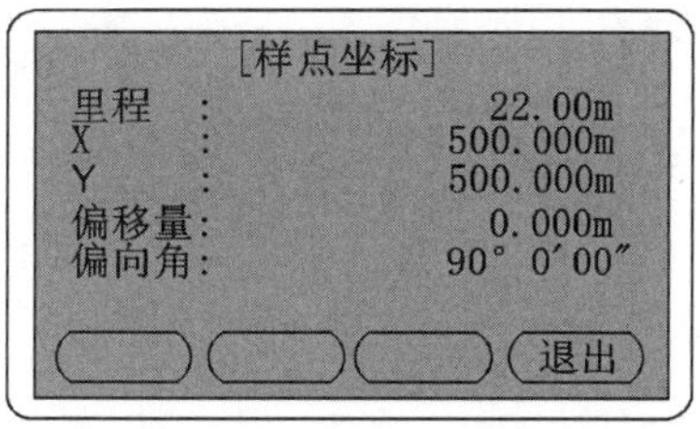 [样点坐标] 里程　　：　　　　22.00m X　　　：　　　500.000m Y　　　：　　　500.000m 偏移量　：　　　　0.000m 偏向角　：　　90°0′00″ (　　)(　　)(　　)(退出)	
9	按退出键回到中边桩放样界面,对里程 k0+062 右侧 3m 的边桩点进行放样,首先在里程中输入 62.00,此时全站仪显示角度、距离和左右偏移距离的调整数值(右侧图中实际应向右移动 14.995m)	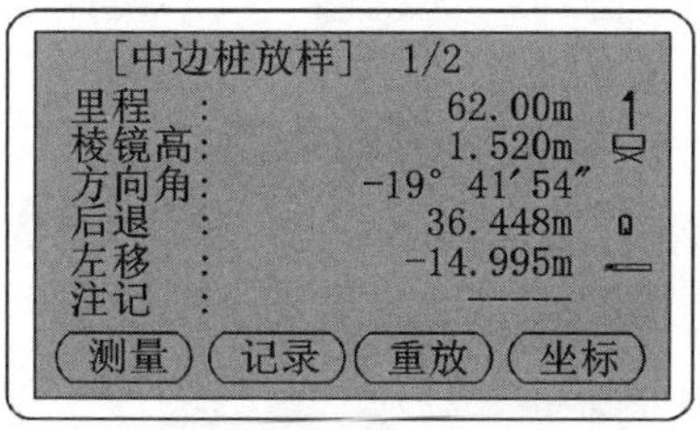 [中边桩放样] 1/2 里程　　：　　　　62.00m 棱镜高　：　　　　1.520m 方向角　：　　-19°41′54″ 后退　　：　　　36.448m 左移　　：　　　-14.995m 注记　　： (测量)(记录)(重放)(坐标)	选中棱镜高项
10	按翻页键进入第 2 页,在偏移量栏输入 3.000m,右偏输入偏向角 90°00′00″(左偏输入 270°)。按翻页键进入第 1 页,窗口显示里程 62m 右偏 3m 边桩的信息,将方向角度差值调整到 0°00′00″后固定水平度盘。Δ里程的"-40.000m"表示现在放样里程与上次放样里程的差值为 40m	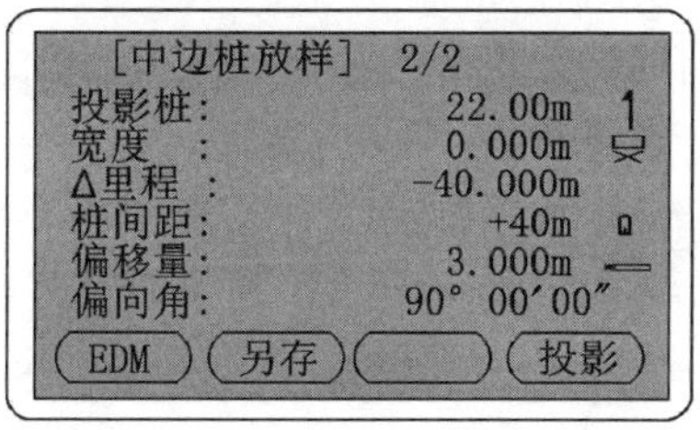 [中边桩放样] 2/2 投影桩　：　　　　22.00m 宽度　　：　　　　0.000m Δ里程　：　　　-40.000m 桩间距　：　　　　+40m 偏移量　：　　　　3.000m 偏向角　：　　90°00′00″ (EDM)(另存)(　　)(投影)	选中 Δ 里程项

序号	操作步骤	图 例	备 注
11	移动后视距离准确定位,瞄准镜头测距,直到在方向角差为0°00′00″的固定条件下,后视距离为0.000m,做好标记,对标记点进行测量校核,方位角差1″,距离差2mm,方向差0,在误差允许范围内	[中边桩放样] 1/2 里程: 62.00m 棱镜高: 1.520m 方向角: +0°0′01″ 后退: 0.002m 左移: 0.000m 注记 (测量)(记录)(重放)(坐标)	选中棱镜高项
12	按F4键(坐标显示),查看放样点信息,此时显示放样点里程为k0+062.000,$X=461.356$,$Y=492.256$,偏移量为3.000m,偏向角为90°00′00″,可与手算坐标进行核对,如坐标偏差在误差允许范围内,该点放样正确,按退出键进入中边桩放样界面,再按记录键保存,同理对类似的点进行放样并保存。再通过电脑打印放样成果。核对无误后放样结束	[样点坐标] 里程 62.00m X 461.356m Y 492.256m 偏移量: 3.000m 偏向角: 90°0′00″ (退出)	

3.6 线 形 设 计

线形设计包括平面、纵断面和横断面等的综合设计,考虑线形设计内容的连贯和完整性,本节将平面、纵断面和横断面的线形设计一并考虑。学习完纵断面和横断面相关内容后,再学习本节效果更佳。

3.6.1 一般规定

按照《公路路线设计规范》JTG D20—2017,线形设计一般规定如下:

(1)公路线形是三维立体线形。线形设计应做好公路平面、纵断面、横断面三者间的组合,并同自然环境相协调。

(2)线形设计除应符合行驶力学要求外,还应考虑驾驶员的视觉、心理和生理方面的要求,以提高汽车行驶的安全性、舒适性和经济性。

(3)线形设计的要求与内容应随公路功能和设计强度的不同而各有侧重。

1)高速公路和具有干线公路的一级、二级公路,应注重立体线形设计,做到线形连续、指标均衡、视觉良好、景观协调、安全舒适。设计速度越高,线形设计组合所考虑的因素应越周全,以提高服务质量。

2)具有集散功能的一级、二级公路,应根据混合交通情况确定公路横断面布置设计,并注重路线交叉等处的线形设计组合,以保障通视良好,行驶安全、畅通、安全。

3)设计速度等于或小于40km/h的双车道公路,在保证行驶安全的前提下,应正确地运用线形要素的规定值(含最大、最小值),合理地组合各线形要素,或采取设置相应交通工程设施等技术措施,以充分发挥投资效益。

4)遵循以设计路段确定公路等级、设计速度的原则,其设计路段的长度不宜过短,且线形技术指标保持相对均衡。

5）不同设计路段衔接处前后的平面、纵断面、横断面技术指标，应随设计速度由高到低（或反之）而逐渐由大向小（或反之）变化，使行驶速度自然过渡。相衔接处附近不宜采用该路段设计速度的最小或最大平面、纵断面计算指标值。

（4）立体交叉前后的线形应选用较高的平面、纵断面技术指标，使之具有较好的通视条件。

（5）路线平面、纵断面线形组合设计，可采用路线透视图进行评价。

（6）各级公路平面、纵断面技术指标变化大的路段，或条件受限制时采用平面、纵断面技术指标最大值（或最小值）的路段，或平面、纵断面线形组合有异议的路段，或实际行驶速度可能超出（或低于）设计速度的路段等，应采用运行速度进行检验。

3.6.2 平面线形设计

1. 一般规定

（1）平面线形应直捷、连续、均衡，并与地形相适应，与周围环境相协调。

（2）各级公路不论转角大小均应敷设曲线，并宜选用较大的平曲线半径。转角过小时，应调整平面线形。当不得不设置小于 7°的转角时，则必须按规定设置足够长的曲线。

（3）两同向平曲线间应设足够长的直线，否则应调整线形设置为单曲线或复曲线。

（4）两反向平曲线间不应设置短直线段，否则应调整线形设置为 S 形曲线。

（5）六车道及其以上的高速公路，同向或反向平曲线间插入的直线长度，还应符合路基外侧边缘超高过渡渐变率规定的要求。

（6）设计速度小于或等于 40km/h 的双车道公路，两相邻反向平曲线无超高时可径向衔接，无超高有加宽时应设置长度不小于 10m 的加宽过渡段；两相邻反向平曲线设有超高时，地形条件特殊困难路段的直线长度不得小于 15m。

（7）设计速度小于或等于 40km/h 的双车道公路，应避免连续急弯的线形。地形条件特殊困难不得已而设置时，应在曲线之间插入规定长度的直线或缓和曲线。

2. 直线的运用

（1）直线的运用应注意同地形、环境的协调与配合。采用直线线形时，其长度不宜过长。

（2）农田、河渠规整的平坦地区、城镇近郊规划等以直线条为主体时，宜采用直线线形。

（3）特长、长隧道或结构特殊的桥梁等构造物所处的路段，以及路线交叉点前后的路段宜采用直线线形。

（4）双车道公路为超车所提供的路段宜采用直线线形。

3. 平曲线的运用

（1）设置平曲线时应与地形相适应，以采用超高为 2%～4%的平曲线半径为宜。

（2）条件受限制时，可采用大于或接近于平曲线最小半径的"一般值"；地形条件特殊困难而不得已时，方可采用平曲线最小半径的"极限值"。

（3）设置平曲线时，应同相衔接路段的平面、纵断面线形要素相协调，使之构成连续、均衡的曲线线形，并避免小半径平曲线与陡坡相重合的线形。

4. 缓和曲线的运用

(1) 结合 3.6.2 节中的"缓和曲线的运用"。

(2) 受地形条件限制时,可将两同向缓和曲线在曲率相同处径向衔接而组合为凸形曲线。凸形曲线只有在路线严格受地形限制,且对接点的曲率半径相当大时方可采用。

1) 凸形曲线的缓和曲线参数及其对接点的曲率半径,应分别符合容许最小缓和曲线参数和平曲线最小半径的规定。

2) 对接点附近的 $0.3V_s$(设计速度,以"km/h"计)长度范围内,应保持以对接点的曲率半径确定的路拱横坡度。

(3) 受地形条件限制时,大半径平曲线与小半径平曲线相衔接处,可采用两个或两个以上同向缓和曲线在曲率相同处径向连接而组合为复合曲线。复合曲线的两个缓和曲线参数之比以小于 1.5 为宜。

复合曲线在受地形条件限制,或互通式立体交叉的匝道设计中可采用。

(4) 受地形条件或其他特殊情况限制时,可将两同向平曲线的缓和曲线曲率为零处径向衔接而组合为 C 形曲线。

C 形曲线仅在地形条件特殊,路线严格受限制时采用。

3.6.3 纵断面线形设计

1. 一般规定

(1) 纵断面线形应平顺、圆滑、视觉连续,并与地形向适应,与周围环境相协调。

(2) 纵坡设计应考虑填挖平衡,并利用挖方就近作为填方,以减轻对自然地面横坡与环境的影响。

(3) 相邻纵坡之代数差小时,应采用大的竖曲线半径。

(4) 连续上坡路段的纵坡设计,除上坡方向应符合平均纵坡、不同纵坡最大坡长规定的技术指标外,还应考虑下坡方向的行驶安全。凡个别技术指标接近或达到最大值的路段,应结合前后路段各技术指标设置情况,采用运行速度对连续上坡方向的通行能力与下坡方向的行车安全进行检验。

(5) 路线交叉处前后的纵坡应平缓。

(6) 位于积雪或冰冻地区的公路,应避免采用陡坡。

2. 纵坡值的运用

(1) 各级公路应避免采用最大纵坡值和不同纵坡最大坡长值,只有在为争取高度利用有利地形,或避开工程艰巨地段等时,方可采用。

(2) 纵坡以平、缓为宜,但最小纵坡不宜小于 0.3%。采用平坡(0%)或小于 0.3%的纵坡路段,应作专门的排水设计。

3. 纵坡设计的要求

(1) 平原地形的纵坡应均匀、平缓。

(2) 丘陵地形的纵坡应避免过分迁就地形而起伏过大。

(3) 越岭线的纵坡应力求均匀,不应采用最大值或接近最大值的坡度,更不宜连续采用不同纵坡最大坡长值的陡坡夹短距离缓坡的纵坡线形。

(4) 山脊线和山腰线,除结合地形不得已时采用较大的纵坡外,在可能条件下采用平缓的纵坡。

4. 竖曲线设计要求

（1）设计速度大于或等于60km/h的公路，竖曲线设计宜采用长的竖曲线和长直线坡段的组合。有条件时宜采用大于或等于表3-26所列视觉所需的竖曲线半径值。

视觉所需要的最小竖曲线半径值 表3-26

设计速度(km/h)	竖曲线半径(m)		设计速度(km/h)	竖曲线半径(m)	
	凸形	凹形		凸形	凹形
120	20000	12000	80	12000	8000
100	16000	10000	60	9000	6000

（2）竖曲线应选用较大的半径。当条件受限制时，宜采用大于或接近竖曲线最小半径的"一般值"；地形条件特殊困难时，方可采用竖曲线最小半径的"极限值"。

（3）同向竖曲线间，特别是同向凹形竖曲线之间，如直线坡段接近或达到最小坡长时，宜合并设置为单曲线或复曲线。

3.6.4 横断面线形设计

（1）公路横断面设计应最大限度地降低路堤高度，减小对沿线生态的影响，保护环境，使公路融入自然。条件受限制出现高填、深挖时，应同架桥、建隧、分离式路基等方案进行论证比选。

（2）路基断面布设应结合沿线地面横坡、自然条件、工程地质条件等进行设计。自然横坡较缓时，以整体式路基断面为宜。横坡较陡、工程地质复杂时，高速公路宜采用分离式路基断面。

（3）整体式路基的中间带宽度宜保持等值。当中间带的宽度增宽或减窄时，应设置过渡段。过渡段以设在缓和曲线范围内为宜，长度应与缓和曲线长度相等。条件受限制时，过渡段的渐变率不应大于1/100。

（4）整体式路基分为分离式路基或分离式路基汇合为整体式路基时，其中间带的宽度增宽或减窄时，应设置过渡段。其过渡段以设置在平曲线半径加大的路段为宜。

（5）公路横断面设计应注重路侧安全和运用宽容设计理念，作好中间带、加（减）速车道、路肩以及渠化、左（右）转弯车道、交通岛等各组成部分的细节设计，清除影响行车安全的障碍物，提供足够宽的无障碍的路侧安全区。

（6）中间带设计

1）中央分隔带形式：中央分隔带宽度大于或等于3.0m时宜用凹形；中央分隔带宽度小于3.0m时可采用凸形。

2）中央分隔带缘石：中央分隔带宽度大于或等于3.0m时宜采用平齐式；中央分隔带宽度小于3.0m时可采用平齐式或斜式。高速公路、一级公路中央分隔带不得采用栏式缘石。

3）中央分隔带表面处理：中央分隔带大于或等于3.0m时宜种植草皮；中央分隔带宽度小于3.0m时可栽植灌木或铺面封闭。

（7）公路横断面范围内的排水设计除应自成体系、满足功能要求外，设置在紧靠车道

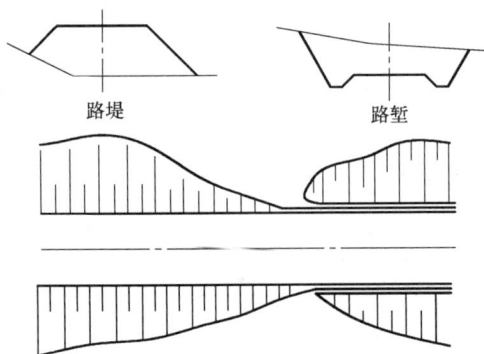

图 3-80　路堤和路堑在平面图中的表示方法

的边沟，其断面宜采用浅碟形或漫流等方式，否则应加盖板。

（8）冬季积雪路段、工程地质病害严重路段等可适当加宽路肩，以改善行车条件，保证行车安全。

路堤和路堑在平面图中表示如图 3-80 所示。

3.6.5　线形组合设计

（1）线形组合的基本要求

1）线形组合设计中，各技术指标除应分别符合平面、纵断面规定外，还应考虑横断面对线形组合与行车安全的影响。应避免平面、纵断面、横断面的最不利值的相互组合的设计。

2）在确定平面、纵断面的各相对独立技术指标时，各自除应相对均衡、连续外，应考虑与之相邻路段的各技术指标值的均衡、连续。

3）条件受限制时选用平面、纵断面的各接近最大（最小）值及其组合时，应考虑前后地形、技术指标运用等对实际行驶速度的影响，其运行速度与设计速度之差不应大于 20km/h。

4）线形组合设计除应保持各要素间内部的相对均衡与变化节奏的协调外，还应注意同公路外部沿线自然景观的适应和地质条件等的配合。

5）路线线形应能自然地诱导驾驶员的视线，并保持视觉的连续性。

（2）线形组合设计原则

1）平面、纵断面线形组合设计原则为相互对应。当平、竖曲线半径均较小时，其相互对应程度应较严格；随着平、竖曲线半径同时增大，其对应程度可适当放宽；当平、竖曲线半径均较大时，可不严格相互对应。

2）长直线不宜与陡坡或半径小且长度短的竖曲线组合。

3）长的平曲线内不宜包含多个短的竖曲线；短的平曲线不宜与短的竖曲线组合。

4）半径小的平曲线起讫点，不宜接近或设在凸形竖曲线的顶部或凹形竖曲线的底部。

5）长的竖曲线内不宜设置半径小的平曲线。

6）凸形竖曲线的顶部或凹形竖曲线的底部，不宜同反向平曲线的拐点重合。

7）复曲线、S 形曲线中的左转平曲线不设超高时，应采用运行速度对其安全性予以验算。

（3）设计速度大于或等于 60km/h 的公路，应注重路线平面、纵断面线形组合设计。设计速度小于或等于 40km/h 的公路，可参照执行。

（4）六车道及其以上的高速公路，应重视直线、曲线（含平面、纵断面）间的组合与搭配，应在曲线间设计足够长的缓和曲线或直线，使其衔接过渡顺适，路面排水良好。

3.6.6　线形与桥梁、隧道的配合设计

（1）桥头引道与桥梁线形

1）桥梁及其引道的位置、线形应与路线线形相协调，使之视野开阔，视线诱导良好。各项技术指标应符合路线布设与总体设计的相关规定。

2）高速公路、一级公路上的桥梁线形应与路线线形相协调，且连续、顺畅。

3）桥梁、涵洞等人工构造物同路基的衔接，其平、纵线形应符合路线布设的有关规定。

4）桥梁、涵洞等人工构造物上设置防撞护栏时，桥（涵）路衔接处的外侧护栏在平面上应为同一直线或曲线。

（2）隧道洞口连接线与隧道线形

1）隧道的位置与隧道洞口连接线应与路线线形相协调，以利行车的安全与舒适。各项技术指标应符合路线布设与总体设计的相关规定。

2）隧道洞口外连接线应与隧道洞口内线形相协调，隧道洞口外侧不小于 3s 设计速度行程长度与内侧不小于 3s 设计速度行程长度范围内的平面线形不应有急骤的方向改变。

3）高速公路、一级公路上的隧道分为上、下行分离的双洞时，其洞口连接线的布设应与路线整体线形相协调，并就近在适宜位置设置联络车道。

4）隧道洞口同路基的衔接应符合路线布设的有关规定；隧道洞口同路基衔接处的宽度不一致时，在隧道洞口外连接线内应设置过渡段。

3.6.7 线形与沿线设施的配合设计

（1）线形设计应考虑主线收费站、匝道收费站、服务区、停车区等沿线设施布设的要求。

（2）主线收费站范围内路线宜为直线或不设超高的曲线，不应将收费站设置在凹形竖曲线的底部。

（3）服务区、停车区及公共汽车停靠站等区段内，主线的主要技术指标可参照互通式立体交叉的有关规定。

（4）路线设计时应考虑标志、标线的位置，并与交通安全设施设计相配合；标志、标线的设计应准确，充分体现路线设计意图；路侧设计受限制的路段，应合理设置相应防护设施，以利于安全。

3.6.8 线形与环境的协调设计

（1）线形设计应充分考虑速度对视觉的影响，设计速度高的公路，线形设计和周围环境配合的要求应更高。

（2）公路线形应充分利用地形、自然风景，尽量少改变周围的地貌、地形、天然森林、建筑物等景观，使公路与自然融为一体，最大限度地保护环境。

（3）公路防护工程应采用工程防护与生态防护相结合的方式，减少对自然景观的影响，加大恢复力度，使公路工程与自然环境相和谐。

（4）宜适当放缓路堑边坡或将边坡的变坡点修整圆滑，使其接近自然地面，增进路容美观。

（5）公路两侧的绿化带应作为诱导视线、点缀风景以及改造环境的一种措施而进行专门设计。

3.7 平面设计成果

根据《公路工程基本建设项目设计文件编制办法》规定，体现路线平面设计成果的主要是路线设计的表格和图纸。

3.7.1 平面设计表格

1. 直线、曲线及转角一览表

"直线、曲线及转角一览表"能够体现交点及其平曲线或带有缓和曲线的曲线的基本信息，见表 3-27。

直线、曲线及转角一览表   表 3-27

交点编号	交点里程	交点转角		半径	曲线要素(m)			
					缓和曲线长	切线长	曲线长	外距
JD₁	0ᵏ+000	左转	右转					
JD₂	0ᵏ+672.784	25°16′32″		3000	/	672.657	1323.425	74.486
JD₃	2ᵏ+116.084	18°53′25″		2600	/	432.532	857.214	35.732
JD₄	3ᵏ+186.744		26°46′15″	2000	100	525.978	1034.478	56.062
JD₅	4ᵏ+180.643	21°36′28″		1600	120	365.398	723.403	29.254
JD₆	4ᵏ+882.697		17°30′08″	1000	140	224.049	445.471	12.605
JD₇	5ᵏ+752.690		29°10′55″	800	160	288.570	567.457	28.039
JD₈	6ᵏ+741.040		22°56′09″	1000	140	273.023	540.306	21.204

交点编号	曲线主点				
	第一缓和曲线起点	第一缓和曲线终点或平曲线起点	曲线中点	第二缓和曲线终点或平曲线终点	第二缓和曲线起点
JD₁					
JD₂	/	0ᵏ+000.127	0ᵏ+661.840	1ᵏ+323.552	/
JD₃	/	1ᵏ+683.552	2ᵏ+112.159	2ᵏ+540.766	/
JD₄	2ᵏ+660.768	2ᵏ+760.766	3ᵏ+178.005	3ᵏ+595.245	3ᵏ+695.245
JD₅	3ᵏ+815.245	3ᵏ+935.245	4ᵏ+176.947	4ᵏ+418.648	4ᵏ+538.648
JD₆	4ᵏ+658.648	4ᵏ+798.648	4ᵏ+881.384	4ᵏ+964.120	5ᵏ+104.120
JD₇	5ᵏ+464.120	5ᵏ+624.120	5ᵏ+747.848	5ᵏ+871.577	6ᵏ+031.577
JD₈	6ᵏ+468.017	6ᵏ+608.017	6ᵏ+738.169	6ᵏ+868.322	7ᵏ+008.322

交点编号	直线长度及方向			断链		备注
	间直线长度	交点间距	计算方位角	桩号	增减长度	
JD₁						
JD₂	360	1465.189	/			
JD₃	120	1078.510	/			
JD₄	120	1011.376	/			
JD₅	120	709.447	/			
JD₆	360	872.619	/			
JD₇	360	921.593	/	改6ᵏ+123.560 =原6ᵏ+200	短链76.44m	
JD₈	/	/	/			

2. 坐标表

(1) 控制点坐标表

控制点坐标表分为设计提供的控制点坐标表和施工单位项目部复测控制点坐标表，见表 3-28。

设计提供的控制点坐标表是设计单位从勘测设计的角度设置的控制点，在建设单位和监理单位配合下，设计需要把这些控制点桩向施工单位交桩（含现场桩位和控制点坐标值）。

施工单位项目部在设计交桩基础上，需要复测控制点，必要时需要增设控制点。复测合格后，施工单位项目部编制复测控制点坐标表，见表 3-28。

控制点坐标表　　　　　　　　　　　　　　　　　　表 3-28

控制点编号	坐标(m)		备　注
	x	y	
KZD_{23}	12356.231	9632.178	
KZD_{24}	12789.568	8925.458	
……			

(2) 逐桩坐标表

首先计算直线和曲线主点的坐标，为了方便常常将交点坐标一并计算出来。然后计算带有缓和曲线的曲线、平曲线上每一个中桩的坐标，见表 3-29。

逐桩坐标表（含交点）　　　　　　　　　　　　　　表 3-29

桩号	坐标(m)		备注	桩号	坐标(m)		备注
	x	y			x	y	
2^k+200				$JD_7 2^k+568.78$			
2^k+220				2^k+580			
2^k+240				2^k+600			
2^k+260				……			
……							

(3) 边桩坐标表及用地坐标表

1) 边桩坐标表

边桩坐标表表示路基不同断面填方路堤底面、挖方路堑顶面与原来天然地面相交的坐标，表示路基的边界线。边桩坐标表往往由施工单位自行计算，目的是确定路基施工边界。必要时随路基施工进度，填方路堤和挖方路堑有分层填挖坐标表及分层施工的路基边界位置。

2) 用地坐标表

用地坐标表又称为征地红线边界坐标，高等级公路由设计提供，施工单位复测。低等级公路往往由施工单位现场确定。

3. 路基设计表

路基设计表是一个非常重要的表格，路基设计表能够简单地反映平面、纵断面和横断面。

路基设计表不仅反映平面中的内容，还反映纵断面和横断面中的内容，其中横栏的第1、2、3 和 4 栏反映平面桩号和转向等重要内容，见表 5-9。

3.7.2 平面设计图

1. 平面设计图分类、比例及测绘范围

（1）平面图分类

平面设计图分路线平面图和工点平面图。

1）路线平面图

路线平面图又称为带状平面图，公路上的平面图绝大多数都是带状平面图。

2）工点平面图

工点平面图指一个重要工点的平面图，例如特大桥、大中桥、隧道、立体交叉等重要地点需要专门测绘平面图。

（2）平面图绘制比例

路线平面图一般采用中等比例绘制，现场实测平面图常用的比例为 1∶5000～1∶2000。作为可行性研究或纸上定线的平面图，因现场实测难度较大，可以到测绘部门购买 1∶10000 或更小比例的平面图。

工点平面图一般采用稍微大比例的平面图，如 1∶1000～1∶200，这种大比例的平面图一般需要现场实测。

《公路勘测细则》JTG C10—2007 规定，地形图测图比例尺应根据设计阶段、工程性质及地形、地貌等因素，按表 3-30 选用。

地形图比例尺的选用 表 3-30

设计阶段或工程性质	比例尺	设计阶段或工程性质	比例尺
可行性研究	1∶10000	施工图设计	1∶1000、1∶2000、1∶5000
初步设计、技术设计	1∶2000、1∶5000	重要工点	1∶500

（3）平面图测绘范围

路线平面图测绘范围，一般为中线两侧各 100～200m 左右。工点平面图根据工点需要进行测绘，一般比工点外边界大 100～200m，作改线或比较线时，平面图测绘范围应更广。

2. 平面图的内容

平面图从内容来讲，可以称为地形图。平面图的内容分为地形和地物两大类，当然还应有中线、交点及曲线要素表等。

（1）地形

平面图上地形地貌起伏情况用等高线表示。每隔四条等高线（首曲线）画出一条粗的等高线（计曲线），并标有相应的高程数字。根据图中等高线的疏密可以看出，该地区地势高低。

（2）地物

在平面图中的地物如河流、房屋、道路、桥梁、电力线、植被等，采用规定图例表示。常见图例见图 3-81 和图 3-82。路线平面见图 3-83 和图 3-84。

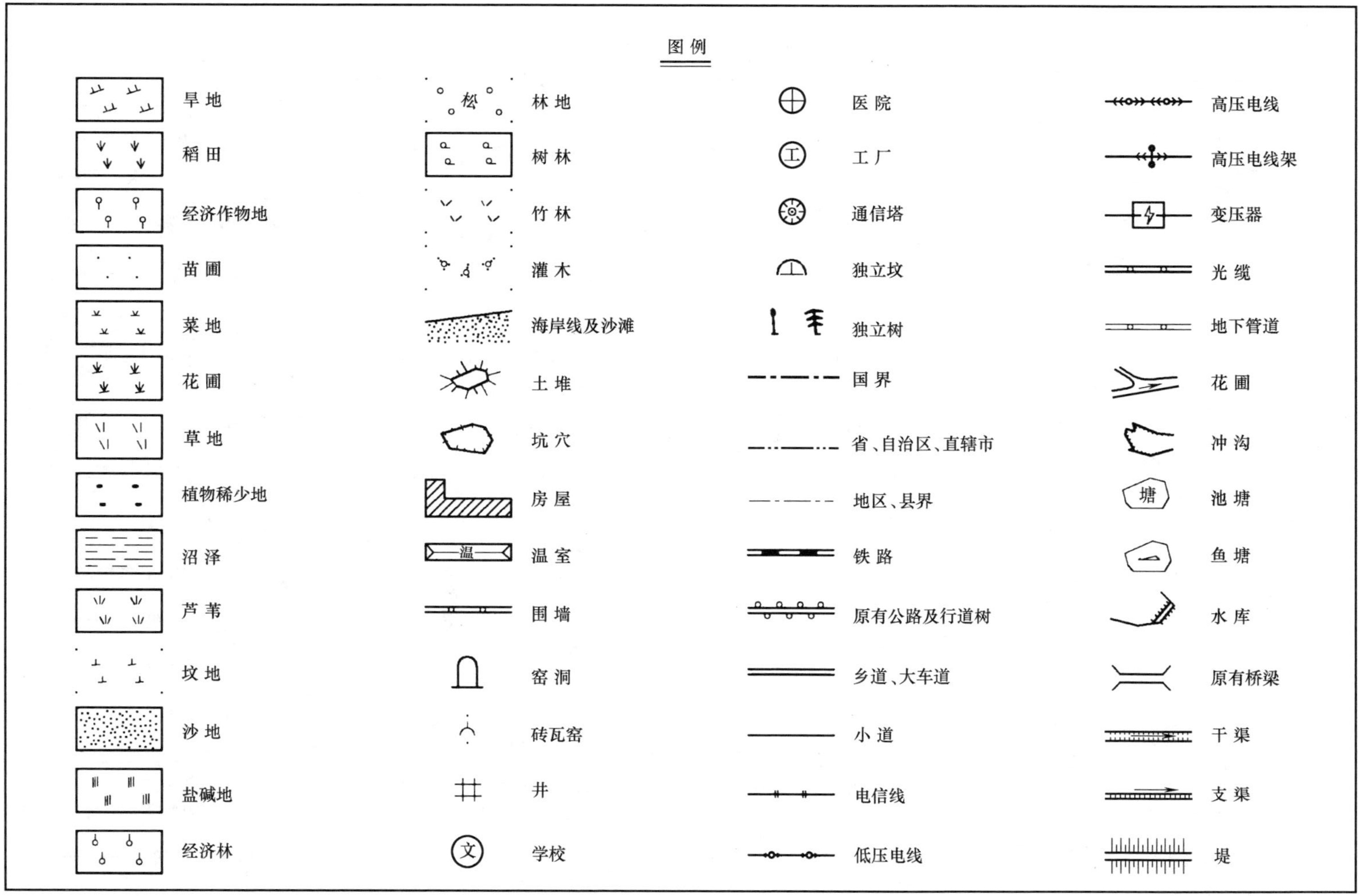

图例

图例	名称	图例	名称	图例	名称
	旱地		林地		高压电线
	稻田	松	树林		高压电线线架
	经济作物地		竹林		变压器
	苗圃		灌木		光缆
	菜地		海岸线及沙滩		地下管道
	花圃		土堆		花圃
	草地		坑穴		冲沟
	植物稀少地		房屋		池塘
	沼泽	温	温室		鱼塘
	芦苇		围墙		水库
	坟地		窑洞		原有桥梁
	沙地		砖瓦窑		干渠
	盐碱地	井	井		支渠
	经济林	文	学校		堤
		⊕	医院		
		工	工厂		
			通信塔		
			独立坟		
		车	独立树		
			国界		
			省、自治区、直辖市		
			地区、县界		
			铁路		
			原有公路及行道树		
			乡道 大车道		
			小道		
			电信线		
			低压电线		

图 3-81 公路工程常用图例 (1)

109

图例

涵洞与通道

小比例尺平面图上设计线
地面线
路中线
中央分隔带边缘线
路基边缘线
坡脚线
排水边沟
用地界线
建筑红线
平面上的通道或涵洞
平面上的桥梁（大中桥按实际长度绘）
平面上的互通式立交（按采用形式绘制）
平面上的分离式立交
本线上跨　本线下穿

1-2×2 钢筋混凝土盖板涵　27K+650
1-1.5 钢筋混凝土圆管涵　25K+430
1-3.5×1.5 八字墙涵　29K+420
1-1.5×2 钢筋混凝土拱涵　39K+678
1-2.5×3.5 钢筋混凝土箱形涵洞　51K+390　纵断面上

急流槽
排水沟
挡土墙
护坡
公共汽车站
服务区
收费站
管理设施
养护机构

纵断面上错车道　0K+250

2-10 钢筋混凝土箱形本线上跨互通式立交　17K+270　本线上跨
3-16 钢筋混凝土箱形本线下穿分离式立交　53K+110　本线下穿
2-16 钢筋混凝土箱形本线下穿分离式立交　50K+100　本线上跨
纵断面上分离式立交

信息报板
超声波检测站
国家水准点
公路水准点
导线点（三角点）

BM₅ 2132.312
BM₆ 789.273

1-20 钢筋混凝土箱形本线下穿互通式立交　10K+200　本线下穿
1-20 钢筋混凝土箱形本线上跨互通式立交　90K+200　本线上跨
纵断面上互通式立交

纵断面上竖曲线
纵断面上线路平面栏 左转角　α_z-　$R-$　JD₁　R_S-　$T-$
纵断面上线路平面栏 右转角　α_y-　$R-$　JD₂

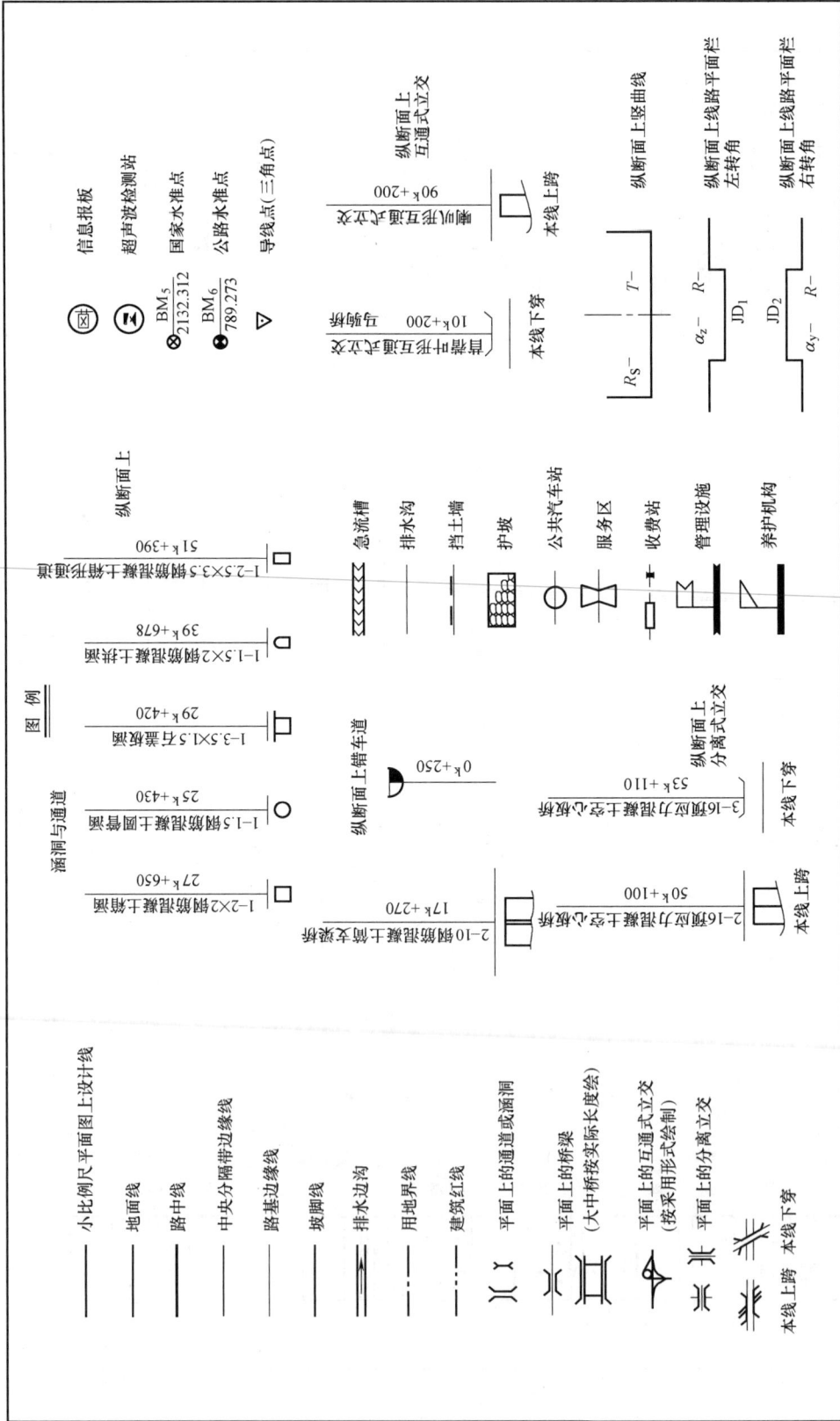

图 3-82　公路工程常用图例（2）

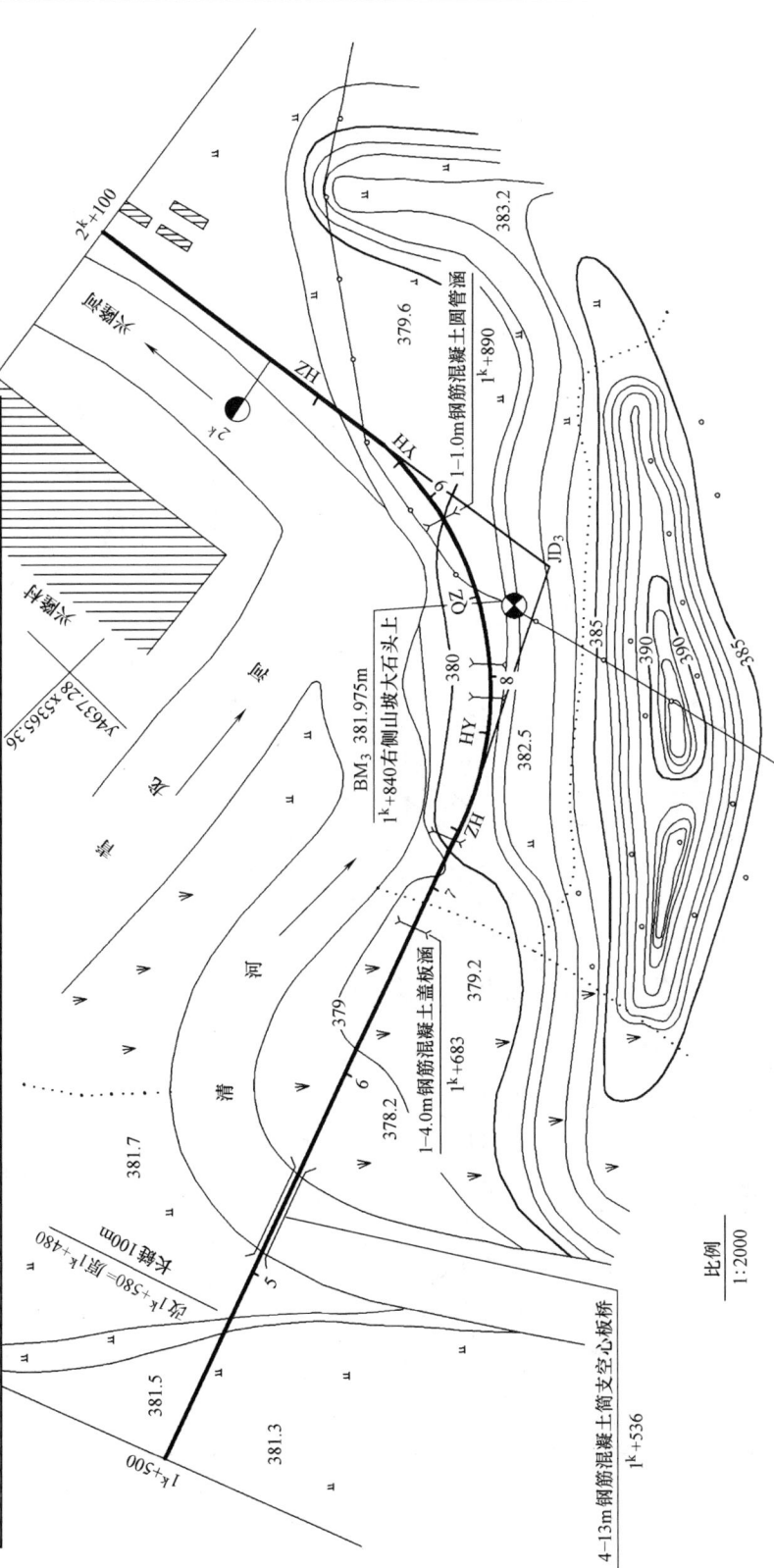

图 3-83 路线平面图 (1)

曲线要素表

交点编号及里程	转角	曲线要素值 (m)					主点里程					
		半径 R	外距 E	切线长度 T	曲线长度 L	缓和曲线长度 l_h	ZH	HY(或ZY)	QZ	YH(或YZ)	HZ	
$JD_3 1^k+729.01$	乙73°46′03″	150	38.40	138.05	243.12	50	590.96	640.96	712.52	784.08	834.08	

比例
1:2000

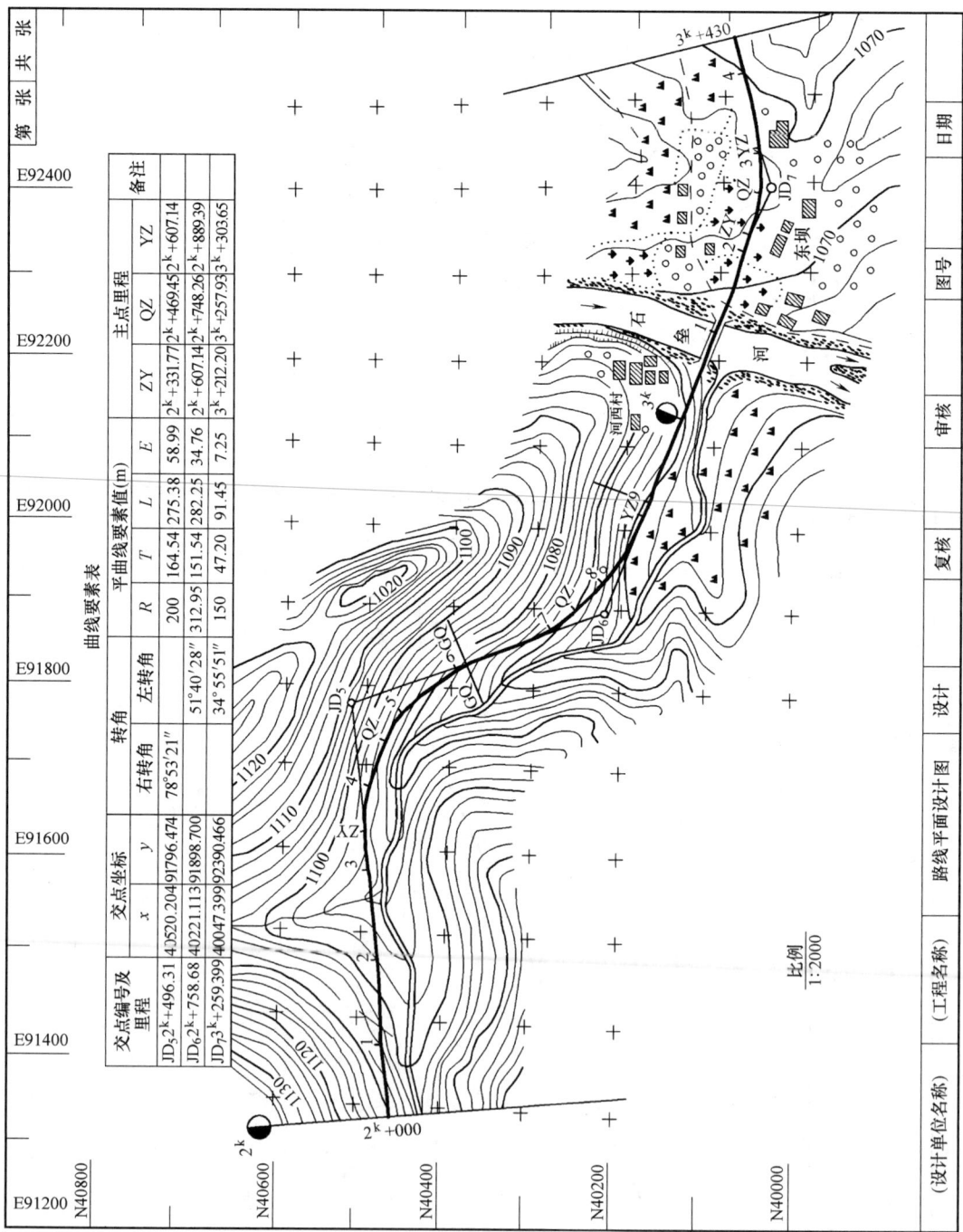

图 3-84　路线平面图 (2)

曲线要素表

交点编号及里程	交点坐标		转角		平曲线要素值 (m)					主点里程			备注
	x	y	右转角	左转角	R	T	L	E	ZY	QZ	YZ		
JD₅ 2ᵏ+496.31	43520.204	91796.474	78°53′21″		200	164.54	275.38	58.99	2ᵏ+331.77	2ᵏ+469.45	2ᵏ+607.14	
JD₆ 2ᵏ+758.68	40221.113	91898.700		51°40′28″	312.95	151.54	282.25	34.76	2ᵏ+607.14	2ᵏ+748.26	2ᵏ+889.39	
JD₇ 3ᵏ+259.399	40047.399	92390.466		34°55′51″	150	47.20	91.45	7.25	3ᵏ+212.20	3ᵏ+257.93	3ᵏ+303.65	

比例
1:2000

(设计单位名称)	(工程名称)	路线平面设计图	设计	复核	审核	图号	日期

（3）水准点

沿线附近每隔一定距离，在图中标出水准点位置，用于路线勘测设计的高程测量和施工阶段的高程放样。

（4）路线

路线包括设计路线和中桩。

设计路线用加粗实线画出，表示公路平面上的路线中心线路方向，中线包括直线和曲线，曲线又包括平曲线和带有缓和曲线的曲线。

中桩包括交点桩、中线转点桩、里程桩、百米桩、一般加桩等。

3. 平面图的作用

（1）勘测设计阶段

勘测设计阶段平面图起到分析路线走向、评价路线合理性、反映路线长度、反映路线和构造物平面布置情况的作用。

（2）施工阶段

施工阶段平面图起到合理进行施工组织设计、施工方案设计及临时工程布置、驻地建设、拌合站选址、钢筋加工厂选址等重要作用。

复习思考题

1. 名词解释

（1）平面；（2）里程（桩号）；（3）断臂曲线；（4）偏角；（5）转角；（6）方位角；（7）平曲线；（8）断链；（9）长链。

2. 简述题

（1）平曲线上主点（控制点）有哪些？

（2）如何避免断臂曲线？列举 2 个以上示例说明。

（3）实际勘测设计时如何确定平曲线半径？列举 2 个以上示例说明。

（4）平曲线要素有哪些？分别写出其计算公式。

（5）平曲线主点里程计算公式有哪些？试举例说明。

（6）下一个交点里程计算公式是什么？试举例说明。

（7）哪些地方需要设置中桩？

（8）断链分哪几类？列举 1 个以上示例说明。

（9）平曲线上加桩的测设方法有哪些？它们各自有何优缺点？

（10）工程上的坐标计算有哪三要素？写出坐标计算公式。

（11）坐标法的应用范围有哪些？

（12）平面设计成果有哪些？平面设计图的内容有哪些？

（13）图 3-85 中，成都至雅安高速公路，跨越通济堰河，设计通济堰大桥，中心桩号 k43＋363.30，桥梁长度 88m，起点桩号 k43＋319.30，终点桩号 k43＋407.30。下列表达方式正确吗？

1）通济堰大桥：通济堰大桥；k43＋363.30；通济堰大桥 k43＋363.30；通济堰大桥中心桩号 k43＋363.30；通济堰大桥中心里程 k43＋363.30。

2）通济堰大桥起点（方向）表示：k43＋319.30；通济堰大桥起点；通济堰大桥小桩号；通济堰大桥成都端；通济堰大桥小里程。

3）通济堰大桥终点（方向）表示：k43＋407.30；通济堰大桥终点；通济堰大桥大桩号；通济堰大桥雅安端；通济堰大桥大里程。

4）k43＋319.30、k43＋363.30 和 k43＋407.30 三个桩，既表示桥梁轴线桩号，也表示公路中线桩号，在这里公路中线与桥梁轴线是重合的。

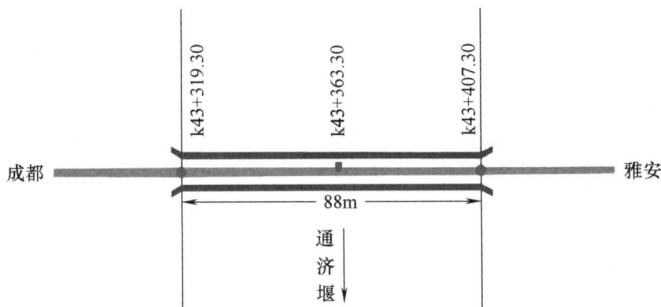

图 3-85　通济堰大桥桩号表达式

3. 计算题

（1）已知 JD_2 的左转角 $\alpha_z＝28°14'27''$，JD3 的左转角 $\alpha_z＝162°17'36''$，JD_4 的右转角 $\alpha_y＝148°27'36''$，起始边 JD_1 到 JD_2 的方位角 $\theta_{12}＝303°17'05''$，计算各边方位角（要求末边方位角 θ_{45} 采用 2 种算法）。

（2）已知起始边 JD_1 到 JD_2 的链距 $K_{12}＝878.46m$。JD_2 的 $\alpha_y＝27°16'18''$，圆曲线半径 $R＝600m$，切线长 $T＝145.60m$，曲线长 $L＝285.68m$，外距 $E＝17.41m$，切曲差 $D＝5.52m$。边 JD_2 到 JD_3 的链距 $K_{23}＝568.71m$。

计算并完成下列内容：

1）JD_2 的主点里程。

2）JD_3 的里程。

3）试布置 JD_2 平曲线上的中桩（要求桩距为 20m）。

（3）已知某交点的圆曲线的半径 $R＝800m$ 和左转角 $\alpha_z＝18°23'17''$，计算平曲线要素。

（4）已知边 JD_7 到 JD_8 的方位角 $\theta_{78}＝138°16'17''$，JD_8 的右侧水平角 $\beta＝213°16'27''$，计算边 JD_8 到 JD_9 的方位角 θ_{89}。

（5）已知 $\theta_{12}＝313°16'37''$，JD_2 的 $\alpha_y＝13°16'34''$，JD_3 的 $\alpha_y＝179°36'39''$，JD_4 的 $\alpha_z＝99°36'01''$，JD_5 的 $\alpha_z＝88°16'17''$，计算各边方位角（要求末边方位角 θ_{56} 采用 2 种算法）。

（6）已知 JD_2 的右侧角 $\beta＝163°46'27''$，圆曲线半径 $R＝425.13m$。试计算 JD_2 的平曲线要素。

（7）已知该线路起点里程为 $0^k＋000$，JD_{18} 的里程为 $16^k＋327.76$，圆曲线半径 $R＝640m$，右转角 $\alpha_y＝27°31'27''$，边 JD_{18} 到 JD_{19} 的链距 $K_{89}＝943.17m$。勘测结束后统计该路线终点里程为 $78^k＋303.57$，后来发现 JD_{18} 的 YZ 里程 $16^k＋571.32$ 是错误的。

计算并完成下列内容：

1) 要求在 $16^k+600\sim16^k+700$ 的直线段上作断链处理。

2) 确定断链的位置及分类。

3) 计算全线实际长度。

（8）已知该线路起点里程为 0k+000，JD8 的里程 12k+338.29m，曲线半径 $R=$ 640m，$\alpha_y=27°31'27''$，$K_{89}=943.17$，勘测结束后统计该线终点里程 92k+303.57。后来发现两个问题：①在 2k+900 处有断链，进行第一次断链处理：改 3k+100=原 2k+900；②JD$_8$ 的 YZ 里程 12k+571.32 是错误的。

计算并完成下列内容：

1) 要求在 13k+600～13k+700 的直线段上作第二次断链处理。

2) 计算 2k+000～12k+710 的长度。

3) 计算 6k+000～13k+710 的长度。

4) 计算全线实际长度。

（9）已知起点 JD$_1$ 的里程为 0k+000，交点之间的链距 $K_{12}=376.72$m，$K_{23}=$ 440.13m，$K_{34}=593.77$m。JD$_2$ 的 $R=320$m，$\alpha_y=27°31'27''$。JD$_3$ 的 $R=440$m，$\alpha_z=$ $19°36'01''$。JD$_4$ 的 $R=500$m，$\alpha_z=20°20'20''$。勘测结束后统计该路线终点里程为 103k+921.44。后来发现两个问题：①JD$_2$ 里程 0k+276.72 错误；②JD$_3$ 的平曲线 $L=365.24$m 错误。

计算并完成下列内容：

1) 要求在 1k+100～1k+500 直线段作断链处理。

2) 确定断链位置、长度、表达式。

3) 计算 0k+500～1k+600 之间的长度。

4) 计算断链后的 JD$_4$ 的里程和主点里程。

5) 计算全线实际长度。

（10）已知 JD$_2$ 里程 $0^k+367.12$，$\alpha_y=27°16'48''$，$R=600$m，$T=145.60$m，$L=$ 285.68m，$E=17.41$m，$D=5.52$m，ZY 里程 $0^k+221.52$，QZ 里程 $0^k+364.36$，YZ 里程 $0^k+507.20$。要求用弦长纵距交会法测设中桩。计算并完成下列内容：

1) 按表 3-12 格式将计算结果填入表格。

2) 详细描述 0^k+240 的测设过程。

3) 详细描述 0^k+260 的测设过程。

4) 详细描述 0^k+500 的测设过程。

5) 详细描述 0^k+480 的测设过程。

（11）已知 JD$_2$ 里程 $0^k+367.12$，$\alpha_y=27°16'48''$，$R=600$m，$T=145.60$m，$L=$ 285.68m，$E=17.41$m，$D=5.52$m，ZY 里程 $0^k+221.52$，YZ 里程 $0^k+507.20$，QZ 里程 $0^k+364.36$。

要求用偏角法测设中桩，按表 3-13 格式将计算结果填入表格，计算并完成下列内容：

1) 0^k+240、0^k+260、0^k+500 及 0^k+480 的测设过程。

2) 0^k+240 的测设过程。

3) 0^k+260 的测设过程。

4）0^k+500 的测设过程。

5）0^k+480 的测设过程。

（12）已知起点 JD_1 的里程为 $0k+000$，JD_1 坐标为（4762.17，8943.21），$\theta_{12}=321°17'47''$。链距 $K_{12}=259.89m$。JD_2 的 $R=740m$，$\alpha_z=25°38'57''$。链距 $K_{23}=562.31m$。

计算并完成下列内容：

1）计算 JD_2 的主点里程，并布置中桩。

2）计算 JD_2 和 JD_3 的坐标。

3）计算直线上中桩坐标。

4）计算平曲线上中桩坐标。

（13）某测区内有控制点 KZD_7（4632.11，6783.24），KZD_9（4846.21，6923.17）。测区内有平曲线上中桩 M（4601.72，6707.48），KZD_7 与 M 不通视，利用坐标法计算中桩 M 并简述如何测设中桩 M。

（14）某线设计速度为 60km/h，JD_{42} 至 JD_{43} 之间的链距 768.86m，JD_{42} 的右转角为 $21°19'38''$，JD_{43} 的右转角为 $30°27'56''$，其中 JD_{42} 的半径为 800m。问 JD_{43} 的半径选择什么范围才能保证同向平曲线之间的间直线长度为 $6V_s$（m）？其中 V_s 为设计行车速度（km/h）。

（15）已知测区内有若干高级控制点，其中高级控制点 KZD_7（4721.49，8930.88）、KZD_9（4340.19，8800.39）。已知该测区内直线上中桩 S 点 $0k+040$（4652.50，8959.98）、平曲线上中桩 A 点 $0k+240$（4467.98，8882.81）。要求画出计算简图。

1）若 KZD_7 与 S 点和 A 点不通视，通过计算测设 S 点和 A 点；

2）若各个点位之间相互通视，要求选择距离待测点较近安置经纬仪，通过计算测设 S 点和 A 点。

（16）下列三个问题互不关联，计算并完成下列内容：

1）JD_7 到 JD_8 之间的链距为 146.76m，JD_7 和 JD_8 的右转角分别为 $27°38'57''$、$39°12'45''$。若 JD_7 到 JD_8 设置为同向同半径复曲线，计算它们的半径。

2）在选线过程中，已经确定 JD_{12}（JD_{12} 和 JD_{13} 在同一条直线上）；但通过判断 JD_{13} 进入河流当中，现场选线无法准确确定 JD_{13}，通过什么方法可以间接确定 JD_{13}，要求写出理论分析过程，画出示意图。

3）某人在 JD_{15} 和 JD_{16} 之间不小心出现了断臂曲线，如何避免断臂曲线。

（17）已知 JD_5 桩号 $4k+709.96$，右转角 $23°36'02''$，半径 894m，$K_{56}=679.76m$；$4k+400$ 和 $4k+800$ 的路面高程分别为 562.32m 和 566.32m。计算并完成下列内容：

1）JD_5 的平曲线要素；

2）JD_5 的主点里程；

3）JD_6 的里程；

4）$4k+400$ 和 $4k+800$ 两点之间的纵坡度；

5）计算 $4k+400\sim4k+800$ 之间的直线长度和平曲线长度，要求画出平面示意图。

（18）已知 JD_1 桩号 $k0+000$。JD_2：左转角 $17°16'36''$，$R_2=680m$。JD_3：右转角 $22°18'25''$，$R_3=740m$。交点之间的链距：$K_{12}=623.11m$，$K_{23}=713.26m$，$K_{34}=$

943.19m。勘测设计结束后，计算终点桩号 k83＋923.12。后来发现：原来 JD$_2$ 的平曲线长度 105.04m 和 JD$_3$ 的平曲线长度 488.10m 是错误的，其余路段里程计算是连续且正确的。提示：在 JD$_3$ 和 JD$_4$ 之间的间直线适合作断链处理。计算并回答下列问题：

1）该线路里程如何处理？

2）计算全线实际长度；

3）计算 1k＋000（地面高程 701m）至 3k＋000（地面高程 723m）之间的纵坡度。

第4章 缓 和 曲 线

4.1 概 述

4.1.1 缓和曲线的概念

缓和曲线是指在直线和圆曲线之间或半径相差较大的两同向复曲线之间设置的一种曲率连续均匀变化的曲线。举例来说，由正常的直线路拱过渡到具有超高或加宽的平曲线段，需要一个过渡段，这个段落如果用曲线来过渡就叫作缓和曲线，这个段落如果用直线来过渡就叫作缓和段。本节将详细介绍缓和曲线的计算及其测设，而缓和段的计算及其测设将在第5章作详细介绍。

关于缓和曲线的复杂理论，目前比较可行的做法是，认可公路（包括铁路和城市道路）缓和曲线采用辐射螺旋线，核心问题是公路（包括铁路和城市道路）上如何将缓和曲线落地，即如何按照一定规则和程序进行计算和测设。因此，如何掌握缓和曲线复杂理论并不重要，相反，如何掌握缓和曲线在工程上得应用显得尤其重要。本章试图让读者掌握缓和曲线在工程上如何计算和测设。

4.1.2 设置缓和曲线或缓和段的基本条件

1. 直线与平曲线径向连接（公路等级条件和半径条件）

（1）设计缓和曲线条件

《公路路线设计规范》JTG D20—2017规定，高速公路、一级公路、二级公路、三级公路的直线同小于表3-2中不设超高的平曲线最小半径径向连接处，应设置回旋线（即缓和曲线）。简单来说设置缓和曲线条件有两个，一个是公路等级条件（高速公路、一级公路、二级公路、三级公路），二是平曲线半径条件（即平曲线半径小于无超高半径或小于无加宽半径250m），同时满足这两个条件就需要设置缓和曲线，由此可见设置缓和曲线的情况是比较普遍的。

（2）设置缓和段条件

四级公路的半径小于等于表3-2和表5-1中要求时，应设置超高、加宽缓和段，即四级公路可以不设置缓和曲线而采用直线缓和段过渡。简单来说设置直线缓和段条件有两个，一个是公路等级条件（四级公路），二是平曲线半径条件（即平曲线半径小于无超高半径或小于无加宽半径250m），同时满足这两个条件就可以设置缓和段，当然也可以设置缓和曲线。

综上所述，缓和曲线是常用的、重要的，需要大家认真学习并能够解决工程实际问题。

【例 4-1】 已知：①某设计速度 40km/h 的三级公路，路拱横坡度 2%，实际半径见表 4-1。查表 3-2 其无超高半径为 600m。根据表 5-1，其半径小于等于 250m 均需要加宽。②某设计速度 30km/h 的四级公路，路拱横坡度 2%，实际半径见表 4-1。查表 3-2 其无超高半径为 350m。查表 5-1，其半径小于等于 250m 均需要加宽。

分析以下问题：

① 是否超高；

② 是否加宽；

③ 是否设置缓和段；

④ 是否设置缓和曲线。

【解】 根据缓和曲线和缓和段设置条件，以四级公路实际选择半径 300m 为例分析如下：

① 实际半径 300m 小于无超高半径 350m，需要超高；

② 实际半径 300m 小于需加宽半径 250m，无需加宽；

③ 故该四级公路应设置缓和段，也可以设置缓和曲线，但只能选择其一；这里选择默认的缓和段，该缓和段可以称为"超高缓和段"，不能叫作"加宽缓和段"。

其余同理可得，具体分析结果见表 4-1。

超高加宽、缓和曲线、缓和段分析 表 4-1

公路等级	设计速度 (km/h)	极限最小半径 (m)	无超高半径 (m)	无加宽半径 (m)	实际半径 (m)	超高	加宽	缓和曲线	缓和段
三级	40	60	600	<250	200	√	√	√	×
					300	√	×	√	×
					800	×	×	×	×
四级	30	30	350		200	√	√	○	√
					300	√	×	○	√
					500	×	×	×	×

注："√"表示优选，"○"表示可以选，在同一个交点二者只能选其一；"×"表示不选。

2. 平曲线与平曲线径向连接一般需要设置缓和曲线

半径不同的同向平曲线径向连接处，应设置回旋线（即缓和曲线）。这是因为两个平曲线具有不同的超高加宽值（或者其中一个平曲线具有超高加宽而另一个没有时），不同的超高加宽值必然需要过渡段。不同半径的同向平曲线径向连接时且至少有 1 个平曲线具有超高加宽时，可以做以下层次的分解：

（1）类似地，一是公路等级条件（高速公路、一级公路、二级公路、三级公路），二是平曲线半径条件（即平曲线半径小于无超高半径或小于无加宽半径 250m），同时满足这两个条件，半径不同的同向平曲线径向连接时，应设置缓和曲线。

（2）类似地，一是公路等级条件（四级公路），二是平曲线半径条件（即平曲线半径小于无超高半径或小于无加宽半径 250m），同时满足这两个条件应设置缓和段，当然也可以设置缓和曲线。

3. 平曲线与平曲线径向连接可以不设置缓和曲线或缓和段的条件

《公路路线设计规范》JTG D20—2017 规定，符合下列条件时可不设缓和曲线：

（1）小圆半径大于表 3-2 规定时，即两个相邻平曲线半径均大于无超高和无加宽半径（250m）时，平曲线与平曲线径向连接处即使该两个平曲线半径不相同也可以不设置缓和曲线或缓和段。

（2）小圆半径大于表 4-2 规定，且符合下列条件之一者，可以不设置缓和曲线或缓和段。

复曲线中小圆临界圆平曲线半径　　　　　　　　　　　表 4-2

设计速度(km/h)	120	100	80	60	40	30
临界圆平曲线半径(m)	2100	1500	900	500	250	130

1）小圆按最小缓和曲线长度设置缓和曲线时，大圆与小圆的内移值之差小于 0.10m 时；

2）设计速度大于或等于 80km/h，大圆半径（R_1）与小圆半径（R_2）之比小于 1.5 时；

3）设计速度小于 80km/h，大圆半径（R_1）与小圆半径（R_2）之比小于 2 时。

4.2　缓和曲线的特性、螺旋角及支距公式

4.2.1　缓和曲线的类型

公路上和铁路上的缓和曲线类型有辐射螺旋线、三次抛物线、双扭线、多圆弧线等，目前我国公路和铁路均采用辐射螺旋线，见图 4-1。

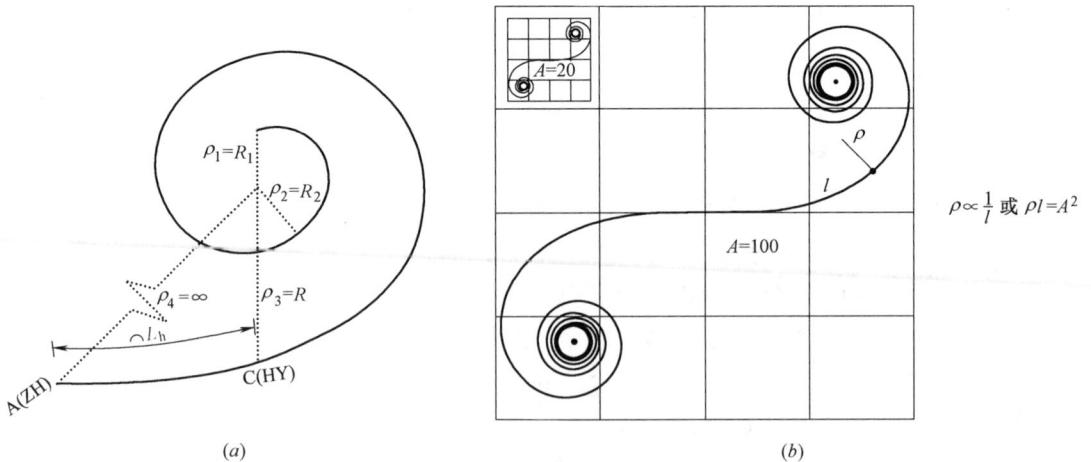

图 4-1　辐射螺旋线中的末段（缓和曲线）

（a）部分螺旋线示意图；（b）全部螺旋线示意图

4.2.2　带有缓和曲线的曲线主点

假定交点两端的缓和曲线均为直线，见图 4-2。

120

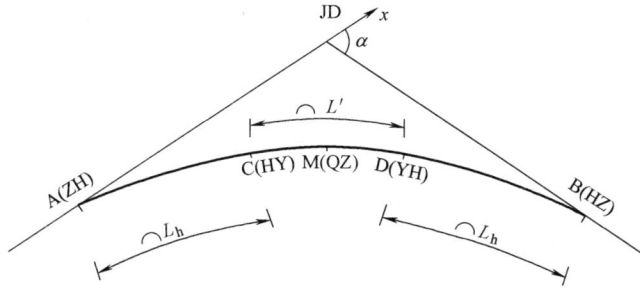

图 4-2 缓和曲线主点

带有缓和曲线的曲线共有 5 个主点（控制点），即 ZH 点（线路起点方向直线与第一缓和曲线相切点）、HY（第一缓和曲线与所夹圆曲线相切点）、QZ（整个曲线中间点）、YH（所夹圆曲线与第二缓和曲线相切点）、HZ（第二缓和曲线与线路终点方向直线相切点）。图 4-2 中，缓和曲线是对称的，路线起点方向的缓和曲线称为第一缓和曲线（即 ZH 点到 HY 点），路线终点方向的缓和曲线称为第二缓和曲线（即 YH 点到 HZ 点），在第一缓和曲线和第二缓和曲线之间还夹了一段曲线称为所夹圆曲线（即 HY 点到 YH 点）。图 4-2 中的 ZH 点用字母 A 表示、HY 点用字母 C 表示、QZ 点用字母 M 表示、YH 点用字母 D 表示、HZ 点用字母 B 表示。

4.2.3 缓和曲线的特性及长度确定

1. 缓和曲线特性

令曲线（含圆曲线和缓和曲线）的半径和曲率分别为 ρ 和 k，则曲线的半径和曲率关系互为倒数，即 $k = \dfrac{1}{\rho}$。

显然 A（ZH）点和 B（HZ）点位于直线上，则其曲率半径 $\rho = \infty$，曲率 $k = 0$；C（HY）点、D（YH）点及 C（HY）点到 D（YH）点的所夹圆曲线上的任一点位于所夹圆曲线上，则其曲率半径 $\rho = R$（R 为平曲线半径），曲率 $k = \dfrac{1}{R}$；ZH 点到 HY 点之间的第一缓和曲线上的任意点、YH 点到 HZ 点之间的第二缓和曲线上的任意点，其曲率半径为 ρ，曲率为 k，在缓和曲线上的点曲率半径是变化的，曲率 k 从 0 到 $\dfrac{1}{R}$ 连续均匀变化，见图 4-3。

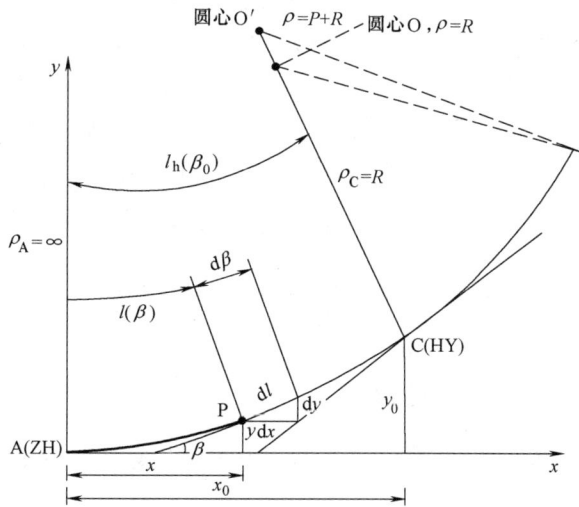

图 4-3 缓和曲线特性公式推导

设缓和曲线上任意点 P，P 点到缓和曲线起点的弧长为 l，ZH 点到 HY 点或 YH 点到 HZ 点之间的缓和曲线长度为 l_h，P 点到缓和曲线起点的所对应的中心角（又称为螺旋角）为 β。前述，缓和曲线上的曲率是连续均匀变化的，即曲率随弧长的增加而成正比例

121

地增加，则

$$\frac{l}{l_h}=\frac{k_P}{k_C}=\frac{\dfrac{1}{\rho}}{\dfrac{1}{R}}=\frac{R}{\rho} \qquad (4\text{-}1)$$

式中　k_P——缓和曲线上任意点的曲率；

　　　k_C——缓和曲线终点 C 的曲率。

将式（4-1）变成

$$\rho l=R l_h \qquad (4\text{-}2)$$

式（4-2）表明缓和曲线特性：缓和曲线上任意点的曲率半径与该点到缓和曲线起点的弧长 l 成反比。

2. 缓和曲线长度的确定

因曲线半径 R 可以按 3.2 节选定，缓和曲线长能够确定，则 $R l_h$ 为以常数。令

$$R l_h=A^2 \qquad (4\text{-}3)$$

$$A=\sqrt{\rho l}=\sqrt{R l_h} \qquad (4\text{-}4)$$

式中　A——缓和曲线参数。

交通部门参考 $R l_h$ 值为：

$$R l_h=0.035 V_s^3 \qquad (4\text{-}5)$$

则有

$$l_h=\frac{0.035 V_s^3}{R} \qquad (4\text{-}6)$$

缓和曲线长度需要根据实际情况，结合式（4-6）、公路等级、地区地形，同时应满足《公路路线设计规范》JTG D20—2017 对缓和曲线最小长度的规定确定，见表 4-3。缓和曲线或缓和段应随平曲线半径增大而增长，一般取 5m 或 10m 的倍数。具有超高加宽的平曲线上，其缓和段长度应取超高缓和段和加宽缓和段的较大者。

缓和曲线或缓和段最小长度　　　　表 4-3

设计速度(km/h)	120	100	80	60	40	30	20
缓和曲线最小长度(m)	100	85	70	50	35	25	20

注：四级公路为缓和段长度，其余为缓和曲线长度。

4.2.4　螺旋角公式

缓和曲线上任意点 P，到缓和曲线起点的弧长 l，见图 4-3。在 P 点取一微分弧 dl，相应的中心角 $d\beta$。

借助圆曲线理论 $l=R\varphi$（弧长等于半径乘以圆心角），缓和曲线近似为：

$$dl=\rho d\beta \qquad (4\text{-}7)$$

$$d\beta=\frac{dl}{\rho} \quad (\rho l=R l_h) \qquad (4\text{-}8)$$

则缓和曲线上任意点到缓和曲线起点的中心角（螺旋角）为：

$$\beta = \frac{l^2}{2Rl_h}(\text{弧度}) \tag{4-9}$$

当 $l = l_h$（即缓和曲线终点）时，缓和曲线的总中心角（总螺旋角）为：

$$\beta_0 = \frac{l_h}{2R}(\text{弧度}) \tag{4-10}$$

式中　l——缓和曲线上任意点到缓和曲线起点的弧长；

　　　R——平曲线半径；

　　　l_h——缓和曲线长；

　　　β——缓和曲线上任意点到缓和曲线起点的中心角（螺旋角）（弧度），也可以转化为度分秒；

　　　β_0——缓和曲线起点到缓和曲线终点的总中心角（总螺旋角）（弧度），也可以转化为度分秒。

4.2.5　支距公式

缓和曲线上任意点 P 到缓和曲线起点的弧长 l 如图4-3所示。如图4-4所示，第一缓和曲线以 A（ZH）点为支距原点，指向交点方向为 x 轴，指向圆心方向为 y 轴，建立支距坐标系。当然第二缓和曲线以 B（HZ）点为支距原点，指向交点方向为 x 轴，指向圆心方向为 y 轴，建立另一支距坐标系。

在 P 点取一微分弧 $\mathrm{d}l$，相应的中心角 $\mathrm{d}\beta$，微分弧 $\mathrm{d}l$ 可以分解为 $\mathrm{d}x$、$\mathrm{d}y$。

$$\mathrm{d}x = \mathrm{d}l\cos\beta = \cos\frac{l^2}{2Rl_h}\mathrm{d}l \tag{4-11}$$

$$\mathrm{d}y = \mathrm{d}l\sin\beta = \sin\frac{l^2}{2Rl_h}\mathrm{d}l \tag{4-12}$$

将式（4-11）和式（4-12）按照高等数学级数展开，得：

$$x = l - \frac{l^5}{40R^2 l_h^2} \tag{4-13}$$

$$y = \frac{l^3}{6Rl_h} \tag{4-14}$$

式中　x——缓和曲线上任意点到缓和曲线起点的 x 方向的支距；

　　　y——缓和曲线上任意点到缓和曲线起点的 y 方向的支距；

其余符号意义同前。

当 $l = l_h$（即缓和曲线终点）时，缓和曲线的支距为：

$$x_0 = l_h - \frac{l_h^3}{40R^2} \tag{4-15}$$

$$y_0 = \frac{l_h^2}{6R} \tag{4-16}$$

式中　x_0——缓和曲线上终点到缓和曲线起点的 x 方向的总支距；

　　　y_0——缓和曲线上终点到缓和曲线起点的 y 方向的总支距；

其余符号意义同前。

4.2.6 缓和曲线的运用

1. 基本形式"缓和曲线—所夹平曲线—缓和曲线"的要求

设计速度大于或等于 60km/h 时，缓和曲线应作为线形要素之一加以利用。缓和曲线—所夹平曲线—缓和曲线的长度以大致接近为宜。两个缓和曲线的参数值亦可以根据地形条件设计成非对称的曲线，但是式（4-4）中缓和曲线参数 $A_1 : A_2$ 不应大于 2.0。

2. 缓和曲线参数 A 的要求

（1）当平曲线半径 R 小于 100m 时，A 宜大于或等于 R。

（2）当平曲线半径 R 接近 100m 时，A 宜等于 R。

（3）当平曲线半径 R 较大或接近 3000m 时，A 宜等于 $\dfrac{R}{3}$。

（4）当平曲线半径 R 大于 3000m 时，A 宜小于 $\dfrac{R}{3}$。

3. 两相邻反向平曲线之间的缓和曲线

当两相邻反向平曲线径向相连时或插入的直线长度不足时，可用缓和曲线（四级公路采用缓和段）将两反向平曲线连接组合为 S 形曲线。

（1）S 形曲线的两缓和曲线参数宜满足 $A_1 = A_2$。

（2）当采用不同的缓和曲线参数时，$A_1 : A_2$ 不应大于 2.0，有条件时以小于 1.5 为宜。当 $A_2 \leqslant 200$ 时，$A_1 : A_2$ 应小于 1.5。

（3）两相邻平曲线半径之比不宜过大，大小圆平曲线半径之比以 $R_1 : R_2 \leqslant 2$ 为宜。

4. 两相邻同向平曲线之间的缓和曲线

两同向平曲线径向连接或插入的直线长度不足时，可用缓和曲线将两相邻的同向平曲线连接组合为卵形曲线。

（1）卵形曲线的缓和曲线参数 A 取值为：$\dfrac{R_2}{2} \leqslant A \leqslant R_2$（$R_2$ 为小圆半径）。

（2）两平曲线半径之比，以 $R_2 : R_1 = 0.2 \sim 0.8$ 为宜。

（3）两平曲线的间距，以 $\dfrac{D}{R_2} = 0.003 \sim 0.03$ 为宜（D 为两平曲线之间的最小间距）。

4.3 带有缓和曲线的曲线要素计算

4.3.1 带有缓和曲线的曲线要素计算

设半径为 R、转角为 α 的平曲线要素为切线长 T_y、曲线长 L_y、外距 E_y、切曲差（超距）D_y，则：

$$T_y = R \tan \frac{\alpha}{2} \tag{4-17}$$

$$L_y = \frac{\pi \alpha R}{180} \tag{4-18}$$

$$E_y = R\left(\sec\frac{\alpha}{2} - 1\right) \tag{4-19}$$

$$D_y = 2T_y - L_y \tag{4-20}$$

式中　T_y——未设缓和曲线时半径为 R、转角为 α 圆曲线的切线长（即圆曲线内移后的切线长），在图 4-4 中，$T_y = \text{W}'\text{K} = \text{W}'\text{J}$；

L_y——未设缓和曲线时半径为 R、转角为 α 圆曲线的曲线长（即圆曲线内移后的曲线长），在图 4-4 中，$L_y = \frown\text{KCMDJ}$；

E_y——未设缓和曲线时半径为 R、转角为 α 圆曲线的外距，在图 4-4 中，$E_y = \text{W}'\text{M}$；

D_y——未设缓和曲线时半径为 R、转角为 α 圆曲线的切曲差（超距）。

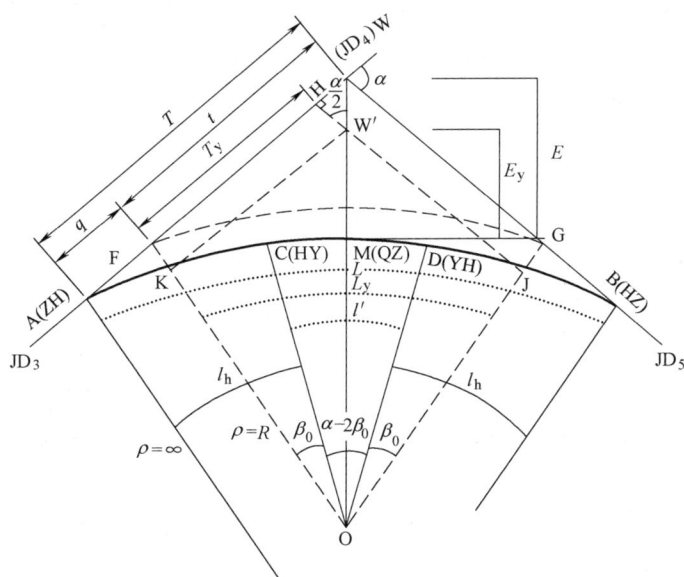

图 4-4　缓和曲线要素及里程计算

4.3.2　有关符号意义

1. 内移值 p

p 为圆曲线内移值，即设置缓和曲线后圆心不变，原半径减小的值，内移的目的是使得缓和曲线的起点与直线相切、缓和曲线的终点与所夹圆曲线相切。在图 4-4 中，$p = \text{FK} = \text{GJ}$。如图 4-3 所示，$y$ 轴方向，$p + R = y_0 + R\cos\beta_0$，将 $y_0 = \dfrac{l_h^2}{6R}$ 和 $\beta_0 = \dfrac{l_h}{2R}$ 代入，则：

$$p = \frac{l_h^2}{24R} \tag{4-21}$$

可以不理解 p 值的推导过程，只要会按照公式计算即可。

2. 切线增长值 q

q 为缓和曲线起点至原圆曲线起点或终点之间的距离，即增设缓和曲线后切线的增长值。在图 4-4 中，$q=AF=BG$。分析图 4-3，x 轴方向，$q=x_0-R\sin\beta_0$，将 $x_0=l_h-\dfrac{l_h^3}{40R^2}$ 和 $\beta_0=\dfrac{l_h}{2R}$ 代入，则：

$$q=\frac{l_h}{2}-\frac{l_h^3}{240R^2} \tag{4-22}$$

分析时近似取 $q\approx\dfrac{l_h}{2}$。

3. 所夹圆曲线长 l'

l' 为增设缓和曲线后圆曲线保留部分的长度，在图 4-4 中，$l'=\frown CMD$。由于缓和曲线在圆曲线两端各占去一部分，圆曲线两端占去这一部分所对应的中心角 $\beta_0=\dfrac{l_h}{2R}$，其近似弧长等于 $\dfrac{l_h}{2R}R=\dfrac{l_h}{2}$，即两端缓和曲线共占去了 $\dfrac{l_h}{2}+\dfrac{l_h}{2}=l_h$，从而所夹圆曲线 $l'=\frown CMD$（即圆曲线保留部分）的中心角变成 $\alpha-2\beta_0$。

4.3.3　增设缓和曲线后曲线的变化

曲线增设缓和曲线后与未设缓和曲线相比，有如下变化：

1. 圆心不变，半径由 $R+p$ 缩短为 R，整个曲线内移 p 值。

2. 切线增长 q，q 近似等于 $\dfrac{l_h}{2}$。

3. 缓和曲线的一半位于直线段 q 内，另一半位于圆曲线内。也可以这么理解，缓和曲线中靠近直线的一半近似于直线（计算时当直线处理），而另一半近似于圆曲线（计算时当圆曲线处理）。

4. 两端缓和曲线所对应中心角各为 β_0，所夹圆曲线对应的中心角为 $\alpha-2\beta_0$。也可以这么理解，缓和曲线中靠近直线的一半近似于直线无法产生中心角，而另一半近似于圆曲线产生中心角 β_0。即图 4-4 中，整个弧长 $L=\frown AKCMDJB$，其中 $\frown AK$ 和 $\frown JB$ 近似于直线，而弧 $\frown KCMDJ=L_y$ 近似于圆曲线，K 点近似位于第一缓和曲线 $\frown AC$ 的中间点，J 点近似位于第二缓和曲线 $\frown BD$ 的中间点。

4.3.4　带有缓和曲线的整个曲线要素计算

以下公式推导见图 4-4。

1. 切线长 T

$$T=t+q=\left(T_y+p\tan\frac{\alpha}{2}\right)+q=\left(T_y+p\tan\frac{\alpha}{2}\right)+\left(\frac{l_h}{2}-\frac{l_h^3}{240R^2}\right)$$

$$=T_y+\frac{l_h^2}{24R}\tan\frac{\alpha}{2}+\frac{l_h}{2}-\frac{l_h^3}{240R^2}$$

则：
$$T=R\tan\frac{\alpha}{2}+\frac{l_h^2}{24R}\tan\frac{\alpha}{2}+\frac{l_h}{2}-\frac{l_h^3}{240R^2} \tag{4-23}$$

$$T=T_y+t_w \tag{4-24}$$

式中 t_w——带有缓和曲线的整个曲线的切线长尾加数；

　　　　其余符号意义同前。

带有缓和曲线整个曲线的切线长可以按照式（4-23）计算，也可以按式（4-24）计算。

2. 曲线长 L

$$L=\frac{l_h}{2}+L_y+\frac{l_h}{2}=L_y+l_h \qquad (4-25)$$

$$L=l_h+l'+l_h=l'+2l_h \qquad (4-26)$$

一般来说带有缓和曲线的整个曲线的曲线长 L 应按式（4-25）计算，曲线长 L 的尾加数为 l_h。有时也可以按式（4-26）计算，显然 $L_y=l'+l_h$。

3. 外距 E

$$E=E_y+\frac{p}{\cos\frac{\alpha}{2}}=E_y+\frac{\dfrac{l_h^2}{24R}}{\cos\frac{\alpha}{2}}$$

则：
$$E=R\left(\sec\frac{\alpha}{2}-1\right)+\frac{l_h^2}{24R\cos\frac{\alpha}{2}} \qquad (4-27)$$

$$E=E_y+e_w \qquad (4-28)$$

式中 e_w——带有缓和曲线整个曲线的外距的尾加数；

　　　　其余符号意义同前。

带有缓和曲线整个曲线的外距可以按照式（4-27）计算，也可以按式（4-28）计算。

4. 切曲差 D

计算完带有缓和曲线的整个曲线的切线长 T 和曲线长 L 后，直接按式（4-29）计算带有缓和曲线的整个曲线的切曲差，显得更为简便。

$$D=2T-L \qquad (4-29)$$

4.4　带有缓和曲线的整个曲线的主点里程计算

4.4.1　带有缓和曲线的整个曲线主点里程计算

带有缓和曲线的整个曲线要素计算完成后，就可以计算带有缓和曲线的整个曲线的主点里程。

假定交点里程已知，见图 4-5。带有缓和曲线的整个曲线的主点里程由里程概念推导如下：

$$\text{ZH 里程}=\text{JD 里程}-T \qquad (4-30)$$

$$\text{HY 里程}=\text{ZH 里程}+l_h \qquad (4-31)$$

$$\text{YH 里程}=\text{HY 里程}+l' \qquad (4-32)$$

$$\text{HZ 里程}=\text{YH 里程}+l_h \qquad (4-33)$$

$$\text{QZ 里程}=\text{HZ 里程}-\frac{L}{2} \qquad (4-34)$$

$$\text{JD 里程}=\text{QZ 里程}+D/2 \qquad (4-35)$$

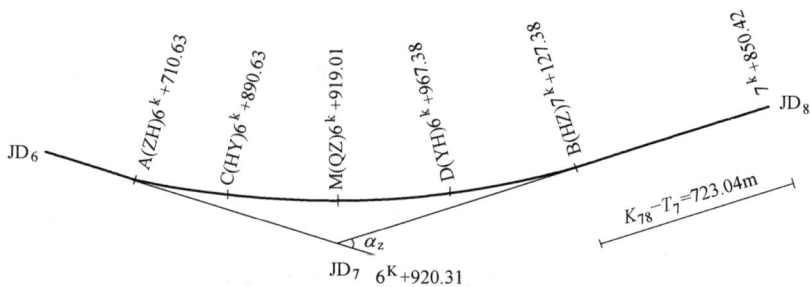

图 4-5　缓和曲线主点里程计算示意

式（4-35）为校核公式，采用软件或 Excel 计算时可以不校核。

4.4.2　下一个交点里程计算

综上所述，要计算主点里程首先要计算出交点里程。那么要计算下一个平曲线主点里程，首先应计算下一个交点里程。计算交点里程的方法与 3.3 节中圆曲线是相同的。

下一个交点里程＝上一个交点的 HZ 里程＋该两交点之间的链距－上一个交点的切线长

$$（4\text{-}36）$$

4.4.3　带有缓和曲线的曲线主点里程计算示例

【例 4-2】　已知 JD_7 的里程 $6^k+920.31$，JD_7 到 JD_8 的链距 $K_{78}=932.71m$，JD_7 的左转角 $\alpha_z=18°23'17''$，JD_7 的半径 $R=800m$，若缓和曲线长 $l_h=160m$。

（1）计算 JD_7 的曲线要素；

（2）计算 JD_7 的主点里程；

（3）计算 JD_8 的里程。

【解】

（1）计算 JD_7 的曲线要素

1）计算 JD_7 的圆曲线要素

左转角 $\alpha_z=18°23'17''$，半径 $R=800m$，按式（4-17）、式（4-18）、式（4-20）计算 JD_7 的平曲线要素：

$$T_y=R\tan\frac{\alpha}{2}=800\tan\frac{18°23'17''}{2}=129.49m$$

$$L_y=\frac{\pi\alpha R}{180}=\frac{\pi\times18°23'17''\times800}{180}=256.75m$$

$$E_y=R\left(\sec\frac{\alpha}{2}-1\right)=800\times\left(\sec\frac{18°23'17''}{2}-1\right)=10.41m$$

$$D_y=2T_y-L_y=2\times129.49-256.75=2.23m$$

2）计算曲线要素

按式（4-23）、式（4-26）、式（4-27）计算 JD_7 的曲线要素

$$T=T_y+t_w=R\tan\frac{\alpha}{2}+\frac{l_h^2}{24R}\tan\frac{\alpha}{2}+\frac{l_h}{2}-\frac{l_h^3}{240R^2}$$

$$=129.49+\frac{160^2}{24\times800}\times\tan\frac{18°23'17''}{2}+\frac{160}{2}-\frac{160^3}{240\times800^2}=209.67\text{m}$$

$$L=l_y+l_h=256.75+160=416.75\text{m}$$

$$E=E_y+e_w=R\left(\sec\frac{\alpha}{2}-1\right)+\frac{l_h^2}{24R\cos\frac{\alpha}{2}}$$

$$=10.41+\frac{160^2}{24\times800\times\cos\dfrac{18°23'17''}{2}}=11.76\text{m}$$

$$D=2T-L=2\times209.67-416.75=2.60\text{m}$$

（2）计算 JD_7 的主点里程

JD_7 的主点有 ZH、HY、YH、HZ、QZ，可按式（4-30）～式（4-34）分别计算 JD_7 的主点里程。手算宜按表 4-4 列竖式计算，里程计算结果见表 4-4。当然，主点里程计算也可以在 Excel、程序计算器等工具里面编程计算，见 4 章。

（3）计算 JD_8 的里程（下一个交点里程）

JD_7 到 JD_8 的链距 $K_{78}=932.71\text{m}$，计算 JD_8 的里程与圆曲线中计算下一个交点里程的方法相同。

JD_8 的里程=JD_7 的 HZ 里程+JD_7 到 JD_8 的链距－上一个交点的切线长

$$=JD_7\text{ 的 HZ 里程}+K_{78}-T_7=7127.38+932.71-209.67$$

$$=7850.42\text{m}$$

即 JD_8 的里程为 $7^k+850.42$。计算结果见表 4-4。

缓和曲线中桩记录表　　　　　　　　　　　　　　　表 4-4

交点编号及里程	JD_6 $6^k+920.31$	$R=800\text{m}$	$\alpha_z=18°23'17''$	桩号	编号	备注
$T_y=129.49\text{m}$	$L_y=256.75\text{m}$	$E_y=10.41\text{m}$	$D_y=2.23\text{ m}$	ZH$6^k+710.63$	68	
$T=209.67\text{m}$	$L=416.75\text{m}$	$E=11.76\text{m}$	$D=2.60\text{m}$	+720	69	
$l_h=160\text{m}$	$l'=96.75\text{m}$	$p=1.33\text{m}$	$q=79.97\text{m}$	+740	70	
$K_{78}=932.71\text{m}$	—	—	—	+760	71	
				+780	72	
				+800	73	
				+820	74	
		JD_7	6920.31	+840	75	
		$-)\ T$	209.67	+860	76	
		ZH	6710.63	HY+870.63	77	
		$+)\ l_h$	160.00	+880	78	
		HY	6870.63	+890	79	
		$+)\ l'$	96.75	+900	80	
		YH	6967.38	+910	81	
		$+)\ l_h$	160.00	QZ+919.01	82	

HZ	7127.38	+930	83	
一) $\frac{L}{2}$	208.37	+940	84	
QZ	6919.01	+950	85	
+) $\frac{D}{2}$	1.30	YH+967.38	86	
JD$_7$	6920.31	+980	87	
		7^k+000	1	
		+020	2	
		+040	3	
		+060	4	
		+068	5	小桥
		+080	6	
		+100	7	
		+120	8	
		HZ+127.38	9	

4.5 带有缓和曲线的曲线上的中桩设置

在课堂练习、作业和考试时，建议按照图 3-18 的格式，根据计算公式、计算竖式和里程表达方式三步曲完成，遇到缓和曲线主点里程计算题目，在解答时，首先写出计算公式，其次列出计算竖式，最后按照里程表达式将缓和曲线主点里程表达出来，这是掌握公式、平时作业和考试的需要。而在实际工作中，不需要这么麻烦，可以采用计算器编程或 Excel 直接计算缓和曲线主点里程，见图 4-6。

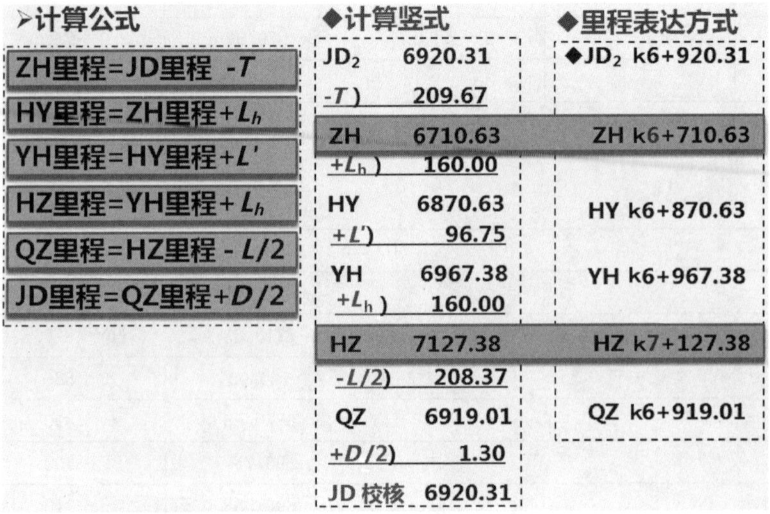

图 4-6 缓和曲线主点里程计算三步曲示意图

130

带有缓和曲线的整个曲线上中桩的设置，分第一缓和曲线、所夹圆曲线和第二缓和曲线三部分，一般默认桩距为 20m，根据实际情况桩距可以为 20m，也可以为 10m。

在 4.4 节的例 4-2 中，缓和曲线上的中桩桩距为 20m（首段、末端除外），所夹圆曲线上中桩桩距为 10m（首段、末段除外），缓和曲线中桩记录见表 4-4。表 3-7 和表 4-4 基本类似，都是中桩记录表，不过缓和曲线中桩记录表稍微麻烦一些。

除了规定桩距之外，实际勘测设计中，还可能遇到其他加桩（如地形、地物、结构物）。在圆曲线中桩记录表 3-7 中，0^k+286 处为涵洞加桩，0^k+452 处为地形变化加桩；在缓和曲线中桩记录表 4-4 中，7^k+068 处为小桥（小沟）加桩。设置这些加桩之前，既不知道桩号（里程），也不知道具体位置，怎么测设这些中桩呢？以 7^k+068 为例，仅仅知道在该曲线上有一个加桩，该加桩在小沟中心，但是不知道具体桩号（7^k+068 是经过测设后才知道的），也不知道现场具体位置（导致位置在 $7^k+060\sim7^k+080$ 之间），测设方法是逐渐逼近法。根据现场大致位置，假定该加桩位 7^k+070，将 7^k+070 按照选定的测设方法测设到实际地面上，发现 7^k+070 不是沟中心；重新假定该加桩位 7^k+066，将 7^k+066 测设到实际地面，发现 7^k+066 也不是沟中心；再次假定 7^k+068，将 7^k+068 测设到实际地面，发现 7^k+068 正好在沟中心，7^k+068 就是真正的加桩，经过现场勘测，在 7^k+068 将设置一个小桥。一般来说，加桩宜保留整数，不宜保留小数（如 $7^k+068.28$），实际现场地形变化多端，加桩前后微小挪动至整数桩上不是难事，整数桩便于书写、计算。

中桩设置结果见表 4-4。

4.6 CASIOFX-4500P 里程计算程序及实例

在目前公路、铁路测设过程中，针对带有圆曲线和缓和曲线的测量和相应的里程计算，通常按一般计算公式，使用计算器进行计算，不仅过程缓慢，而且精度低。尽管目前笔记本电脑携带方便（与计算器相比仍然较笨重），但在野外实测马上要获取数据的情况下，因电脑本身充电和开机等待等方面的制约，在一定程度上限制了笔记本电脑在现场长时间实测工作中的应用。基于此，本书就圆曲线和缓和曲线的里程计算，利用 CASIOFX-4500P 计算器，编制出一套既适合圆曲线里程计算又适合缓和曲线的里程计算的程序，即一程序两用；既可以从起点开始计算，也可以从任意点开始计算，具有广泛的灵活性。该程序在部分公路测设中得到了应用，大量计算表明其效果良好，计算精度满足要求，交点之间可以连续计算，也可以间断计算。下面将线路设计中圆曲线和缓和曲线里程计算的 CASIOFX-4500P 程序编制及应用做详细介绍。其中的符号意义参考《线路设计中圆曲线和缓和曲线里程计算的 CASIOFX-4500P 程序编制及应用》一文，仅仅针对本小节及 CA-SIOFX-4500P 计算器符号。

4.6.1 程序编制思路

1. 首先计算圆曲线要素：切线长 T、曲线长 L、外距 E、超距 D；$T=R \cdot \tan \dfrac{A}{2}$，$L=\dfrac{\pi \cdot R \cdot A}{180}=0.017453292RA$，$E=R \cdot \left(\sec \dfrac{A}{2}-1\right)$，$D=2T-L$，其中 A 是交点转角，

R 是圆曲线半径。

2. 如果计算圆曲线就导入圆曲线的计算程序，如果是计算缓和曲线就导入缓和曲线的计算程序。即在 "$X=?$" 界面时如果输入 0，则进入圆曲线的计算程序，如果输入 0 以外的任何数字，则进入缓和曲线计算程序。

3. 圆曲线的里程通过一个子程序来独立完成，计算公式：ZY 里程＝JD 里程$-T$，QZ 里程＝JD 里程$-T+L/2$，YZ 里程＝JD 里程$-T+L$。

4. 缓和曲线的里程依然是通过一个子程序来独立完成，这里包含缓和曲线的要素计算。$TS=R\times\tan\dfrac{A}{2}+\dfrac{L_0^2}{24R}\times\tan\dfrac{A}{2}+\dfrac{L_0}{2}-\dfrac{L_0^3}{240R^2}=T+\dfrac{L_0^2}{24R}\times\tan\dfrac{A}{2}+\dfrac{L_0}{2}-\dfrac{L_0^3}{240R^2}$，

$LS=L+L_0=\dfrac{\pi\cdot R\cdot A}{180}+L_0=0.017453292RA+L_0$，$ES=E+\dfrac{L_0^2}{24R}\times\sec\dfrac{A}{2}=R\times$

$\left(\sec\dfrac{A}{2}-1\right)+\dfrac{L_0^2}{24R}\times\sec\dfrac{A}{2}$，$DS=2\times TS-LS=D+\dfrac{L_0^2}{12R}\times\tan\dfrac{A}{2}-\dfrac{L_0^3}{120R^2}=2\times T-L$

$+\dfrac{L_0^2}{12R}\times\tan\dfrac{A}{2}-\dfrac{L_0^3}{120R^2}$，将 TS、LS、ES、DS 用新的 T、L、E、S、D 赋值，即用新的 T、L、E、S、D 代替 TS、LS、ES、DS，这是计算器和计算机编程时的常用方法。里程计算公式：ZH 里程＝JD 里程$-T$，HY 里程＝ZH 里程$+L_0$，QZ 里程＝ZH 里程$+0.5L$，YH 里程＝ZH 里程$+L-H$，HZ 里程＝ZH 里程$+L_0$，L_0 指一个缓和曲线的长度，程序中用 H 代替。

5. 最后计算下一交点里程，进而用同样的方法就可以计算下一个曲线。此时程序已经运行到主程序。下一个 JD 里程＝（上一个 JD 的）YZ 里程－（上一个 JD 的）T＋链距（该两个交点之间的距离）。

4.6.2 编制程序

LICHENG（备注：主程序）
F1（F1 第一个程序，L1 表示程序编号，计算器自动编号，下同）
T"T"＝Rtan(A/2) ◢（执行键，即 "◢" 符号表示执行此程序）
F1　　　L1
L"L"＝0.017453292RA　◢
F1　　　L2
E"E"＝R/cos(A/2)－ R　◢
F1　　　L3
D"D"＝2T － 　L 　◢
F1　　　L4
｛C｝
F1　　　L5
C"YQX：0HHQX：X"
F1　　　L6
C＝0=>Prog YQX；≠=>Pros HHQX　◢　◺

132

（表示执行完成指向程序后方能执行下面程序）

F1   L7

K"LIAN JU"=K ◢

F1   L8

J"JD"=J－D+K ◢

F1   L9

YQX（备注：圆曲线子程序）

F2

I"ZY"=J－T◢

F2   L1

M"QZ"=J－T+L/2◢

F2   L2

N"YZ"=J－T+L ◢

HHQX（备注：缓和曲线子程序）

F3

H"L0"=H ◢

F3   L1

T"TS"=T+$H_{xy}2\tan(A/2)/(24R)+0.5H-H_{xy}3/(240R_2)$ ◢

F3   L2

L"LS"=L+H ◢

F3   L3

E"ES"=E+$H_{xy}2/(24R\cos(0.5A))$ ◢

F3   L4

D"DS"=D+$H_{xy}2\tan(0.5A)/(12R)-H_{xy}3/(120R_2)$◢

F3   L5

Z"ZY"=J－T ◢

F3   L6

U"HY"=Z+H ◢

F3 L7

Q"QZ"=Z+0.5L ◢

F3   L8

Y"YH"=Z+L－H ◢

F3   L9

V"HZ"=Z+L ◢

F3   L10

4.6.3 程序使用方法

1. 圆曲线计算过程说明

（1）按 FILE 键，找到"LICHENG"程序。

（2）按 EXE 键，出现 R？输入你的半径 R 值的大小（例如 $R=385.321$m）。

（3）按 EXE 键，出现 A？输入你的转角 A 值的大小（例如 $A=18°26'53''$）。

（4）按 EXE 键，出现 T＝62.574m。

（5）按 EXE 键，出现 L＝124.065m。

（6）按 EXE 键，出现 E＝5.048m。

（7）按 EXE 键，出现 D＝1.083m。

（8）按 EXE 键，出现 YQX：0 HHQX：X ？。

（9）如果输入 0 则后面进行圆曲线计算。先以输入 0 为例（即进行圆曲线计算）。

（10）按 EXE 键，出现 J？输入该 JD 的里程（例如 JD_{18} 的里程 5k+089.231，输入时以"m"为单位，即输入 5089.231m，以后自动计算下一个 JD 的里程，不再输入 JD 里程）。

（11）按 EXE 键，出现 ZY＝5026.657m（即 ZY 里程为 5k+026.657）。

（12）按 EXE 键，出现 QZ＝5088.689m（即 QZ 里程为 5k+088.689）。

（13）按 EXE 键，出现 YZ＝5150.722m（即 YZ 里程为 5k+150.722）。

（14）按 EXE 键，出现 K？输入该 JD_{18} 到下一个 JD_{19} 之间的链距 K 的大小（例如 $K=425.788$m）。

（15）按 EXE 键，出现 LIAN JU＝425.788m（即输入的链距正确）。

（16）按 EXE 键，出现 JD＝5513.936m（即下一个 JD_{19} 的里程为 5k+513.936）。

（17）按 EXE 键，可以连续计算下一交点的主点里程。

2. 缓和曲线计算过程说明

（1）~（8）与圆曲线计算运行相同。

（9）如果输入 1（0 以外的任何数，即进行缓和曲线计算）。

（10）按 EXE 键，出现 H？输入你的缓和曲线长度 L_0 的大小（例如 $H=50$m）。

（11）按 EXE 键，出现 $L_0＝50$。

（12）按 EXE 键，出现 TS＝87.615m（即带有缓和曲线的切线总长度）。

（13）按 EXE 键，出现 LS＝174.065m（即带有缓和曲线的曲线总长度）。

（14）按 EXE 键，出现 ES＝5.322m（即带有缓和曲线的外距总长度）。

（15）按 EXE 键，出现 DS＝1.164m（即带有缓和曲线的总超距）。

（16）按 EXE 键，出现 J？输入该 JD 的里程大小（同圆曲线）。

（17）按 EXE 键，出现 ZH＝5001.616m（即 ZH 里程为 5k+001.616）。

（18）按 EXE 键，出现 HY＝5051.616m（即 HY 里程为 5k+051.616）。

（19）按 EXE 键，出现 QZ＝5088.649m（即 QZ 里程为 5k+088.649）。

（20）按 EXE 键，出现 YH＝5125.682m（即 YH 里程为 5k+125.682）。

（21）按 EXE 键，出现 HZ＝5175.682m（即 HZ 里程为 5k+175.682）。

（22）按 EXE 键，出现 K？输入链距 K 的大小（同圆曲线）。

4.6.4 程序应用实例

上述编制程序，已经多次应用在工程中，表 4-5、表 4-6 就是此程序的应用。在公路实际应用时各列举了三个交点，程序应用时计算器可以连续计算，也可以中途输入某一交点的正确里程，然后再连续计算，见表 4-5 和表 4-6。

某交点未设置缓和曲线时圆曲线主点及下一个交点里程计算　　　　　表 4-5

交点	交点里程	转角	半径(m)	ZY	QZ	YZ	链距(m)
JD$_7$	1^k+060.162	32/49/27/	200	+001.253	+058.542	+115.831	332.632
JD$_8$	+389.554	30/54/48/	150	+348.077	+388.543	+429.008	
JD$_9$	+655.045	20/54/15/	300	+599.702	+654.429	+709.156	267.513
JD$_{10}$	—	—	—	—	—	—	

注：1. 表中 32/49/27/ 表示 32°49′27″；

2. 限于篇幅表中未列平曲线要素。

某交点设置缓和曲线时曲线主点里程和下一个交点计算　　　　　表 4-6

交点	交点里程	转角	半径(m)	ZH	HY	QZ	YH	HZ	链距(m)
JD$_{19}$	6^k+315.246	56/29/58/	400	+075.184	+125.184	+297.404	+469.625	+519.625	542.517
JD$_{20}$	+822.080	21/30/03/	900	+626.181	+676.181	+820.048	+963.916	7^k+013.916	
JD$_{21}$	7^k+242.531	15/57/51/	600	7^k+133.374	7^k+183.374	7^k+241.963	7^k+300.551	7^k+350.551	424.514
JD$_{22}$	—	—	—	—	—	—	—	—	

注：1. 表中缓和曲线长为 50m；

2. 56/29/58/ 表示 56°29′58″；

3. 限于篇幅表中未列曲线要素。

采用普通不带程序的计算器，计算一个带有缓和曲线的曲线主点里程至少要耗费半个小时（初学者可能耗费 1h），而采用程序计算器计算，2～3min 就可以完成。由表 4-5 和表 4-6 计算可以看出，该程序既可以计算平曲线，也可以计算缓和曲线，且可以从中间任意交点开始计算。当然可也有平曲线和缓和曲线交叉计算。其计算快捷方便，在现场选线确定交点时十分方便。

4.7　带有缓和曲线的整个曲线加桩范畴及测设方法

4.7.1　加桩范畴

带有缓和曲线的整个曲线上的中桩分为主点桩和加桩。

主点桩有 ZH、HY、QZ、YH 和 HZ 点。其中 ZH、QZ 和 HZ 三个主点桩的测设非常简单，可以简单采用定向量距，其测设方法与平曲线上的主点 ZY、QZ 和 YZ 一样，见 3.4 节。而 HY 和 YH 就不能采用此方法测定，这两个主点的测设更麻烦，测设方法同缓和曲线上的一般加桩。

加桩分缓和曲线上的一般加桩和所夹圆曲线上的一般加桩。缓和曲线上的一般加桩包括第一缓和曲线上从 ZH 到 HY（含 HY，不含 ZH）和第二缓和曲线上从 YH 到 HZ（含 YH，不含 HZ）之间加桩。所夹圆曲线上的一般加桩包括所夹圆曲线上从 HY 到 YH 之间的加桩（不含 HY、QZ 和 YH）。

4.7.2　带有缓和曲线的整个曲线上的加桩

带有缓和曲线的整个曲线上的加桩见 3.3 节，一般默认桩距 20m。

【例 4-3】 缓和曲线上加桩桩距为 20m，所夹圆曲线上加桩桩距为 10m，缓和曲线中桩记录见表 4-4。比较例 3-10 的圆曲线中桩记录表 3-7、例 4-2 的缓和曲线中桩记录表 4-4，两者大同小异，中桩记录表包括以下内容：

1. 交点信息：包括交点里程、半径、转角。

2. 曲线要素：包括切线长、曲线长、外距、切曲差。

3. 主点里程计算：手工结合计算器计算，按照表列竖式计算便于校核，采用计算器、Excel 等编程计算时不需要列竖式。

4. 桩号：默认桩距为 20m，具体按照 3.3 节布置中桩。

5. 编号：外业勘测时为了便于寻找，一般在中桩背面进行连续编号，每千米循环编号。

6. 备注信息：一般中桩是按照规定桩距布置（可以室内布置），但是现场往往还有地形、地物、结构物加桩，如表 4-4 中的＋068 桩是沟中心桩（需要设置小桥）。这些无法事先确定，需要结合现场具体情况确定加桩，现场采用逐渐逼近法（试测试算）才能最终确定加桩。

4.7.3 测设方法

类似于 3.4 节，缓和曲线测设可以采用的方法有早期传统的方法有切线支距法（包括 20 世纪 70～90 年代初期的查表法）、弦长纵距交会法和偏角法（包括查表法），近年来比较常用的有坐标法（必要时采用 GPS）。目前支距法、弦长纵距交会法和偏角法已经较少使用了，因方法的系统性及与坐标法中坐标的计算有一定关联，本节一并介绍。因带有缓和曲线的曲线上加桩测设比平曲线上加桩复杂，下面章节将专门介绍支距法、弦长纵距交会法、偏角法和坐标法，重点介绍偏角法和坐标法，因在 3.4 节中已经详细介绍了平曲线上的加桩测设，在这里侧重介绍带有缓和曲线的曲线加桩的有关测设方法的计算。计算数据正确后，测设方法与 3.4 节中的平曲线测设方法大同小异。

4.8 支距法测设带有缓和曲线的整个曲线上的加桩

类似于 3.4 节，带有缓和曲线的整个曲线上的加桩采用切线支距测设时，左半曲线和右半曲线必须分开（平曲线可以不分开）。即测设左半曲线时，支距原点应为 ZH 点，从支距原点到该交点方向为 x 轴，指向圆心方向为 y 轴；测设右半曲线时，支距原点应为 HZ 点，从支距原点到该交点方向为 x 轴，指向圆心方向为 y 轴。这里值得注意的是，同一个支距原点下，既有缓和曲线上的中桩，又有所夹圆曲线上的中桩，见图 4-7。

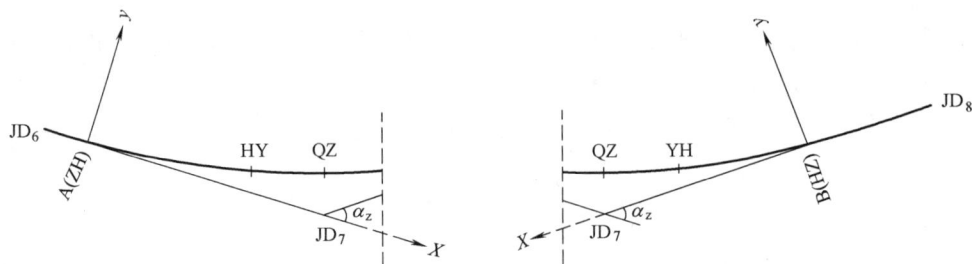

图 4-7 缓和曲线切线支距法的支距建立

4.8.1 缓和曲线上的中桩支距计算

缓和曲线上从 ZH 到 HY（含 HY，不含 ZH），或从 HZ 到 YH（含 YH，不含 HZ），按式（4-13）和式（4-14）可以直接计算缓和曲线上任意点的支距。

【例 4-4】 计算出第一缓和曲线上从 ZH 到 HY 的加桩 6^k+720、$+740$、$+760$、$+780$、$+800$、$+820$、$+840$、$+860$、HY$+870.63$ 和第二缓和曲线上从 HZ 到 YH 上的加桩 YH$6^k+967.38$、$+980$、7^k+000、$+020$、$+040$、$+060$、$+080$、$+100$、$+120$ 支距。

【解】

按式（4-13）、式（4-14）计算缓和曲线上中桩的支距，计算结果见表 4-7。

缓和曲线支距及弦长计算表　　　　　　表 4-7

中桩桩号	距起点弧长 l_i(m)	距上一点弧长 l_i(m)	x_i	y_i	距起点弦长 C_i(m)	距上一点弦长 C_i(m)	备　注
ZH$6^k+710.63$							左半曲线起点
$+720$	9.37	9.37	9.37	0.00	9.37	9.37	
$+740$	29.37	20	29.37	0.03	29.37	20	
$+760$	49.37	20	49.37	0.16	49.37	20	
$+780$	69.37	20	69.37	0.43	69.37	20	
$+800$	89.37	20	89.36	0.93	89.37	20	
$+820$	109.37	20	109.35	1.70	109.36	20	
$+840$	129.37	20	129.31	2.82	129.35	20	
$+860$	149.37	20	149.26	4.34	149.32	20	
HY$+870.63$	160	10.63	159.84	5.33	159.93	10.63	
$+880$	89.37	9.37	169.18	6.32	9.37	9.37	
$+890$	99.37	10	179.11	7.50	19.37	10	
$+900$	109.37	10	189.03	8.80	29.37	10	
$+910$	119.37	10	198.93	10.22	39.37	10	
QZ$+919.01$	128.38	9.01	207.83	11.61	48.38	9.01	左半曲线终点
QZ$+919.01$	128.37	10.99	207.82	11.61	48.37	10.99	右半曲线终点
$+930$	117.38	10	196.96	9.93	37.38	10	
$+940$	107.38	10	187.06	8.53	27.38	10	
$+950$	97.38	17.38	177.14	7.25	17.38	17.38	
YH$+967.38$	160	12.62	159.84	5.33	159.93	12.62	
$+980$	147.38	20	147.27	4.17	147.33	20	
7^k+000	127.38	20	127.33	2.69	127.36	20	
$+020$	107.37	20	107.36	1.61	107.387	20	
$+040$	87.38	20	87.37	0.87	87.38	20	
$+060$	37.38	20	67.38	0.40	67.38	20	

中桩桩号	距起点弧长 l_i(m)	距上一点弧长 l_i(m)	x_i	y_i	距起点弦长 C_i(m)	距上一点弦长 C_i(m)	备 注
+080	47.38	20	47.38	0.14	47.38	20	
+100	27.38	20	27.38	0.03	27.38	20	
+120	7.38	7.38	7.38	0.00	7.38	7.38	
HZ+127.38							右半曲线起点

注：1. 表中 HY6^k+870.63～QZ+919.01 之间所夹左半圆曲线上的中桩计算到起点弧长时，为该中桩到 HY6^k+870.63 之间的弧长加上 $\dfrac{l_h}{2}$；

2. 表中 HY6^k+870.63～QZ+919.01 之间所夹左半圆曲线上的中桩计算到起点弦长时，为该中桩到 HY6^k+870.63 之间的弦长；

3. 表中 YH6^k+967.38～QZ+919.01 之间所夹右半圆曲线上的中桩计算到起点弧长时，为该中桩到 YH6^k+967.38 之间的弧长加上 $\dfrac{l_h}{2}$；

4. 表中 YH6^k+967.38～QZ+919.01 之间所夹右半圆曲线上的中桩计算到起点弦长时，为该中桩到 YH6^k+967.38 之间的弦长。

计算支距时，式（4-13）和式（4-14）中的 l 为缓和曲线上任意点到缓和曲线起点的弧长。

支距计算完毕，就可以按照 3.4 节平曲线支距测设方法测设缓和曲线上的中桩。虽然目前不常用支距测设法；但是计算出各个中桩的支距（可以理解为局部坐标），可以计算缓和曲线上任意点之间的弦长（已知两点之间的坐标），这为采用偏角法和坐标法测设缓和曲线时，需要计算任意两点之间的弦长打下基础。表 4-7 中的距起点弦长和距上一点的弦长就是利用任意两点之间的支距计算出来的。

4.8.2 所夹圆曲线上的加桩

测设左半曲线时，支距原点仍然为 ZH 点，从支距原点到该交点方向为 x 轴，指向圆心方向为 y 轴；测设右半曲线时，支距原点仍然为 HZ 点，从支距原点到该交点方向为 x 轴，指向圆心方向为 y 轴。这里值得注意的是，同一个支距原点下，既有缓和曲线上的中桩，又有所夹圆曲线上的中桩。

在 4.3 节和图 4-4 中，K 点近似位于第一缓和曲线⌒AC 的中间点，J 点近似位于第二缓和曲线⌒BD 的中间点。

以第一缓和曲线⌒AC 为例，假定（仅仅是假定）一个新的支距原点为 K 点，假定其指向交点 W′方向为 x'轴（平行于支距原点 A 坐标系下的 x 轴），指向圆心方向为 y'轴（平行于支距原点 A 坐标系下的 y 轴），则所夹圆曲线上任意点的支距理论计算依据式（3-27）与式（3-28）或式（3-29）与式（3-30），按式（4-37）与式（4-38）计算或式（4-39）与式（4-40）计算。

$$x'=R\sin\varphi \tag{4-37}$$
$$y'=R-R\cos\varphi \tag{4-38}$$

或

138

$$x' = l - \frac{l^3}{6R^2} \qquad (4\text{-}39)$$

$$y' = \frac{l^2}{2R} - \frac{l^4}{24R^3} \qquad (4\text{-}40)$$

式中　R——曲线半径（m），在例 4-2 中，R 为 600m；

　　　φ——所夹圆曲线 HY 到 YH 上的任意点到 K 点的弧长所对应的圆心角，或所夹

圆曲线 HY 到 YH 上的任意点到 HY 点加上 $\dfrac{l_h}{2}$ 所对应的圆心角；

　　　l——所夹圆曲线 HY 到 YH 上的任意点到 K 点的弧长，或所夹圆曲线 HY 到 YH

上的任意点到 HY 点的弧长加上 $\dfrac{l_h}{2}$。

事实上真正的支距原点仍然在 A 点，按照坐标平移理论，将支距坐标系 K（x'，y'）平移到支距坐标系 A（x，y），所夹圆曲线 HY 到 YH 上的任意点到 A 点的支距按式（4-41）和式（4-42）或式（4-43）和式（4-44）计算。右半曲线计算机理及公式与左半曲线完全一样，只是右半曲线支距原点为 B。

$$x = x' + q = R\sin\varphi + q \qquad (4\text{-}41)$$
$$y = y' + p = R - R\cos\varphi + p \qquad (4\text{-}42)$$

或

$$x = x' + q = l - \frac{l^3}{6R^2} + \frac{l_h}{2} \qquad (4\text{-}43)$$

$$y = y' + p = \frac{l^2}{2R} - \frac{l^4}{24R^3} + \frac{l_h^2}{24R} \qquad (4\text{-}44)$$

式中　x——所夹圆曲线 HY 到 YH 上的任意点到 A 点的 x 支距；

　　　y——所夹圆曲线 HY 到 YH 上的任意点到 A 点的 y 支距；

其余符号意义同前。

【例 4-5】　在例 4-4 中，计算所夹圆曲线左半曲线 HY+870.63～QZ+919.01 之间的加桩为 +880、+890、+900、+910，所夹圆曲线右半曲线 YH6^k+967.38～QZ+919.01 之间的加桩为 +950、+940、+930 的支距。

【解】

按式（4-41）与式（4-42）或式（4-43）与式（4-44）计算圆曲线加桩的支距，计算结果见表 4-7。

支距计算完毕，就可以按照 3.4 节平曲线支距测设方法测设所夹圆曲线上的中桩。虽然目前很少采用支距测设法；但是计算出各个中桩的支距（可以理解为局部坐标），可以计算所夹圆曲线上任意点之间的弦长（已知两点之间的坐标），也可以计算左半曲线上缓和曲线上任意点到所夹圆曲线上任意点之间的弦长（已知两点之间的坐标），右半曲线如法炮制。计算出左半曲线或右半曲线任意两点之间的弦长，可为后面采用偏角法和坐标法测设缓和曲线计算任意两点之间的弦长打下基础。表 4-7 中的距起点弦长和距上一点的弦长就是利用任意两点之间的弦长计算出来的。

4.9 偏角法测设带有缓和曲线的整个曲线上的加桩

4.9.1 概述

1. 第一缓和曲线（左侧）ZH 到 HY 之间的偏角计算

左侧缓和曲线起点为 A（ZII），设缓和曲线上任意点 P，连接 AP，弦长 AP 与切线 AW 点所夹的弦切角即为 P 点的偏角 Δ，见图 4-8。

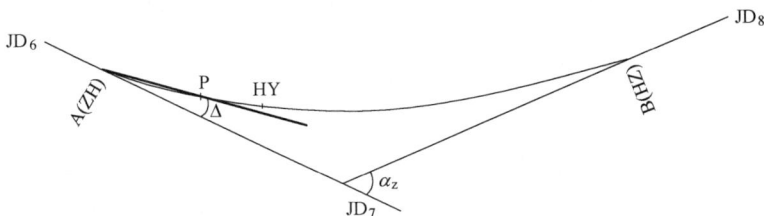

图 4-8 缓和曲线上中桩的偏角

设 P 点的纵向支距为 y，弦长 AP=c，当 Δ→0，则

$$\Delta \approx \sin\Delta = \frac{y}{c} \tag{4-45}$$

将式（4-9）中的 $\beta = \dfrac{l^2}{2Rl_h}$ 和式（4-14）中的 $y = \dfrac{l^3}{6Rl_h}$ 代入式（4-45），则

$$\Delta = \frac{l^2}{6Rl_h} = \frac{\beta}{3} \tag{4-46}$$

式中　l——缓和曲线上任意点到缓和曲线起点之间的弧长；

R——带有缓和曲线的曲线半径，在例 4-2 中，R 取 800m；

l_h——缓和曲线长，在例 4-2 中，l_h 取 160m；

β——缓和曲线上任意点到起点的中心角或螺旋角（rad），采用经纬仪偏角法测设时需要转化为度分秒。

式（4-46）表明，缓和曲线上任意点到起点的偏角等于其中心角的 $\dfrac{1}{3}$。

2. 第二缓和曲线（右侧）YH 到 HZ 之间的偏角计算

右侧缓和曲线 YH 到 HZ 之间的偏角计算，同左侧缓和曲线 ZH 到 HY 之间的偏角计算，不同的是右侧缓和曲线的起点为 B（HZ）点。

4.9.2 第一缓和曲线及第二缓和曲线偏角法测设及实例

【例 4-6】 在例 4-2 和表 4-4 中，采用偏角法计算并测设带有缓和曲线的曲线上中桩。

【解】

1. 计算 JD₇ 带有缓和曲线的曲线上所有中桩（含 HY 和 YH）的偏角和弦长

由式（4-46）计算偏角，计算时应将弧度转化为度分秒，计算结果见表 4-8。为了提高测设精度，一般以 QZ 点为界，将平曲线分为左右两半，采用经纬仪进行偏角法测设。

弦长分任意点到起点的弦长和任意点到上一点的弦长，一般选择任意点到上一点的弦长较为方便。缓和曲线任意两点之间弦长的计算有以下三种方法：

（1）由任意两点之间的支距（局部坐标）计算弦长，计算结果见表 4-7。

（2）从缓和曲线起点到 $\frac{l_h}{2}$ 点之间中桩的弦长近似等于弧长。

（3）从缓和曲线的 $\frac{l_h}{2}$ 点到缓和曲线终点之间中桩的弦长近似按圆曲线弧长计算弦长，即按式（3-31）式（3-32）计算。

当然弧长较短时多数情况下弦长近似等于弧长。

2. 左侧缓和曲线（第一缓和曲线）上所有中桩（含 HY）的测设

左半曲线测设以 ZH 点置仪，JD_7 定向可采用两种方法，一种是 JD_7 定向角度为 $0°00'00''$；另一种是 JD_7 定向，确保第一个加桩+720 的水平盘读数为 $0°00'00''$。

（1）左半曲线以 ZH 点置仪，JD_7 定向，定向角度为 $0°00'00''$。

JD_7 为左转角，测设左半曲线时显然经纬仪需要逆时针旋转，故测试测设偏角等于 $360°$ 减去计算偏角，见表 4-8。缓和曲线上加桩采用这种方法比较方便。

缓和曲线偏角计算及测设表（JD_7 定向角度 $0°00'00''$）　表 4-8

中桩桩号	距离起点弧长 l_i(m)	计算偏角	测设偏角	距离上一点弧长 l_i(m)	距离上一点弦长（m）	备注
ZH6^k+710.63	测设左侧缓和曲线时, ZH 点置仪, JD_7 定向, 定向角度为 $0°00'00''$					
+720	9.37	$0°00'24''$	$359°59'36''$	9.37	9.37	
+740	29.37	$0°03'52''$	$359°56'08''$	20	20	
+760	49.37	$0°10'55''$	$359°49'05''$	20	20	
+780	69.37	$0°21'32''$	$359°38'28''$	20	20	
+800	89.37	$0°35'45''$	$359°24'15''$	20	20	
+820	109.37	$0°53'33''$	$359°06'27''$	20	20	
+840	129.37	$1°14'55''$	$358°45'05''$	20	20	
+860	149.37	$1°39'52''$	$358°20'08''$	20	20	
HY+870.63	160	$1°54'35''$	$358°05'25''$	10.63	10.63	
HY+870.63	测设左半所夹圆曲线时, HY 点置仪, ZH 定向, 定向角度为 b_0					
+880	9.37	$0°20'08''$	$359°39'52''$	9.37	9.37	起点 HY
+890	19.37	$0°41'37''$	$359°18'23''$	10	10	起点 HY
+900	29.37	$1°03'06''$	$358°56'54''$	10	10	起点 HY
+910	39.37	$1°24'35''$	$358°35'25''$	10	10	起点 HY
QZ+919.01	48.38	$1°43'57''$	$358°16'03''$	9.01	9.01	起点 HY
QZ+919.01	48.37	$1°43'57''$	$1°43'57''$	10.99	10.99	起点 YH
+930	37.38	$1°20'19''$	$1°20'19''$	10	10	起点 YH
+940	27.38	$0°58'50''$	$0°58'50''$	10	10	起点 YH
+950	17.38	$0°37'21''$	$0°37'21''$	17.38	17.38	起点 YH

141

中桩桩号	距离起点弧长 l_i(m)	计算偏角	测设偏角	距离上一点弧长 l_i(m)	距离上一点弦长(m)	备 注
YH+967.38		测设右半所夹圆曲线时,YH点置仪,HZ定向,定向角度为$360°-b_0$				
YH+967.38	160	1°54′35″	1°54′35″	12.62	12.62	
+980	147.38	1°37′14″	1°37′14″	20	20	
7^k+000	127.38	1°12′38″	1°12′38″	20	20	
+020	107.38	0°51′37″	0°51′37″	20	20	
+040	87.38	0°34′11″	0°34′11″	20	20	
+060	67.38	0°20′19″	0°20′19″	20	20	
+080	47.38	0°10′03″	0°10′03″	20	20	
+100	27.38	0°03′21″	0°03′21″	20	20	
+120	7.38	0°00′15″	0°00′15″	7.38	7.38	
HZ+127.38		测设右侧缓和曲线时,HZ点置仪,JD$_7$定向,定向角度为0°00′00″				

1) 测设 6^k+720

以 ZH 点置仪,JD$_7$ 定向,定向角度为 0°00′00″,然后将经纬仪水平度盘读数调整到 6^k+720 的测设偏角 359°59′36″,从 ZH 点往此方向稍远(距离大于 9.37m)钉一临时方向点 P,从 ZH 点往 P 点方向量弦长(即水平距离 9.37m)定打 6^k+720 桩。其测设机理是定向(经纬仪偏角)量距(沿偏角方向量距),仅仅适用于首段弧的第一个中桩 6^k+720,见图 4-9。

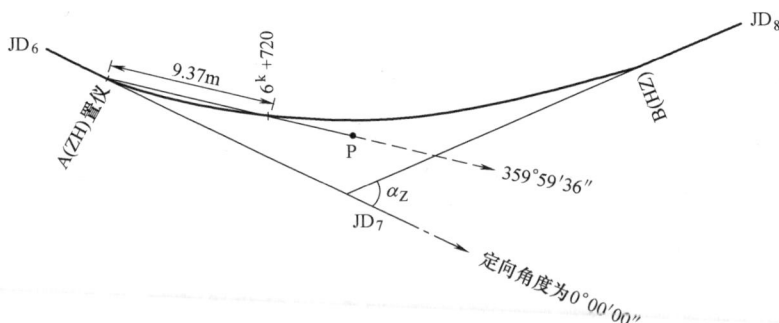

图 4-9 缓和曲线上 6^k+720 测设示意(JD$_7$ 定向角度 0°00′00″)

2) 测设+740

测设机理是定向视线(经纬仪偏角)、从上一点量距(距离上一点弦长),二者交会定下一个中桩,从上一点测设是为了避免距离太长不便测量距离。测设 6^k+740 需要甲乙丙 3 人共同配合完成。

甲在 ZH 点置仪,JD$_7$ 定向,定向角度为 0°00′00″,然后将经纬仪水平度盘读数调整到 6^k+740 的测设偏角 359°56′08″。乙以 6^k+720 为圆心(位置不变),丙以 6^k+720 到 6^k+740 的弦长 20m 为半径量水平距离,乙丙拉紧钢尺保持两点之间的距离恒为 20m,钢尺抬平,甲指挥丙,当甲在经纬仪视线里面交会对正丙的花杆时,定打 6^k+740,见图 4-10。

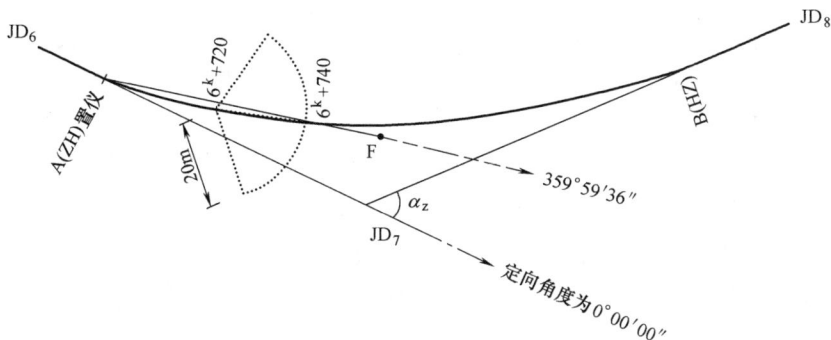

图 4-10　缓和曲线上 6^k+740 测设示意（JD_7 定向角度 $0°00'00''$）

3）$+760$ 等中桩测设

6^k+760、6^k+780、6^k+800、6^k+820、6^k+840、6^k+860、$HY6^k+870.63$ 等中桩的测设方法同 6^k+740 桩，值得注意的是宜从上一点测设下一点，测设机理是经纬仪偏角定向，从上一点测量弦长交会定下一个中桩。

（2）左半曲线以 ZH 点置仪，JD_7 定向，定向角度为 $0°03'52''$，确保 6^k+720 方向水平度盘读数为 $0°00'00''$，测设机理同平曲线的偏角法，参照 3.4 节，这里不再赘述。

3．右侧缓和曲线（第二缓和曲线）上所有中桩（含 YH）的测设

（1）右侧缓和曲线以 HZ 点置仪，JD_7 定向，定向角度为 $0°00'00''$。右侧缓和曲线在 YZ 点置仪，与左侧缓和半曲线在 ZH 点置仪相比，经纬仪旋转顺序相反。同左侧缓和半曲线一样，右侧半曲线测设以 HZ 点置仪，JD_7 定向。可以采用两种方法，一种是 JD_7 定向角度为 $0°00'00''$；另一种是 JD_7 定向，确保第一个加桩 7^k+120 的水平盘读数为 $0°00'00''$。

JD_7 为左转角，测设右半缓和曲线时显然经纬仪需要顺时针旋转，故测设偏角等于计算偏角，见表 4-8。

1）测设 7^k+120

以 HZ 点置仪，JD7 定向，定向角度为 $0°00'00''$，然后将经纬仪水平度盘读数调整到 7^k+120 的测设偏角 $0°00'15''$，从 HZ 点往此方向稍远（距离大于 7.38m）钉一临时方向点 Q，从 YZ 点往 Q 点方向量弦长（即水平距离 7.38m），定打 7^k+120 桩。测设机理是定向（经纬仪偏角）量距（沿偏角方向量距），仅适用于首段弧的第一个中桩 7^k+120（从右往左起算），见图 4-11。

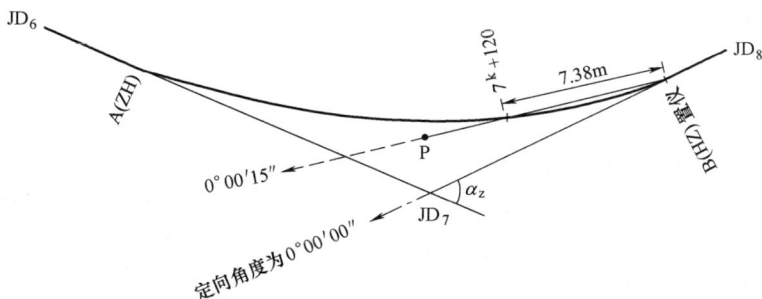

图 4-11　缓和曲线上 7^k+120 测设示意（JD_7 定向角度 $0°00'00''$）

2）测设 7^k+100

测设机理是定向视线（经纬仪偏角）、从上一点量距（距离上一点弦长），二者交会定下一个中桩，从上一点测设是为了避免距离太长不便测量距离。测设 7^k+140 需要甲乙丙 3 人共同配合完成。

甲以 HZ 点置仪，JD_7 定向，定向角度为 $0°00'00''$，然后将经纬仪水平度盘读数调整到 7^k+100 的测设偏角 $0°03'21''$。乙以 7^k+120 为圆心（位置不变），丙以 $7^k+120\sim7^k+100$ 的弦长 20m 为半径量水平距离，乙丙拉紧钢尺保持两点之间的距离恒为 20m，钢尺抬平，甲指挥丙，当甲在经纬仪视线里面交会对正丙的花杆时，定打 7^k+100，见图 4-12。

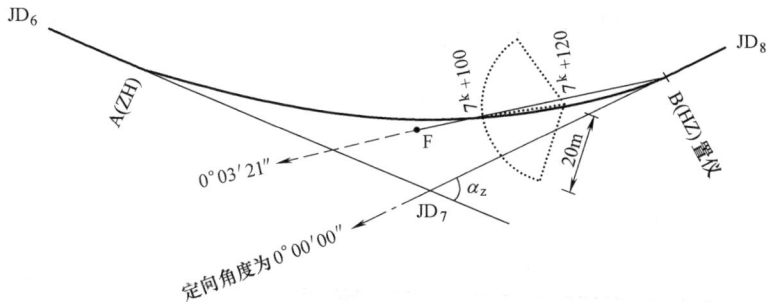

图 4-12　缓和曲线上 7^k+100 测设示意（JD_7 定向角度 $0°00'00''$）

3）7^k+080 等中桩测设

7^k+080、7^k+060、7^k+040、7^k+020、7^k+000、6^k+980、$YH6^k+967.38$ 等中桩的测设方法同 7^k+100 桩，值得注意的是宜从上一点测设下一点。测设机理是经纬仪偏角定向，从上一点测量弦长，交会定下一个中桩。

（2）右半曲线以 HZ 点置仪，JD_7 定向，确保 7^k+120 方向水平度盘读数为 $0°00'00''$，测设机理同平曲线的偏角法，参照 3.4 节测设，这里不再赘述。

4. 左半所夹圆曲线从 HY 到 QZ 的中桩测设

（1）计算反偏角

所夹圆曲线上的中桩不能采用缓和曲线上中桩的测设方法，所夹圆曲线上的中桩应采用 3.4 节的平曲线上中桩侧测设方法。

图 4-13 中，画出 HY 点的切线 Q_1QQ_2，其中 Q 点交于 JD_6 和 JD_7 的直线，在 $\triangle ACQ$ 中，$\angle CAQ=\Delta_0$（缓和曲线的计算总偏角），令 $\angle ACQ=b_0$（缓和曲线的计算总反偏角），近似于圆曲线考虑，$\triangle ACQ$ 中有 $\beta_0=\Delta_0+b_0$，而 $\Delta_0=\dfrac{\beta_0}{3}$，容易得出：

$$b_0=2\Delta_0 \tag{4-47}$$

即缓和曲线总的反偏角等于总偏角的 2 倍。

由式（4-47），表 4-8 中 JD_7 的反偏角为 $3°49'10''$。

（2）HY 点置仪，ZH 点定向确保 HY 点的切线 QQ_2 方向水平度盘读数为 $0°00'00''$

要测设左半部分所夹圆曲线从 HY 到 QZ 上的中桩，选择 HY 点置仪，ZH 点定向，且定向应确保 HY 点的切线水平度盘读数为 $0°00'00''$，怎么办呢？

1）HY 点置仪，ZH 点定向，定向角度为 $3°49'10''$（即反偏角 b_0），确保 HY 点切线

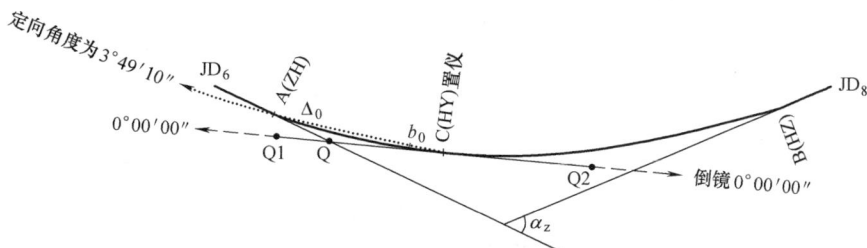

图 4-13　ZH 点置仪保证其切线 QQ_2 方向水平盘读数为 $0°00'00''$

QQ_1 方向水平度盘读数为 $0°00'00''$。

2）将经纬仪倒镜，相当于 QQ_2 方向水平度盘读数为 $0°00'00''$。

（3）所夹圆曲线上任意点中桩的测设

1）计算所夹圆曲线上任意点中桩的偏角和到上一点的弦长

计算起点为 HY 点，计算方法同 3.4 节，按式（3-31）和式（3-33）计算所夹圆曲线上任意点中桩的偏角和到上一点的弦长，计算结果见表 4-8。值得注意的是，偏角的计算起点为 HY 点。

2）所夹圆曲线上任意点中桩的测设

已经确定 HY 点置仪，并确保 HY 点的切线 QQ_2 方向水平度盘读数为 $0°00'00''$。所夹圆曲线上中桩按照 3.4 节的平曲线理论可以直接测设出来，测设步骤不再赘述。

4.10　带有缓和曲线的整个曲线上的加桩的坐标计算

在 3.5 节中对圆曲线坐标法已经进行了详细介绍，一旦计算出任意点坐标，利用已知高级坐标点就可以测设出任意点（无论是直线中桩、曲线中桩、复杂曲线中桩）。

问题又归结到数学问题，即坐标的计算，因此本节仅仅介绍缓和曲线和所夹圆曲线上中桩坐标计算。至于坐标计算后如何进行坐标测设详见 3.5 节。

本节以例 4-2 和表 4-4 中的已知条件为基础进行介绍，以便于理解。坐标计算时应牢牢把握 3.5 节中的坐标计算三要素。

【例 4-7】 已知 JD_7 的里程 $6^k + 920.31$，JD_7 到 JD_8 的链距 $K_{78} = 932.71m$，JD_7 的左转角 $\alpha_z = 18°23'17''$，JD_7 的半径 $R = 800m$，若缓和曲线长 $l_h = 160m$。已知 $K_{67} = 501.72m$，JD_6 至 JD_7 边的方位角 $\theta_{67} = 98°19'56''$，JD_6（7723.18，8032.11）。完成以下计算：

（1）ZH 点、JD_7 的坐标和 HZ 点的坐标；

（2）ZH（不含 ZH）到 HY（含 HY）上中桩的坐标；

（3）HY（不含 HY）到 YH（含 YH）上中桩的坐标；

（4）HZ（不含 HZ）到 YH（含 YH）上中桩的坐标。

【解】

（1）直线上中桩 ZH 点、JD_7 的坐标和 HZ 点坐标计算

1）直线上中桩 ZH 点、JD_7 的坐标

计算起点为 JD_6（7723.18，8032.11），起始边方位角为 $\theta_{67} = 98°19'56''$，坐标计算三

145

要素中还差一个距离，见图 4-14。

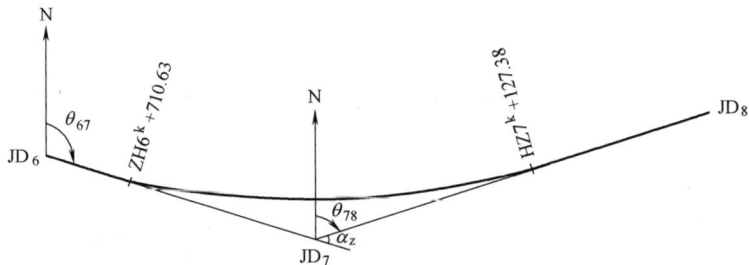

图 4-14 ZH 点、JD$_7$ 的坐标和 HZ 点坐标计算

① JD$_7$ 的坐标计算

已知 $K_{67}=501.72$m，则

$x_{JD_7}=x_{JD_6}+\Delta x=x_{JD_6}+K_{67}\cos\theta_{67}=7723.18+501.72\cos98°19'56''=7650.47$m

$y_{JD_7}=y_{JD_6}+\Delta y=y_{JD_6}+K_{67}\sin\theta_{67}=8032.11+501.72\sin98°19'56''=8528.53$m

即 JD$_7$（7650.47，8528.53），见表 4-9。

② JD$_7$ 的 ZH 点坐标计算

由表 4-4 可知 JD$_7$ 的切线长 $T_7=209.67$m，JD$_6$ 到 ZH 点的距离为：

$K_{6ZH}=K_{67}-T_7=501.72-209.67=292.05$m，则：

$x_{ZH}=x_{JD_6}+\Delta x=x_{JD_6}+K_{6ZH}\cos\theta_{67}=7723.18+292.05\cos98°19'56''=7680.86$m

$y_{ZH}=y_{JD_6}+\Delta y=y_{JD_6}+K_{6ZH}\sin\theta_{67}=8032.11+292.05\sin98°19'56''=8321.08$m

即 JD$_7$ 的 ZH 点坐标为（7680.86，8321.08），见表 4-9。

JD$_7$ 和 ZH 点坐标计算　　　　　　　　　　　　　　　　　　　表 4-9

桩号	JD$_6$～JD$_7$ 的方位角 θ_{67}	计算点到起点的水平距离(m)	x	y	备注
JD$_6$			7723.18	8032.11	计算起点
ZH6^k+870.63	98°19'56''	292.05	7680.86	8321.08	
JD$_7$6^k+920.31	98°19'56''	501.72	7650.47	8528.53	

2）直线上中桩 HZ 点坐标计算

JD$_7$ 的 HZ 坐标计算起点为 JD$_7$（7650.47，8528.53），HZ 点到 JD$_7$ 的距离 $K_{7HZ}=T_7=209.67$m，见图 4-14。

边 JD$_7$ 到 HZ 点的方位角 $\theta_{78}=\theta_{67}-\alpha_z=98°19'56''-18°23'17''=79°56'39''$，则

$x_{HZ}=x_{JD_7}+\Delta x=x_{JD_7}+K_{7HZ}\cos\theta_{78}=7650.47+209.67\cos79°56'39''=7687.08$m

$y_{HZ}=y_{JD_7}+\Delta y=y_{JD_7}+K_{7HZ}\cos\theta_{78}=8528.53+209.67\sin79°56'39''=8734.98$m

即 JD$_7$ 的 HZ 点坐标为（7687.08，8734.98），见表 4-10。

JD$_7$ 的 HZ 点坐标计算　　　　　　　　　　　　　　　　　　　表 4-10

桩号	JD$_7$～JD$_8$ 的方位角 θ_{78}	计算点到起点的水平距离(m)	x	y	备注
JD$_7$			7650.47	8528.53	计算起点
HZ7^k+127.38	79°56'39''	209.67	7687.08	8734.98	

146

（2）ZH（不含 ZH）到 HY（含 HY）上中桩的坐标

1）6^k+720 的坐标计算

6^k+720 的坐标计算起点为 JD_7 的 ZH（7680.86，8321.08），令 6^k+720 的点号为 H_1，如图 4-15 所示。

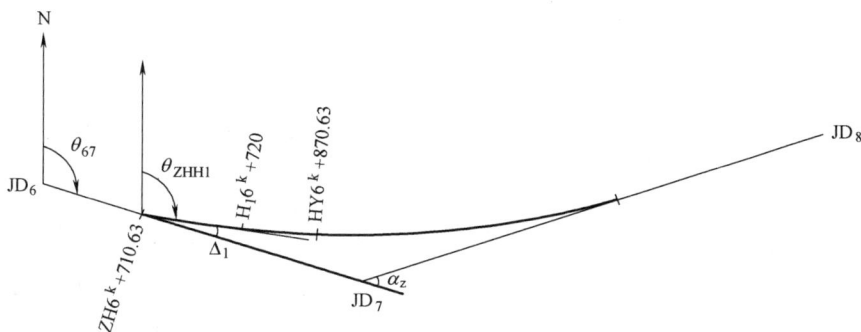

图 4-15　ZH 到 HY 上中桩 6^k+720 的坐标计算

ZH 到 H_1 点的距离为 K_{ZHH1}，查表 4-7，得 $K_{ZHH1}=9.37$m。

ZH 到 H_1 点的方位角 θ_{ZHH_1}，分析图 4-14 容易看出 $\theta_{ZHH_1}=\theta_{67}-\Delta_1$，$\Delta_1$ 为 ZH 到 H_1 点的偏角，查表 4-7，得 $\Delta_1=0°00'24''$，故：

$$\theta_{ZHH_1}=98°19'56''-0°00'24''=98°19'32''$$

则：$x_{H_1}=x_{ZH}+\Delta x=x_{ZH}+K_{ZHH1}\cos\theta_{ZHH_1}=7680.86+9.37\cos98°19'32''=7679.50$m

$y_{H_1}=y_{ZH}+\Delta y=y_{ZH}+K_{ZHH1}\sin\theta_{ZHH_1}=8321.08+9.37\sin98°19'32''=8330.35$m

即 $H_1 6^k+720$（7679.50，8330.35），见表 4-11，表中基础数据来源于表 4-7 和表 4-8。表 4-11 中计算与以往的 Excel 计算不同，目的是让大家领会电子表格计算。值得注意的是，Excel 中三角函数计算默认弧度，不是度分秒。

带有缓和曲线的曲线坐标计算　　　　　　　　　　　　　　　　　　　表 4-11

桩号	数字	距起点 L	距起点 C	到起点偏角（rad）	到起点方位角（rad）	x	y	备注
注：起始点 JD_6 到 JD_7 方位角为 $98°19'56''$，即 1.716221rad								
$ZH6^k+710.63$	6710.63	0.00				7680.86	8321.08	
$+720$	6720	9.37	9.37	0.000114	1.716107	7679.50	8330.35	起点 ZH
$+740$	6740	29.37	29.37	0.001123	1.715098	7676.64	8350.14	起点 ZH
$+760$	6760	49.37	49.37	0.003174	1.713047	7673.86	8369.95	起点 ZH
$+780$	6780	69.37	69.37	0.006266	1.709955	7671.24	8389.78	起点 ZH
$+800$	6800	89.37	89.37	0.010400	1.705821	7668.83	8409.64	起点 ZH
$+820$	6820	109.37	109.36	0.015575	1.700646	7666.70	8429.52	起点 ZH
$+840$	6840	129.37	129.35	0.021792	1.694429	7664.91	8449.44	起点 ZH
$+860$	6860	149.37	149.32	0.029051	1.687170	7663.52	8469.39	起点 ZH
$HY+870.63$	6870.63	160.00	159.93	0.033333	1.682888	7662.97	8480.01	起点 ZH

桩号	数字	距起点 L	距起点 C	到起点偏角 （rad）	到起点方位角 （rad）	x	y	备注
注:起始边 HY 到 QZ 方向 HY 切线的方位角为 92°36′11″,即 1.616228rad								
+880	6880	9.37	9.37	0.005856	1.610372	7662.60	8489.37	起点 HY
+890	6890	19.37	19.37	0.012106	1.604122	7662.33	8499.37	起点 HY
+900	6900	29.37	29.37	0.018356	1.597872	7662.18	8509.36	起点 HY
+910	6910	39.37	39.37	0.024606	1.591622	7662.15	8519.36	起点 HY
QZ+919.01	6919.01	48.38	48.37	0.030238	1.585991	7662.24	8528.37	起点 HY
+930	6930	59.37	59.36	0.037106	1.579122	7662.48	8539.36	起点 HY
+940	6940	69.37	69.35	0.043356	1.572872	7662.83	8549.35	起点 HY
+950	6950	79.37	79.34	0.049606	1.566622	7663.30	8559.34	起点 HY
YH+967.38	6967.38	96.75	96.69	0.060469	1.555759	7664.42	8576.69	起点 HZ
YH+967.38	6967.38	160.00	159.93	0.033333	4.570215	7664.42	8675.66	起点 HZ
+980	6980	147.38	147.33	0.028282	4.565164	7665.47	8589.24	起点 HZ
+7^k+000	7000	127.38	137.36	0.021127	4.558009	7665.96	8599.25	起点 HZ
+20	7020	107.38	107.38	0.015014	4.551896	7669.92	8628.98	起点 HZ
+40	7040	87.38	87.38	0.009942	4.546824	7672.68	8648.79	起点 HZ
+60	7060	67.38	67.38	0.005912	4.542794	7675.71	8668.57	起点 HZ
+80	7080	47.38	47.38	0.002923	4.539805	7678.94	8688.30	起点 HZ
+100	7100	27.38	27.38	0.000976	4.537858	7682.33	8708.02	起点 HZ
+120	7120	7.38	7.38	0.000071	4.536953	7685.79	8727.71	起点 HZ
注:起始边 HZ 到 JD$_7$ 方位角为 259°56′39″,即 4.536882rad								
HZ+127.38	7127.38	0.00				7687.08	8734.98	

2) ZH（不含 ZH）到 HY（含 HY）上其余中桩的坐标计算

计算方法同 6^k+720，计算结果见表 4-11。

（3）HY（不含 HY）到 YH（含 YH）上中桩的坐标

1) 6^k+880 的坐标计算

6^k+880 的坐标计算起点为 C 点（即 HY 点），在表 4-11 中查得 HY6^k+870.63 (7662.97，8480.01)。令所夹圆曲线上中 6^k+880 的点号为 Y$_1$，见图 4-16。

HY 到 Y$_1$ 点的距离为 K_{HYY_1}，查表 4-7，得 $K_{HYY_1}=9.37$m。

HY 到 Y$_1$ 点的方位角 θ_{HYY_1}，分析图 4-16 可得:

边 ZH 到 HY 的方位角 $\theta_{ZHHY}=\theta_{67}-\Delta_0$，而边 HY 到 Y$_1$ 的方位角 $\theta_{HYY_1}=\theta_{ZHHY}-b_0-\Delta_{jy}$。其中: Δ_0 为缓和曲线上边 ZH 到 HY 的总偏角，b_0 为边 ZH 到 HY 的总反偏角，Δ_{jy} 为所夹圆曲线上中桩 Y$_1$6^k+880 到 HY 的偏角（按圆曲线偏角公式计算）。查表 4-8 知 $\Delta_0=1°54′35″$，而 $b_0=2\Delta_0=3°49′10″$，$\Delta_{jy}=0°20′08″$，故:

$$\theta_{HYY_1}=\theta_{ZHHY}-b_0-\Delta_{jy}=(\theta_{67}-\Delta_0)-b_0-\Delta_{jy}$$
$$=(98°19′56″-1°54′35″)-3°49′10″-0°20′08″=92°16′03″$$

则 $x_{Y_1}=x_{HY}+\Delta x=x_{HY}+K_{HYY1}\cos\theta_{HYY_1}=7662.97+9.37\cos92°16′03″=7662.60$m

$y_{Y_1}=y_{HY}+\Delta y=y_{HY}+K_{HYY1}\sin\theta_{HYY_1}=8480.01+9.37\cos92°16′03″=8489.37$m

即 Y$_1$6^k+880 的坐标为（7662.60，8489.37），见表 4-11。

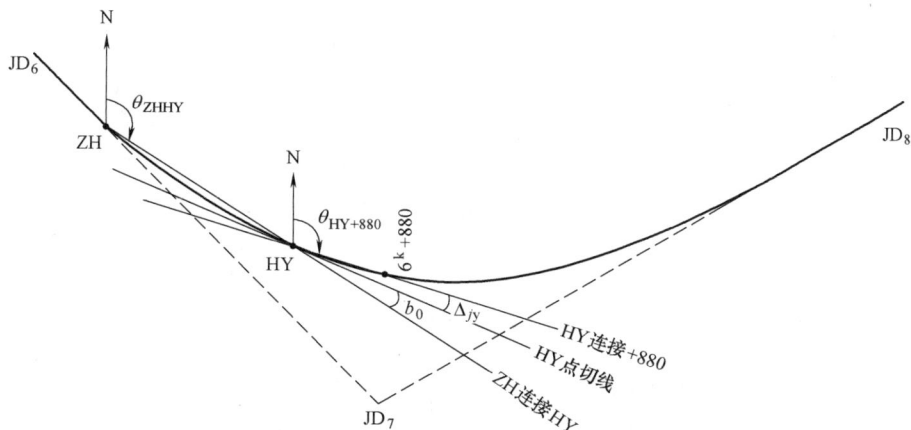

图 4-16 HY（不含 HY）到 YH（含 YH）上中桩 6^k+880 的坐标计算

2）HY（不含 HY）到 YH（含 YH）上其余中桩的坐标计算

所夹圆曲线 HY（不含 HY）到 YH（含 YH）上其余中桩的坐标计算，不分左半部分和右半部分，可以直接以 HY 点为计算起点计算，计算方法同 6^k+880，计算结果见表 4-11。

（4）HZ（不含 HZ）到 YH（含 YH）上中桩的坐标。

1）7^k+120 的坐标计算

7^k+120 的坐标计算起点为 JD_7 的 HZ（7687.08，8734.98），令 7^k+120 的点号为 H_{1y}，如图 4-17 所示。

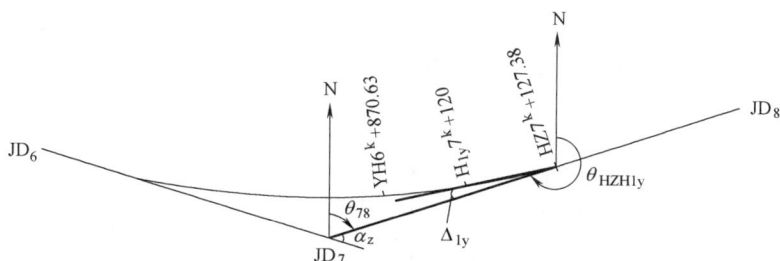

图 4-17 HZ 到 YH 上中桩 7^k+120 的坐标计算

HZ 到 H_{1y} 点的距离为 K_{HZH1y}，查表 4-7 得 $K_{HZH1y}=7.38\text{m}$。

HZ 到 H_{1y} 点的方位角为 $\theta_{HZH_{1y}}$，分析图 4-17 可得 $\theta_{HZH_{1y}}=\theta_{78}+180°+\Delta_{1y}$，$\Delta_{1y}$ 为 HZ 到 H_{1y} 点的偏角，查表 4-8 得 $\Delta_{1y}=0°00'15''$，故：

$$\theta_{HZH_{1y}}=79°56'39''+0°00'15''+180°=259°56'54''$$

则：$x_{H_{1y}}=x_{HZ}+\Delta x=x_{HZ}+K_{HZH1y}\cos\theta_{HZH1y}=7687.08+7.38\cos259°56'54''=7685.79\text{m}$

$y_{H_{1y}}=y_{HZ}+\Delta y=y_{HZ}+K_{HZH1y}\sin\theta_{HZH1y}=8734.98+7.38\sin259°56'54''=8727.71\text{m}$

即 $H_{1y}7^k+120$ 的坐标为（7685.79，8727.71），见表 4-11，表中基础数据来源于表 4-7 和表 4-8。

2）HZ（不含 HZ）到 YH（含 YH）上其余中桩的坐标计算

计算方法同 $H_{1y}7^k+120$，计算结果见表 4-11，其 Excel 计算模式见表 4-12。

带有缓和曲线的曲线上的中桩坐标 Excel 计算模式

表 4-12

	A	B	C	D	E	F	G	H	I
1	桩号	数字	距起点 L	距起点 C	到起点偏角（rad）	到起点方位角（rad）	x	y	备注
2			起始边 JD_6 到 JD_7 方位角为 98°19′56″，即 1.716221rad						
3	$ZH6^k+710.63$	6710.63	0.00				7680.86	8321.08	
4	+720	6720	=B4－$B$3	9.37	0.000114 =C4*C4/6/800/160	1.716107 =$G$2-E4	7679.50 =$G$3+D4*cos(F4)	8330.35 =$H$3+D4*sin(F4)	起点 ZH
5	+740	6740	29.37	29.37	0.001123	1.715098	7676.64	8350.14	起点 ZH
6	+760	6760	49.37	49.37	0.003174	1.713047	7673.86	8369.95	起点 ZH
7	+780	6780	69.37	69.37	0.006266	1.709955	7671.24	8389.78	起点 ZH
8	+800	6800	89.37	89.37	0.010400	1.705821	7668.83	8409.64	起点 ZH
9	+820	6820	109.37	109.36	0.015575	1.700646	7666.70	8429.52	起点 ZH
10	+840	6840	129.37	129.35	0.021792	1.694429	7664.91	8449.44	起点 ZH
11	+860	6860	149.37	149.32	0.029051	1.687170	7663.52	8469.39	起点 ZH
12	HY+870.63	6870.63	160.00	159.93	0.033333	1.682888	7662.97	8480.01	起点 ZH
13			起始边 HY 到 QZ 方位角为 92°35′20″，即 1.616228rad						
14	+880	6880	9.37 =B14－$B$12	9.37	0.005856 =C14/2/800	1.610372 =$G$13-E14	7662.60 =$G$12+D14*cos(F14)	8489.37 =$H$12+D14*sin(F14)	起点 HY
15	+890	6890	19.37	19.37	0.012106	1.604122	7662.33	8499.37	起点 HY
16	+900	6900	29.37	29.37	0.018356	1.597872	7662.18	8509.36	起点 HY
17	+910	6910	39.37	39.37	0.024606	1.591622	7662.15	8519.36	起点 HY
18	QZ+919.01	6919.01	48.38	48.37	0.030238	1.585991	7662.24	8528.37	起点 HY

（5）校核

1）从 ZH 开始经 HY、QZ 到 YH 和从 HZ 开始到 YH，集中到 YH 点校核

① 从 ZH 点计算 HY 坐标，再从 HY 点计算 YH 点坐标

在例 4-7 和表 4-11 中，已经从 ZH 点计算到 HY 坐标，再从 HY 点计算到 YH 坐标，即 YH（7664.42，8576.69）。

② 从 HZ 点计算 YH 点坐标

在例 4-7 和表 4-11 中，已经从 HZ 点计算到 YH 坐标，即 YH（7664.42，8576.66）。

上述两种从不同方向求得 YH 点的坐标，x 坐标吻合，y 坐标相差 0.03m，在误差范围内，说明计算正确，误差主要是保留小数位数所致。

2）从 ZH 开始经 HY 到 QZ 和从 JD_6，经 JD_7 到 QZ，集中到 QZ 校核

① 从 ZH 点计算到 HY 坐标，再从 HY 点计算到 QZ 点坐标

在例 4-7 和表 4-11 中，已经从 ZH 点计算到 HY 坐标，再从 HY 点计算到 QZ 坐标，即 QZ（7664.24，8528.37）。

② 从 JD_7 计算 QZ 点的坐标

a. 由表 4-9，查得 JD_7 的坐标为（7650.47，8528.53），由表 4-4 查得 JD_7 的外距 $E=11.76$m。

b. 计算边 JD_7 到 QZ 的方位角，见图 4-18。

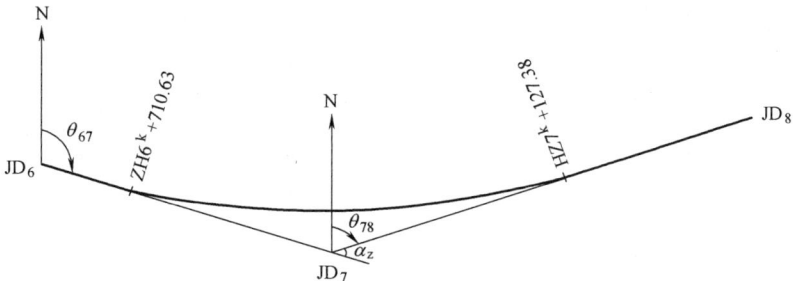

图 4-18 以 JD_7 为计算起点计算 QZ 点坐标

$$\theta_{JD_7 QZ} = \theta_{78} - \frac{180° - \alpha_z}{2} + 360° = 79°56'39'' - \frac{180° - 18°23'17''}{2} + 360° = 359°08'18''$$

c. 计算 QZ 点的坐标

$x_{QZ} = x_{JD_7} + E\cos\theta_{JD_7 QZ} = 7650.47 + 11.76 \times \cos 359°08'18'' = 7662.23$m

$y_{QZ} = y_{JD_7} + E\sin\theta_{JD_7 QZ} = 8528.53 + 11.76 \times \sin 359°08'18'' = 8528.35$m

即 QZ（7662.23，8528.35）。

上述两种从不同方向求得的 QZ 点坐标，x 坐标相差 0.01m，y 坐标相差 0.02m，在误差范围内，说明计算正确，误差主要是保留小数位数所致。

4.11 坐标法测设带有缓和曲线的整个曲线上的加桩

坐标法测设带有缓和曲线的整个曲线上的中桩，同圆曲线上的中桩，见 3.5 节。

复习思考题

1. 名词解释

缓和曲线。

2. 简述题

(1) 带有缓和曲线的曲线上主点（控制点）有哪些?

(2) 带有缓和曲线的曲线的下一个交点里程计算公式是什么? 试举例说明。

(3) 增设缓和曲线后曲线的变化是什么?

(4) 设置缓和曲线的条件是什么? 缓和曲线重要和常用吗?

(5) 缓和曲线长度如何确定?

(6) 缓和曲线主点里程计算三步曲是什么?

3. 计算题

(1) 已知 JD_3 里程 $2^k+924.77$，$R=920m$，$\alpha_z=27°16'37''$，缓和曲线长 $l_h=120m$，链距 $K_{34}=874.36m$。计算下列内容:

1) 计算 JD_3 的曲线要素。

2) 计算 JD_3 的主点里程。

3) 布置 JD_3 的曲线上的中桩。

4) 计算 JD_4 的里程。

(2) 已知条件同计算题 (1)，计算并完成以下内容: 采用偏角法测设中桩，计算并简述如何测设 2^k+660、2^k+680、2^k+780、2^k+800、3^k+040、3^k+060、3^k+160、3^k+180 等中桩。

(3) 在计算题第 (1) 题中，若 JD_3 的 ZH (9736.11，6432.27)，$\theta_{23}=136°13'26''$。计算下列内容:

1) 带有缓和曲线的曲线主点坐标;

2) JD_3 的曲线范围内中桩坐标。

(4) 已知 JD_7 里程 $5^k+024.11$，$R=620m$，$\alpha_z=20°12'55''$，缓和曲线长 $l_h=80m$，链距 $K_{78}=874.36m$。已知 JD_7 的带有缓和曲线的曲线要素的尾加数为: $t_w=40.08m$，$e_w=0.44m$。计算下列内容:

1) JD_7 的主点里程;

2) JD_8 的里程。

(5) 已知条件同计算题第 (4) 题，计算下列内容:

1) JD_7 的缓和曲线的总中心角 β_0;

2) JD_7 的曲线内移值 p;

3) JD_7 增设缓和曲线后切线增长值 q;

4) JD_7 的缓和曲线的总偏角 Δ_0;

5) JD_7 的第一缓和曲线的 HY 点（HY 点置仪）的总反偏角 b_0;

6) JD_7 的第一缓和曲线的 HY 点（HY 点置仪）到 QZ 点的偏角;

7) JD_7 的第一缓和曲线的 HY 点（HY 点置仪）到 YH 点的偏角。

第5章　弯道超高与加宽

5.1　弯道加宽

5.1.1　概述

1. 加宽原因

汽车在平曲线（即弯道）上行驶各个轮的轮迹半径不同，车体占有的面积比在直线上要宽。为安全起见，当平曲线半径较小时，弯道部分路基宽度需要加宽。

2. 行车道加宽值的确定

路基加宽分为行车道加宽（即路面）和路肩加宽，弯道加宽一般指行车道加宽。

（1）符号意义

路基宽度用 B 表示，行车道宽度用 b 表示，路肩宽度用 a 表示，则无中央分隔带的公路路基宽度 $B=b+2a$。平曲线半径为 R，缓和段（或缓和段）上的长度为 l_h，缓和段上任意点到缓和段起点的水平距离为 x；行车道全加宽值用 b_j 表示，缓和段上任意点的加宽值为 b_x。路拱横坡度用 i_1 表示，路肩横坡度用 i_0 表示，见图 5-1 和图 5-2。

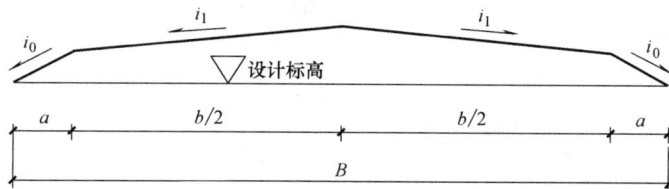

图 5-1　无中央分隔带的公路路基路面宽度

（2）弯道上加宽值的公式推导

1）单车道加宽值公式的推导

图 5-3 中，汽车沿中心线箭头方向行驶，若前保险杠 A 保持在中线上，后保险杠 B 偏离中线，需要增加行车道加宽值 $e_单$（单车道加宽值）。在直角三角形 ABO 中，有：

$$OB^2 + AB^2 = OA^2 \qquad (5\text{-}1)$$

$$R^2 = (R - e_单)^2 + L^2 \qquad (5\text{-}2)$$

式中　R——平曲线半径；

　　　L——汽车前后保险杠之间的距离；

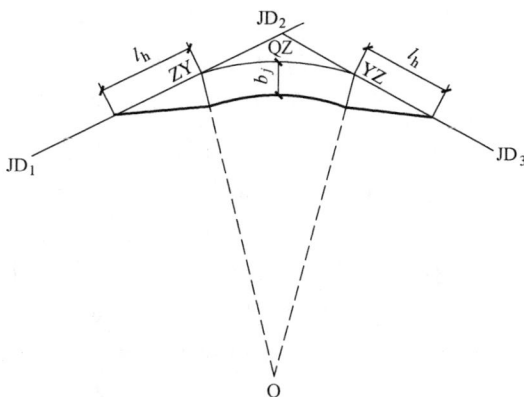

图 5-2　弯道全加宽及缓和段加宽示意

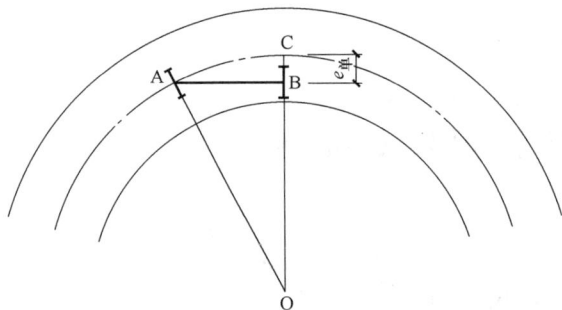

图 5-3 弯道加宽公式推导示意

$e_单$——单车道行车道加宽值。

式（5-2）中，$e_单$ 较小，$e_单^2 \approx 0$。

将式（5-2）整理得单车道行车道加宽值：

$$e_单 = \frac{L^2}{2R} \qquad (5\text{-}3)$$

双车道行车道加宽值为：

$$e_双 = 2e_单 = \frac{L^2}{R} \qquad (5\text{-}4)$$

交通部分综合考虑平曲线半径和设计速度引起的摆动加宽值，按式（5-5）计算：

$$e_双 = \frac{L^2}{R} + \frac{0.05V_s}{\sqrt{R}} \qquad (5\text{-}5)$$

式中　R——平曲线半径（m）；

　　　V_s——设计速度（km/h）；

　　　其余符号意义同前。

5.1.2 平曲线上的全加宽

1. 规范规定的加宽值

（1）一般公路加宽值

一般来说行车道加宽值不必按式（5-5）计算，实际按规范查表，见表 5-1。

双车道路面加宽值（m）　　　　　　　　　　　表 5-1

加宽类别	汽车轴距加前悬(m)	平曲线半径(m)								
		250～200	200～150	150～100	100～70	70～50	50～30	30～25	25～20	20～15
1	5	0.4	0.6	0.8	1.0	1.2	1.4	1.8	2.2	2.5
2	8	0.6	0.7	0.9	1.2	1.5	2.0	/	/	/
3	5.2+8.8	0.8	1.0	1.5	2.0	2.5	/	/	/	/

注：单车道公路路面加宽值应为表 5-1 规定值的一半。

《公路路线设计规范》JTG D20—2017 规定：二级公路、三级公路、四级公路的圆曲线半径小于或等于250m时，应设置加宽。双车道公路路面加宽值规定见表5-1。严格说来这里应指行车道，行车道部分修筑了路面的就可以称为路面，行车道部分没有修筑路面的简易道路（如有的林区道路、乡村道路）只能称为行车道（不宜称为路面）。

平曲线加宽类别应根据该公路的交通组成确定。二级公路以及设计速度为 40km/h 的三级公路有集装箱半挂通行时，应采用第 3 类加宽值；不经常通行集装箱半挂车时，可采用第 2 类加宽值。四级公路和设计速度为 30km/h 的三级公路可采用第 1 类加宽值。

（2）高速公路、一级公路加宽值

因高速公路、一级公路行车道较多，《公路路线设计规范》JTG D20—2017 没有规定高速公路、一级公路加宽值，设计可以参照表5-1考虑。

2. 平曲线上的全加宽

一般来说，在平曲线起点 ZY 到终点 YZ 之间或缓和曲线的所夹圆曲线 HY 到 YH 的范围内为恒定不变的加宽值 b_j（少数情况采用缓和切线法加宽除外），b_j 从表 5-1 中直接查得，无需采用式（5-5）计算。

3. 设置加宽的要求

（1）平曲线半径 $R \leqslant 250m$ 时，二级、三级和四级公路需要设置加宽。

（2）在平曲线范围内（ZY～YZ）和缓和曲线的所夹圆曲线（HY～YH）范围内为恒定不变的加宽值 b_j，见表 5-1。

（3）一般在弯道内侧加宽，见图 5-2；困难情况（例如弯道内侧为悬崖无加宽空间）可以考虑在弯道两侧同时加宽或在弯道外侧加宽。

（4）加宽部分的路基路面厚度和结构同行车道路基路面的厚度和结构，加宽部分的路拱横坡度与加宽侧边（一般内侧）的路拱横坡度一致。

平曲线上全加宽值的计算，见例 5-1。

加宽缓和段的设置条件，见 4.1.2 节。

5.1.3 缓和段上的加宽

1. 缓和段或缓和曲线长度

（1）缓和段或缓和曲线分类

1）加宽缓和段或缓和曲线

仅仅有加宽缓和段或缓和曲线时，长度用 l_j 表示。

2）超高缓和段或缓和曲线

仅仅有超高缓和段或缓和曲线时，长度用 l_c 表示。

3）同时具有超高和加宽的缓和段或缓和曲线

同时具有超高和加宽的缓和段或缓和曲线时，长度用 l_h 表示。为简单起见一般用 l_h 表示各种情况下缓和段或缓和曲线的长度。

（2）缓和段或缓和曲线长度

1）设置缓和曲线或超高过渡段时，加宽过渡段长度应采用与缓和曲线或超高过渡段长度相同的数值。

2）不设置缓和曲线或超高过渡段时，仅仅加宽过渡段长度应按渐变率为 1：15 且长度不小于 10m 的要求设置。

3）不设置加宽过渡段时，仅仅超高过渡段长度按式（5-6）计算。

$$l_c = \frac{b' \Delta_i}{p} \tag{5-6}$$

式中　l_c——超高缓和段长度（m）；

b'——旋转中心轴至行车道（设路缘带时为路缘带）外侧边缘宽度（m），当绕内边轴旋转时，$b'=b$；当绕中轴旋转时，$b'=\frac{b}{2}$，b 行车道宽度；

Δ_i——超高横坡度 i_b 与路拱横坡度 i_1 的代数差（%）；当绕内边轴旋转时，$\Delta_i = i_b$；当绕中轴旋转时，$\Delta_i = i_b + i_1$；

p——超高渐变率,《公路路线设计规范》JTG D20—2017 的规定见表 5-2。

超高渐变率　　　　　　　　　　　　　　　　　表 5-2

设计速度(km/h)	超高旋转轴位置(未超高未加宽前的)	
	中轴(路面中心)	边轴(内侧路面边缘)
120	1/250	1/200
100	1/225	1/175
80	1/200	1/150
60	1/175	1/125
40	1/150	1/100
30	1/125	1/75
20	1/100	1/50

4)同时具有超高和加宽的缓和段或缓和曲线时,取 l_j 和 l_c 中的较大者,且应满足表 4-3 中缓和段或缓和曲线的最小长度要求。

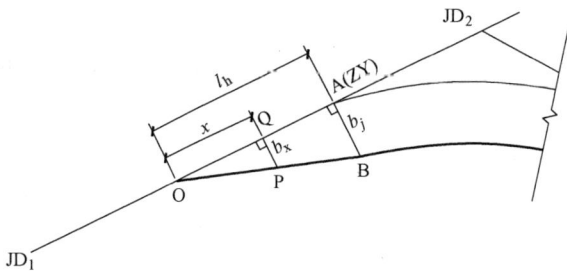

图 5-4　三角形比例法计算缓和段上的加宽

2. 三角形比例法

一般仅四级公路采用缓和段,而缓和段上的加宽方法有三角形比例法和缓和切线法,一般采用三角形比例法。三角形比例法简单、直观,便于施工,但是在 ZY 点和 YZ 点有明显拐点,见图 5-4。

在图 5-4 中,缓和曲线上任意点 P。令 ZY 点号为 A、缓和段起点为 O,ZY 断面行车道加宽后的内侧边缘点为 B,直角三角形 OAB 和 OPQ 中,按照三角形比例有:

$$\frac{b_x}{b_j} = \frac{x}{l_h} \tag{5-7}$$

$$b_x = \frac{x}{l_h} b_j \tag{5-8}$$

式中　b_x——缓和段上任意点行车道内侧加宽值;

　　　x——缓和段上任意点到缓和段起点的水平距离;

　　　l_h——缓和段长度;

　　　b_j——平曲线上的全加宽值。

缓和段上任意点的加宽值计算,见例 5-1。

3. 缓和切线法

为了消除缓和段上在 ZY 和 YZ 点的明显拐点,使得缓和段与 ZY 或 YZ 相切,可以采用缓和切线法。缓和切线法设计计算稍微麻烦,施工也比较麻烦,但是能保证在缓和段与 ZY 或 YZ 相切。实际勘测设计中较少使用缓和切线法,如图 5-5 所示。

缓和切线法的具体做法:在弯道起点或终点 B,沿未加宽前内侧路面边缘方向 AB 延长到 E，使 BE=*l*；过 E 作 ED⊥ AE，并截取 DE=b_j；连接 AD，AD 即为加宽后的路面边缘。

缓和切线法涉及计算的数据有：

（1）DE=b_j，BC=b_j'（平曲线起点路面的实际加宽值）；

（2）$l = k \dfrac{R}{l_j} b_j$，*k* 为修正系数，见表 5-3，其余符号意义同前；

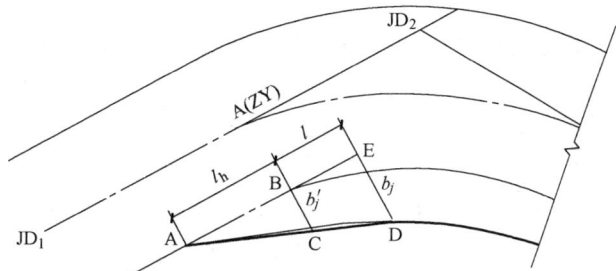

图 5-5 缓和切线法加宽

修正系数 k

表 5-3

加宽缓和段长度（m）		10	15	20	25	≥30
平曲线半径（m）	≤30	0.90	0.94	0.95	0.96	0.97
	>30	0.80	0.88			

（3）按照三角形比例，$\dfrac{b_j'}{b_j} = \dfrac{l_h}{l_h + l}$，则 $b_j' = \dfrac{l_h}{l_h + l} b_j$。

显然在缓和段起点路面加宽值 b_j' 比 b_j 略有减小。

5.1.4 缓和曲线上的加宽

缓和曲线上的加宽方法和计算类似于缓和段，只是加宽公式不同。缓和曲线上加宽，按式（5-9）中的高次抛物线计算。

$$b_x = \left[4\left(\frac{x}{l_h}\right)^3 - 3\left(\frac{x}{l_h}\right)^4 \right] b_j \tag{5-9}$$

式中　b_x——缓和曲线上任意点的路面加宽值；

　　　b_j——带有缓和曲线的整个曲线从 HY 到 YH 的全加宽值；

　　　x——缓和曲线上任意点到缓和曲线起点的弧长；

　　　l_h——缓和曲线长。

5.2 弯 道 超 高

5.2.1 概述

1. 设计标高

一般公路的设计标高指设计上确定的未超高未加宽前的路基（路肩）边缘的标高；对于同一个固定的中桩而言，设计标高是固定不变的；对于不同的中桩而言可能相等（这种情况比较少），也可能不相等（这种情况较多）。

《公路路线设计规范》JTG D20—2017 规定：

（1）新建公路的路基设计标高：高速公路和一级公路宜采用中央分隔带的外侧边缘标

高；二级公路、三级公路、四级公路宜采用路基边缘标高，在设置超高、加宽路段为设超高、加宽前该处边缘标高（本教材以一般新建公路为例就是指该标高）。

（2）改建公路的路基设计标高：宜按新建公路的规定执行，也可视具体情况而采用中央分隔带中线或行车道中线标高。

2. 特征点

特征点指左侧路基（路肩）边缘点、左侧路面边缘点、路面中心点和右侧路面边缘点、右侧路基（路肩）边缘点，如图 5-6 和图 5-7 所示。

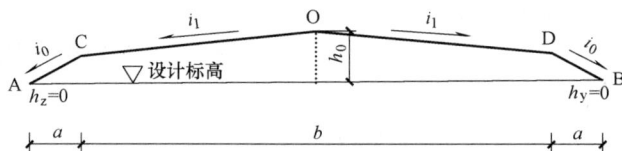

图 5-6　正常路拱特征点

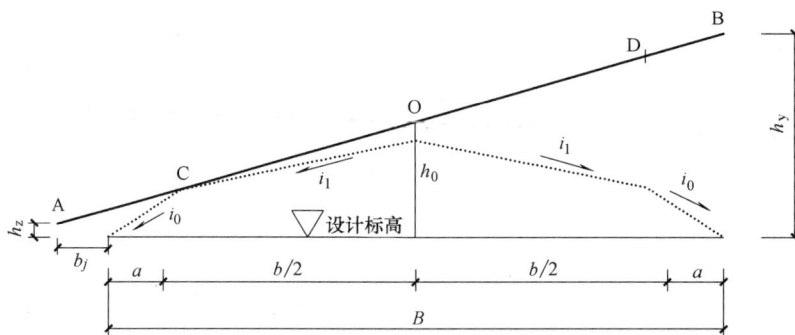

图 5-7　全超高全加宽路拱特征点

3. 特征值

特征值指同一个中桩横向断面方向特征点与设计标高的高差，其值大于 0 表示该点位于设计标高之上，其值小于 0 表示该点位于设计标高之下，其值等于 0 表示该点与设计标高等高。h_z 表示左侧路基（路肩）边缘点的特征值，h_0 表示路面中心点的特征值，h_y 表示右侧路基（路肩）边缘点的特征值，见图 5-6 和图 5-7。

4. 超高方法

超高过渡方式根据有无中央分隔带有所不同，典型超高方法有边轴旋转法、中轴旋转法和绕中央分隔带边缘旋转法。其中边轴旋转法适用于无中央分隔带的新建公路，中轴旋转法适用于无中央分隔带的改建公路，绕中央分隔带边缘旋转法适用于有中央分隔带的公路。本节侧重介绍边轴旋转法。

（1）典型超高方法概念

1）边轴旋转法

边轴旋转法指以未超高未加宽前的内侧路面边缘为旋转中心轴完成超高的方法。

2）中轴旋转法

中轴旋转法指以未超高未加宽前的路面中心为旋转中心轴完成超高的方法。

3）绕中央分隔带边缘旋转法

绕中央分隔带边缘旋转法指绕未超高未加宽前的中央分隔带边缘旋转完成超高的方法。绕中央分隔带边缘旋转法分绕左幅中央分隔带边缘旋转法和绕右幅中央分隔带边缘旋转法。

（2）无中央分隔带公路

1）绕未加宽未超高前的内侧路面边缘旋转，新建公路宜采用此法。

2）绕未超高未加宽前的路面中心旋转，改建公路可采用此种方法；当然改建公路也可采用边轴旋转法。

3）绕外侧路面边缘旋转，路基外缘标高受限制或路容美观有特殊要求时可采用此方式。

（3）有中央分隔带的公路

1）绕中央分隔带的中心线旋转，中央分隔带宽度小于或等于 4.5m 的公路可采用。

2）绕中央分隔带边缘旋转，各种宽度中央分隔带的公路均可采用。

3）分别绕行车道中心线旋转，车道数大于 4 条的公路可采用。

（4）分离式路基公路

分离式路基公路的超高过渡方式，宜按无中央分隔带公路分别予以过渡。

5. 超高横坡度

（1）各级公路的超高横坡度应符合表 5-4。

平曲线最小半径（m）对应的超高值 表 5-4

设计速度(km/h)		120	100	80	60	40	30	20
最大超高	10%	570	360	220	115	/	/	/
	8%	650	400	250	125	60	30	15
	6%	710	440	270	135	60	35	15
	4%	810	500	300	150	65	40	20

注："/"为不考虑采用最大超高的情况。

（2）最大超高横坡度应符合下列规定：

1）一般地区，平曲线最大超高应采用 8%。

2）积雪冰冻起点，最大超高值应采用 6%。

3）以通行中、小型客车为主的高速公路和一级公路，最大超高可采用 10%。

4）城镇区域公路，最大超高值可采用 4%。

5.2.2 平曲线上的全超高（边轴旋转法）

1. 全超高范围

（1）设置缓和段时平曲线上的全超高

四级公路设置缓和段时，在平曲线起点 ZY 到终点 YZ 范围内设置全超高，超高横坡度为 i_b。

（2）设置缓和曲线时所夹圆曲线上的全超高

高速公路、一级公路、二级公路和三级公路半径小于无超高半径时，需要设置缓和曲线。设置缓和曲线时，在所夹圆曲线上从起点 HY 到终点 YH 范围内设置全超高，超高

横坡度为 i_b。

2.全超高断面的特征值计算见图 5-8。

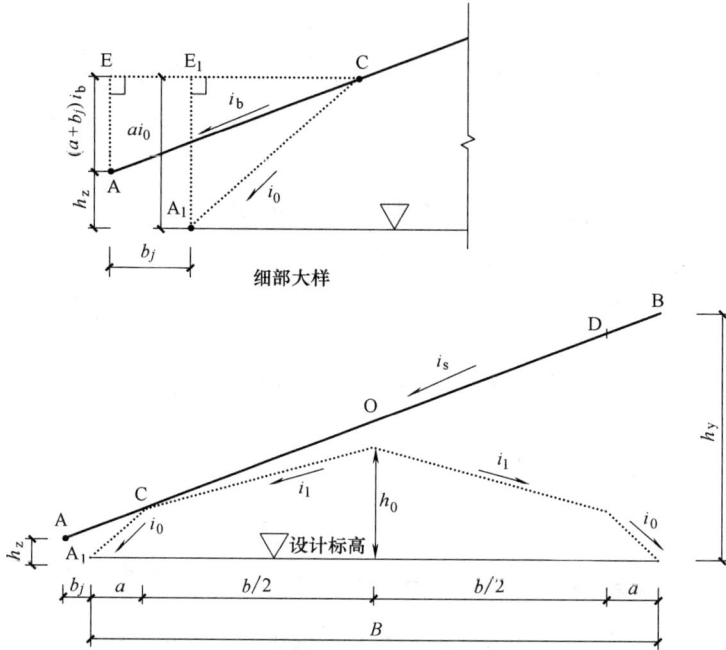

图 5-8 全超高全加宽断面特征值计算

（1）外侧路基边缘的特征值计算

计算时考虑基准标高为未超高未加宽前的路基边缘的设计标高，外侧路基边缘的特征值按式（5-10）计算。

$$h_w^q = ai_0 + bi_b + ai_b = ai_0 + (a+b)i_b \tag{5-10}$$

式中　h_w^q——外侧路基（路基）边缘的特征值，即外侧路基（路基）边缘与该中桩设计标高之间的高差；

　　　a——路肩宽度；

　　　b——行车道宽度；

　　　i_0——路肩横坡度；

　　　i_b——全超高横坡度。

（2）路面中心的特征值

路面中心的特征值按式（5-11）计算。

$$h_0^q = ai_0 + \frac{b}{2}i_b \tag{5-11}$$

式中　h_0^q——路面中心的特征值，即路面中心到该中桩设计标高之间的高差；

　　　其余符号意义同前。

（3）内侧路基边缘的特征值计算

计算时考虑基准标高为未超高未加宽前的路基边缘的设计标高，内侧路基边缘的特征值按式（5-12）计算。

160

$$h_n^q = ai_0 - (a + b_j)i_b \tag{5-12}$$

式中 h_n^q——内侧路基（路基）边缘的特征值，即内侧路基（路基）边缘与该中桩设计标高之间的高差；

其余符号意义同前。

5.2.3 缓和段上的超高（边轴旋转法）

1. 概述

超高缓和段的设置条件见 4.1.2 节。

本节仅介绍一般双车道公路的边轴旋转法，高速公路及中轴旋转法计算思路基本相同，不再赘述。

当既有加宽又有超高时，加宽和超高往往同步逐渐有序进行。

结合 5.1.2 节，缓和段长度应满足下列要求：

（1）仅有加宽时，加宽缓和段长度确定

1）按照加宽值的 1:15 渐变率确定加宽缓和段长度；

2）加宽缓和段长度的计算结果，应不小于表 4-3 规定的最小值；

3）加宽缓和段长度的计算结果应修约至 5m 或 10m 的倍数。

（2）仅有超高时，超高缓和段长度确定

1）按照式（5-6）计算确定超高缓和段长度；

2）超高缓和段长度的计算结果，应不小于表 4-3 规定的最小值；

3）超高缓和段长度的计算结果应修约至 5m 或 10m 的倍数。

（3）既有超高又有加宽时，缓和段长度确定

1）按照上述规则，分别确定加宽和超高缓和段长度；

2）取加宽和超高缓和段长度中的较大者。

2. 缓和段上的超高完成顺序

采用边轴旋转法进行缓和段上中桩的超高，如图 5-9 和图 5-10 所示。

超高缓和段是逐渐完成的，其完成顺序如下：

（1）第一阶段：抬高两侧路肩

在缓和段起点之前 $l_0 = 1 \sim 2m$，将两侧路肩逐渐抬高到两侧路拱同一坡度 i_1。一般路肩和路拱横坡度差值较小，此过渡过程非常短，施工单位自行考虑，即此过程参与考虑，不参与计算，见图 5-11。

这一阶段的特点是路拱几乎同正常路拱，仅仅两侧路肩有微小变化；计算方法同正常路拱，计算时不考虑微小变化。

（2）第二阶段：从缓和段起点开始抬高外侧路拱至临界断面

从缓和段起点开始，将外侧路拱（连同已经抬高的路基）逐渐抬高到与内侧路拱同一坡度，到临界断面结束。此过程开始断面为缓和段起点，结束断面为临界断面。

这一阶段同一断面的特点是路面中心不变，其特征值同正常路拱；外侧路拱与内侧路拱的横坡度一般不同；内侧路面一般有加宽。这一阶段的不同断面外侧路拱逐渐由向下的 $-i_1$ 抬高到向上的 $+i_1$；内侧路面在逐渐加宽；内侧路拱均保持路拱横坡度 i_1，外侧路拱在逐渐抬高。

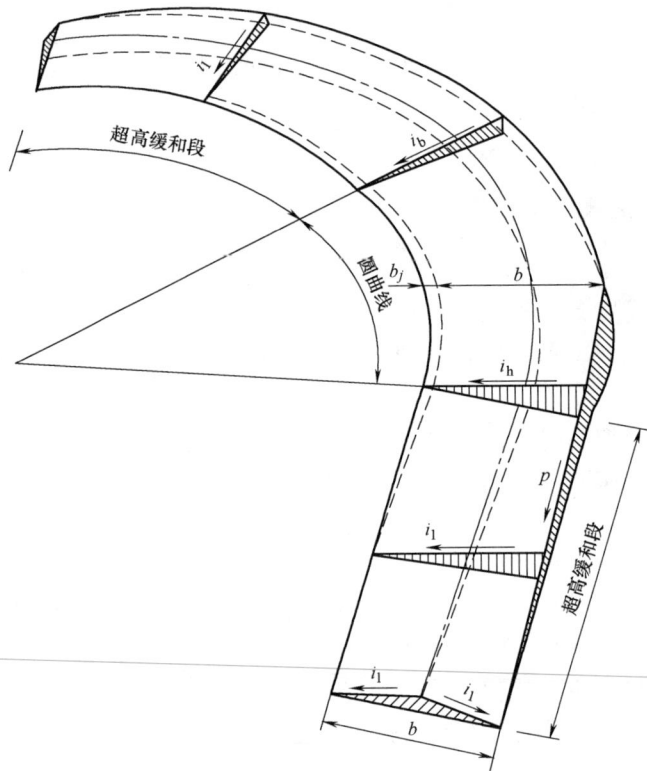

图 5-9　左侧为内侧的超高加宽效果图

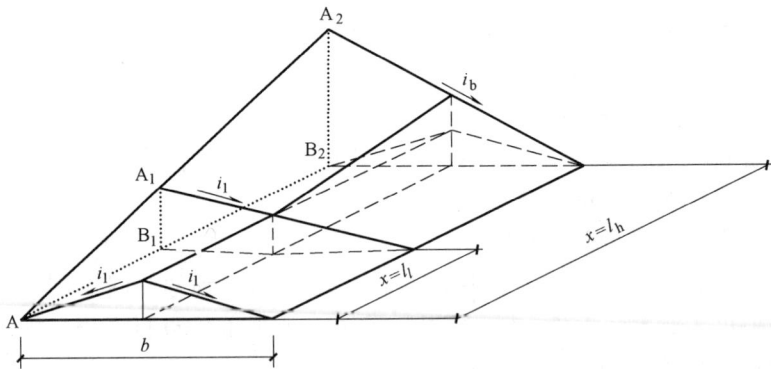

图 5-10　右侧为内侧的超高缓和段（仅仅体现行车道 b 部分）

临界断面：内侧路拱与外侧路拱同一坡度 i_1 时的断面，见图 5-10 和图 5-11 的 l_l 断面。

临界长度：从缓和段起点到临界断面的长度 l_l，见图 5-10 和图 5-11。

如图 5-10 所示的 $\triangle AA_1B_2$ 和 $\triangle AA_2B_2$ 中有：

$$\frac{l_l}{l_h} = \frac{bi_1}{bi_b} \tag{5-13}$$

则：

$$l_l = \frac{i_1}{i_b} l_h \tag{5-14}$$

162

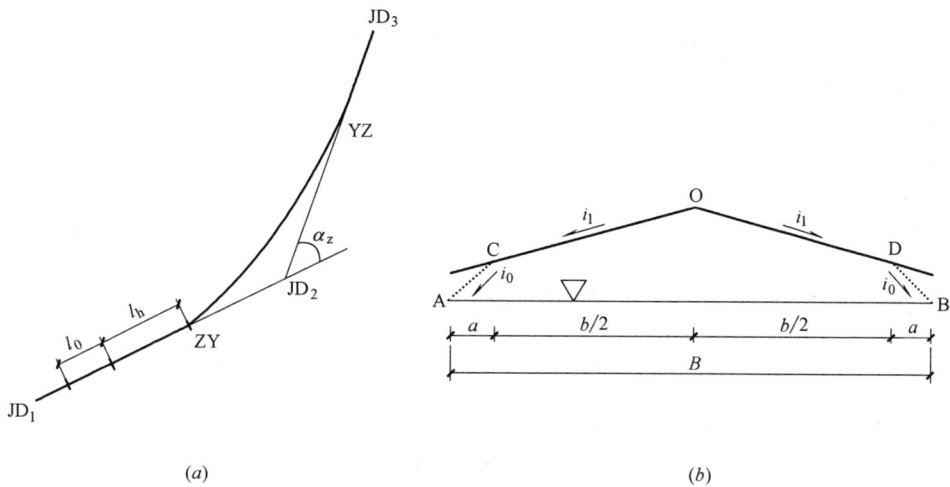

(a)   (b)

图 5-11　抬高两侧路肩

由式（5-8）得：

$$b_l = \frac{l_l}{l_h} b_j \qquad (5\text{-}15)$$

式中　l_l——缓和段起点到临界断面的长度；

　　　b——路面宽度；

　　　i_1——路拱横坡度；

　　　i_b——超高横坡度；

　　　l_h——缓和段长度；

　　　b_l——临界断面的加宽值；

　　　b_j——平曲线上的全加宽值。

临界断面特点：内外侧路拱为同一坡度，且路拱坡度等于 i_1（与正常路拱横坡度数值相等），见图 5-12。

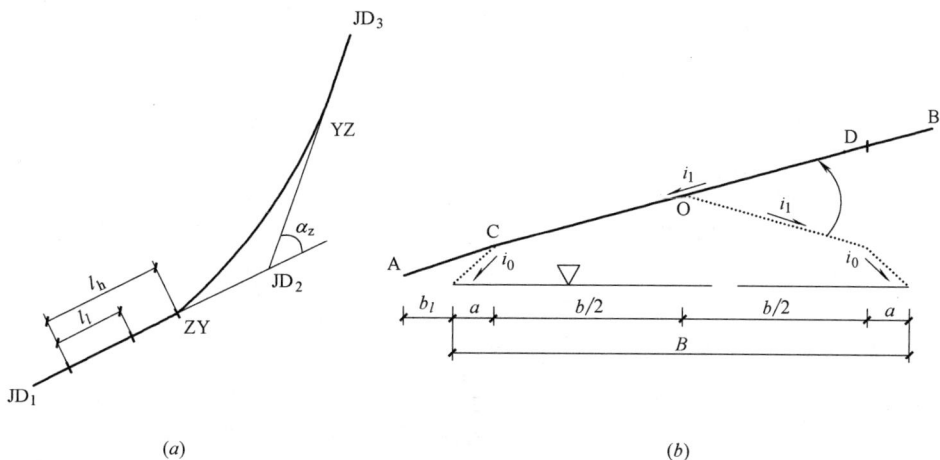

(a)   (b)

图 5-12　从缓和段起点开始抬高外侧路拱至临界断面路肩

163

临界断面的计算与全超高全加宽断面方法相同，所不同的是全超高全加宽断面路拱横坡度为 i_b，而临界断面路拱横坡度为 i_1；全超高全加宽断面的加宽值为 b_j，而临界断面的加宽值为 b_l。

1）临界断面外侧路基边缘的特征值计算

计算时考虑基准标高为未超高未加宽前的路基边缘的设计标高，外侧路基边缘的特征值按式（5-16）计算。

$$h_w^l = ai_0 + (a+b)i_1 \qquad (5-16)$$

式中　h_w^l——临界断面外侧路基（路基）边缘的特征值；

i_1——路拱横坡度；

其余符号意义同前。

2）临界断面路面中心的特征值

临界断面路面中心的特征值按式（5-17）计算。

$$h_0^l = ai_0 + \frac{b}{2}i_1 \qquad (5-17)$$

式中　h_0^l——临界断面路面中心的特征值；

其余符号意义同前。

3）临界断面内侧路基边缘的特征值计算

计算时考虑基准标高为未超高未加宽前的路基边缘的设计标高，临界断面内侧路基边缘的特征值按式（5-18）计算。

$$h_n^l = ai_0 - (a+b_l)i_1 \qquad (5-18)$$

式中　h_n^l——临界断面内侧路基（路基）边缘的特征值；

其余符号意义同前。

（3）第三阶段：从临界断面开始绕内侧路面边缘旋转至缓和段终点

从临界断面（i_1 断面）开始绕未超高未加宽前的内侧路面边缘逐渐旋转至缓和段终点断面（ZY 或 YZ 断面），即由路拱横坡度 i_1 逐渐旋转到 i_b，结束缓和段上的超高加宽。从缓和段终点断面（ZY 或 YZ 断面）开始进入全超高全加宽断面，见图 5-9、图 5-10 和图 5-13。

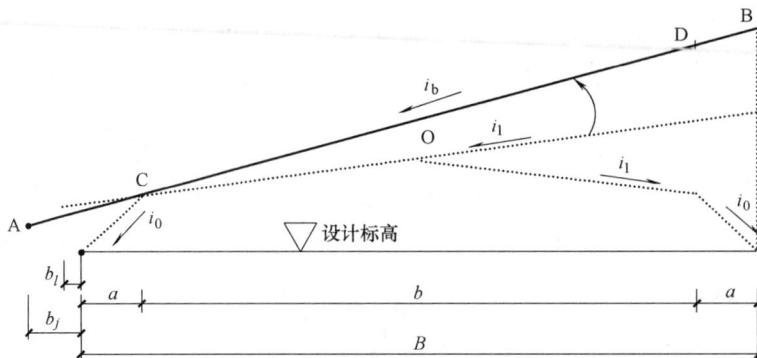

图 5-13　从临界断面开始绕内侧路面边缘旋转至缓和段终点

这个阶段的某一断面特点是内外侧路拱横坡度是一致的，均为 i_x，$i_1 < i_x < i_b$，内侧

路面边缘点即旋转中心轴保持不变。这一阶段的不同断面特点是：路拱横坡度是不断增加的；每一个断面的外侧路肩、路面中心、内侧路肩等特征点的特征值均在变化，仅仅内侧路面中心即旋转中心轴不变。

3. 缓和段上 5 类断面及其特征值计算

缓和段上可以分为 5 类断面（含起点断面和终点断面），本节侧重介绍无中央分隔带的边轴旋转法，边轴旋转法特征值公式见表 5-5。中轴旋转法的特征值公式，见表 5-6。四级公路设置缓和段，一般无中央分隔带。

（1）第一类断面：缓和段起点断面，即 $x=0$ 断面

缓和段上任意点到起点的距离 $x=0$，其路基宽度和特征值完全同正常路拱断面，则：

1）路基宽度

路面加宽值 $b_x=0$，左侧路基宽度与右侧路基宽度相等（$B_z=B_y=\dfrac{B}{2}$，其中 B 为正常路基宽度）。

2）特征值

左侧路肩边缘点的特征值 $h_z=0$；路面中心点的特征值 $h_0=ai_0+\dfrac{b}{2}i_1$；右侧路肩边缘点的特征值 $h_y=0$。

（2）第二类断面：内断面，即 $0<x<l_1$ 断面

1）路基宽度

路面加宽值 $b_x=\dfrac{x}{l_h}b_j$，内侧路基宽度 $B_n=\dfrac{B}{2}+b_x$，外侧路基宽度相等 $B_w=\dfrac{B}{2}$（其中 B 为正常路基宽度）。

2）特征值

内侧路肩边缘点的特征值 $h_n=ai_0-(a+b_x)i_1$；路面中心点的特征值 $h_0=ai_0+\dfrac{b}{2}i_1$；外侧路肩边缘点的特征值 $h_w=\dfrac{x}{l_h}h_w^q$（近似比例计算），h_w^q 为外侧全超高全加宽路基边缘的特征值，见式（5-10）。实际计算时应首先根据转角判断内侧或外侧。

（3）第三类断面：临界断面，即 $x=l_l$ 断面

1）路基宽度

路面加宽值 $b_l=\dfrac{l_l}{l_h}b_j$，内侧路基宽度 $B_n^l=\dfrac{B}{2}+b_l$，外侧路基宽度相等 $B_w^l=\dfrac{B}{2}$（其中 B 为正常路基宽度）。

2）特征值

内侧路肩边缘点的特征值 $h_n^l=ai_0-(a+b_l)i_1$；路面中心点的特征值 $h_0^l=ai_0+\dfrac{b}{2}i_1$；外侧路肩边缘点的特征值 $h_w^l=ai_0+(a+b)i_1$。

（4）第四类断面：外断面，即 $l_l<x<l_h$ 断面

1）路基宽度

路面加宽值 $b_x=\dfrac{x}{l_h}b_j$，内侧路基宽度 $B_n=\dfrac{B}{2}+b_x$，外侧路基宽度相等，均为 $B_w=$

165

$\dfrac{B}{2}$（其中 B 为正常路基宽度）。

2）特征值

内侧路肩边缘点的特征值 $h_n = ai_0 - (a+b_x)\dfrac{x}{l_h}i_b$（近似比例计算）；路面中心点的特征值 $h_0 = ai_0 + \dfrac{b}{2}\dfrac{x}{l_h}i_b$；外侧路肩边缘点的特征值 $h_w = \dfrac{x}{l_h}h_w^q$（近似比例计算），$h_w^q$ 为全超高全加宽外侧路基边缘的特征值，见式（5-10）。

（5）第五类断面：全超高全加宽断面，即 $x = l_h$ 断面

1）路基宽度

路面加宽值 $b_x = b_j$，内侧路基宽度 $B_n = \dfrac{B}{2} + b_j$，外侧路基宽度 $B_w = \dfrac{B}{2}$（其中 B 为正常路基宽度）。

2）特征值

内侧路肩边缘点的特征值 $h_n^q = ai_0 - (a+b_l)i_b$；路面中心点的特征值 $h_0^q = ai_0 + \dfrac{b}{2}i_b$；外侧路肩边缘点的特征值 $h_w^q = ai_0 + (a+b)i_b$。

绕内边轴旋转的超高特征值计算公式 表 5-5

断面类型	代号	特征值计算公式		备注
		内断面 $(0 \leqslant x \leqslant l_l)$	外断面 $(l_l \leqslant x \leqslant l_h)$	
ZY~YZ	h_w^q	$ai_0 + (a+b)i_b$		$b_x = \dfrac{x}{l_h}b_j$ $l_l = \dfrac{i_1}{i_b}l_h$
	h_0^q	$ai_0 + \dfrac{b}{2}i_b$		
	h_n^q	$ai_0 - (a+b_j)i_b$		
缓和段	h_w	$\dfrac{x}{l_h}h_w^q$ 或 $a(i_0-i_1)+[ai_1+(a+b)i_b]\dfrac{x}{l_h}$		
	h_0	$ai_0 + \dfrac{b}{2}i_1$	$ai_0 + \dfrac{b}{2}\dfrac{x}{l_h}i_b$	
	h_n	$ai_0 - (a+b_x)i_1$	$ai_0 - (a+b_x)\dfrac{x}{l_h}i_b$	

注：h_w^q 表示 ZY~YZ 全超高全加宽断面的外侧路基边缘的特征值；h_0^q 表示 ZY~YZ 全超高全加宽断面的路面中心的特征值；h_n^q 表示 ZY~YZ 全超高全加宽断面的内侧路基边缘的特征值；h_w 表示缓和段上断面的外侧路基边缘的特征值；h_0 表示缓和段上断面的路面中心的特征值；h_n 表示缓和段上断面的内侧路基边缘的特征值；x 表示缓和段上任意点到缓和段起点的距离；l_h 表示缓和段长度；l_l 表示临界断面到缓和段起点的距离；b 表示路面宽度；a 表示路肩宽度；b_x 表示路面内侧加宽值；i_1 表示路拱横坡度；i_0 表示路肩横坡度；i_b 表示超高横坡度。

5.2.4 有中央分隔带的缓和曲线上超高

1. 无中央分隔带的缓和曲线上的超高

无中央分隔带的缓和曲线上的超高方法和计算与缓和段相同，见 5.2.3 节。

断面类型	代号	特征值计算公式		备注
		内断面 $(0 \leqslant x \leqslant l_l)$	外断面 $(l_l \leqslant x \leqslant l_h)$	
ZY~YZ	h_w^q	$a(i_0 - i_1)\left(a + \dfrac{b}{2}\right)(i_1 + i_b)$		
	h_0^q	$ai_0 + \dfrac{b}{2}i_1$		$b_x = \dfrac{x}{l_h}b_j$
	h_n^q	$ai_0 + \dfrac{b}{2}i_1 - \left(a + \dfrac{b}{2} + b_j\right)i_b$		$l_l = \dfrac{2i_1}{i_1 + i_b}l_h$
缓和段	h_w	$\dfrac{x}{l_h}h_w^q$ 或 $a(i_0 - i_1) + \left(a + \dfrac{b}{2}\right)(i_1 + i_b)\dfrac{x}{l_h}$		
	h_0	$ai_0 + \dfrac{b}{2}i_1$		
	h_n	$ai_0 - (a + b_x)i_1$	$ai_0 + \dfrac{b}{2}i_1 - \left(a + \dfrac{b}{2} + b_x\right)\dfrac{x}{l_h}i_b$	

注：符号意义同表 5-5。

2. 有中央分隔带的缓和曲线上的超高

设有中央分隔带的公路超高方式有三种，其中常用绕中央分隔带边缘线旋转和绕各自行车道中线旋转两种方法。有中央分隔带的公路往往等级比较高，平曲线半径小于规定值时需要设置缓和曲线，其超高加宽过渡段为缓和曲线。在超高过程中，内、外侧同时从超高过渡段起点开始绕各自旋转轴逐渐旋转，外侧逐渐抬高，内侧逐渐降低，直到 HY 或 YH 点达到全超高全加宽。有中央分隔带的公路缓和曲线上的超高加宽计算方法与无中央分隔带的缓和段上的边轴旋转法相似。

有中央分隔带的绕中央分隔带边缘旋转特征值公式见图 5-14、图 5-15 和表 5-7。有中央分隔带的绕各自行车道中线旋转特征值公式见图 5-15 和表 5-8。

有中央分隔带的公路的设计标高为未超高未加宽全中央分隔带外侧边缘 D 点的标高。有中央分隔带的公路分去向和来向或左幅和右幅。

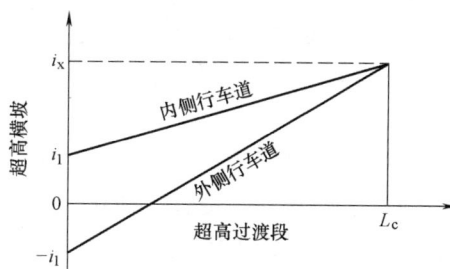

图 5-14　行车道超高横坡度变化

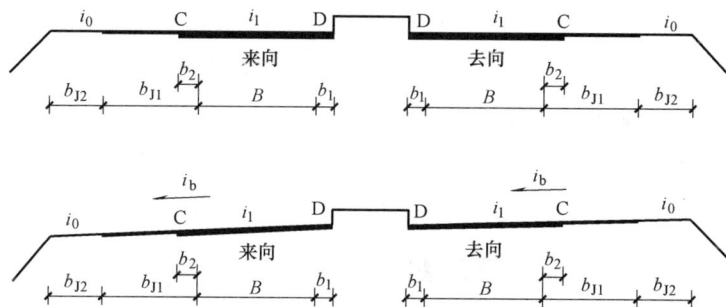

图 5-15　超高计算点位置比较图

有中央分隔带的绕中央分隔带边线旋转的超高特征值计算公式 表 5-7

超高位置		计算公式	x 断面的路拱横坡度	备注
外侧	C	$(b_1+b+b_2)i_x$	$i_x=(i_b+i_1)\dfrac{x}{l_h}-i_1$	1. b_x 按式(5-8)计算。
	D	0		2. $x=l_h$ 时，为所夹圆曲线上
内侧	C	0	$i_x=(i_b-i_1)\dfrac{x}{l_h}+i_1$	的全超高
	D	$-(b_1+b+b_x+b_2)i_x$		

注：符号意义同表 5-8。

有中央分隔带的绕各自行车道中线旋转的超高特征值计算公式 表 5-8

超高位置		计算公式	x 断面的路拱横坡度	备注
外侧	C	$\left(\dfrac{b}{2}+b_2\right)i_x-\left(\dfrac{b}{2}+b_1\right)i_1$	$i_x=(i_b+i_1)\dfrac{x}{l_h}-i_1$	1. b_x 按式(5-8)计算。
	D	$-\left(\dfrac{b}{2}+b_1\right)(i_x+i_1)$		2. $x=l_h$ 时，为所夹圆曲
内侧	C	$\left(\dfrac{b}{2}+b_1\right)(i_x-i_1)$	$i_x=(i_b-i_1)\dfrac{x}{l_h}+i_1$	线上的全超高
	D	$-\left(\dfrac{b}{2}+b_x+b_2\right)i_x-\left(\dfrac{b}{2}+b_1\right)i_1$		

注：x 表示缓和曲线上任意点到缓和曲线起点 ZH 或 HZ 的弧长；b 表示左侧或右侧行车道宽度；b_x 表示行车道加宽值；b_1 表示左侧路缘带宽度；b_2 表示右侧路缘带宽度；i_1 表示路拱横坡度；i_b 表示超高横坡度；i_x 表示 x 的路拱横坡度；C 表示左或右幅靠近路肩一侧的行车道边缘点；D 表示左或右幅靠近中央分隔带一侧的行车道边缘点。

5.2.5 超高加宽计算示例

为了让读者更好领会缓和段上的超高加宽及其相应的全超高全加宽，本节用具体示例进行说明。缓和曲线上的超高加宽与缓和段相比，存在下列异同：缓和段上的加宽按三角形比例计算，缓和曲线加宽按高次方程计算；缓和段上的超高按表 5-5 和表 5-6 执行，缓和曲线上的超高如无中央分隔带按表 5-5 和表 5-6 执行，如有中央分隔带按表 5-7 和表 5-8 执行。

【例 5-1】 已知某四级公路，设计速度为 $V_s=20$ （km/h），相应的行车道宽度 $b=6$m，路肩宽度 $a=0.25$m，路拱横坡度 $i_1=3\%$，路肩横坡度 $i_0=4\%$。JD_8 的里程 $2^k+327.11$，JD_8 到 JD_9 的链距 $K_{89}=246.78$m，JD_8 的左转角 $\alpha_z=24°46'36''$，JD_8 的半径 $R=140$m，超高横坡度 $i_b=3\%$。JD_9 的右转角 $\alpha_y=35°26'42''$，JD_9 的半径 $R=46$m，超高横坡度 $i_b=6\%$。计算并完善表 5-9 中所有中桩的路基宽度和特征值，要求写出计算过程。

【解】

（1）正常路拱的路基宽度和特征值计算

正常路基宽度 $B=b+2a=6+2\times0.25=6.50$m；左侧路基宽度＝右侧路基宽度＝$\dfrac{B}{2}=3.25$m

左侧路基边缘点的特征值＝右侧路基边缘点的特征值＝0m

路面中心的特征值 $h_0=ai_0+\dfrac{b}{2}i_1=0.25\times4\%+\dfrac{6}{2}\times3\%=0.10$m

（2）计算 JD_8 的全加宽和全超高特征值

1）计算 JD_8 的全加宽

JD_8 为左转角，左侧即内侧。查表 5-1 得 $R=140m$ 时 $b_j=0.8m$，则：

$$B_z=\frac{B}{2}+b_j=\frac{6.50}{2}+0.8=4.05m，\quad B_y=\frac{B}{2}=\frac{6.50}{2}=3.25m，则：$$

全加宽断面的路基全宽 $B^q=B_z+B_y=4.05+3.25=7.30m$

JD_8 的 $ZY2^k+296.36$（含 ZY）到 $YZ2^k+356.90$（含 YZ）的路基宽度 B_z、B_y 和 B^q 均为 4.05m、3.25m 和 7.30m，见表 5-9。

2）计算 JD_8 的全超高

根据题意超高横坡度 i_b=路拱横坡度 $i_1=3\%$，则按 $i_b=3\%$ 设置超高，且临界长度 l_l=缓和段长度 l_h，整个缓和段上的断面均为内断面。

左侧路基边缘特征值　　$h_n^q=ai_0-(a+b_j)i_b$
　　　　　　　　　　　　　　$=0.25\times4\%-(0.25+0.8)\times3\%$
　　　　　　　　　　　　　　$=-0.02m$

路面中心特征值　　$h_0^q=ai_0+\frac{b}{2}i_b$

　　　　　　　　　　　　$=0.25\times4\%+\frac{6}{2}\times3\%$

　　　　　　　　　　　　$=0.10m$

右侧路基边缘特征值　　$h_w^q=ai_0+(a+b)i_b$
　　　　　　　　　　　　　　$=0.25\times4\%+(0.25+6)\times3\%$
　　　　　　　　　　　　　　$=0.20m$

JD_8 的 $ZY2^k+296.36$（含 ZY）到 $YZ2^k+356.90$（含 YZ）的左侧路肩、路面中心、右侧路肩特征值均为 -0.02m、0.10m 和 0.20m，见表 5-9。

（3）计算 JD_8 的缓和段长度及缓和段上的中桩

该缓和段既有超高又有加宽，缓和段长度取二者较大者。

1）加宽缓和段长度

加宽缓和段长度 $l_j=15b_j=15\times0.8=12m$

2）超高缓和段长度

超高缓和段长度 $l_c=\dfrac{b'\Delta_i}{p}=\dfrac{6\times0}{\dfrac{1}{50}}=0m$

3）缓和段长度

理论上缓和段长度应为 12m。同时应满足表 4-3 中的缓和曲线或缓和段最小长度 20m。可以适当加长，但是不宜太长，取缓和段长度 $l_h=20m$。

4）缓和段起点和终点

缓和段长度 $l_h=20m$，JD_8 的直圆点为 $ZY2^k+296.36$，则起点方向的缓和段起点为 $2^k+276.36$；JD_8 的圆直点为 $YZ2^k+356.90$，则终点方向的缓和段起点为 $2^k+376.90$。在公路起点方向的缓和段上有中桩 2^k+280，公路终点方向的缓和段上没有中桩，见图 5-16。

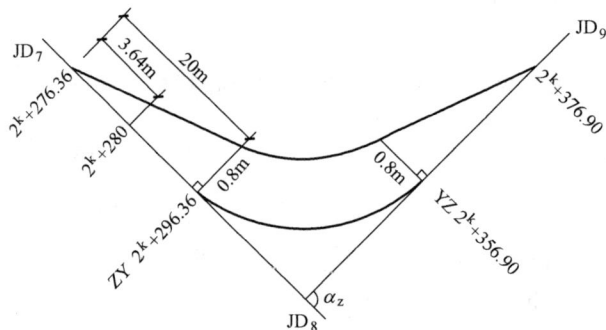

图 5-16　JD$_8$ 的缓和段位置示意图

5）JD$_8$ 的公路起点方向直线上的中桩

确定了公路起点方向的缓和段上的中桩 2^k+280，就可以判定公路起点方向的直线上的中桩有 2^k+200、2^k+220、2^k+240、2^k+260，其左侧路基宽度、右侧路基宽度和路基全宽均为 3.25m、3.25m 和 6.50m；其左侧路基边缘点、路面中心和右侧路基边缘点的特征值均为 0m、0.10m、0m，见表 5-9。

6）计算缓和段上的中桩 2^k+280

① 路基宽度计算

2^k+280 到缓和段起点 $2^k+276.36$ 的距离 $x=3.64$m

路面加宽值 $b_x=\dfrac{x}{l_h}b_j=\dfrac{3.64}{20}\times0.8=0.15$m，则

左侧路基宽度 $B_z=\dfrac{B}{2}+b_x=\dfrac{6.50}{2}+0.15=3.40$m，$B_y=\dfrac{B}{2}=\dfrac{6.50}{2}=3.25$m，则：

全加宽断面的路基全宽 $=B_z+B_y=3.40+3.25=6.65$m

2^k+280 的路基宽度 B_z、B_y 及全宽分别为 3.40m、3.25m 和 6.65m，见表 5-9。

② 特征值计算

整个缓和段均为内断面，则：

左侧路基边缘点的特征值 $h_z=h_n=ai_0-(a+b_x)i_1$

$=0.25\times4\%-(0.25+0.15)\times3\%$

$=0$m

路面中心的特征值 $h_0=ai_0+\dfrac{b}{2}i_1=0.25\times4\%+\dfrac{6}{2}\times3\%=0.10$m，与正常路拱相同。

右侧路基边缘点的特征值 $h_y=h_w=\dfrac{x}{l_h}h_w^q$

$=\dfrac{3.64}{20}\times0.20$

$=0.04$m

2^k+280 左侧路基边缘点、路面中心和右侧路基边缘点的特征值均为 0m、0.10m、0.04m，见表 5-9。

（4）计算 JD$_9$ 的全加宽和全超高特征值

170

1）计算 JD_9 的全加宽

JD_9 为右转角，左侧即外侧。查表 5-1 得 $R=46m$ 时 $b_j=1.40m$，则：

$$B_z=\frac{B}{2}=\frac{6.50}{2}=3.25m,\quad B_y=\frac{B}{2}+b_j=\frac{6.50}{2}+1.40=4.65m,\quad 则：$$

全加宽断面的路基全宽 $B^q=B_z+B_y=3.25+4.65=7.90m$

JD_9 的 $ZY2^k+558.23$（含 ZY）到 $YZ2^k+586.69$（含 YZ）的路基宽度 B_z、B_y 和 B^q 均为 3.25m、4.65m 和 7.90m，见表 5-9。

2）计算 JD_9 的全超高

根据题意超高横坡度 $i_b=6\%>i_1=3\%$，按 $i_b=6\%$ 设置超高。

左侧路基边缘特征值 $h_w^q=ai_0+(a+b)i_b$

$$=0.25\times4\%+(0.25+6)\times6\%$$

$$=0.39m$$

路面中心特征值 $h_0^q=ai_0+\frac{b}{2}i_b$

$$=0.25\times4\%+\frac{6}{2}\times6\%$$

$$=0.19m$$

右侧路基边缘特征值 $h_n^q=ai_0-(a+b_j)i_b$

$$=0.25\times4\%-(0.25+1.4)\times6\%$$

$$=-0.09m$$

JD_9 的 $ZY2^k+558.23$（含 ZY）到 $YZ2^k+586.69$（含 YZ）的左侧路肩、路面中心、右侧路肩特征值均为 0.39m、0.19m 和 -0.09m，见表 5-9。

（5）计算 JD_9 的缓和段长度及缓和段上的中桩

该缓和段既有超高又有加宽，缓和段长度取两者较大者。

1）加宽缓和段长度

从 5.1.3 节可知，加宽缓和段长度 $l_j=15b_j=15\times1.4=21m$

2）超高缓和段长度

超高缓和段长度 $l_c=\dfrac{b'\Delta_i}{p}=\dfrac{6\times3\%}{\frac{1}{50}}=5.4m$

3）缓和段长度

理论上缓和段长度应为 21m。同时应满足表 4-3 中的缓和曲线或缓和段最小长度 20m。可以适当加长，但是不宜太长，取缓和段长度 $l_h=30m$。

4）缓和段起点和终点

缓和段长度 $l_h=30m$，JD_9 的直圆点为 $ZY2^k+558.23$，则起点方向的缓和段起点为 $2^k+528.23$；JD_9 的圆直点为 $YZ2^k+586.69$，则终点方向的缓和段起点为 $2^k+616.69$。在起点方向的缓和段上有中桩 2^k+540，终点方向的缓和段上有中桩 2^k+600，见图 5-17。

5）公路起点直线上的中桩

确定了 JD_8 的公路终点方向的缓和段上的起点中桩 $2^k+376.90$、JD_9 的公路起点方

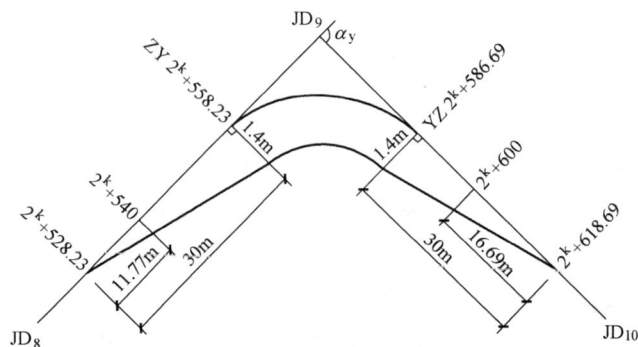

图 5-17　JD_9 的缓和段位置示意图

向的缓和段上的起点中桩 $2^k+528.23$，就可以判定 JD_8 到 JD_9 之间的直线上的中桩有 2^k+380、2^k+400、2^k+420、2^k+440、2^k+460、2^k+480、2^k+500、2^k+520。确定了 JD_9 的公路终点方向的缓和段上的起点中桩 $2^k+616.69$，若 JD_{10} 的公路起点方向的缓和段上的起点中桩为 $3^k+156.42$，就可以判定 JD_9 到 JD_{10} 之间的直线上的中桩有 2^k+620、2^k+640、2^k+660、2^k+680 等。

这些为正常路拱，其左侧路基宽度、右侧路基宽度和路基全宽均为 3.25m、3.25m 和 6.50m；其左侧路基边缘点、路面中心和右侧路基边缘点的特征值均为 0m、0.10m、0m，见表 5-9。

6）计算缓和段上的中桩 2^k+540 的路基宽度和特征值

临界长度 $l_l=\dfrac{i_1}{i_b}l_h=\dfrac{3\%}{6\%}\times30=15m$

① 路基宽度计算

2^k+540 到缓和段起点 $2^k+528.23$ 的距离 $x=11.77m$。$x<l_l$，2^k+540 在内断面上。

路面加宽值 $b_x=\dfrac{x}{l_h}b_j=\dfrac{11.77}{30}\times1.4=0.55m$，则：

左侧路基宽度 $B_z=\dfrac{B}{2}=\dfrac{6.50}{2}=3.25m$；$B_y=\dfrac{B}{2}+b_x=\dfrac{6.50}{2}+0.55=3.80m$，则：

全加宽断面的路基全宽 $=B_z+B_y=3.25+3.80=7.05m$

2^k+540 的路基宽度 B_z、B_y 及全宽为 3.25m、3.80m 和 7.05m，见表 5-9。

② 特征值计算

按照缓和段上的内断面特征值计算。

左侧路基边缘点的特征值 $h_z=h_w=\dfrac{x}{l_h}h_w^q$

$$=\dfrac{11.77}{30}\times0.39$$

$$=0.15m$$

路面中心的特征值 $h_0=ai_0+\dfrac{b}{2}i_1=0.25\times4\%+\dfrac{6}{2}\times3\%=0.10m$，与正常路拱相同。

172

表5-9

路基设计表

桩号	桩号数字	平曲线半径及转角		坡度/坡长		竖曲线		地面标高	切线设计高标高	中桩设计标高(m) 修正值		设计标高	填高挖深		路基宽度(m)			特征值(m)			备注
		左转	右转	坡度	坡长	凹	凸			凹+	凸-		填高	挖深	左侧	右侧	全宽	左基边	中心	右基边	
1	2	3	4	5	6	7	8	9	10	11	12	13	14	15	16	17	18	19	20	21	22
2^k+200	200						$SZY2^k+210$	1122.89				1123.56	0.67		3.25	3.25	6.50	0.00	0.10	0.00	
+220	220				1124.76		$R_s=1000$	1123.20	1124.16		0.05	1124.11	0.91		3.25	3.25	6.50	0.00	0.10	0.00	
+240	240			$B2^k+240$			$T_s=30$	1123.32	1124.76		0.45	1124.31	0.99		3.25	3.25	6.50	0.00	0.10	0.00	
+260	260							1126.12	1124.16		0.05	1124.11		2.01	3.25	3.25	6.50	0.00	0.10	0.00	
+280	280						$SYZ2^k+270$					1123.56			3.40	3.25	6.65	0.00	0.10	0.04	缓和段中桩
ZY+296.36	296.36											1123.07			4.05	3.25	7.30	-0.02	0.10	0.20	
+300	300											1122.96			4.05	3.25	7.30	-0.02	0.10	0.20	
+310	310											1122.66			4.05	3.25	7.30	-0.02	0.10	0.20	
+320	320			-3%	260							1122.36			4.05	3.25	7.30	-0.02	0.10	0.20	
QZ+326.63	326.63	JD_8 $R=140$ $\alpha=24°46'36''$										1122.16			4.05	3.25	7.30	-0.02	0.10	0.20	$i_b=3\%$; $b_j=0.8$; $l_h=20m$
+330	330											1122.06			4.05	3.25	7.30	-0.02	0.10	0.20	
+340	340											1121.76			4.05	3.25	7.30	-0.02	0.10	0.20	
+350	350											1121.46			4.05	3.25	7.30	-0.02	0.10	0.20	
YZ+356.90	356.9											1121.25			4.05	3.25	7.30	-0.02	0.10	0.20	
+380	380											1120.56			3.25	3.25	6.50	0.00	0.10	0.00	
+400	400											1119.96			3.25	3.25	6.50	0.00	0.10	0.00	
+420	420											1119.36			3.25	3.25	6.50	0.00	0.10	0.00	
+440	440											1118.76			3.25	3.25	6.50	0.00	0.10	0.00	
+460	460					$SZY2^k+468$						1118.36			3.25	3.25	6.50	0.00	0.10	0.00	

桩号	桩号数字	左转	右转	坡度/坡长		凹	凸	地面标高	切线设计标高	凹+	凸-	设计标高	填高	挖深	左侧	右侧	全宽	左基边	中心	右基边	备注
		平曲线半径及转角				竖曲线			中桩设计标高(m)	修正值			填高挖深		路基宽度(m)			特征值(m)			
1	2	3	4	5	6	7	8	9	10	11	12	13	14	15	16	17	18	19	20	21	22
+480	480								1120.56	0.05		1120.61			3.25	3.25	6.50	0.00	0.10	0.00	
+500	500			1116.96		$R_s=1600$			1116.96	0.32		1117.28			3.25	3.25	6.50	0.00	0.10	0.00	
+520	520			$C2^k+500$		$T_s=32$			1117.16	0.05		1117.21			3.25	3.25	6.50	0.00	0.10	0.00	
+540	540					$SYZ2^k+532$						1117.36			3.25	3.80	7.05	0.15	0.10	-0.01	缓和段中桩
ZY+558.23	558.23											1117.54			3.25	4.65	7.90	0.39	0.19	-0.09	
+560	560											1117.56			3.25	4.65	7.90	0.39	0.19	-0.09	
+565	565											1117.61			3.25	4.65	7.90	0.39	0.19	-0.09	$i_b=6\%$; $b_j=1.4$; $l_h=30m$
+570	570		JD_9 $R=46$ $\alpha=35°26'42''$									1117.66			3.25	4.65	7.90	0.39	0.19	-0.09	
QZ+572.46	572.46											1117.68			3.25	4.65	7.90	0.39	0.19	-0.09	
+575	575			$\alpha=+1\%$ 140								1117.71			3.25	4.65	7.90	0.39	0.19	-0.09	
+580	580											1117.76			3.25	4.65	7.90	0.39	0.19	-0.09	
+585	585											1117.81			3.25	4.65	7.90	0.39	0.19	-0.09	
YZ+586.69	586.69					$SZY2^k+610$						1117.83			3.25	4.65	7.90	0.39	0.19	-0.09	
+600	600											1117.96			3.25	4.03	7.28	0.22	0.11	-0.02	缓和段中桩
+620	620			1118.36		$R_s=3000$			1118.16	0.02		1118.18			3.25	3.25	6.50	0.00	0.10	0.00	
+640	640					$T_s=30$			1118.36	0.15		1118.51			3.25	3.25	6.50	0.00	0.10	0.00	
+660	660			$D2^k+640$					1118.96	0.02		1118.98			3.25	3.25	6.50	0.00	0.10	0.00	
+680	680					$SYZ2^k+670$						1119.56			3.25	3.25	6.50	0.00	0.10	0.00	
+700	700											1120.16			3.25	3.25	6.50	0.00	0.10	0.00	

右侧路基边缘点的特征值 $h_y = h_n = ai_0 - (a+b_x)i_1$
$$= 0.25 \times 4\% - (0.25 + 0.55) \times 3\%$$
$$= -0.01m$$

$2^k + 540$ 左侧路基边缘点、路面中心和右侧路基边缘点的特征值均为 0.15m、0.10m、-0.01m，见表 5-9。

7）计算缓和段上的中桩 $2^k + 600$ 的路基宽度和特征值

① 路基宽度计算

$2^k + 600$ 到缓和段起点 $2^k + 616.69$ 的距离 $x = 16.69$m。$x > l_l$，$2^k + 600$ 在外断面上。

路面加宽值 $b_x = \dfrac{x}{l_h} b_j = \dfrac{16.69}{30} \times 1.4 = 0.78$m，则：

左侧路基宽度 $B_z = \dfrac{B}{2} = \dfrac{6.50}{2} = 3.25$m；$B_y = \dfrac{B}{2} + b_x = \dfrac{6.50}{2} + 0.78 = 4.03$m，则：

全加宽断面的路基全宽 $= B_z + B_y = 3.25 + 4.03 = 7.28$m

$2^k + 540$ 的路基宽度 B_z、B_y 及全宽为 3.25m、4.03m 和 7.28m，见表 5-9。

② 特征值计算

按照缓和段上的内断面特征值计算。

左侧路基边缘点的特征值 $h_z = h_w = \dfrac{x}{l_h} h_w^q$
$$= \dfrac{16.69}{30} \times 0.39$$
$$= 0.22m$$

路面中心的特征值 $h_0 = ai_0 + \dfrac{b}{2} \dfrac{x}{l_h} i_b$
$$= 0.25 \times 4\% + \dfrac{6}{2} \times \dfrac{16.69}{30} \times 6\%$$
$$= 0.11m$$

右侧路基边缘点的特征值 $h_y = h_n = ai_0 - (a+b_x)\dfrac{x}{l_h} i_b$
$$= 0.25 \times 4\% - (0.25 + 0.78) \times \dfrac{16.69}{30} \times 6\%$$
$$= -0.02m$$

$2^k + 540$ 左侧路基边缘点、路面中心和右侧路基边缘点的特征值均为 0.22m、0.11m、-0.02m，见表 5-9。

"路基设计表"中仅仅列出了平面、纵断面和横断面的主要内容，简单地说，该表能够近似代替平面、纵断面和横断面。

复习思考题

1. 名词解释

（1）设计标高；（2）边轴旋转法；（3）特征点；（4）特征值；（5）中轴旋转法；（6）临

界断面；（7）内断面；（8）外断面；（9）平曲线上的全加宽；（10）平曲线上的全超高。

2. 简述题

（1）设置加宽有哪些要求？

（2）缓和段上超高的完成顺序是什么？

（3）既有加宽又有超高时，缓和段长度如何确定？

（4）缓和段上有哪 5 类断面？

（5）超高方法有哪些？分别适用于什么情况？

（6）全加宽全超高断面的外侧路基边缘、路面中线和内侧路基边缘的特征值计算公式是什么？

（7）缓和段上的内断面的外侧路基边缘、路面中线和内侧路基边缘的特征值计算公式是什么？

（8）缓和段上的外断面的外侧路基边缘、路面中线和内侧路基边缘的特征值计算公式是什么？

3. 计算题

（1）已知某四级公路，一个车道宽度 3.00m，双车道，单侧路肩宽度 0.50m，缓和段长度 30m。起始边 JD$_1$ 到 JD$_2$ 的链距 K_{12}＝378.46m。JD$_2$ 的 α_y＝22°16′18″，圆曲线半径 R＝80m，切线长 T＝15.74m，曲线长 L＝31.10m，外距 E＝1.54m，切曲差 D＝0.40m。边 JD$_2$ 到 JD$_3$ 的链距 K_{23}＝268.71m。JD$_2$ 的全加宽值 1.0m。计算并完成下列内容，要求画出示意图。

1）k0＋200 的路基宽度；

2）k0＋350 的路基宽度；

3）k0＋380 的路基宽度。

（2）已知某四级公路行车道宽度 6m，路肩宽度 0.50m，路拱横坡度 3%，路肩横坡度 4%，缓和段长度 30m。计算表 5-10 中 9k＋200～＋420 的中桩的路基宽度和特征值，计算结果保留 2 位小数。要求写出计算过程，画出平面示意图，并将计算结果填入表 5-10 中。

路基宽度和特征值计算　　　　　　　　　　　　　　表 5-10

桩号	平曲线		路基宽度(m)		特征值(m)			备注
	左转	右转	左	右	左肩	中	右肩	
9k＋200								
＋250								
ZY＋263.21								超高横坡度 2%，加宽值 0.6m
＋280		JD32						
...								
YZ＋382.16								
＋400								
＋420								
...								

（3）已知某四级公路行车道宽度 6m，路肩宽度 0.75m，路拱横坡度 3%，路肩横坡度 4%，缓和段长度 40m。计算表 5-11 中 7k＋290～＋460 的中桩的路基宽度和特征值，计算结果保留 2 位小数。要求写出计算过程，并将计算结果填入表 5-11 中。

路基宽度和特征值计算 表 5-11

桩号	平曲线		路基宽度(m)		特征值(m)			备注
	左转	右转	左	右	左肩	中	右肩	
7k＋290								
ZY＋321.97	JD56							超高横坡度 5%，加宽值 1.0m
＋340								
…								
YZ＋402.05								
＋410								
＋460								
…								

177

第6章 行车视距

6.1 概　　述

6.1.1 行车视距概念

1. 行车视距概念及分类

为了行车安全，司机能看到前方一定距离的公路及公路上的障碍物或对面来车，便于及时刹车或绕过；汽车在这段时间内行驶的必要安全距离，称为行车视距。

2. 行车视距分类

行车视距分为停车视距、会车视距、超车视距和错车视距。

（1）停车视距

停车视距，指司机发现前方障碍物立即刹车，并且能够在之前停下来，这一必须保证的最短距离，见图 6-1。停车视距 S_T 由式（2-13）推导而来，见式（6-1）。

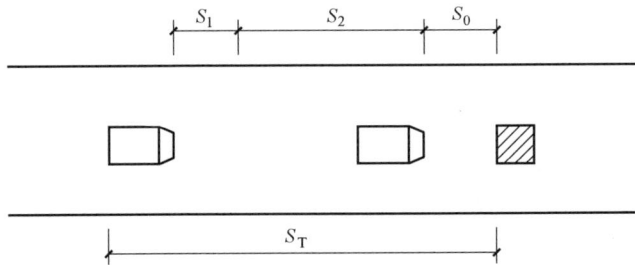

图 6-1　停车视距示意图

$$S_T = \frac{V_1}{3.6} \times (t_1 + t_2) + \frac{V_1^2}{254(\varphi - i)} \times k + S_0 \qquad (6-1)$$

式中　S_T——停车视距（m）；

　　　S_0——安全距离，不小于 10m；

　　　V_1——汽车制动前的行驶速度（km/h）；

其余符号意义同 2.3 节。

（2）会车视距

会车视距，指在单车道上或没有分隔的双车道上行驶，汽车遇到对面来车，不能或来不及错车，只能双方制动，这一必须保证的最短距离，见图 6-2 和式（6-2）。

$$S_H = \frac{V_1}{3.6} \times (t_1 + t_2) + \frac{V_1^2}{254(\varphi - i)} \times k + \frac{V_1'}{3.6} \times (t_1 + t_2) + \frac{V_1'^2}{254(\varphi - i)} \times k + S_0 \quad (6-2)$$

式中　S_H——会车视距（m）；

　　　S_0——安全距离，不小于 10m；

　　　V_1——汽车制动前的从左向右行驶的车辆行驶速度（km/h）；

　　　V_1'——汽车制动前的从右向左行驶的车辆行驶速度（km/h）；

其余符号意义同前。

一般而言，会车视距 S_H 不小于 2 倍停车视距。

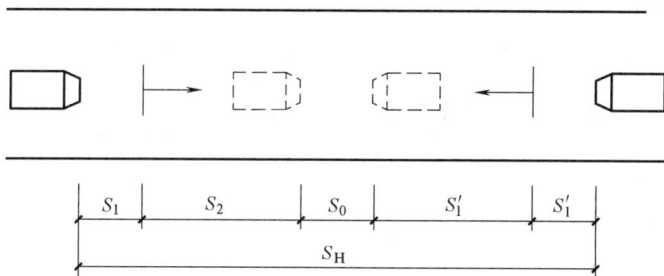

图 6-2　会车视距示意图

（3）超车视距

在一般双车道公路上行驶着各种不同速度的车辆，当快速车追上慢速车以后，需要占用对向汽车行驶的车道进行超车。为了超车时的安全，司机必须能看到前面足够长度的车流，以便在相邻车道上没有出现对向驶来的汽车之前完成超车。这种快车超越前面慢车后再回到原来车道所需要的最短距离称为超车视距，见图 6-3。

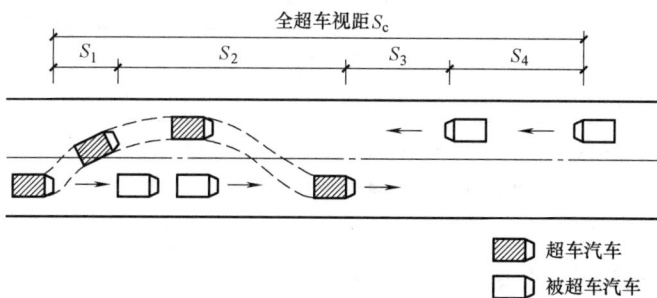

图 6-3　超车视距示意图

超车视距的全程可分为 4 个阶段：加速行驶距离 S_1、超车汽车在对向车道上行驶的距离 S_2、完成超车后超车汽车与对象汽车之间的安全距离 S_3 和超车汽车从开始加速超车完成后对向汽车的行驶距离 S_4。

（4）错车视距

错车视距仅仅针对单车道公路，错车视距一般为 300m 左右，需要根据地形、转弯等实际情况确定。错车视距有两种解释：

1）在四级公路且为单车道的公路上，每隔一定距离（一般为 300～500m）设置错车道，能够保证错车道有效错车的视线距离，称为错车视距。

2）在没有明确划分车道的双车道公路上，两对向行驶的汽车相遇，发现后立即采取减速避让措施，并安全错车所需的视线距离。

6.1.2 《公路工程技术标准》JTG B01—2014 视距规定

1. 高速公路、一级公路的停车视距应不小于表 6-1 规定。

高速公路、一级公路停车视距最小值　　　　　　　　　表 6-1

设计速度(km/h)	120	100	80	60
停车视距(m)	210	160	110	75

2. 二、三、四级公路的停车视距、会车视距与超车视距应不小于表 6-2 规定。

二、三、四级公路的停车视距、会车视距与超车视距最小值　　　表 6-2

设计速度(km/h)	80	60	40	30	20
停车视距(m)	110	75	40	30	20
会车视距(m)	220	150	80	60	40
超车视距(m)	550	350	200	150	100

3. 互通式立交、服务区、停车区、客运汽车停靠站等的各类出、入口应满足识别视距要求，见表 6-3。识别视距是指车辆以一定速度行驶中，驾驶员自看清前方分流、合流、交叉、渠化、交织等各种行车条件变化时的导流设施、标志、标线，做出制动减速、变换车道等操作，至变化点前使车辆达到必要的行驶状态所需要的最短行驶距离。

不同设计速度对应的识别视距　　　　　　　　　　表 6-3

设计速度(km/h)	120	100	80	60
识别视距(m)	350(460)	290(380)	230(300)	170(240)

注：括号中为行车环境复杂、路侧出入口提示信息较多时采用的视距值。

4. 双车道公路应间隔设置满足超车视距的路段。

5. 高速公路、一级公路以及大型车比例较多的二、三、四级公路，应采用货车停车视距对相关路段进行检验，见表 6-4、表 6-5。

高速公路、一级公路停车视距和货车视距　　　　　　表 6-4

设计速度(km/h)	120	100	80	60
停车视距(m)	210	160	110	75
货车停车视距(m)	245	180	125	85

二、三、四级公路的停车视距和货车停车视距　　　　　表 6-5

设计速度(km/h)	80	60	40	30	20
停车视距(m)	110	75	40	30	20
货车停车视距(m)	125	85	50	35	20

货车停车视距在下坡路段，应随坡度大小进行修正，其值见表 6-6。

6. 积雪冰雪地区的停车视距宜适当延长。

表 6-6

货车下坡随坡度变化修正后的停车视距（m）

纵坡度（%）		设计速度（km/h）										
		120	110	100	90	80	70	60	50	40	30	20
下坡方向	0	245	210	180	150	125	100	85	65	50	35	20
	3	265	225	190	160	130	105	89	66	50	35	20
	4	273	230	195	161	132	106	91	67	50	35	20
	5	/	236	200	165	136	108	93	68	50	35	20
	6	/	/	/	169	139	110	95	69	50	35	20
	7	/	/	/	/	/	/	/	70	50	35	20
	8	/	/	/	/	/	/	/	/	/	35	20
	9	/	/	/	/	/	/	/	/	/	/	20

6.1.3 《公路路线设计规范》JTG D20—2017 视距规定

1. 各级公路的停车视距

各级公路的停车视距见表 6-7。

表 6-7

停车视距

设计速度（km/h）	120	100	80	60	40	30	20
停车视距（m）	210	160	110	75	40	30	20

2. 各级公路采用视距要求

（1）高速公路、一级公路的视距应采用停车视距。

（2）二级、三级、四级公路的视距应满足会车视距要求，其长度不小于停车视距的 2 倍。受地形条件或其他特殊情况限制而采取分道行驶措施的地段，可采用停车视距。

3. 下坡路段停车视距要求

高速公路、一级公路以及行驶大型车比例高的二级公路、三级公路的下坡路段，应采用下坡段货车停车视距对相关路段进行检验。下坡段货车停车视距，见表 6-8。

表 6-8

下坡段货车停车视距（m）

设计速度（km/h）		120	100	80	60	40	30	20
纵坡度（%）	0	245	180	125	85	50	35	20
	3	265	190	130	89	50	35	20
	4	273	195	132	91	50	35	20
	5	/	200	136	93	50	35	20
	6	/	/	139	95	50	35	20
	7	/	/	/	97	50	35	20
	8	/	/	/	/	/	35	20
	9	/	/	/	/	/	/	20

4. 一般公路超车视距要求

二级、三级、四级公路的超车视距规定，见表6-9。

超车视距   表 6-9

设计速度(km/h)		80	60	40	30	20
超车视距(m)	一般值	550	350	200	150	100
	最小值	350	250	150	100	70

注：表中"一般值"为正常情况下的采用值；"最小值"为条件受限制时可采用的值。

5. 视距其他要求

（1）具有干线功能的二级以上公路宜在3min的行驶时间内，提供一次满足超车视距要求的超车路段。其他双车道公路可根据情况间隔设置具有超车视距的路段。

（2）平曲线内侧设置的人工构造物，或平曲线内侧挖方边坡妨碍视线，或中间带设置防眩设施时，应对视距予以检查与验算。不符合规定要求时，可加宽路肩或中间带，或将构造物后移，或设置交通安全设施。

6. 引道视距要求

（1）每条岔路上部都应提供与行驶速度相适应的引道视距，见图6-4。

（2）引道视距在数值上等于停车视距，但量取标准为：眼高1.2m；物高0m。各种设计速度所对应的引道视距及凸形竖曲线的最小半径规定，见表6-10。

引道视距及相应的凸形竖曲线最小半径视距   表 6-10

设计速度(km/h)	100	80	60	40	30	20
引道视距(m)	160	110	75	40	30	20
引导凸形竖曲线最小半径(m)	10700	5100	2400	700	400	200

7. 通视三角区要求

（1）两相交公路间，由各自停车视距所组成的三角形区内不得存在任何有碍通视的物体，见图6-5。

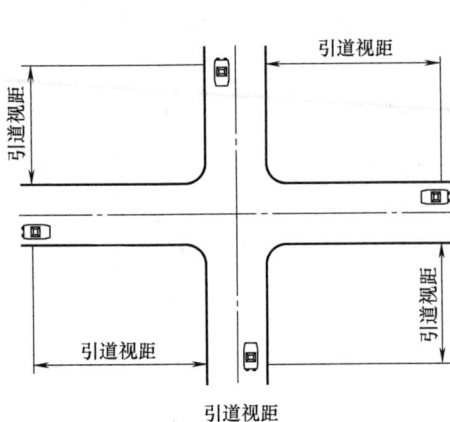

图 6-4 引道视距

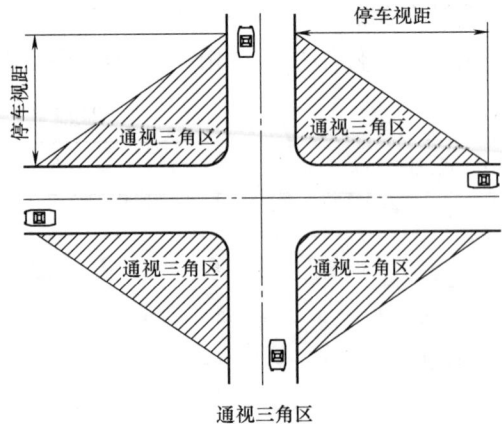

图 6-5 通视三角区

（2）条件受限制不能保证由停车视距所构成的通视三角区时，则应保证主要公路的安全交叉停车视距和次要公路至主要公路边车道中心线5～7m所组成的通视三角区，安全交叉停车视距值，见表6-11。

安全交叉停车视距　　　　　　　　　　表6-11

设计速度(km/h)	100	80	60	40	30	20
停车视距视距(m)	160	110	75	40	30	20
安全交叉停车视距(m)	250	175	115	70	55	35

6.1.4　设计视距

设计视距指设计上采用的视距，用 l_{ss} 表示。

1. 高速公路、一级公路的设计视距应不小于停车视距，见表6-7。

2. 二级、三级、四级公路的视距应满足会车视距要求，其长度不小于停车视距的2倍。

3. 其他情况的设计视距（如下坡路段引道、通视三角区）不小于规范相应规定值。

6.2　弯道上视距的保证

一般来说，直线上视距容易保证，视距困难主要集中在弯道，而且往往在弯道内侧障碍物容易遮挡视线影响视距。本节着重分析弯道内侧视距及其保证。

6.2.1　基本概念

1. 视线：一般视线是很宽泛的，这里指行驶方向，司机能够看到前方一定距离的行车或障碍物，司机与前方车辆或障碍物之间的直线。视线高度距离地面1.2m。一般来说分析弯道上视距时往往需要确定设计视距 S_s，这里假定某公路设计速度为40km/h的设计视距 $S_s=100$m，则在图6-6中应保证视线 ii'（$i=1，2，3……$）等于100m。

2. 行车轨迹线：汽车在弯道上行驶距未加宽前路面内侧边缘1.5m的曲线，见图6-6中的点画线。

3. 视距包络线：与为了保证设计视距（以图6-6为例，设计视距 $ii=100$m）所需的各条视距直线 ii' 相切

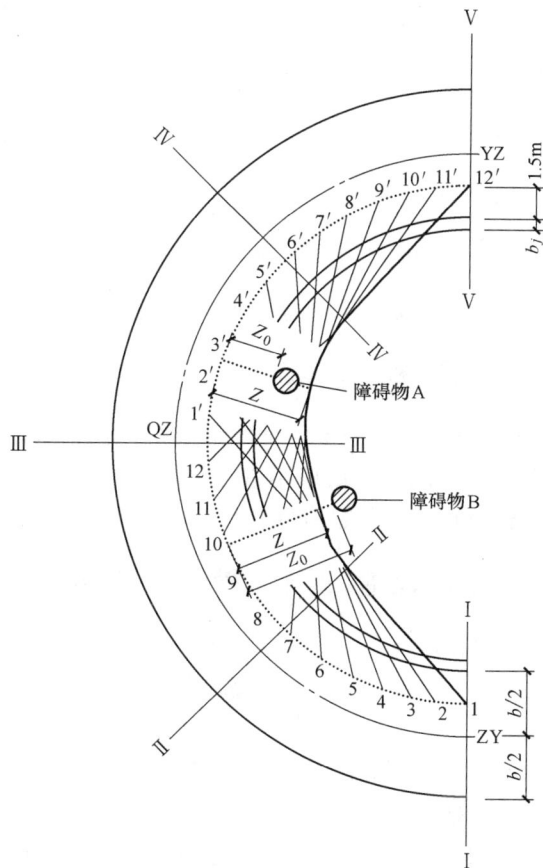

图6-6　弯道内侧视距分析

183

的一条曲线，图6-6中的粗曲线即视距包络线。

4. 横净距 Z：横断面方向行车轨迹线到视距包络线的距离，其中最大者称为最大横净距 Z_{max}。

5. 虚横净距 Z_0：横断面方向行车轨迹线到障碍物的距离。

6.2.2 计算理论清除障碍物范围

1. 当 $Z > Z_0$ 时，理论上需要清除，清除范围为 $Z - Z_0$，图6-6中障碍物 A 需要清除才能满足设计视距要求。

2. 当 $Z < Z_0$ 时，理论上不需要清除，图6-6中障碍物 B 不需要清除也能满足设计视距要求。

6.2.3 弯道上最大横净距的计算

1. 当行车轨迹线上的平曲线长度 l_s 大于设计视距 S_s 时，按式（6-3）计算。

$$Z_{max} = \frac{l_{ss}^2}{8R_s} \tag{6-3}$$

2. 当行车轨迹线上的平曲线长度 l_s 小于设计视距 S_s 时，按式（6-4）计算。

$$Z_{max} = \frac{l_s}{8R_s}(2S_s - l_s) \tag{6-4}$$

式中 S_s——设计视距（m）；

R_s——行车轨迹线半径（m），$R_s = R - \dfrac{b}{2} + 1.5$，其中 R 为该交点的平曲线半径，

       b 为行车道宽度；

l_s——该交点的转角为 α，半径为 R_s，相应的平曲线长度，$l_s = \dfrac{\alpha \pi R_s}{180}$；

Z_{max}——该交点的 QZ 断面对应的最大横净距。

6.2.4 弯道上视距的保证

实际工作中，为了保证弯道视距，往往采用同心圆清除法，即每一个断面按照交点的 QZ 断面对应的最大横净距进行清除，虽然费用略有增加，但是方便、快捷。

当弯道视距无法保证时，可以采用限速、设置警示、警告标志等措施。

6.2.5 保证弯道视距清除的横断面图示例

1. 填方地段

图6-7中，A 点为路基边缘点，B 点为加宽后的内侧路面边缘点，C 点为未加宽前的内侧路面边缘点，D 点为行车轨迹线；Z_0 为虚横净距；Z 为横净距；1.2m 为行车轨迹线上的视线高度；第 I 排树木需要额外清除。

2. 挖方地段

图6-8中，A 点为路基边缘点，B 点为加宽后的内侧路面边缘点，C 点为未加宽前的内侧路面边缘点，D 点为行车轨迹线；Z_0 为虚横净距；Z 为横净距；1.2m 为行车轨迹线

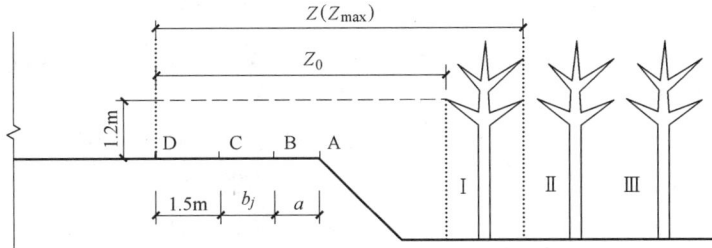

图 6-7　填方地段弯道视距保证的清除范围

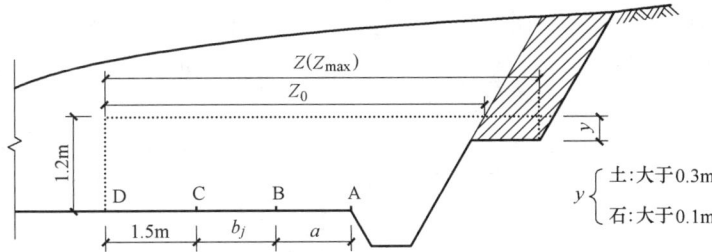

图 6-8　挖方地段弯道视距保证的清除范围

上的视线高度；阴影部分土石方需要额外清除。其中超挖深度 y，挖土时 $y \geqslant 0.3 \mathrm{m}$；挖石时 $y \geqslant 0.1 \mathrm{m}$。

6.3　其他视距的保证

一般来说，直线上视距容易保证，但是也存在人为视距困难，这也需要注意由视距不足引起的交通安全问题。例如具有中央分隔带的公路、平面交叉路口等。本书以具有中央分隔带的公路为例来阐述。

某平原区城市区间快速路，设计速度 80km/h，双向 4 车道，设置宽度 2.0m 的中央分隔带，中央分隔带进行了绿化，绿化植物高度超过 2.0m。该公路属于城市区间快车道，同时在部分平面交叉路口设置有人行道，部分平面交叉道口设置红绿灯，见图 6-9。

图 6-9　某快速路中央分隔带及人行道照片

从图 6-9 可以看出,在平面交叉路口有人行道(没有红绿灯)时,存在视距危险区间,即高大绿化植物容易遮挡快速通行车辆的视线,导致快速车辆和人行道的行人之间产生冲突,甚至发生交通事故,内侧车道尤其严重。

基于此,本书提出设计类似快速路时,建设单位或交通主管部门应充分考虑安全视距,可以采取下列有效措施。否则,设置类似中央分隔带不仅占地和花费巨大,还将埋下安全隐患,甚至发生人员伤亡的交通事故,对此,建设单位或交通主管部门应该引起高度重视。

第一,不宜采用超高视线高度 1.20m 及其以上的绿化植物,可以采用低矮植物。

第二,如果硬性采用超高视线高度 1.20m 及其以上的绿化植物,在交叉口,应该满足设计视距的要求,即在设计视距范围内,不得种植超高视线高度 1.20m 及其以上的绿化植物,见图 6-10。

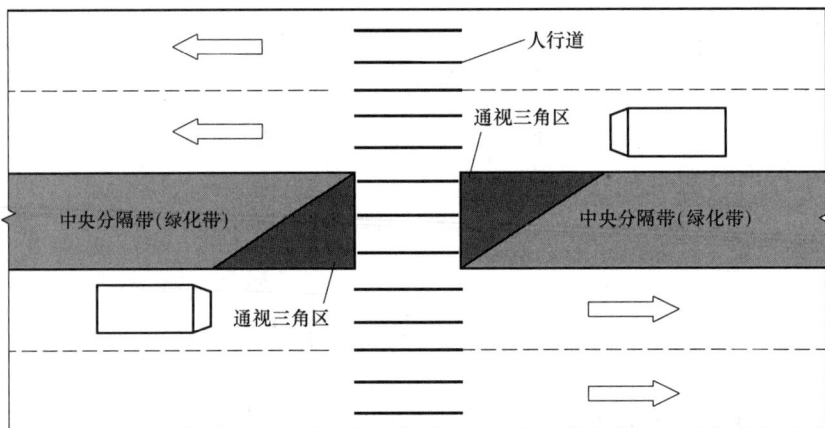

图 6-10　有中央分隔带的道路视距保证示意图

第三,如果硬性采用超高视线高度 1.20m 及其以上的绿化植物,在交叉口,可以设置红绿灯管控交通。

复习思考题

1. 名词解释

(1)虚横净距;(2)横净距;(3)最大横净距;(4)停车视距;(5)会车视距;(6)超车视距;(7)错车视距;(8)设计视距;(9)视线;(10)行车轨迹线;(11)视距包络线。

2. 简述题

(1)参照图 6-7 和图 6-8,如何在断面图上确定弯道内侧的清除范围?

(2)规范对设计视距是如何规定的?

(3)弯道内侧往往采用同心圆清除法,一般按照什么标准清除,为什么?

(4)当行车轨迹线上的平曲线长度大于设计视距,最大横净距的计算公式是什么?

(5)当行车轨迹线上的平曲线长度小于设计视距,最大横净距的计算公式是什么?

(6)已知行车轨迹线半径,行车轨迹线上的平曲线长度的计算公式是什么?

第7章 纵断面设计

7.1 基 本 概 念

1.纵断面

工程上要完整表示一个几何体需要多个角度视图，公路仅仅用平面表示远远不够，还需要用纵断面视图。

为了正确理解纵断面，我们想象一下，沿平面图中的公路中线方向有一把刀，这把刀是曲面刀，这把刀垂直于平面图中的中线砍下去；曲刀砍下去后与平面中线的地面线相交的线，就是纵断面地面线；曲刀砍下去后与纵断面中线的设计线相交的线，就是纵断面设计线（即纵坡度线）。再进一步想象一下，将这把曲刀拉成平面刀（垂直于水平面的立面），此时纵断面地面线和设计线都是在立面上的投影，这时的纵断面上的地面线就有起伏不平的状况存在，而纵断面设计线就出现上坡线、下坡线、平坡线等坡度线了。事实上，实际工程中往往就用这两条纵断面地面线和设计线简单替代公路纵断面，研究清楚了纵断面设计线和地面线，就基本研究清楚纵断面了。

简而言之，纵断面指公路中线（含设计线和地面线）在垂直立面上的投影。

2.纵坡度

（1）坡度的表示方法

工程上坡段的表示方法具有多样性，纵断面的纵坡度 i 常用百分比表示，横断面的边坡常用比例 $1:x$，此外有的用角度、弧度等表示。

（2）纵坡度表示

如图 7-1 所示，坡段 AB 之间的纵坡度按式（7-1）计算，见图 7-1。

$$i = \frac{h}{l} \times 100\% \qquad (7-1)$$

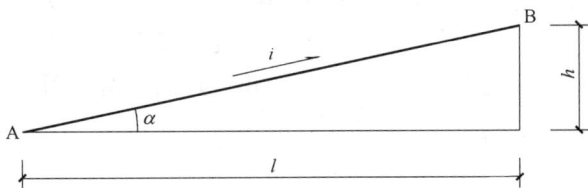

图 7-1 坡段纵坡度

式中 i——坡段 AB 之间的纵坡度，用%表示；

l——坡段 AB 之间的坡长，这里的坡长指水平距离而非斜坡的斜长；

h——坡段 AB 之间的垂直立面上的高度差。

（3）纵坡度的概念

纵坡度指坡段的高差占水平距离的百分比。

（4）纵坡度的分类

根据实际现场情况纵坡度可以分为上坡（如 2.0%）、平坡（0%）、下坡（如 -2.6%）。

3. 纵断面地面线

中线上，各个中桩具有实测高程。在纵断面图上，将中线上各个中桩的地面实测高程的连线称为纵断面地面线。

4. 纵断面设计线

纵断面设计线可以有两种解释，一是指纵断面设计坡段的连线（变坡点处设置竖曲线），二是指纵断面上各个中桩设计标高的连线。

纵断面设计线由直线坡段和竖曲线组成。直线坡段（即均匀坡度线）有上坡、平坡和下坡，在直线坡段的坡度转折处为平顺过渡要设置竖曲线，竖曲线分凹形竖曲线和凸形竖曲线。

5. 变坡点

变坡点可以有两种解释，一是纵断面上纵坡度变化的点，二是纵断面上相邻坡段交叉的点。变坡点又称为转坡点。

6. 设计标高

在 5.2 节中已经详细阐述了设计标高。一般公路的设计标高指设计上确定的未超高未加宽前的路基（路肩）边缘的标高；对于同一个固定的中桩而言，设计标高是固定不变的；对于不同的中桩而言可能相等（这种情况比较少），也可能不相等（这种情况较多）。

对于纵断面而言，设计标高指纵断面上设计线上各个中桩的标高。

得到设计标高后就可以计算施工高度。

7. 施工高度

从纵断面图和路基设计表容易知道，施工高度指中桩的设计高程与地面高程之差，按式（7-2）计算。

$$h = H_s - H_d \qquad (7\text{-}2)$$

式中 h——施工高度，$h > 0$ 表示填方路堤；$h < 0$ 表示挖方路堑；$h = 0$ 表示零填挖路基或半填半挖路基，见图 7-2 和图 7-3；

       H_s——中桩设计高程，由纵坡度设计后计算而得；

       H_d——中桩地面高程，由外业水准测量而得。

图 7-2 填方路堤和挖方路堑

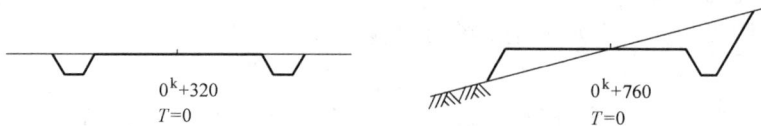

图 7-3 零填挖路基和半填半挖路基

7.2 纵坡设计规定

7.2.1 一般规定

纵断面设计最重要的工作就是纵坡设计，有时将纵坡设计等同于纵断面设计，可见纵坡设计的重要性。纵坡设计又称为拉坡，即进行纵断面及纵坡设计。

为使纵坡设计经济合理，必须在全面掌握勘测资料基础上，结合选线意图和安排，经过综合分析、反复比较定出设计纵坡。

1. 纵坡设计必须满足《公路工程技术标准》JTG B01—2014 的各项规定。

2. 为保证车辆能以一定速度安全舒适地行驶，纵坡应具有一定的平顺性，起伏不宜过大或过于频繁。尽量避免采用极限纵坡值，坡段纵坡度紧张时合理安排缓和坡段，不宜连续采用极限长度的陡坡夹最短长度的缓坡。集中克服高程的连续上坡或下坡路段，应避免设置反坡路段。越岭线垭口附近的纵坡尽量平缓一些。

3. 纵坡设计应对沿线地形、地下管线、地质、水文、气候和排水等综合考虑，视具体情况确定。

4. 一般情况下纵坡设计应考虑填挖平衡，尽量使挖方运作就近路段填方，以减小借方和费方数量，减少临时和永久占地。

5. 平原微丘区地下水埋深较浅，或池塘、湖泊分布较广，纵坡除应满足最小纵坡要求外，还应满足最小填土高度要求，保证路基干湿类型和路基稳定。

6. 对连接段的纵坡，如大、中桥引道及隧道两端连接线，纵坡应平缓，避免产生突变。交叉处前后的纵坡应平缓一些。

7. 在实地调查基础上，充分考虑通道、农田水利等方面的要求。

8. 挖方段纵坡和半挖半填路基的半挖部分应考虑纵向排水通畅。

9. 下穿公路、铁路的公路路基应考虑地下水和地面涌水的抽排，避免暴雨形成积水。

10. 公路路基设计洪水频率，见表 7-1。

公路路基设计洪水频率　　　　　　　　　　　　表 7-1

公路等级	高速公路	一级公路	二级公路	三级公路	四级公路
设计洪水频率	1/100	1/100	1/20	1/25	按具体情况确定

（1）沿河及可能受水侵淹的路段，按设计标高推算的最低侧路基边缘标高，应高出表7-1规定洪水频率计算水位加壅水高、波浪侵袭高和0.50m 的安全高度。

（2）沿水库上游岸边的路段，按设计标高推算的最低侧路基边缘表应考虑水库水位升高后地下水位壅升，以及水库淤积后壅水曲线抬高及浪高的影响；在寒冷地区还应考虑冰塞壅水对水位增高的影响。

（3）大、中桥桥头引道（在洪水泛滥范围内）的按设计标高推算的最低侧路基边缘标高，应高于该桥设计洪水位（包括壅水和浪高）至少 0.50m；小桥涵附近的按设计标高推算的最低侧路基边缘标高应高于桥（涵）前壅水水位至少 0.50m（不计浪高）。

7.2.2 纵坡设计技术指标

1. 最大纵坡 i_{max}

最大纵坡有两层含义，第一层是规范规定的各级设计速度下的最大纵坡值，第二层是该线所有坡段纵坡度值最大的坡度值，这里分析第一层含义。

最大纵坡是公路纵断面设计的中央控制指标，在山区它直接影响路线的长短、使用质量、运输成本及工程造价。

《公路工程技术标准》JTG B01—2014 和《公路路线设计规范》JTG D20—2017 对各级公路的最大纵坡规定，见表7-2。

最大纵坡　　　　　　　　　　　　　　　　　　　　　　　　表 7-2

设计速度(km/h)	120	100	80	60	40	30	20
最大纵坡(%)	3	4	5	6	7	8	9

（1）设计速度为 120km/h、100km/h、80km/h 的高速公路受地形条件或其他特殊情况限制时，经技术经济论证，最大纵坡值可增加 1%。

（2）公路改扩建中，设计速度为 40km/h、30km/h、20km/h 的利用原有公路的路段，经技术经济论证，最大纵坡度值可增加 1%。

（3）四级公路位于海拔 2000m 以上或积雪冰冻地区的路段，最大纵坡不应大于 8%。

2. 最小纵坡 i_{min}

对于填方较高的路堤而言，一般不存在排水困难问题，可以不受最小纵坡的限制。为使公路上行车快速、安全和畅通，希望公路纵坡设计得小一些，但是，在路堑、零填挖路基、半填半挖路基的半挖部分以及其他横向排水不畅的路段，为了保证排水要求，防止积水影响行车安全，防止长时间积水渗入路基，在这些路段，应设置不小于 0.5% 的纵坡，困难情况也不小于 0.3%。

在路堑、零填挖路基、半填半挖路基的半挖部分以及其他横向排水不畅的路段，当必须设计平坡或纵坡小于 0.3% 时，应认真做好纵向边沟的排水设计。

3. 平均纵坡 i_p

（1）平均纵坡的概念

在公路设计中，平均纵坡指在一定路段范围内，路段两端点的高差占路段路线长度的百分比。平均纵坡是衡量路线连续升坡或连续降坡路段设计质量的重要指标之一，对纵坡平缓路段的平均纵坡不做要求。

（2）平均纵坡的意义

对于一条线路中的连续升坡或连续降坡路段，即使其任意段最大纵坡没有超过规范规定的最大纵坡值、坡长限制和缓和坡段，但也不能保证行车顺利安全。如果连续升坡或连续降坡路段过长，平均纵坡较大，汽车上坡用二档或一档的时间较长，发动机长时间发热，易导致汽车水箱长时间沸腾、气阻；同样，下坡时，频繁刹车制动，易引起制动器蹄片过热，甚至烧毁制动片，加上货车司机严重超载，在下坡段段尾极易发生交通安全事故。所以必须对连续升坡或连续降坡路段的平均纵坡予以限制。

（3）平均纵坡的计算

对连续升坡或连续降坡路段的平均纵坡计算，可以采用三种方法，一是路段两端点的高差占路段路线长度的百分比；二是各个坡段的纵坡度之和除以坡段数量；三是按坡段长度的加权平均值。按第三种方法更为合理，按式（7-3）计算。

$$i_\mathrm{p} = \frac{i_1 \times l_1 + i_2 \times l_2 + \cdots + i_n \times l_n}{l_1 + l_2 + \cdots + l_n} \tag{7-3}$$

式中　i_p——连续升坡或连续降坡路段的平均纵坡（%）；

i_1、l_1——第一段坡的纵坡度值（%）、坡长（m）；

i_2、l_2——第一段坡的纵坡度值（%）、坡长（m）；

i_n、l_n——第一段坡的纵坡度值（%）、坡长（m）。

（4）规范对平均纵坡的规定

1）二级及二级以下公路的越岭路线连续上坡（或下坡）路段，相对高差为200～500m时，平均纵坡不应大于5.5%；相对高差大于500m时，平均纵坡不应大于5%。

2）高速公路、一级公路应论证采用合理的平均纵坡。对存在连续长、陡纵坡的路段应进行安全性评价。

4. 合成坡度 i_h

（1）合成坡度的概念

合成坡度指在具有超高的平曲线上，且路线纵向具有纵坡度，超高横坡度与纵坡度合成的坡度。有人认为合成坡度指超高横坡度与路拱横坡度合成的坡度，这是错误的，路拱横坡度一般较小，二者合成的坡度不会超限。

（2）合成坡度的计算

$$i_\mathrm{h} = \sqrt{i_\mathrm{b}^2 + i^2} \tag{7-4}$$

式中　i_b——超高横坡度（%）；

i——路线纵坡度（%）；

i_h——合成坡度（%）。

（3）合成坡度的意义

在具有超高平曲线的纵坡度道上，最大坡度不是纵坡方向，也不是超高横坡度方向，而是超高横坡度与纵坡度合成的坡度方向。合成坡度过大，车辆可能沿着合成坡度方向滑移，规范对合成坡度予以限制。合成坡度过大，说明平面上转急弯（小半径平曲线，超高横坡度大），纵断面上（或下）陡坡（纵坡度大），因此限制合成坡度就是限制急弯与陡坡相重合的线形，换句换说，平面上急弯的地方纵断面上就不宜再设计陡坡。

（4）规范对合成坡度的规定

1）《公路路线设计规范》JTG D20—2017 对合成坡度的规定，见表7-3。

公路最大合成坡度　　　　　　　　　　　　　　　　　表 7-3

公路等级	高速公路			一级公路			二级公路		三级公路		四级公路
设计速度(km/h)	120	100	80	100	80	60	80	60	40	30	20
合成坡度(%)	10.0	10.0	10.5	10.0	10.5	10.5	9.0	9.5	10.0	10.0	10.0

2）当陡坡与小半径平曲线相重叠时，宜采用较小的合成坡度。特别是下述情况，其合成坡度值必须小于8.0%：冬季路面有积雪、结冰的地区；自然横坡较陡峻的傍山路

段；非汽车交通量较大的路段。

3）在超高过渡的变化处，合成坡度不应设计为0。当合成坡度小于0.5%时，应采取综合排水措施，保证路面排水畅通。

5. 高原纵坡折减

设计速度小于或等于80km/h且位于海拔3000m以上高原地区的公路，最大纵坡应予以折减，见表7-4。最大纵坡折减后若小于4%，则仍采用4%。

高原纵坡折减 表7-4

海拔高度（m）	3000～4000	4000～5000	5000以上
纵坡折减（%）	1	2	3

6. 坡长限制与缓和坡段

（1）坡长限制

坡长限制包括最小（即最短）坡长限制和最大（即最陡）坡长限制。

1）最小（即最短）坡长限制

如果坡段设计过短，纵断面上转坡点过密，呈现出锯齿形状，对保证汽车以一定速度行驶是非常不利的；上坡频繁换挡，下坡频繁刹车，不断改变行车状况，增加司机驾驶难度。为了提高行车平顺性，一般要求纵坡转坡点要少，相邻转坡点之间的最短距离不宜过短。《公路路线设计规范》JTG D20—2017对最短纵坡要求见表7-5。

最短坡长 表7-5

设计速度（km/h）	120	100	80	60	40	30	20
最短坡长（m）	300	250	200	150	120	100	60

2）最陡坡长限制

在一定设计速度下，纵坡较陡时，如果坡长较长，将会造成上坡长时间抵挡位行驶，下坡长时间由于惯性加速不断刹车制动，这对行车安全十分不利，特别是超载货车在下坡段尾部十分危险。对这些陡坡的长度应予以限制。《公路路线设计规范》JTG D20—2017和《公路工程技术标准》JTG B01—2014对不同纵坡最大坡长做了限制，见表7-6。

不同纵坡最大坡长（m） 表7-6

设计速度（km/h）		120	100	80	60	40	30	20
纵坡坡度（%）	3	900	1000	1100	1200	/	/	/
	4	700	800	900	1000	1100	1100	1200
	5	/	600	700	800	900	900	1000
	6	/	/	500	600	700	700	800
	7	/	/	/	/	500	500	600
	8	/	/	/	/	300	300	400
	9	/	/	/	/	/	200	300
	10	/	/	/	/	/	/	200

从表7-6中可以看出，设计速度 $V_s \leq 40$km/h 时，纵坡度 $i \geq 4$% 时，规范认为是陡

坡，其坡长应予以限制；设计速度 $V_s \geq 60km/h$ 时，纵坡度 $i \geq 3\%$ 时，规范认为是陡坡，其坡长应予以限制。

（2）缓和坡段

如果某一陡坡段，拉坡达到极限陡坡长度，其前后坡段应设置缓和坡段。

缓和坡段指纵坡较小（小于等于 3% 或 4%），能够使陡坡得到缓和，从而改善行车状况的坡段。

《公路路线设计规范》JTG D20—2017 规定：连续上坡或连续下坡时，应在不大于表 7-5 规定的纵坡长度之间设置缓和坡段。缓和坡段的纵坡应不大于 3%，其长度应符合表 7-5 最小坡长的规定。这一规定与表 7-6 略有协调，按表 7-6 规定设计速度 $V_s \leq 40km/h$ 时，纵坡度 $i < 4\%$（例如 3.5%）时即为缓和坡段。

（3）陡坡折算

下面用示例来说明陡坡折算问题。

【例 7-1】 $V_s = 20km/h$，某路段进行拉坡。第一个坡段已经拉坡 4%，坡长为 300m。查表 7-6 得知 4% 的坡长限制为 1200m，6% 的坡长限制 800m，8% 的坡长限制为 400m。计算分析（图 7-4）：

（1）紧接着第二个坡段能否拉 8% 的陡坡？若能，允许拉坡极限长度是多少？

（2）紧接着第二个坡段拉 8% 的陡坡长度为 280m，紧接着第三个坡段能否拉 6% 的陡坡？

（3）紧接着第二个坡段拉 8% 的陡坡，并拉至极限坡长，紧接着第三个坡段该如何处理？此时第一个坡段的前面一个坡段该如何处理？

【解】

（1）第一个坡段 4%，坡长 300m，坡长限制 1200m。则已经拉坡占坡限的 $\frac{300}{1200} \times 100\% = 25\%$。

该坡段还剩余空间：$1 - 25\% = 75\%$。紧接着第二坡段能够拉 8% 的坡。

紧接着第二坡段允许拉坡极限长度 $= 75\% \times 400m$（8% 的坡长限制 400m）$= 300m$。

（2）紧接着第二个坡段拉 8% 的陡坡长度为 280m，紧接着第三个坡段不能拉 6%。因为已经不能满足最短坡长 60m 的要求。

（3）紧接着第二个坡段拉 8% 的陡坡，并拉至极限坡长 300m，紧接着第三个坡段和第一个坡段的前面一个坡段必须设置缓和坡段。缓和坡段的纵坡度 i 应小于 4%，且坡长不得短于 60m。

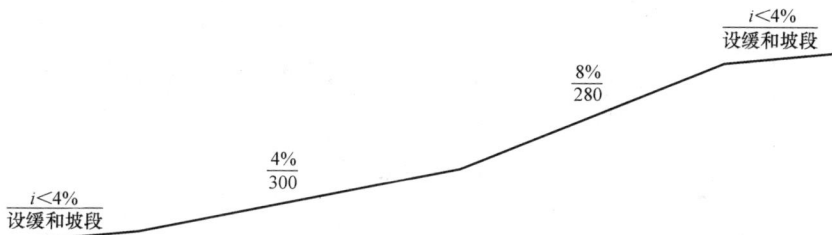

图 7-4 陡坡折算及缓和坡段

7. 桥上及桥头路线纵坡

（1）小桥与涵洞处的纵坡应随路线纵坡设计。

（2）桥梁及其引道的平、总、横技术指标应与路线总体布设相协调，各项技术指标应符合路线布设的规定。大桥的纵坡不宜大于4%，桥头引道纵坡不宜大于5%，引道紧接桥头部分的线形应与桥上线形相配合。

（3）位于市镇附近非汽车交通路大的路段，桥上及桥头引道纵坡均不应大于3%。

8. 隧道及其洞口两端路线纵坡

（1）隧道内的纵坡应大于0.3%并小于3%，但短于100m的隧道不受此限制。

（2）高速公路、一级公路的中、短隧道，当条件受限制时，经技术经济论证后最大纵坡可适当加大，但不宜大于4%。

（3）隧道的纵坡宜设置成单向坡；地下水发育的隧道及特长、长隧道宜采用人字坡。

9. 爬坡车道

（1）四车道高速公路、四车道一级公路以及二级公路连续上坡路段，符合下列情况之一者，宜在上坡方向行车道右侧设置爬坡车道。

1）沿连续上坡方向载重汽车的运行速度降低到表7-7中的容许最低速度以下时。

上坡方向容许最低速度　　　　　　　　　　　　　　　　表7-7

设计速度(km/h)	120	100	80	60	40
容许最低速度(km/h)	60	55	50	40	25

2）上坡路段的设计通行能力小于设计小时交通量时。

3）经设置爬坡车道与改善主线纵坡不设爬坡车道技术经济比较论证，设置爬坡车道的效益费用比、行车安全性较优时。

（2）爬坡车道的超高坡段按表7-8执行，超高横坡度的旋转轴为爬坡车道内侧边缘线。

爬坡车道的超高值　　　　　　　　　　　　　　　　表7-8

主线的超高横坡度(%)	10	9	8	7	6	5	4	3	2
爬坡车道的超高横坡度(%)	5		4					3	2

（3）爬坡车道的曲线加宽按一个车道曲线加宽规定执行。

（4）高速公路、一级公路爬坡车道长度大于500m时，应按规定在其右侧设置紧急停车带。

（5）爬坡车道的起点、终点与长度

1）爬坡车道的起点，应设于陡坡路段上载重汽车运行速度降低至表7-7中"容许最低速度"处。

2）爬坡车道的终点，应设于载重汽车爬坡接近陡坡路段后恢复至"容许最低速度"处，或陡坡路段后延伸的附加长度的端部。该陡坡路段后延伸的附加长度规定见表7-9。

陡坡路段后延伸的附加长度　　　　　　　　　　　　表7-9

附加路段的纵坡度(%)	下坡	平坡	上坡			
			0.5	1.0	1.5	2.0
附加长度(m)	100	150	200	250	300	350

3）相邻两爬坡车道相距较近时，宜将两爬坡车道直接相连。

4）爬坡车道起点、终点处应设置分流、汇流渐变段，其长度规定见表7-10。

爬坡车道分流、汇流渐变段长度　　　　　　　　　　　　　表7-10

公路等级	分流渐变段长度（m）	汇流渐变段长度（m）
高速公路、一级公路	100	150～200
二级公路	50	90

7.3　纵坡设计方法

纵坡设计即拉坡是纵断面设计最为重要的工作内容，拉坡需要综合考虑技术指标、各项规定、现场实际情况等，结合平面、纵断面和横断面全盘分析比较，最终确定全线各个坡段技术经济合理的坡长和纵坡度。纵坡设计主要是确定变坡点位置、坡段纵坡度、坡段坡长等。

拉坡过程主要有以下内容：

1. 准备工作

（1）搜集外业资料

1）水准测量成果，包括基平测量的水准点测量成果和中平测量的中桩高程测量成果等。

2）中线测量成果，包括平曲线中桩记录表和缓和曲线中桩记录表等。

3）中桩横断面测量成果，包括中桩横断面地面线记录表，桥涵、挡土墙、排水沟、截水沟等的现场测设资料。

（2）画出外图框线、内图框线，画出纵断面图中的下部分表格。

（3）从路基设计表或中桩记录表中查询中桩桩号；在纵断面图中点出百米桩、公里桩位置，逐一点出中桩位置。注意纵断面图中的水平距离比例常用1：2000。

（4）从中桩高程记录表中查询中桩地面高程，在纵断面图中逐一写出中桩位置对应地面高程数值。

（5）根据相应比例在纵断面图中上部分图中点出地面线。注意纵断面图中的高程比例常用1：200。

2. 标注控制点

控制点分一般控制点、技术控制点、经济控制点等。控制点确定后，标注在纵断面图中相应的醒目位置，便于拉坡时充分考虑控制因素。

（1）一般控制点

一般控制点有起点、终点、中间点、垭口、大中桥、隧道、不良地质地段、最小或最大填高、最小或最大挖深、路线交叉点、通过的建筑物等。

（2）技术控制点

技术控制点有路基设计洪水频率要求的水位以上的标高、立体交叉净空要求、建筑限界要求以及其他技术要求。

（3）经济控制点

根据路基纵横向填挖平衡关系，控制路中线的填挖值大致平衡，相应标高为经济点标高（图7-5）。

1）横坡不大时，以填挖平衡的关系相应的标高作为经济点。

2）地面横坡较陡，且填方不易时，以多挖少填相应的标高作为经济点标高。

3）地面横坡很陡，填方存在不稳定性，修筑挡土墙费用较高时，采用全挖相应的标高为经济点标高。

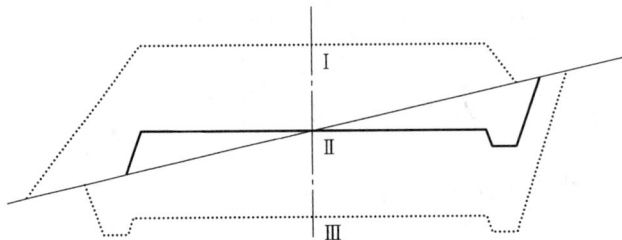

图 7-5　填挖平衡相应的标高为经济点

3. 试拉坡

继准备工作、标准控制点之后，就要进行拉坡了。试拉坡应综合考虑下列因素：

（1）满足《公路工程技术标准》JTG B01—2014 和《公路路线设计规范》JTG D20—2017 规定。

（2）结合选线总体意图。不同的公路选线有不同的总体意图，例如低等级公路以工程量经济为主、高等级公路以高标准为主、绕过不良地质地段、隧道越岭等，选线时需要根据具体情况分析处理。

（3）结合地形、地面横坡等现场情况。

（4）结合控制点情况，本着以控制点为依据，照顾多数经济点，达到技术经济合理。

（5）结合平面指标，注意平面、纵断面组合情况。

（6）结合建设单位意图。

试拉坡时注意变坡点宜放在 10m 或 10m 倍数桩上。

4. 调整坡度线

试拉坡的纵断面设计线不尽完善，甚至有错误或不合理地方，需要进行检查调整。

（1）检查调整变坡点位置、坡段纵坡度、坡段坡长；

（2）检查调整纵断面与平面组合情况（特别是竖曲线与平曲线组合情况）；

（3）检查调整结合控制点情况；

（4）检查调整结合选线意图情况。

5. 校对坡度线

（1）在终点校对横断面图上的高填、深挖，填挖是否过大，高填路堤是否稳定（高填路段坡脚是否落空），深挖路堑边坡处理是否得当。

（2）挡土墙是否过高过长，位置是否合理。

（3）桥涵位置是否合理，桥梁跨径和结构形式是否合适。

6. 定坡

纵坡设计校对完成后，就可以确定纵断面设计线了。定坡后需要继续进行的工作有：

（1）进行变坡点的桩号、高程计算；

（2）选择竖曲线半径，进行竖曲线设计；

（3）逐一计算中桩（含直线坡段上的中桩和竖曲线上的中桩）的设计标高，并填写在纵断面设计图中的下部分表格中，转抄至路基设计表中的相应位置。

7. 完善纵断面设计图

（1）在纵断面设计图上部分图中画出竖曲线；

（2）在桥涵位置处画出桥涵结构符号；

（3）画出水准点、断链桩号等；

（4）完善纵断面图的其他内容。

7.4 竖曲线设计

7.4.1 概述

1. 竖曲线概念

在纵断面变坡点处插入的曲线称为竖曲线。平曲线是水平面上的圆曲线，而竖曲线是纵断面上（立面上）的近似圆曲线。

2. 竖曲线类型

竖曲线分凸形竖曲线和凹形竖曲线。

3. 竖曲线作用

（1）缓和转坡点处的突变情况，改善线形。

（2）保证行车视距，改善妨碍视线的不良条件。

（3）减少冲击和颠簸。

4. 转坡角$|w|$

（1）转坡角概念

图 7-6 中，变坡点 A、B、C，坡段 AB 上坡，坡段 BC 下坡，路线前进方向为 A→B→C，坡段 AB 延长线为 BP。在变坡点 B 处，坡段 BP 与坡段 BC 的夹角就是转坡角$|w|$。

转坡角指变坡点处后一坡段的延长线绕该转坡点旋转，旋转到与前一坡段相重合，旋转所夹的角度，用$|w|$表示。

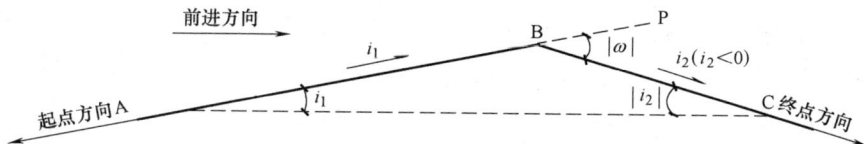

图 7-6 转坡角计算

（2）转坡角$|w|$计算

1）转坡角公式推导

转坡角计算有多种方法。为了便于计算和判断竖曲线的类型，这里计算的转坡角w

从数值上有正有负，所以转坡角用 $|w|$ 表示。

从图 7-6 中，可以看出，上坡段 AB 的纵坡度 $i_1>0$，下坡段 BC 的纵坡度 $i_2<0$。因纵坡度一般较小，$i\to0$，则坡段 AB 与水平线所夹的竖角近似为 i_1，坡段 BC 与水平线所夹的竖角近似为 $|i_2|=-i_2$。则转坡角 w 为：

$$w=i_1+|i_2|=i_1-i_2 \tag{7-5}$$

式中　w——变坡点的转坡角的代数值，图 7-6 中仅仅为凸形竖曲线的推导，w 从数值上应大于 0 的；计算时中间的减号保留；

　　　　i_1——变坡点处前一坡段的纵坡度值，上坡取"＋"号；下坡取"－"号；

　　　　i_2——变坡点处后一坡段的纵坡度值，上坡取"＋"号；下坡取"－"号。

2）竖曲线根据转坡角分类

图 7-7 和图 7-8 中前进方向为从左向右。

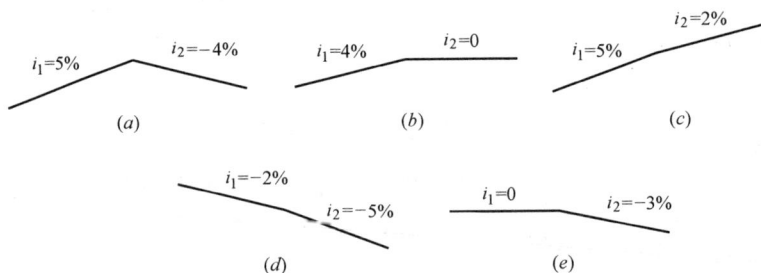

图 7-7　凸形竖曲线转坡角计算

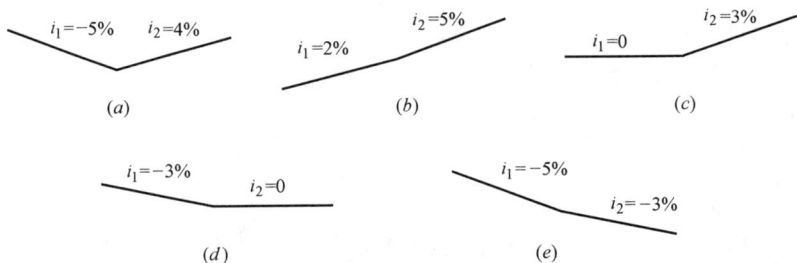

图 7-8　凹形竖曲线转坡角计算

【**例 7-2**】　计算图 7-7 中（a）~（e）的 w。

【**解**】　按式（7-5）得：

图 7-7（a）中，$w=i_1-i_2=5\%-(-4\%)=9\%>0$

图 7-7（b）中，$w=i_1-i_2=4\%-(0\%)=4\%>0$

图 7-7（c）中，$w=i_1-i_2=5\%-(2\%)=3\%>0$

图 7-7（d）中，$w=i_1-i_2=-2\%-(-5\%)=3\%>0$

图 7-7（e）中，$w=i_1-i_2=0\%-(-3\%)=3\%>0$

结论：图 7-7 的 $w>0$，均为凸形竖曲线。

【**例 7-3**】　计算图 7-8 中（a）~（e）的 w。

【**解**】　按式（7-5）得：

图 7-8（a）中，$w=i_1-i_2=-5\%-(4\%)=-1\%<0$

图 7-8（b）中，$w=i_1-i_2=2\%-(5\%)=-3\%<0$

图 7-8（c）中，$w=i_1-i_2=0\%-(3\%)=-3\%<0$

图 7-8（d）中，$w=i_1-i_2=-3\%-(0\%)=-3\%<0$

图 7-8（e）中，$w=i_1-i_2=-5\%-(-3\%)=-2\%<0$

结论：图 7-8 中的 $w<0$，均为凹形竖曲线。

综上所述，利用公式 $w=i_1-i_2$，可以计算并判断：凸形竖曲线 $w>0$；凹形竖曲线 $w<0$。用此标准可以判断竖曲线的凸凹，还可以计算 w，进而确定转坡角 $|w|$。

7.4.2 竖曲线要素计算

1. 竖曲线要素内容

要记住这里的计算和分析是在立面上进行的，不要与平面上的平曲线混为一谈。

竖曲线要素包括曲线长 L_s、切线长 T_s、竖向纵距 y。

2. 竖曲线要素的计算

因纵坡度一般较小，$i \to 0$，$|w| \to 0$。则 $L_s \approx T_s+T_s$，设竖曲线半径为 R_s，近似有：

$$L_s=R_s|w| \tag{7-6}$$

$$T_s=\frac{R_s|w|}{2} \tag{7-7}$$

$$y=\frac{x^2}{2R_s} \tag{7-8}$$

$$x_{\max}=T_s \tag{7-9}$$

$$y_{\max}=\frac{T_s^2}{2R_s}=E_s \tag{7-10}$$

式中　R_s——竖曲线半径；

　　　$|w|$——竖曲线转坡角（弧度）；

　　　L_s——竖曲线的曲线长；

　　　T_s——竖曲线的切线长；

　　　x——竖曲线上任意中桩点 P 到最近的竖曲线起点或终点的距离，即以竖曲线中间点 SQZ 为界，见图 7-9。如果 P 点到竖曲线起点距离最近，则 x 为 P 点到竖曲线起点的距离；如果 P 点到竖曲线终点距离最近，则 x 为 P 点到竖曲线终点的距离；

　　$x_{\max}$——竖曲线上任意中桩点 P 到最近的竖曲线起点或终点的距离的最大值；

　　　y——竖曲线上任意中桩点 P 到其相应直线坡段切线 P 点的垂直竖向高差；

　　$y_{\max}$——竖曲线上任意中桩点 P 到其相应直线坡段切线 P 点的垂直竖向高差的最大值；

　　　E_s——竖曲线上中间点 SQZ 的外距。

3. 竖曲线上中桩的设计标高的修正

由图 7-9 可得：

　　　凸形竖曲线上中桩设计标高＝相应切线设计标高－修正值 y　　　(7-11)

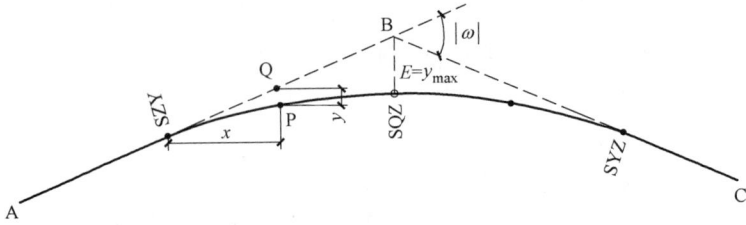

图 7-9 凸形竖曲线上中桩设计标高计算

$$凹形竖曲线上中桩设计标高＝相应切线设计标高＋修正值~y \qquad (7-12)$$

4. 竖曲线半径和长度

《公路路线设计规范》JTG D20—2017 规定，公路纵坡度变更处应设置竖曲线，竖曲线宜采用圆曲线，其最小半径和长度见表 7-11，表中"一般值"为正常情况下采用的值；"极限值"为条件受限制时可采用的值。

竖曲线最小半径与长度 表 7-11

设计速度(km/h)		120	100	80	60	40	30	20
凸形竖曲线最小半径(m)	一般值	17000	10000	4500	2000	700	400	200
	极限值	11000	6500	3000	1400	450	250	100
凹形竖曲线最小半径(m)	一般值	6000	4500	3000	1500	700	400	200
	极限值	4000	3000	2000	1000	450	250	100
竖曲线长度(m)	一般值	250	210	170	120	90	60	50
	极限值	100	85	70	50	35	25	20

7.4.3 竖曲线计算示例

【例 7-4】 某公路，已知变坡点 A、B、C、D、E，如图 7-10 所示。上坡段 AB 的纵坡度为 3%，坡长为 800m，变坡点 A 的里程为 1^k+440；下坡段 BC 的纵坡度为 3%，坡长为 260m，变坡段 B 的设计标高为 1124.76m；上坡段 CD 的纵坡度为 1%，坡长为 140m；上坡段 DE 的纵坡度为 3%，坡长为 300m。该路段中桩见表 5-9。

(1) 计算表 5-9 中所有中桩的设计标高；

(2) 将计算结果填入表 5-9 相应位置。

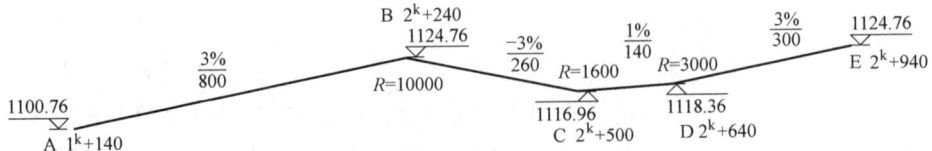

图 7-10 变坡点 A、B、C、D、E 相对位置

【解】

(1) 计算变坡点的里程及高程

1) 变坡点 A 的里程及设计标高

已知变坡点 A 的里程为 1^k+440，上坡段 AB 的纵坡度为 3%，坡长为 800m，则：

变坡点 A 的设计标高＝变坡段 B 的设计标高－3‰×800＝1124.76－3‰×800
$$=1100.76m$$

见表 5-9 中的"坡段/坡长"栏。

2）变坡点 B 的里程及设计标高

变坡段 B 的设计标高为 1124.76m，容易计算：

变坡点 B 的里程＝变坡点 A 的里程＋上坡段 AB 的坡长＝$1^k+440+800=2^k+240$

见表 5-9 中的"坡段/坡长"栏。

3）变坡点 C 的里程及设计标高

变坡点 C 的里程＝变坡点 B 的里程＋下坡段 BC 的坡长＝$2^k+240+260=2^k+500$

变坡点 B 的设计标高＝变坡段 B 的设计标高－3‰×260＝1124.76－3‰×260
$$=1116.96m$$

见表 5-9 中的"坡段/坡长"栏。

4）变坡点 D 的里程及设计标高

变坡点 D 的里程＝变坡点 C 的里程＋上坡段 CD 的坡长＝$2^k+500+140=2^k+640$

变坡点 D 的设计标高＝变坡段 C 的设计标高＋1‰×140＝1116.96＋1‰×140
$$=1118.36m$$

见表 5-9 中的"坡段/坡长"栏。

5）变坡点 E 的里程及设计标高

变坡点 E 的里程＝变坡点 D 的里程＋上坡段 DE 的坡长＝$2^k+640+300=2^k+940$

变坡点 E 的设计标高＝变坡段 D 的设计标高＋1‰×140＝1118.36＋3‰×300
$$=1127.36m$$

见表 5-9 中的"坡段/坡长"栏。

（2）计算变坡点 B 及其竖曲线上的中桩

1）变坡点 B 的竖曲线要素计算

$w=i_1-i_2=3‰-(3‰)=6‰>0$，故变坡点 B 为凸形竖曲线。

由式（7-7），变坡点 B 的竖曲线切线长 $T_s=\dfrac{1000\times6‰}{2}=30m$

则竖曲线主点里程：起点 $SZY2^k+210$、中间点 $SQZ2^k+240$、终点 $SYZ2^k+270$。

在该竖曲线范围内的中桩有 2^k+220、2^k+240、2^k+260 三个中桩。显然 2^k+200 在直线坡段上，不在变坡点 B 的竖曲线范围内。

2）计算直线坡段中桩 2^k+200 的设计标高，见图 7-11。

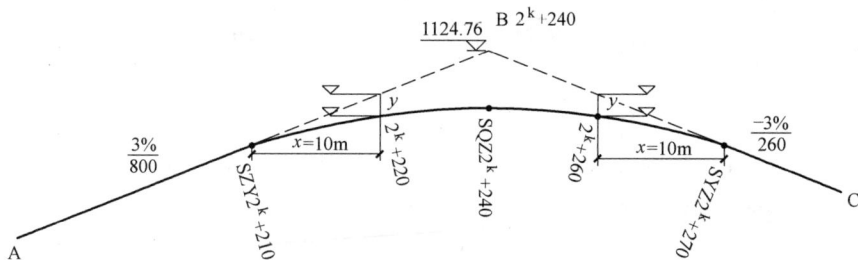

图 7-11　变坡点 B 的竖曲线上的中桩

2^k+200 的设计标高有两种算法：一是以变坡点 A 为计算起点，二是以变坡点 B 为计算起点。

$$2^k+200 \text{的设计标高} = 1100.76 + 3\% \times (2200 - 1440) = 1123.56m$$

或 $$2^k+200 \text{的设计标高} = 1124.76 - 3\% \times (2240 - 2200) = 1123.56m$$

3) 计算竖曲线上的中桩 2^k+220，位于变坡点 B 的左半竖曲线内，见图 7-10。
$x = 2220 - 2210 = 10m$，由式（7-8）得：

$$y = \frac{10^2}{2 \times 1000} = 0.05m$$

中桩 2^k+220 相应切线设计标高 $= 1100.76 + 3\% \times (2220 - 1440) = 1124.16m$

或 $$= 1124.76 - 3\% \times (2240 - 2220) = 1124.16m$$

竖曲线上的中桩 2^k+220 的设计标高 $=$ 相应切线设计标高 $-$ 修正值 y

$$= 1124.16 - 0.05 = 1124.11m$$

4) 中桩 2^k+240 的设计标高的计算

由式（7-10），中桩 2^k+240 的纵距为：

$$y_{max} = E = \frac{30^2}{2 \times 1000} = 0.45m$$

中桩 2^k+240 的设计标高 $=$ 变坡点 2^k+240 的设计标高 $-y_{max} = 1124.76 - 0.45$

$$= 1124.31m$$

5) 计算竖曲线上的中桩 2^k+260，位于变坡点 B 的右半竖曲线内，见图 7-11。
$x = 2270 - 2260 = 10m$，由式（7-8）得：

$$y = \frac{10^2}{2 \times 1000} = 0.05m$$

中桩 2^k+260 相应切线设计标高 $= 1116.96 + 3\% \times (2500 - 2260) = 1124.16m$

或 $$= 1124.76 - 3\% \times (2260 - 2240) = 1124.16m$$

竖曲线上的中桩 2^k+220 的设计标高 $=$ 相应切线设计标高 $-$ 修正值 y

$$= 1124.16 - 0.05 = 1124.11m$$

（3）计算变坡点 C 及其竖曲线上的中桩

1) 变坡点 B 的竖曲线要素计算

$w = i_1 - i_2 = -3\% - (1\%) = -4\% < 0$，故变坡点 C 为凹形竖曲线。

由式（7-7），变坡点 B 的竖曲线切线长 $T_s = \frac{1600 \times 4\%}{2} = 32m$

则竖曲线主点里程：起点 SZY2^k+468、中间点 SQZ2^k+500、终点 SYZ2^k+532。

在该竖曲线范围内的中桩有 2^k+480、2^k+500、2^k+520 三个中桩。显然 2^k+280、ZY$2^k+296.36$、2^k+300、2^k+310、2^k+320、QZ$2^k+326.63$、2^k+330、2^k+340、2^k+350、YZ$2^k+356.90$、2^k+380、2^k+400、2^k+420、2^k+440、2^k+460 在直线坡段上，不在变坡点 B 和 C 的竖曲线范围内。

2) 计算直线坡段中桩 2^k+280、ZY$2^k+296.36$、2^k+300、2^k+310、2^k+320、QZ$2^k+326.63$、2^k+330、2^k+340、2^k+350、YZ$2^k+356.90$、2^k+380、2^k+400、2^k+420、2^k+440、2^k+460 的设计标高，见图 7-12。

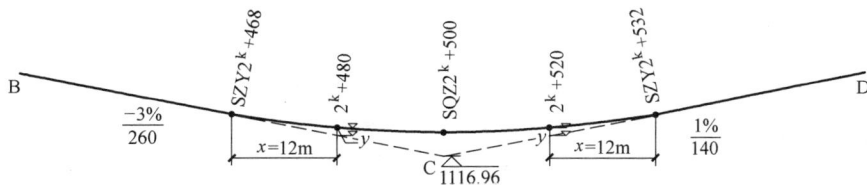

图 7-12　变坡点 C 的竖曲线上的中桩

计算方法同 2^k+200，计算结果见表 5-9。

3）计算竖曲线上的中桩 2^k+480，位于变坡点 C 的左半竖曲线内，见图 7-12。

$x=2480-2468=10\text{m}$，由式（7-8）得：

$$y=\frac{12^2}{2\times1600}=0.05\text{m}$$

中桩 2^k+480 相应切线设计标高 $=1116.96+3‰\times(2500-2480)=1120.56\text{m}$

竖曲线上的中桩 2^k+480 的设计标高 $=$ 相应切线设计标高 $+$ 修正值 y
$=1120.56+0.05=1120.61\text{m}$

4）中桩 2^k+500 的设计标高的计算

由式（7-10），中桩 2^k+500 的纵距为：

$$y_{\max}=E=\frac{32^2}{2\times1600}=0.32\text{m}$$

中桩 2^k+500 的设计标高 $=$ 变坡点 2^k+500 的设计标高 $+y_{\max}=1116.96+0.32$
$=1117.28\text{m}$

5）计算竖曲线上的中桩 2^k+520，位于变坡点 C 的右半竖曲线内，见图 7-12。

$x=2532-2520=12\text{m}$，由式（7-8）得：

$$y=\frac{12^2}{2\times1600}=0.05\text{m}$$

中桩 2^k+520 相应切线设计标高 $=1116.96+1‰\times(2520-2500)=1117.16\text{m}$

竖曲线上的中桩 2^k+520 的设计标高 $=$ 相应切线设计标高 $+$ 修正值 y
$=1117.16+0.05=1117.21\text{m}$

（4）计算变坡点 D 及其竖曲线上的中桩

1）变坡点 D 的竖曲线要素计算

$w=i_1-i_2=1‰-(3‰)=-2‰<0$，故变坡点 D 为凹形竖曲线。

由式（7-7），变坡点 D 的竖曲线切线长 $T_s=\dfrac{3000\times2‰}{2}=30\text{m}$。

则竖曲线主点里程：起点 $SZY2^k+610$、中间点 $SQZ2^k+640$、终点 $SYZ2^k+670$。

在该竖曲线范围内的中桩有 2^k+620、2^k+640、2^k+660 三个中桩。显然 2^k+540、$ZY2^k+558.23$、2^k+560、2^k+565、2^k+570、$QZ2^k+572.46$、2^k+575、2^k+580、2^k+585、$YZ2^k+586.69$、2^k+600 在直线坡段上，不在变坡点 C 和 D 的竖曲线范围内。

2）计算直线坡段中桩 2^k+540、$ZY2^k+558.23$、2^k+560、2^k+565、2^k+570、$QZ2^k+572.46$、2^k+575、2^k+580、2^k+585、$YZ2^k+586.69$、2^k+600 的设计标高，见图 7-13。

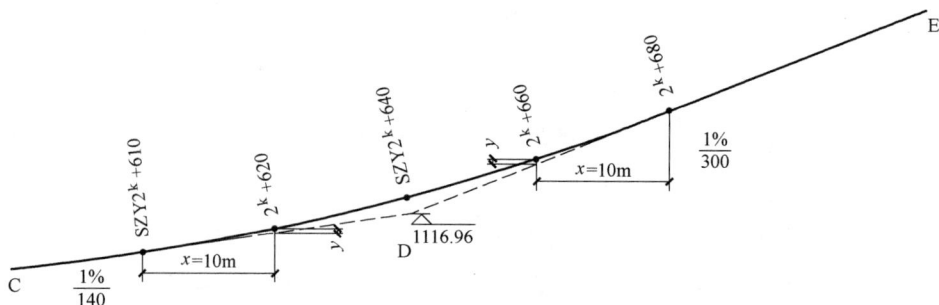

图 7-13 变坡点 D 的竖曲线上的中桩

其计算方法同 2^k+200，计算结果见表 5-9。

3）计算竖曲线上的中桩 2^k+620，位于变坡点 D 的左半竖曲线内，见图 7-13。

$x=2620-2610=10\mathrm{m}$，由式（7-8）得：

$$y=\frac{10^2}{2\times3000}=0.02\mathrm{m}$$

中桩 2^k+620 相应切线设计标高 $=1118.36-1\%\times(2640-2620)=1118.16\mathrm{m}$

竖曲线上的中桩 2^k+620 的设计标高 $=$ 相应切线设计标高 $+$ 修正值 y

$$=1118.16+0.02=1118.18\mathrm{m}$$

4）中桩 2^k+640 的设计标高的计算

由式（7-10），中桩 2^k+640 的纵距为：

$$y_{\max}=E=\frac{30^2}{2\times3000}=0.15\mathrm{m}$$

中桩 2^k+640 的设计标高 $=$ 变坡点 2^k+640 的设计标高 $+y_{\max}=1118.36+0.15$

$$=1118.51\mathrm{m}$$

5）计算竖曲线上的中桩 2^k+660，位于变坡点 D 的右半竖曲线内，见图 7-13。

$x=2670-2660=10\mathrm{m}$，由式（7-8）得：

$$y=\frac{10^2}{2\times3000}=0.02\mathrm{m}$$

中桩 2^k+660 相应切线设计标高 $=1118.36+3\%\times(2660-2640)=1118.96\mathrm{m}$

竖曲线上的中桩 2^k+6600 的设计标高 $=$ 相应切线设计标高 $+$ 修正值 y

$$=1118.96+0.02=1118.98\mathrm{m}$$

6）2^k+680、2^k+700 直线坡段中桩的设计标高

显然 2^k+680、2^k+700 为直线坡段中桩，其计算方法同 2^k+200，计算结果见表 5-9。

7.5 纵断面设计成果

纵断面设计成果有路基设计表、纵断面设计图等。

7.5.1 路基设计表

路基设计表是一个非常重要的表格，路基设计表能够简单地反映平面、纵断面和横

0k+000～0k+780

1-16预应力混凝土简支空心板桥 0k+036

0k+095

1-1.0钢筋混凝土圆管涵 0k+156.43

1-1.0钢筋混凝土圆管涵 0k+316.92

BM₂1317.161
右侧20m石土 0k+567.38

1-4.0钢筋混凝土盖板涵 0k+657.83

R=1000　T=15

R=2000　T=20

R=500　T=32.5

BM₁1301.247
右20m桥头土 0k+036

改0k+380=原0k+480 短链100m

0k+380　0k+480　0k+520

（标高）1360　1350　1340　1330　1320　1310

地质概况	表层普通黏土0.5m厚，下为石灰岩	表层普通黏土0.3m厚，下为石灰岩	表层普通黏土4.0m厚，下为黏土夹卵石

坡度(%): 6 / 9 / 11 / 11 / 2

坡长(m): 100 / 200 / 160 / 160 / 300(220)

（变坡点）1307.494 0k+100　1325.494 0k+300　1343.094 0k+560

挖深: 0.02 3.28 5.80 3.16 4.14 4.89 3.00 1.10 1.74 2.18 0.28 0.32 2.96 3.23 2.10 3.50 9.01 7.18 8.81 5.11 2.55 1.96 6.42 2.05 5.98 12.80 13.59 11.56 11.56 8.49 6.11 5.53 6.54 6.95 8.69 7.59 6.53 5.75 2.99 10.32 9.36 8.37 8.04 8.01 7.65 5.70 8.12 7.40 8.67 7.19 6.04 11.56 10.06 7.16 6.63 9.18 6.66 6.37 5.72

填高: 0.08 0.49 2.45 3.43 2.51 0.30 3.05 0.57 1.02 0.42 3.46

设计标高: 1301.49 1301.70 1302.06 1302.42 1302.99 1303.65 1304.41 1304.81 1305.21 1306.29 1307.24 1307.60 1308.50 1309.29 1310.75 1311.97 1312.57 1313.19 1314.50 1315.02 1315.53 1316.49 1317.07 1317.40 1317.70 1319.44 1320.21 1320.49 1321.92 1322.41 1322.90 1324.66 1326.58 1327.36 1328.52 1329.68 1331.68 1332.29 1332.91 1334.02 1334.02 1335.12 1335.75 1337.32 1338.42 1339.68 1330.62 1341.72 1342.82 1342.68 1342.42 1342.22 1342.02 1341.82 1341.62 1341.47 1341.22 1341.02 1340.86 1340.62 1340.42 1340.26 1340.02 1339.82 1339.62 1339.42 1339.22 1339.02 1338.82 1338.62 1337.42

地面标高: 1301.49 1301.72 1301.98 1301.93 1300.54 1300.22 1307.69 1310.61 1308.37 1310.43 1312.13 1310.60 1309.60 1306.78 1312.49 1311.67 1309.52 1312.62 1316.68 1315.30 1314.51 1316.81 1320.03 1320.63 1319.83 1322.94 1329.22 1328.16 1330.73 1327.52 1322.48 1327.21 1328.54 1323.90 1334.94 1331.73 1337.64 1345.09 1346.50 1345.58 1345.58 1343.61 1344.86 1342.85 1344.96 1346.63 1349.31 1349.31 1349.35 1348.43 1345.41 1352.54 1351.38 1350.19 1350.33 1349.51 1349.23 1348.67 1346.56 1348.74 1347.82 1348.93 1347.21 1345.86 1346.58 1345.85 1348.20 1345.48 1344.99 1344.14 1346.13

中桩里程: 00 03.44 09.46 15.49 25 36 48.63 55.34 62.05 80 95.06 00 10 20 36.19 49.76 56.43 63.32 77.85 83.58 89.31 200 06.39 10.04 13.69 32.69 41.29 49.88 60.34 65.74 71.13 90.44 09.63 16.92 27.51 38.09 50 60 70 80 80 90 95.76 10 20 31.42 40 50 60 67.08 80 90 10 20 27.67 40 50 57.83 70 80 87.98 00 10 20 30 40 50 60 70 80

线路平面: 0k ZY QZ YZ 1 ZY QZ YZ ZY QZ 2 ZY QZ YZ 3 ZY QZ YZ 5 QZ YZ 6 ZY QZ YZ 7

R=15　R=20　R=20　R=30　R=75　R=150　R=200

JD₁　JD₃　JD₄　JD₅　JD₆　JD₇

设计单位		工程名称		图名		设计		审核		复核		图号		日期	

图7-14　纵断面设计图

断面。

路基设计表不仅反映平面中的内容，还反映纵断面和横断面中的内容，表5-9中纵栏的第5、6、7、8、9、10栏反映纵断面中的坡度、坡长、变坡点位置、竖曲线、标高等重要内容。

7.5.2 纵断面设计图

1. 纵断面图的内容

纵断面图分为上部分图和下部分表，见图7-14。

（1）上部分图可以有：高程比例尺、设计坡度线、原地面线、水准点、桥梁、涵洞、隧道、断链桩号及其表示、竖曲线、地质坑、单车道的错车道等。

（2）下部分表可以有：线路平面、中桩里程、地面标高、设计标高、填高、挖深、坡度/坡长、地质概况、超高等栏。

线路平面栏应基本反映平面曲线之间的间直线长度、曲线起终点、平曲线长度（含缓和曲线）、平曲线半径、交点编号及交点转向。中桩里程、地面标高、设计标高、填高、挖深等数字书写应节约空间，必要时竖向书写。

2. 纵断面图的绘制

（1）绘制纵断面图的基本要求

纵断面设计宜在厘米格纸或画有厘米格的CAD图上进行（也可在相关软件上完成）。下部分表格尽量紧凑，少占位置；上部分图尽量居于图幅中部合适位置；图幅宽度采用A3标准，长度可以根据实际需要按照标准加长。沿高度方向图幅受到限制时，可以将高程比例尺的基准标高下移，确保图幅内容大致居中，见图7-14。

（2）纵断面的绘图比例

一般来说，纵断面图的绘图比例：水平距离方向为1∶2000；垂直高程方向为1∶200。

（3）纵断面图的绘制

纵断面图的绘制与7.3节中的拉坡基本相同，绘制的基本纵断面图，见图7-14。

复习思考题

1. 名词解释

（1）纵断面；（2）设计线；（3）地面线；（4）变坡点；（5）施工高度；（6）合成坡度；（7）缓和坡段；（8）竖曲线；（9）转坡角；（10）设计标高；（11）纵坡度。

2. 简述题

（1）哪些路段有最小纵坡的要求？

（2）规范对平均纵坡有哪些规定？

（3）坡长限制包括哪些内容？

（4）拉坡之前需要标注哪些控制点？

（5）拉坡有哪些过程？

（6）竖曲线的作用有哪些？

（7）纵坡度、路拱横坡度、路堤边坡和路堑边坡坡度分别采用什么方式表示？

（8）纵断面图的内容有哪些？

（9）纵断面上的竖曲线是相对于变坡点对称布置的吗？为什么？

（10）路基设计表和纵断面图上均有中桩的设计标高，同一个中桩两者是相等的吗？一般先计算哪个？

3. 计算题

（1）某公路依次相连的四个变坡点 A、B、C、D。已知变坡点 A 的里程和设计标高分别为 0k+000 和 625.29m，下坡段 AB 的坡度和坡长分别为 −2% 和 550m。上坡段 BC 的坡度和坡长分别为 2% 和 680m。上坡段 CD 的坡度和坡长分别为 4% 和 500m。变坡点 B 和 C 的竖曲线半径分别为 5000m 和 8000m。计算并完成下列问题：

1）画出坡段示意图，计算变坡点 B、C、D 的桩号和设计标高；

2）根据变坡点 B 的竖曲线要素，确定其竖曲线起、终点桩号；

3）根据变坡点 C 的竖曲线要素，确定其竖曲线起、终点桩号；

4）确定坡段 BC 之间的直线坡段起、终点桩号及其长度。

（2）已知变坡点 A 的桩号和设计标高分别为 0k+100、1307.494m；坡段 AB 上坡 9%，坡长 200m；坡段 BC 上坡 11%，坡长 160m；断链桩，改 0k+380＝原 0k+480；变坡点 C 的桩号为 0k+500。根据已知条件绘制坡段示意图，计算并完成下列内容：

1）0k+309.63 的设计标高；

2）变坡点 B 的桩号及其设计标高；

3）中桩 0k+300 的设计标高；

4）直线坡段上中桩 0k+500 的设计标高；

5）变坡点 C 的桩号及其设计标高。

（3）某公路因为局部改线而发生断链，断链等式为：改 6k+293.78＝原 6k+260，全线仅有一处断链。依次相连的四个变坡点为 A、B、C、D。已知变坡点 A 的里程和设计标高分别为 6k+320 和 863.23m，变坡点 A 位于断链桩改 6k+293.78＝原 6k+260 之后。下坡段 AB 的坡度和坡长分别为 −4% 和 460m。平坡段 BC 的坡度和坡长分别为 0% 和 380m。下坡段 CD 的坡度和坡长分别为 −5% 和 300m。变坡点 B 和 C 的竖曲线半径分别为 6000m 和 5000m。计算并完成下列问题：

1）分别计算变坡点 B、C、D 的桩号和设计标高；

2）计算从 0k+000 到变坡点 D 的实际长度，断链对该题中的变坡点 B 和 C 点的竖曲线及其相应中桩的设计标高计算有无影响？

3）分别计算中桩 6k+700、6k+800、7k+000、7k+100 的设计标高，将计算结果填入表 7-12，要求写出计算步骤，画出坡段示意图，计算结果保留 2 位小数。

部分中桩桩号及其设计标高 表 7-12

中桩	6k+700	6k+800	7k+000	7k+100	备注
设计标高（m）					

（4）某公路设计速度 V_s＝20km/h，某路段进行拉坡，坡长限制见表 7-6。第一个坡段已经拉坡 4%，坡长为 300m。画出示意图，计算并分析下列问题：

1）设计速度为 60km/h 的缓和坡段的坡段指标是什么，设计速度为 40km/h 的缓和坡段的坡度指标是什么？

2）紧接着第二个坡段能否拉 8% 的陡坡？若能，允许拉坡极限长度是多少？

3）紧接着第二个坡段拉 8% 的陡坡，并拉至极限坡长，紧接着第三个坡段该作何处理？此时第一个坡段的前面一个坡段该作何处理？

4）紧接着的第二个坡段拉 8% 的陡坡长度为 280m，紧接着的第三个坡段还能否拉 4% 的坡？

第 8 章 横断面设计

8.1 概　　述

8.1.1 横断面概念及组成

1. 横断面概念

（1）横断面的概念

横断面指垂直于公路中线的横向切面。平面和纵断面把公路当成一条空间曲线，而横断面则反映具有一定宽度的路基的形状和尺寸。

（2）横断面方向

把握横断面首先要控制横断面方向。直线上的中桩横断面比较容易把握，其横断面方向为该直线上中桩的相邻两交点联系的垂直方向，见图 8-1。曲线上（包括平曲线、带有缓和曲线的曲线）的中桩的横断面方向把握起来要麻烦一些，总体来说也是垂直于公路中线的方向，可描述为曲线上中桩的切线的法线方向，见图 8-1。

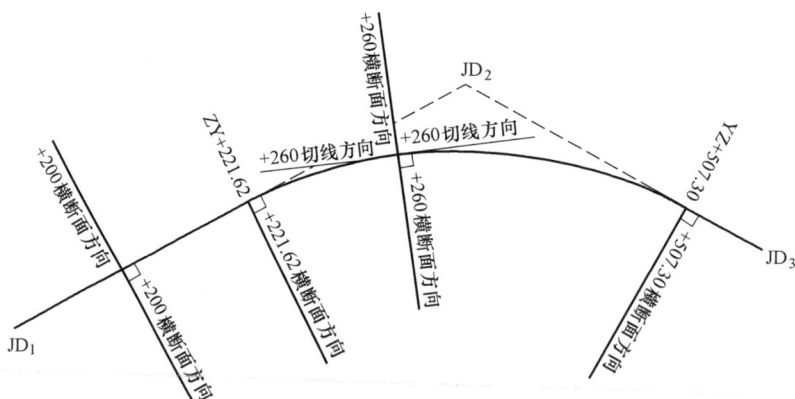

图 8-1　横断面方向

设计和施工明确了横断面方向后，就可以在中桩位置实测出横断面方向和横断面方向的地面线，设计单位在该地面线上设计横断面设计线，施工单位依据中桩的地面线和横断面设计线（即横断面图）进行路基路面施工。

（3）横断面方向的地面线测设

横断面方向的地面线测设方法有十字架定向、经纬仪定向、全站仪定向。

十字架定横断面方向，然后采用花杆和皮尺测量高差和横向水平距离，这种方法在之前使用，速度快，误差大，现在已经很少使用，十字架见图 3-31。

208

经纬仪定横断面方向，采用经纬仪视距测量法测量高差和横向水平距离。

采用全站仪定向，利用坐标法非常方便地测设出中桩横断面方向的高差和横向水平距离。

2. 横断面组成

（1）一般横断面的组成

一般横断面组成见图 8-2 和图 8-3。

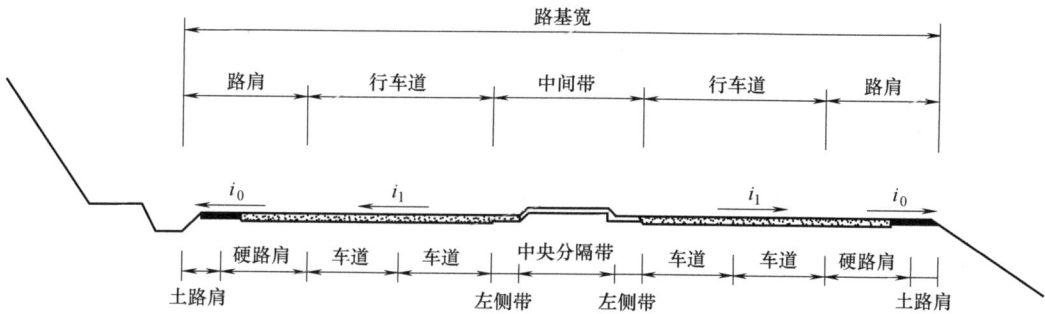

图 8-2　高速公路、一级公路横断面示意

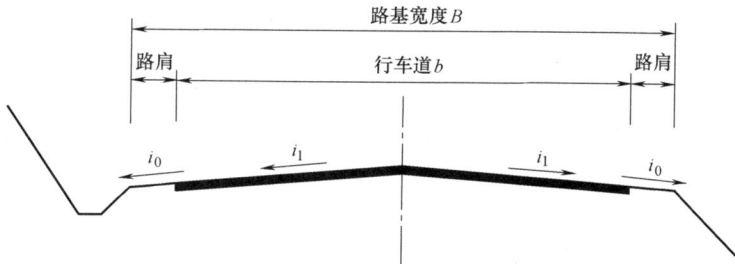

图 8-3　二、三、四级公路横断面示意

1）行车道

行车道，一般指路面，即公路上供各种车辆行驶部分的总称，包括快车行车道和慢车行车道。

2）路肩

路肩位于行车道外缘至路基边缘，具有保护行车道、临时停车、设置临时设施等作用。

3）中间带

中间带是高速公路及一级公路用于分隔对向车辆的路幅组成部分，通常设于车道中间。

4）边坡

边坡是为保证路基稳定，在路基两侧设置的具有一定坡度的人工填筑坡面体或人工开挖的天然坡面体。

5）边沟

边沟指为汇集和排除路面、路肩及边坡流水在挖方路段或低填方路段设置的纵向排水沟。

（2）特殊横断面的组成

1）应急停车带

应急停车带指在高速公路和一级公路上设置的供发生故障或其他原因需紧急停车车辆使用的临时停车地带。当高速公路和作为干线的一级公路右侧硬路肩宽度小于 2.5m 时，应设置紧急停车带。紧急停车带宽度应为 3.5m，有效长度不应小于 40m，间隔距离不宜大于 500m。

2) 爬坡车道

高速公路、一级公路以及二级公路以上的连续上坡路段，当通行能力、运行安全受到影响时，应设置爬坡车道。爬坡车道宽度不应小于 3.5m。六车道以上的高速公路，可不设置爬坡车道。

3) 变速车道

互通式立体交叉、服务区、停车区、客运汽车停靠站、管理设施等的出入口处，高速公路、一级公路应设置加（减）速车道。加（减）速车道宽度应为 3.5m。二级公路应设置过渡段。

4) 错车道

四级公路路基宽度采用 4.5m 时（行车道宽度为 3.5m 的单车道），应在不大于 300m 的距离内选择有利地点设置错车道，并使驾驶员能看到相邻两车道之间的车辆。设置错车道路段的路基宽度应不小于 6.5m（即错车道宽度应不小于 2.0m），有效长度应不小于 20m。

5) 避险车道

连续长、陡下坡路段，为减轻失控车辆的损失或危及第三方安全，宜在长、陡下坡地段的右侧视距良好的适当位置设置避险车道，其宽度应不小于 4.5m。

6) 护坡道

当路堤较高时，为保证路基边坡稳定，在取土坑与坡脚之间，沿原来地面纵向保留的具有一定宽度的平台。

7) 截水沟

在原地面较陡且挖方较大的路段，为拦截坡上流向路基的水，在路堑坡顶 1m 以外设置的水沟。

8) 排水沟

在地形较为平坦地区，必要时需要将边沟水排走使水远离路基而设置的水沟。排水沟有多种形式，可以是纵向的，可以是横向的。排水沟大多数是明沟，有时做成暗沟，有时用填石的渗水路堤代替排水沟。

(3) 规范规定的公路路基标准横断面组成

《公路路线设计规范》JTG D20—2006 规定的公路路基标准横断面组成如下。

1) 高速公路、一级公路的路基标准横断面分为整体式路基和分离式路基两类。

整体式路基的标准横断面应由车道、中间带（中央分隔带、左侧路缘带）、路肩（右侧硬路基、土路肩）等部分组成。

分离式路基的标准横断面应由车道、路肩（右侧硬路肩、左侧硬路肩、土路肩）等部分组成。

2) 二级公路路基的标准横断面应由车道、路肩（右侧硬路肩、土路肩）等部分组成。

3) 三级、四级公路路基的标准横断面应由车道、路肩等部分组成。

3. 路基典型横断面形式

（1）填方路堤

填方路堤分矮路堤、一般路堤、高路堤，其中矮路堤（填方高度小于 0.5m）需要设置边沟，高路堤根据实际填方高度和实际填料可以采取护坡（在边坡上进行网格护坡、拱形护坡、铺砌、种植固结土体的绿化植物等）、增设护坡道平台、挡土墙、护脚、放缓边坡、选择透水性材料等措施。

（2）挖方路堑

挖方路堑分浅挖路堑、一般路堑、深挖路堑。浅挖路堑和一般路堑根据实际情况处理，必要时对原来地表土进行清表（清除表层虚土、腐殖土、树根、灌木等）、夯实、换填（用较好的填料换除软土、淤泥及淤泥质土及含水率大的土等）、设置边沟、设置路堑挡土墙等措施。深挖路堑根据实际情况，必要时采取夯实、换填、设置边沟、设置路堑挡土墙和上坡挡土墙、设置护坡道平台、设置视距平台、放缓边坡、护坡（在边坡上进行网格护坡、拱形护坡、框架梁护坡、铺砌、种植固结土体的绿化植物等）、设置主动防护和被动防护等措施。

（3）零填挖路基

零填挖路基处理方式同矮路堤。路基和边沟的纵向均应满足最小纵坡度排水要求。

（4）半填半挖路基

半挖半填路基的半挖部分处理方式同路堑，半填部分处理方式同路堤。

陡坡上的半填半挖路基，可根据地形、地质条件，采用护肩、砌石或挡土墙；当山坡高陡或稳定性差、不宜多挖时，可采用桥梁、悬出路台等构造物；三级、四级公路悬崖陡壁地段，当山体岩石整体性好时，可采用半山洞。

（5）挡土墙路基

当路基边坡土压力较大时，需要设置挡土墙路基来承受土体水平推力。路堤和路堑均可设置挡土墙，挡土墙根据其所处的位置可以分为路肩挡土墙、路堤挡土墙、路堤坡脚挡土墙、路堑挡土墙、山坡挡土墙等。

（6）护脚或护肩路基

当路基不需要承受土体水平压力时，仅仅需要防护路基，防止路基边坡冲刷、滑落等，可以采用护脚路基或护肩路基。护脚或护肩路基与挡土墙路基的区别在于是否承受土体侧压力（一般指水平推力），护脚或护肩路基因不承受土体侧压力，其结构断面尺寸较小，所需的圬工量较少，造价较低；挡土墙路基因承受土体侧压力，其结构断面尺寸较大，所需的圬工量较大，造价较高。

护肩路基的护肩高度不宜超过 2m，顶面宽度不应侵占硬路肩或行车道及路缘带的路面范围。

（7）挖台阶路基

当地面横坡度陡于 1:5，且缓于 1:2 时，在原来地面上填筑路堤，需要将原来地面挖成台阶，每一台阶宽度应不小于 1m，每一台阶高度不应超过 0.5m，每一台阶应向山坡上倾斜 2%～4% 的坡度，夯实台阶后再填筑路堤，见图 8-4。

（8）截水沟路基

挖方路堑坡顶的山坡上流水丰富，需要在路堑坡顶 1m 以外设置水沟，将水纵向或横

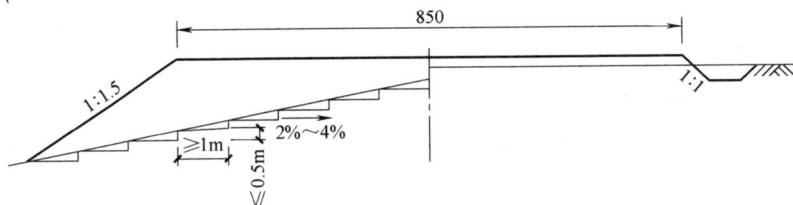

图 8-4 挖台阶路基

向排走，以免危及边坡的稳定，见图 8-5。

（9）护坡道路基

当路基挖方或填方较大，或沿河路堤受水威胁时，可以设置护坡道路基。

当路肩边缘与路侧取土坑底的高差小于或等于 2m 时，取土坑内侧坡顶可与路堤坡脚径向衔接，并采用路堤边坡坡段；当高差大于 2m 时，应设置 1m 的护坡道；当高差大于 6m 时，应设置 2m 的护坡道，见图 8-6。

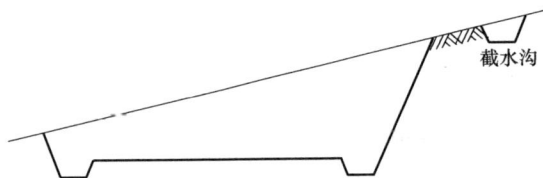

图 8-5 截水沟路基

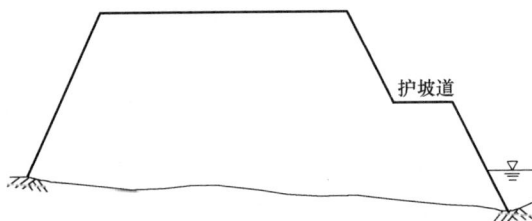

图 8-6 护坡道路基

8.1.2 路基路面宽度

1. 行车道宽度

（1）一条双车道公路宽度的确定

双车道公路有两条行车道，行车道宽度包括汽车宽度和富余宽度。汽车跨度取载重汽车车厢的总宽度 2.5m。富余宽度是指对向行驶时两车厢之间的安全间隙、汽车轮胎至路面边缘的安全距离，见图 8-7 和式（8-1）、式（8-2）。

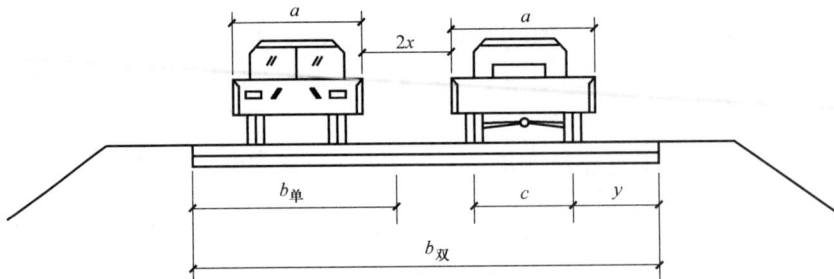

图 8-7 双车道公路的行车道宽度

$$b_单 = \frac{a+c}{2} + x + y \qquad (8-1)$$

式中及图中　$b_单$——单车道的行车道宽度（m）；

a——车厢宽度（m）；

c——汽车轮距（m）；

$2x$——两车厢之间的安全间隙（m）；

y——轮胎与路面边缘之间的安全距离（m）。

根据大量试验观测，x、y 的经验公式见式（8-2）。

$$x=y=0.50+0.005V_s \qquad (8-2)$$

式中　V_s——设计速度，km/h；

其余符号意义同前。

（2）双行车道宽度确定

双行车道宽度见式（8-3）。

$$b_{双}=a+c+2x+2y \qquad (8-3)$$

式中　$b_{双}$——双车道的行车道宽度（m）；

其余符号意义同前。

（3）规范规定的行车道宽度

式（8-1）～式（8-3）只是从理论层面分析行车道宽度，实际勘测设计中没有这么复杂，只需要查询规范规定的车道宽度即可。《公路工程技术标准》JTG B01—2014 的车道宽度应符合下列规定，见表 8-1。

车道宽度　　　　　　　　　　　　　　　　　　表 8-1

设计速度(km/h)	120	100	80	60	40	30	20
车道宽度(m)	3.75	3.75	3.75	3.50	3.50	3.25	3.00

1）八车道及以上公路在内侧车道（内侧第1、2车道）仅限小客车通行时，其车道宽度可采用 3.50m。

2）以通行中、小型客运车辆为主且设计速度为 80km/h 及以上的公路，经论证车道宽度可采用 3.5m。

3）四级公路采用单车道时，车道宽度应采用 3.50m。

4）设置慢车道的二级公路，慢车道宽度应采用 3.5m。

5）需要设置非机动车道和人行道的公路，非机动车道和人行道的宽度，宜视实际情况确定。

（4）规范规定的车道数

《公路工程技术标准》JTG B01—2014 的车道宽度应符合下列规定。

各级公路车道数应符合表 8-2 的规定。高速公路和一级公路车道数应根据设计交通量、设计通行能力确定，当车道数为双车道以上时应按双数增加。

各级公路车道数　　　　　　　　　　　　　　　表 8-2

公路等级	高速公路、一级公路	二级公路	三级公路	四级公路
车道数	≥4	2	2	2(1)

注：四级公路应采用双车道，交通量小或困难路段可采用单车道。

多车道的行车道宽度按式（8-4）计算。

$$b_多 = nb_1 \tag{8-4}$$

式中　n——各级公路车道数，查表 8-2；

　　　b_1——1 个车道的行车道宽度，查表 8-1；

　　　$b_多$——多车道的行车道宽度。

2. 中间带宽度

（1）整体式路基的中间带宽度

高速公路、一级公路整体式路基必须设置中间带，中间带由两条左侧路缘和中央分隔带组成。中间带宽度等见表 8-3。

中央分隔带宽度　　　　　　　　　　　　　　表 8-3

设计速度（km/h）		120	100	80	60
中央分隔带宽度（m）	一般值	3.00	2.00	2.00	2.00
	最小值	1.00	1.00	1.00	1.00
左侧路缘带宽度（m）	一般值	0.75	0.75	0.50	0.50
	最小值	0.75	0.50	0.50	0.50
中间带宽度（m）	一般值	4.50	3.50	3.00	3.00
	最小值	2.50	2.00	2.00	2.00

（2）分离式路基间的最小距离

1）整体式路基过渡为分离式路基后，行车道左侧应设置左路肩（包括硬路肩及土路肩），分离式路基间的最小距离不应小于规定值。

2）分离式路基两幅间的间距不必等宽，也不必等高，可随地形而变化，与周围景观相协调。分离式路基中的一幅以桥梁形式叠于另一幅之上时，其最小间距不受此限制。

（3）中央分隔带开口

1）互通式立体交叉、隧道、特大桥、服务区设施前后，以及整体式路基、分离式路基的分离（汇合）处，应设置中央分隔带开口。

2）中央分隔带开口间距应视需要而定，最小间距应不小于 2km。

3）中央分隔带开口长度不宜大于 40m；八车道高速公路开口长度可适当增长，但不应大于 50m。中央分隔带开口处应设置活动护栏。

4）中央分隔带开口应设置在通视良好的路段，若开口设于曲线路段，该平曲线半径的超高值不宜大于 3%。

5）中央分隔带开口端部的形状：中央分隔带宽度小于 3.0m 时，可采用半圆形；中央分隔带宽度大于或等于 3.0m 时宜采用弹头形。

（4）分离式路基应在适当位置设横向连接道，以供养护、维修或抢险时使用。

3. 路肩宽度

（1）路肩的作用

1）保护路面。

2）供临时停车之用。

3）作为侧向余宽的一部分，能增加驾驶的安全和舒适感，尤其在挖方路段，可增加弯道视距。

4）提供道路养护作业、埋设地下管线的场地。

5）对未设置人行道的道路，可供行人及非机动车使用。

（2）路肩分类宽度

路肩可分为全路肩、半路肩、窄路肩和保护性路肩。全路肩宽度为 2.25～3.28m，可供各种车辆临时停车；半路肩宽度为 1.25～1.75m，可供小型车辆临时停车；窄路肩宽度为 0.50～0.75m，行车必需的路肩宽度；保护性路肩宽度为 0.50m，为了保护行车道所必需的宽度。

（3）规范规定的右侧路肩宽度

《公路工程技术标准》JTG B01—2014 规定，各级公路路肩宽度见表 8-4 和表 8-5。

干线公路路肩宽度   表 8-4

公路等级（功能）		高速公路			一级公路（干线功能）	
设计速度（km/h）		120	100	80	100	80
右侧硬路肩宽度（m）	一般值	3.00(2.50)	3.00(2.50)	3.00(2.50)	3.00(2.50)	3.00(2.50)
	最小值	1.50	1.50	1.50	1.50	1.50
土路肩宽度（m）	一般值	0.75	0.75	0.75	0.75	0.75
	最小值	0.75	0.75	0.75	0.75	0.75

其他公路路肩宽度   表 8-5

公路等级（功能）		一级公路（集散功能）和二级公路		三级公路和四级公路		
设计速度（km/h）		80	60	40	30	20
右侧硬路肩宽度（m）	一般值	1.50	0.75	—	—	—
	最小值	0.75	0.25	—	—	—
土路肩宽度（m）	一般值	0.75	0.75	—	—	—
	最小值	0.50	0.50	0.75	0.50	0.25（双车道）0.50（单车道）

1）设计速度为 120km/h 的四车道高速公路，右侧硬路肩宜采用 3.50m；六车道八车道高速公路，宜采用 3.00m。

2）高速公路、一级公路应在右侧硬路肩宽度内设右侧路缘段，其宽度为 0.50m。

3）二级公路的硬路肩可供非汽车交通使用。非汽车交通量较大的路段，也可采用全铺的方式，以充分利用。

4）二级、三级、四级公路在路肩上设置的标志、防护设施等不得侵入公路建筑限界，否则应加宽路肩。

4. 路基宽度

（1）公路路基宽度计算，见式（8-5）。

$$B = b + 2a \tag{8-5}$$

式中　B——路基宽度（m）；

　　　b——行车道宽度，多个车道时为一个车道宽度乘以车道数（m）；

　　　a——路肩宽度（m）。

当设有中间带、爬坡车道、加（减）速车道、错车道时，还应计入该部分的宽度。

（2）设计速度为120km/h、100km/h的高速公路、一级公路，根据通行能力需要可设双向四车道、六车道、八车道，并采用相应的路基宽度。

（3）设计速度为120km/h的四车道高速公路，宜采用28.00m的路基宽度。当地形条件及其他特殊情况限制时，可采用26.00m的路基宽度。

（4）设计速度为100km/h、80km/h的四车道的一级公路，根据通行能力需要可设四车道、六车道，并采用相应的路基宽度。

（5）设计速度为100km/h的四车道的一级公路，当预测交通量接近适应交通量高限时，宜采用26.00m的路基宽度。

（6）具集散功能的一级公路设置慢车道的路段，可利用硬路肩、土路肩的宽度（若宽度不足则另加宽）作为慢车道，并应在车道与慢车道之间设置隔离设施。

（7）设计速度为80km/h的具集散功能的二级公路，需设置慢车道的路段，经技术经济论证其路基宽度可采用15.00m，利用加固后的路肩作为慢车道，并应在车道与慢车道之间画线分隔。

（8）设计速度为80km/h的具集散功能的二级公路，需设置慢车道的路段，经技术经济论证其路基宽度可采用12.00m，利用加固后的路肩作为慢车道，并应在车道与慢车道之间画线分隔。

（9）四级公路宜采用6.50m的路基宽度。交通量小且工程特别艰巨的路段，可采用单车道4.50m的路基宽度。

（10）确定路基宽度时，其中央分隔带、路缘带、路肩等宽度的一般值、最小值应同类项相加。但高速公路、一级公路的六车道、八车道的路基宽度不采用最小值同类项相加。

8.1.3 路拱、边沟及边坡

1. 路拱

（1）路拱概述

为了迅速排除路面上的雨水，需将路面做成中间高两边低的拱形。

路拱虽然对排水有利，但对行车不利。这是由于汽车自身的重力沿着路拱横坡方向的分力增加了行车的不平稳，并且当路面有水时路面与轮胎间的横向附着系数变小，更增加了倾斜滑移的危险性。因此，在选择路拱的形状和大小时，应该在保证排水的情况下，兼顾到行车的要求，对于不同的路面类型和行车宽度，结合当地自然条件、降雨强度等采用不同的路拱横坡度。路拱横坡度建议值见表8-6。

路拱横坡度建议值

表8-6

路 面 类 型	路拱横坡度（%）	路 面 类 型	路拱横坡度（%）
沥青混凝土、水泥混凝土	1～2	碎、砾石等粒料路面	2.5～3.5
其他沥青类路面	1.5～2.5	低级路面	3～4
半整齐石块	2～3		

高速公路和一级公路位于中等强度降雨地区时，路拱横坡度宜采用高值；位于严重强

度降雨地区时，路拱横坡度可适当增大。

分离式路基，每侧车道可设置双向路拱，也可设置成向路基外侧倾斜的单向路拱横坡。但在积雪冻融低地区，应设置双向路拱横坡度。

路拱的形式有折线线形、直线接曲线线形、抛物线形。

由于土路肩排水效果远低于路面，其横坡度一般较路拱横坡度增加 1%～2%。硬路肩一般与路面采用同一横坡度，也可稍微大于路面的路拱横坡度。

（2）规范规定的路拱坡度

关于路拱横坡度，《公路路线设计规范》JTG D20—2017 的规定如下：

1）高速公路、一级公路整体式路基的路拱宜采用双向路拱横坡度，由路中央向两侧倾斜。位于中等强度降雨地区时，路拱坡度宜为 2%；位于降雨强度较大地区时，路拱横坡度可适当增大。

2）高速公路、一级公路分离式路基的路拱，宜采用单向路拱横坡度，并向路基外侧倾斜，也可采用双向路拱横坡度。积雪、冰冻地区，宜采用双路拱横坡度。

3）六车道、八车道高速公路、六车道一级公路，当超高过渡段的路拱横坡度过于平缓时，可设置两个路拱。

4）二级、三级、四级公路的路拱应采用双向路拱横坡度，由路中央向两侧倾斜。路拱横坡度应根据路面类型和当地自然条件确定，但不应小于 1.5%。

（3）规范规定的路肩横坡

关于路肩横坡度，《公路路线设计规范》JTG D20—2017 的规定如下：

1）直线路段的硬路肩应设置向外倾斜的横坡，其坡度值应与车道横坡度值相同。路线纵坡平缓，且设置拦水带时，其横坡值宜采用 3%～4%。

2）曲线路段内、外侧硬路肩横坡的横坡值及其方向

当曲线超高小于或等于 5% 时，其横坡值和方向应与相邻车道相同；当曲线超高大于5%，其横坡值应不大于 5%，且方向相同。

3）硬路肩的横坡应随邻近车道的横坡一同过渡，其过渡段的纵向渐变率应控制在1/330～1/150 之间。

4）土路肩的横坡

土路肩位于直线路段或曲线路段内侧，且车道或硬路肩的横坡值大于或等于 3% 时，其横坡应与车道或硬路肩横坡值相同；小于 3% 时，土路肩的横坡应比车道或硬路肩的横坡值大 1% 或 2%。位于曲线路段外侧的土路肩横坡，应采用 3% 或 4% 的反向横坡值。

5）大中桥、隧道区段的硬路肩横坡值，应与车道相同。

2. 边沟

（1）边沟的作用

边沟是路堑、零填挖路基、矮路堤路基、半填半挖路基的半挖部分等路基两侧或一侧设置的纵向排水沟。其作用是排除路面、边坡和山坡汇集的地表水和雨水，确保路基的强度和稳定性。

（2）边沟的流量

边沟的流量一般不做计算，仅做概略估计，其他排水沟渠的水流一般应避免进入边沟，但个别的渠流量不大，拟利用一般边沟汇入桥涵时，应计算该段边沟的总流量，必要

时应扩大边沟的断面尺寸。为防止边沟水流漫溢或产生冲刷，应尽可能利用当地有利地形条件，采取相应措施，将边沟水流分段排除于路基范围之外，或引入自然沟渠，以减少边沟的集中流量。

（3）边沟的纵坡设置要求

除了涵洞进出口外，边沟纵坡通常与路中线纵坡一致，但是为了边沟的纵向排水不至于产生淤积，边沟纵坡不宜小于 0.3%～0.5%。同时边沟纵坡超过 3% 时，应根据具体情况采取夯实、干砌、浆砌、跌水、急流槽等加固措施。

边沟的纵向长度不宜过长，特别是边沟纵坡较大时，为了防止暴雨冲刷破坏边坡危及路基稳定性，边沟纵向长度不宜超过 300m。边沟纵向长度达到一定限度时，可以将边沟水流汇入桥涵所在的沟渠、河流等，也可设置逐渐远离路基的斜向排水沟（与路中线成锐角的排水沟）、横向排水沟（与路中线垂直方向）等将边沟水流分流排走。一般说来，边沟达到一定长度，或一沟、一渠、一河，需要设计桥梁或涵洞进行横向排水。

实际施工时边沟归属于附属工程，附属工程监管不严易造成粗制滥造，影响工程质量和耐久性，严重时还将影响路基稳定。边沟的内在质量（材料和厚度）和外观质量（纵向线形和坡度）均应合格。

（4）边沟的断面形式及尺寸

边沟的断面形式有梯形、矩形和三角形等，最常用的是梯形断面。

边沟的尺寸：底宽和沟深一般不宜小于 0.4m，具体尺寸应根据实际情况确定，流量大、冲刷严重的边沟尺寸应大一些，边沟的内坡一般为 1∶1，见图 8-8。

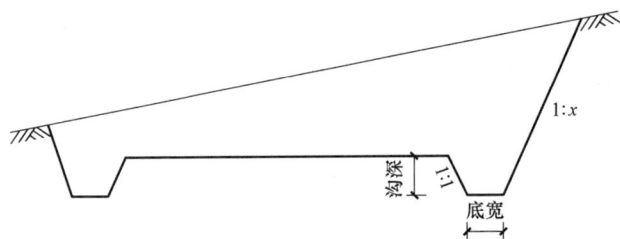

图 8-8　边沟的沟深、底宽、内坡

3. 一般路基边坡

（1）一般规定

一般路基设计参照《公路路基设计规范》JTG D30—2015。

一般路基指中心填方高度小于或等于 20m 或中心挖方深度小于或等于 30m，且为一般自然条件、一般工程地质条件的路基。特殊路基指不符合一般路基条件的路基高路堤、陡坡路堤、深路堑及不良地质、特殊路堤的路堤，特殊路基应作为独立工点进行勘察设计。特殊路基包括高路堤、陡坡路堤、浸水地段路基、滑坡路基、崩坍地段路基、岩堆地段路基、泥石流地段路基、岩溶地段路基、软土地区路基、红黏土和高液限土地区路基、膨胀土地区路基、黄土地区路基、盐渍土地区路基、多年冻土地区路基、风沙地区路基、雪害地区路基、延流冰地段路基、采空区路基、滨海路基、水库地段路基和季节冻土地区路基等。

一般说来，一般路基可以根据经验、邻近已有公路设计以及《公路路基设计规范》JTG D30—2015 直接设计，无需进行特殊验算，而特殊路基需经过特殊设计及稳定性验算。

1）路基设计应搜集公路沿线气候、水文、地形地貌、地质、地震、筑路材料等资料，做好沿线地质、路基填料勘察试验工作，查明地层岩土性质、厚度、空间分布特征及有关物理力学参数。

2) 路基设计宜避免高填深挖。不能避免时，当路基中心填方高度超过 20m 或中心挖方深度超过 30m 时，宜结合路线方案与桥梁、隧道等构造物或分离式路基进行方案比选。

3) 沿河及受水浸淹的路基边缘设计标高，应高于相应洪水频率的高度，见表 7-1。

4) 路基设计应根据当地自然条件和工程地质条件，选择适当的路基横断面形式和边坡坡度。沿河路基不宜侵占河道，应根据冲刷情况，设置必要的防护支挡工程，并妥善处理路基废方，避免河床堵塞、河流改道或冲毁沿线构筑物、农田、房屋等。

5) 路基填料应满足路基强度和回弹模量的要求。土石方调配设计应对移挖作填、集中取（弃）土、填料改良处理等方案进行技术经济比较，充分利用挖方材料，节约土地。

6) 路基设计应控制路基工后沉降量。对软弱地基、路基与桥涵结构物连接处、路基填挖交接处、高路堤、陡坡路堤等，应采用综合措施，防止路基不均匀变形。

7) 路基设计应考虑水和冰冻对路基性能的影响，设置完善的防排水系统或防冻害设施，以及必要的路基防护工程。

8) 高速公路和一级公路的高路堤、陡坡路堤和深路堑等均应采用动态设计。动态设计必须以完整的施工设计图为基础，适用于路基施工阶段。

（2）填方路堤边坡

路堤的边坡坡度，应根据填料的物理力学性质、气候条件、边坡高度以及基底的工程地质和水文地质条件进行合理选定。路基边坡用 $1:x$ 表示，其中 1 表示垂直竖向距离为 1 个单位，x 表示水平距离为 x 个单位，x 越大，边坡越缓。边坡坡度常以 0.25 级数增减，例如 $1:1.25$、$1:1.5$、$1:1.75$。

1) 填土路堤边坡

填土路堤基底情况良好，边坡高度小于或等于 20m，可参照表 8-7 选择路堤边坡。边坡高度大于 20m 应按高路堤设计，必须进行边坡稳定性分析。

填土路堤边坡推荐值

表 8-7

填料种类	边坡的最大高度(m)			边坡坡度		
	全部高度	上部高度	下部高度	全部高度	上部高度	下部高度
黏性土、粉性土、砂性土	20	8	12	/	1:1.5	1:1.75
砂石土、粗砂、中砂	12	/	/	1:1.5	/	/
碎(块)石、卵石土	20	12	8	/	1:1.5	1:1.75
不易风化的石块	20	8	12	/	1:1.3	1:1.5

一般来说填土路堤填方不高时，边坡默认值为 $1:1.5$。

沿河受水浸淹路基的填方边坡坡度，在设计水位以下部分视填料情况可采用 $1:2.0\sim1:1.75$，在常水位以下部分可采用 $1:3.0\sim1:0.2$。如采用渗水性较好的土填筑路堤，可采用较陡的边坡。

① 路堤填料宜选用级配较好的砾类土、砂类土等粗粒土，填料最大粒径应小于 150mm。泥炭、淤泥、冻土、强膨胀土、有机土及易溶盐超过允许含量的土等，不得直接用于路堤填筑。

季节冻土地区路床及浸水部分的路堤不应直接采用粉质土填筑。液限大于 50%、塑性指数大于 26 的细粒土，不得直接作为路堤填料。

浸水路堤、桥涵台背和挡土墙背宜采用渗水性良好的填料。在渗水材料缺乏的地区，采用细粒土填筑时，可采用无机结合料进行稳定处治。

② 规范推荐的路堤边坡

《公路路基设计规范》JTG D30—2015 规定，路堤边坡形式和坡率应根据填料的物理力学性质、边坡高度和工程地质条件确定，具体要求如下：

当地质条件良好，边坡高度不大于 20m 时，其边坡率见表 8-8。

路堤边坡坡率　　　　　　　　　　　表 8-8

填料类别	边坡坡率	
	上部高度（$H \leqslant 8m$）	下部高度（$H \leqslant 12m$）
细粒土	1：1.5	1：1.75
粗粒土	1：1.5	1：1.75
巨粒土	1：1.3	1：1.5

对边坡高度大于 20m 的路堤，边坡形式宜采用阶梯形，边坡坡率应按高路堤或陡坡路堤边坡的有关规定由稳定性分析计算确定，并应进行工点设计。

浸水路堤在设计水位以下的边坡坡率不宜陡于 1：1.75。

2）填石路堤边坡

① 填石路堤

当边坡高度小于或等于 20m 时，填石路堤的边坡坡度依据其填料的大小，参照表 8-9选择填石路堤边坡。边坡高度大于 20m 时应按高路堤设计，必须进行边坡稳定性分析。

填石路堤边坡推荐值　　　　　　　　表 8-9

填料规格	边坡高度（m）	边坡坡度
小于 25cm 的石块	＜6	1：1.33～1：1.25
小于 25cm 的石块	6～20	1：1.5
大于 25cm 的石块	≤20	1：1

② 砌石路堤

由《公路路基设计规范》JTG D30—2015，砌石路基可用于三级、四级公路，并应符合下列规定：

砌石应选用当地不宜风化的片石、块石，内侧填石。岩石风化严重或软质岩石路段不宜采用砌石路基。砌石顶宽不应小于 0.8m，基底面应向内侧倾斜，砌石高度不宜超过15m。砌石内、外坡率不宜陡于表 8-10 规定。

砌石边坡坡率　　　　　　　　　　　表 8-10

砌石高度（m）	内坡坡率	外坡坡率
≤5	1：0.3	1：0.5
≤10	1：0.5	1：0.67
≤15	1：0.6	1：0.75

当填方路基受地形地物限制或路基稳定性不足时，可设置护脚或挡土墙。护脚高度不宜超过 5m，受水浸淹的路堤护脚，应予以防护或加固。

（3）挖方路堑边坡

路堑边坡又称为外坡，见图 8-8。

根据《公路路基设计规范》JTG D30—2015，路堑边坡按下列规定执行。

1）土质路堑边坡

土质路堑边坡形式及坡率应根据工程地质与水文地质条件、边坡高度、排水防护措施、施工方法等，并结合自然稳定边坡、人工边坡的调查及力学分析综合确定。边坡高度不大于 20m 时，边坡坡率不宜陡于表 8-11 中的边坡坡率。土质路堑挖方不深时，一般边坡坡率为 1∶1。

土质路堑边坡坡率 表 8-11

土 的 类 别		边坡坡率
黏土、粉质黏土、塑性指数大于 3 的粉土		1∶1
中密以上的中砂、粗砂、砂砾		1∶1.5
卵石土、碎石土、圆砾土、角砾土	胶结和密实	1∶0.75
	中密	1∶1

路堑边坡高度大于 20m 时，其边坡形式及坡率按深路堑设计。

2）岩石路堑边坡

① 岩质路堑边坡形式及坡率应根据工程地质与水文地质条件、边坡高度、排水防护措施、施工方法等，结合自然稳定边坡和人工边坡的调查综合确定。必要时可采用稳定性分析方法予以验算。边坡高度不大于 30m 时，无外倾软弱结构面的边坡按《公路路基设计规范》JTG D30—2015 附录 E 规定确定岩体类型，边坡坡率按表 8-12 确定。

② 对有外倾软弱结构面的岩质边坡、坡顶边缘附近有较大荷载的边坡、边坡高度超过表 8-9 范围的边坡等，边坡坡率应按深路堑边坡有关规定通过稳定性分析计算确定。

③ 硬岩质挖方路堑宜采用光面爆破、预裂爆破等毫秒微差爆破技术。

④ 边坡高度大于 20m 的软弱松散岩质路堑，宜采用分层开挖、分层防护和坡脚预加固技术。

岩质路堑边坡坡率 表 8-12

边坡岩体类型	风化程度	边坡坡率	
		$H<15m$	$15m{\leqslant}H{\leqslant}30m$
Ⅰ 类	未风化、微风化	1∶0.1～1∶0.3	1∶0.1～1∶0.3
	弱风化	1∶0.1～1∶0.3	1∶0.3～1∶0.5
Ⅱ 类	未风化、微风化	1∶0.1～1∶0.3	1∶0.3～1∶0.5
	弱风化	1∶0.3～1∶0.5	1∶0.5～1∶0.75
Ⅲ 类	未风化、微风化	1∶0.3～1∶0.5	/
	弱风化	1∶0.5～1∶0.75	/
Ⅳ 类	弱风化	1∶0.5～1∶1	/
	弱风化	1∶0.75～1∶1	/

3）当挖方边坡较高时，可根据不同的土质、岩石性质和稳定要求开挖成折线式或台

阶式边坡，边坡外侧应设置碎落台，其宽度不宜小于 1.0m；台阶式边坡中部应设置平台，其宽度不宜小于 2m。

4）边坡坡顶、坡面、坡脚和边坡中部平台应设置地表排水系统，各种地表排水系统设施构造参照《公路路基设计规范》JTG D30—2015。

5）当边坡土质潮湿或地下水露头时，应根据实际情况设置渗沟或仰斜式排水孔，或在上游沿垂直地下水流方向设置排水隧洞等排导设施。

6）应根据边坡稳定情况和周围环境确定边坡坡面防护形式，边坡防护应采取工程与植物防护相结合的措施。稳定性差的边坡应设置支挡工程。

（4）路床、填方路堤及挖方路堑的 CBR 和压实度要求

无论是挖方路堑、填方路堤，还是高路堑、深路堑均有路床，由于路床层位非常重要，这里一并介绍。路床指路面结构层底以下至路基结构层上部之间的层位，路床是路基结构层；对于填方路堤，路床层位厚度为 0～0.8m 或 0～1.2m，见表 8-13 和表 8-14；对于挖方路堑，路床层位厚度为 0～0.8m，见表 8-15 和表 8-16。

填方较高的路基分为路床和路堤，见图 8-9。图 8-9 中为中（轻）交通路基结构图，括号内为特重（极）重交通路基结构图。路床是路基的上部结构，分为上路床和下路床。路堤是路基的下部结构，分为上路堤和下路堤。对于填方较高的路基，从下到上，对材料及施工质量的要求逐步提高。

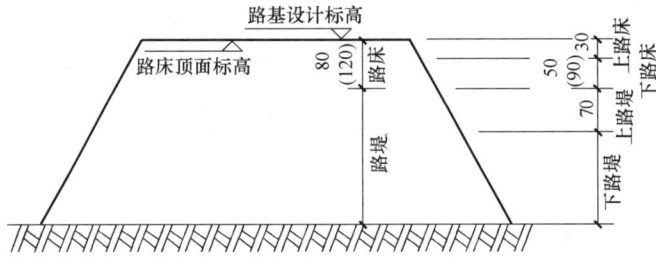

图 8-9　路基结构图（单位：cm）

1）《公路路基设计规范》JTG D30—2015 对路床的要求如下：

① 路床厚度应根据交通路及其轴载组成确定。对特种轴载的公路，应单独计算路基工作区深度，确定路床厚度。

② 路床填料应均匀，其最小承载比应满足表 8-13 要求。

路床填料最小承载比要求　　　　　　　　　　　　　　　　表 8-13

路基部位		路面底面以下深度(m)	填料最小承载比(CBR)(%)		
			高速、一级公路	二级公路	三、四级公路
上路床		0～0.3	8	6	5
下路床	轻、中等及重交通	0.3～0.8	5	4	3
	特重、极重交通	0.3～1.2	5	4	/

注：该表 CBR 试验条件应符合现行《公路土工试验规程》JTG E40 的规定。

③ 路床应分层填筑，碾压密实，填料最大粒径应小于 100mm；路床顶面横坡度应与路拱横坡度一致。路床压实度要求见表 8-14。

路床压实度要求　　　　　　　　　　　　　　　　　　　表 8-14

路基部位		路面底面以下深度(m)	路床压实度(%)		
			高速、一级公路	二级公路	三、四级公路
上路床		0～0.3	≥96	≥95	≥94
下路床	轻、中等及重交通	0.3～0.8	≥96	≥95	≥94
	特重、极重交通	0.3～1.2	≥96	≥95	/

注：1. 该表压实度系按现行《公路土工试验规程》JTG E40 重型击实试验所得最大干密度求得的压实度；
　　2. 当三、四级公路铺筑沥青混凝土和水泥混凝土路面时，其压实度应采用二级公路压实度标准。

2)《公路路基设计规范》JTG D30—2015 对路堤的要求如下：

① 路堤填料最小承载比应符合表 8-15 的要求。

填料最小承载比要求　　　　　　　　　　　　　　　　　　表 8-15

路基部位		路面底面以下深度(m)	填料最小承载比(CBR)(%)		
			高速、一级公路	二级公路	三、四级公路
上路堤	轻、中等及重交通	0.8～1.5	4	3	3
	特重、极重交通	1.2～1.9	4	3	/
下路堤	轻、中等及重交通	1.5 以下	3	2	2
	特重、极重交通	1.9 以下			

注：1. 当路基填料 CBR 值达不到表列要求时，可掺石灰或其他稳定材料处理；
　　2. 当三、四级公路铺筑沥青混凝土和水泥混凝土路面时，应采用二级公路的规定。

② 路堤应分层压实，均匀压实，压实度应符合表 8-16 的要求。

路堤压实度要求　　　　　　　　　　　　　　　　　　　　表 8-16

路基部位		路面底面以下深度(m)	路床压实度(%)		
			高速、一级公路	二级公路	三、四级公路
上路堤	轻、中等及重交通	0.8～1.5	≥94	≥94	≥93
	特重、极重交通	1.2～1.9	≥94	≥94	/
下路堤	轻、中等及重交通	1.5 以下	≥93	≥92	≥90
	特重、极重交通	1.9 以下			

注：1. 该表压实度系按现行《公路土工试验规程》JTG E40 重型击实试验所得最大干密度求得的压实度；
　　2. 当三、四级公路铺筑沥青混凝土和水泥混凝土路面时，其压实度应采用二级公路压实度标准。

3)《公路路基施工技术规范》JTG F10—2006 对路基的要求如下：

① 填料强度和粒径，见表 8-17。

② 土质路基压实度要求，见表 8-18。

《公路路基设计规范》JTG D30—2015 对路堑的填料及压实度没有做出明确要求，而《公路路基施工技术规范》JTG F10—2006 和《公路工程质量检验评定标准》JTG F80/1—2017 对路堑提出明确要求。关于压实度检测频率，《公路路基施工技术规范》JTG F10—2006 规定每 1000m² 至少检验 2 点，而《公路工程质量检验评定标准》JTG F80/1—2017 规定密度法每 200m 每层测 4 处。可见对同一个检测项目，相关规范并没有做到统一协调，这给相关工程单位带来不必要的麻烦和异议。

路基填料最小强度和最大粒径要求 表 8-17

填挖类型		路面底面以下深度（m）	填料最小承载比（CBR）（%）			最大粒径（mm）
			高速、一级公路	二级公路	三、四级公路	
路堤	上路床	0～0.3	8	6	5	100
	下路床	0.3～0.8	5	4	3	100
	上路堤	0.8～1.5	4	3	3	150
	下路堤	1.5 以下	3	2	2	150
零填及挖方路基		0～0.3	8	6	5	100
		0.3～0.8	5	4	3	100

注：1. 该表 CBR 试验条件应符合现行《公路土工试验规程》JTG E40 的规定；

2. 当三、四级公路铺筑沥青混凝土和水泥混凝土路面时，其压实度应采用二级公路压实度标准；

3. 表中上、下路堤填料最大粒径 150mm 的规定不适用于填石路堤和土石路堤。

土质路基压实度标准 表 8-18

填挖类型		路面底面以下深度（m）	压实度（%）		
			高速、一级公路	二级公路	三、四级公路
路堤	上路床	0～0.3	≥96	≥95	≥94
	下路床	0.3～0.8	≥96	≥95	≥94
	上路堤	0.8～1.5	≥94	≥94	≥93
	下路堤	1.5 以下	≥93	≥92	≥90
零填及挖方路基		0～0.3	≥96	≥95	≥94
		0.3～0.8	≥96	≥95	/

注：1. 该表 CBR 试验条件应符合现行《公路土工试验规程》JTG E40 的规定；

2. 当三、四级公路铺筑沥青混凝土和水泥混凝土路面时，其压实度应采用二级公路压实度标准；

3. 路堤采用特殊填料或处于特殊气候地区时，压实度标准根据试验路段在保证路基强度要求的前提下可适当降低；

4. 压实度用灌砂法、灌水（水袋）法检测时，取土样的底面位置为每一压实层底部；用环刀法试验时，环刀中部处于压实层厚的 1/2 深度；用核子密度仪试验时，应根据其类型，按说明书要求试验；

5. 施工过程中，每一压实层均应检验压实度，检验频率为每 1000m² 至少检验 2 点，不足 1000m² 时检验 2 点，必要时可根据需要增加检验点。

从实际施工现场来看，压实度检验频率偏高，现行检验频率难以完全满足施工进度要求，特别是机械化程度高施工进度快的工程（仅仅试验室烘干法测定含水率就难以达到现场施工进度要求），检测频率偏高易导致试验及资料弄虚作假；建议适当降低压实度检验频率，并协调统一。

（5）高路堤和陡坡路堤

《公路路基设计规范》JTG D30—2015 对高路堤和陡坡路堤的规定如下：

1）高路堤、陡坡路堤及不良地质、特殊路堤的路堤，应作为独立工点进行勘察设计。

2）高路堤与陡坡路堤设计应在掌握场地水文地质条件、填料来源及其性质的基础上，进行地基处理、结构形式、排水设施、边坡防护等综合设计。施工过程中应根据实际情况变化，及时调整设计或进行动态设计，保证路基稳定。

3）高路堤与陡坡路堤的地基勘察应符合现行《公路工程地质勘察规范》JTG C20 的

要求，查明地基土的土质类别、层位、厚度、分布特征和物理力学性质，以及地下水埋深和分布特征，确定地基承载力，获取设计所需的物理力学参数。

4）高路堤与陡坡路堤填料应满足《公路路基设计规范》JTG D30—2015要求。

5）高路堤与陡坡路堤边坡形式和坡率应根据地形与工程地质条件、路基边坡高度、填料性质等，结合经济与环保因素，静稳定性分析计算确定。断面形式宜采用台阶式。

6）应根据地下水出露情况和岩土性质，设置完善的地表和地下水排水系统，及时做好坡面防护。

7）高路堤与陡坡路堤设计时，应进行路基稳定性计算分析。分析时，应考虑以下三种工况：

正常工况，即路基投入运营后经常发生或持续时间长的工况。

非正常工况Ⅰ，即路基处于暴雨或连续降雨状态下的工况。

非正常工况Ⅱ，即路基遭遇地震等荷载作用下的工况。

8）高路堤与陡坡路堤稳定性分析的强度参数应根据填料来源、场地情况及分析工况的需要，选择有代表性的土样进行室内试验，并结合现场情况确定。试验方法应符合下列要求：

① 路基填土的强度参数 c、φ 值，可采用直剪快剪或三轴不排水剪试验获得。不同工况下试样制备要求见表 8-19。

路堤填土强度参数试验试样制备要求　　　　　　　　　　　表 8-19

分析工况	试样要求	适用范围
正常工况	采用填筑含水率和填筑密度；当难以获得填筑含水率和填筑密度时，或进行初步稳定性分析时，密度采用要求达到的密度，含水率采用击实曲线上要求密度对应的较大含水率	用于新建路堤
	取路基原状土	用于改建路堤
非正常工况Ⅰ	同正常工况试样要求，但要预先饱和	用于降雨入渗影响范围内的填土
非正常工况Ⅱ	同正常工况试样要求	/

② 地基土的强度参数 c、φ 值，宜采用直剪快剪或三轴不排水剪试验获得。

③ 分析高路堤沿斜坡地基或软弱层带滑动的稳定性时，应结合场地条件，选择控制性层面的土层试验获得强度参数 c、φ 值，可采用直剪快剪或三轴不排水剪试验获得。当存在地下水影响时，应采用饱和试件进行试验。

9）路堤堤身稳定性、路堤和地基的边坡整体稳定性分析宜采用简化 Bishop 法，路堤沿斜坡地基或软弱层滑动的稳定性分析可采用不平衡推力法，按照《公路路基设计规范》JTG D30—2015 计算。

10）各级公路高路堤与坡路段稳定系数不得小于表 8-20 所列稳定安全系数值。对非正常工况Ⅱ，路基稳定性分析方法及稳定安全系数应符合现行《公路工程抗震规范》JTG B02—2013 的规定。

11）当地基分布有软弱土层时，应做好地基加固设计。当路基稳定系数小于表 8-20 稳定安全系数时，应采用改善基底条件、设置支挡结构物、加筋等加固措施，保证路基稳定。

高路堤与陡坡路堤稳定安全系数 表 8-20

分析内容	地基强度指标	分析工况	稳定安全系数	
			二级及以上公路	三、四级公路
路堤的堤身边坡稳定和地基的整体稳定性	采用直剪的固结快剪或三轴固结不排水剪指标	正常工况	1.45	1.35
		非正常工况 I	1.35	1.25
	采用快剪指标	正常工况	1.35	1.30
		非正常工况 I	1.25	1.15
路堤沿斜坡地基或软弱层滑动的稳定性	/	正常工况	1.30	1.25
		非正常工况 I	1.20	1.15

12) 应加强高路堤与陡坡路堤的沉降控制。必要时，可进行增强补压、铺设土工合成材料等，并宜预留一个雨季的沉降期，减少工后沉降。

13) 高路堤与陡坡路堤应进行施工监测，检测设计应明确检测路段、监测项目、监测点的数量及位置，监测周期应为公路建成运营后不少于 1 年。

(6) 深路堑

深路堑和不良地质地段挖方边坡，应按独立工点进行勘察设计。

1) 深路堑工程勘察宜采用钻探、坑（井、槽）探与物探等相结合的综合方法，必要时可辅以硐探。边坡工程地质勘察应满足现行《公路工程地质勘察规范》JTG C20—2011 的要求，并应查明下列内容：

① 地形地貌特征。

② 岩土体类型、成因、形状、风化程度、完整程度、分层厚度。

③ 岩土体天然和饱水状态物理力学性质（如重度 γ、强度参数 c、φ 等）。

④ 主要结构面（特别是软弱结构面）特征、组合关系、力学属性、与临空面关系。

⑤ 气象、水文和地质条件。

⑥ 不良地质现象及范围、性质和分布规律。

⑦ 坡顶邻近建筑物的荷载、结构、基础形式、埋深及稳定状态。

⑧ 地表径流形态及其对边坡的影响。

2) 边坡岩土体力学参数可按下列方法确定：

① 岩体和结构面抗剪强度指标宜根据现场原位试验确定。试验应符合现行《工程岩体试验方法标准》GB/T 50266—2013 的规定。当无条件进行试验时，可采用现行《工程岩体分级标准》GB 50218—2014、表 8-21 和反分析等方法综合确定。

结构面抗剪强度指标标准值 表 8-21

结构面类型		结构面结合程度	内摩擦角 ϕ（°）	黏结力 c（MPa）
硬性结构面	1	结合好	＞35	＞0.13
	2	结合一般	35～27	0.13～0.09
	3	结合差	27～18	0.09～0.05
软弱结构面	4	结合很差	18～12	0.05～0.02
	5	结合极差（泥化层）	根据地区经验确定	

注：1. 表中数据已考虑结构面的时间效应；

2. 极软岩、软岩取表中低值；

3. 岩体结构面连通性差时，取表中的高值。

② 岩体结构面的结合程度按表 8-22 确定。

结构面的结合程度 表 8-22

结合程度	结构面特征
结合好	张开度小于 1mm,胶结良好,无充填;张开度 1~3mm,硅质或铁质胶结
结合一般	张开度 1~3mm,钙质胶结;张开度大于 3mm,表面粗糙,钙质胶结
结合稍差	张开度 1~3mm,表明平直,无胶结;张开度大于 3mm,岩屑充填或岩屑夹泥质充填
结合很差	表面垂直光滑,无胶结;泥质充填或泥夹岩屑充填,充填物厚度大于起伏差;
结合极差(泥化层)	分布连续的泥化夹层;未胶结的或强风化的小型断层破碎带

③ 边坡岩体性能指标标准值可按地区经验确定。重要边坡应通过试验确定。

④ 岩体内摩擦角可由岩块内摩擦角标准值、岩体裂隙发育程度与表 8-23 所列的折减系数的乘积确定。

边坡岩体内摩擦角折减系数 表 8-23

边坡岩体特征	内摩擦角的折减系数	边坡岩体特征	内摩擦角的折减系数
裂隙不发育	0.90~0.95	裂隙发育	0.90~0.85
裂隙较发育	0.85~0.90	碎裂结构	0.75~0.80

⑤ 土体力学参数宜采用原位剪切试验、原状土样室内剪切试验及反算分析等方法综合确定。

⑥ 土质边坡按水土合算原则计算时,地下水位以下的土宜采用三轴自重固结不排水抗剪强度指标;按水土分算原则计算时,地下水位以下的土宜采用土的有效抗剪强度指标。

3) 边坡稳定性评价应遵循"以定性分析为基础、定量计算为手段"的原则。进行边坡稳定性计算时,应根据边坡工程地质条件或已经出现的破坏迹象,定性判断边坡可能的破坏形式和边坡稳定性状态。

4) 边坡稳定性计算方法,应根据边坡类型和可能的破环形式,按下列原则确定:

① 规模较大的碎裂结构岩质边坡和土质边坡宜采用简化 Bishop 法计算。

② 对可能产生直线形破坏的边坡宜采用平面滑动面解析法进行计算。

③ 对可能产生折线形破坏的边坡宜采用不平衡推力法计算。

④ 对结构复杂的岩质边坡,可配合采用赤平投影法和实体比例投影法分析及楔形滑动面法进行计算。

5) 边坡稳定性计算应考虑下列三种工况。对季节性冻土边坡,尚应考虑冻融的影响。

正常工况,即边坡处于天然状态下的工况。

非正常工况 I,即边坡处于暴雨或连续降雨状态下的工况。

非正常工况 II,即边坡处于遭遇地震等荷载作用状态下的工况。

6) 各级公路路堑边坡稳定系数不得小于表 8-24 所列稳定安全系数值。对非正常工况 II,路堑边坡稳定性分析方法及稳定安全系数应符合现行《公路工程抗震规范》JTG B02—2013 的规定。

<table>
<tr><td colspan="3" style="text-align:center">路堑边坡稳定安全系数</td><td>表 8-24</td></tr>
</table>

分析工况	路堑边坡稳定安全系数	
	高速公路、一级公路	二级及二级以下公路
正常工况	1.20~1.30	1.15~1.25
非正常工况 I	1.10~1.20	1.05~1.15

7）深路堑边坡宜采用折线式或台阶式边坡。台阶式边坡中部应设置边坡平台，边坡平台的宽度不宜小于 2m。坚硬岩石边坡可不设平台，其边坡坡率可调查附近已建工程的人工边坡及自然边坡情况，根据边坡稳定性分析综合确定。

8）边坡防护设计应根据边坡地质和环境条件、边坡高度及公路等级，采取工程防护与植物防护的综合措施，稳定性差的边坡应设置综合支挡工程，并采用分层开挖、分层稳定和坡脚预加固技术。

9）应设置完善的边坡地表和地下水排水系统，及时引排地表水和地下水。季节性冻土边坡地下水丰富时，应对地下水排水口采取保温措施。

10）高速公路、一级公路深路堑及不良地质、特殊岩土地段挖方边坡应进行施工监测，监测设计应明确监测路段、监测项目、监测点的数量及位置，监测周期应为公路建成运营后不少于 1 年。

（7）填石路堤

1）填石路堤设计应遵循下列原则：

硬质岩石、中硬岩石可用作路堑、路堤填料；软质岩石可用作路堤填料，不得用作路床填料；膨胀性岩石、易溶性岩石和盐化岩石等不得用作路堤填料。

填石路堤应做好断面设计、结构设计和排水设计，保证填石路堤有足够的强度和稳定性。

填石路堤施工前，应通过试验路段，确定填石路堤合适的填筑层厚度、压实工艺以及质量控制标准。

2）填石料可根据单轴饱和抗压强度指标按表 8-25 分类。

<table>
<tr><td colspan="3" style="text-align:center">岩石分类表</td><td>表 8-25</td></tr>
</table>

岩石类型	单轴饱和抗压强度（MPa）	代表性岩石
硬质岩石	≥60	1. 花岗岩、闪长岩、玄武岩等岩浆岩类； 2. 硅质、铁质胶结的砾岩及砂岩、石灰岩、白云岩等沉积岩类；
中硬岩石	30~60	3. 片麻岩、石英岩、大理岩、板岩、片岩等变质岩类
软质岩石	5~30	1. 凝灰岩等喷出岩类； 2. 泥砾岩、泥质砂岩、泥质页岩、泥岩等沉积岩类； 3. 云母片岩或千枚岩等变质岩类

3）不同强度的石料，应分别采用不同的填筑层厚和压实控制标准。填石路堤压实质量标准宜用空隙率作为控制指标，并应符合表 8-26~表 8-28 的要求。施工压实质量可采用空隙率与压实沉降或施工参数联合控制。

4）填石路堤顶部最后一层填石料的铺筑层厚不得大于 0.40m，最大粒径不得大于 150mm，其中小于 5mm 的细料含量不应小于 30%，且铺筑层表面应无明显空隙、空洞。填石路堤上部采用其他填料时，可视需要设置土工布作为隔离层。

硬质石料压实质量控制标准 表 8-26

路基部位	路面底面以下深度(m)	摊铺厚度(mm)	最大粒径(mm)	压实干密度(kg/m³)	空隙率(%)
上路堤	0.80～1.50 (1.20～1.90)	≤400	小于层厚 2/3	由试验确定	≤23
下路堤	＞1.50 (＞1.90)	≤600	小于层厚 2/3	由试验确定	≤25

中质石料压实质量控制标准 表 8-27

路基部位	路面底面以下深度(m)	摊铺厚度(mm)	最大粒径(mm)	压实干密度(kg/m³)	空隙率(%)
上路堤	0.80～1.50 (1.20～1.90)	≤400	小于层厚 2/3	由试验确定	≤22
下路堤	＞1.50 (＞1.90)	≤500	小于层厚 2/3	由试验确定	≤24

软硬质石料压实质量控制标准 表 8-28

路基部位	路面底面以下深度(m)	摊铺厚度(mm)	最大粒径(mm)	压实干密度(kg/m³)	空隙率(%)
上路堤	0.80～1.50 (1.20～1.90)	≤300	小于层厚 2/3	由试验确定	≤20
下路堤	＞1.50 (＞1.90)	≤400	小于层厚 2/3	由试验确定	≤22

5）填石路堤可采用与土质路堤相同的断面形式，边坡坡率不宜陡于表 8-29 的规定，边部可采用码砌，码砌厚度宜为 1～2m，码砌石块最小尺寸不应小于 300mm。边坡较高时，可在边坡中部设置 1～3m 的平台。

填石路堤边坡坡率 表 8-29

填石料种类	边坡高度(m)			边坡坡率	
	全部高度	上部高度	下部高度	上部高度	下部高度
硬质岩石	20	8	12	1∶1.1	1∶1.3
中质岩石	20	8	12	1∶1.3	1∶1.5
软质岩石	20	8	12	1∶1.5	1∶1.75

6）风化岩石和软质岩石填筑路堤时，路床应采用硬质岩石的碎石或其他符合要求的材料填筑，并应采取路堤边部包边封闭或加筋、底部设置排水垫层、顶部设置防渗层等措施，防止填石路堤产生湿化变形。

8.2 公路用地范围及建筑限界

8.2.1 公路用地范围

1. 公路用地一般规定

《公路路线设计规范》JTG D20—2017 规定：应遵照保护、开发土地资源，合理利用土地，切实保护耕地，促进社会经济可持续发展的原则，合理拟定公路建设规模、技术指标、设计施工方案，确定公路用地范围。

2. 公路用地范围

《公路路线设计规范》JTG D20—2017 规定的公路用地范围如下：

（1）公路路堤两侧排水沟外边缘（无排水沟时为路堤或护坡道坡脚）以外，或路堑坡顶截水沟外边缘（无截水沟为坡顶）以外不小于 1m 范围内的土地，在有条件的地段，高速公路和一级公路不小于 3m、二级公路不小于 2m 范围内的土地为公路路基用地范围。

（2）在风沙、雪害等特殊地质地带，需设置防护林，种植固沙植物，安装防沙或防雪栅栏以及设置反压护道等设施时，应根据实际需要确定其用地范围。

（3）桥梁、隧道、互通式立体交叉、分离式立体交叉、平面交叉、交通安全设施、服务设施、管理设施、绿化以及料场、苗圃等，应根据实际需要确定其用地范围。

（4）有条件或环境保护要求种植多行林带的路段，应根据实际情况确定其用地范围。

（5）改建公路可参照新建公路用地范围的规定执行。

3. 公路用地图

公路用地图又称为红线图，或征地拆迁红线范围图。同一条公路的不同断面的公路用地范围有所不同，需要通过横断面设计图进行计算，见图 8-10。沿公路中线方向的公路用地范围为折线，见图 8-11。

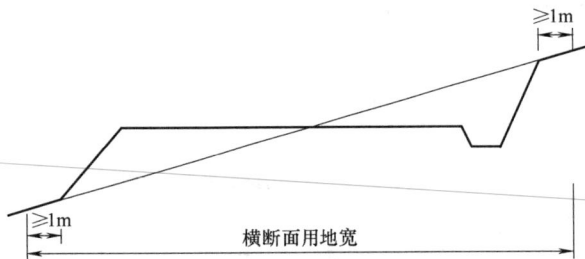

图 8-10　横断面图上的公路用地范围

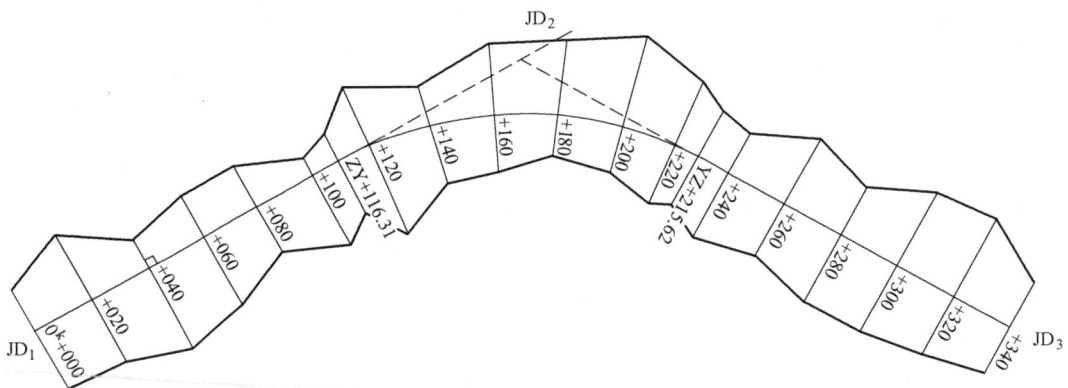

图 8-11　公路用地图

8.2.2　公路建筑限界

1.《公路工程技术标准》JTG B01—2014 规定的建筑限界

《公路工程技术标准》JTG B01—2014 建筑限界要求，见图 8-12～图 8-15。

图中符号意义（符号意义仅限于建筑限界）：

W——行车道宽度；

L_1——左侧硬路基宽度；

L_2——右侧硬路基宽度；

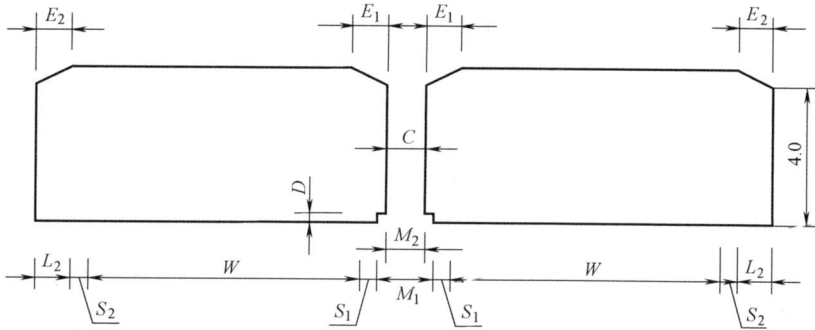

图 8-12　高速公路、一级公路（整体式）建筑限界（尺寸单位：m）

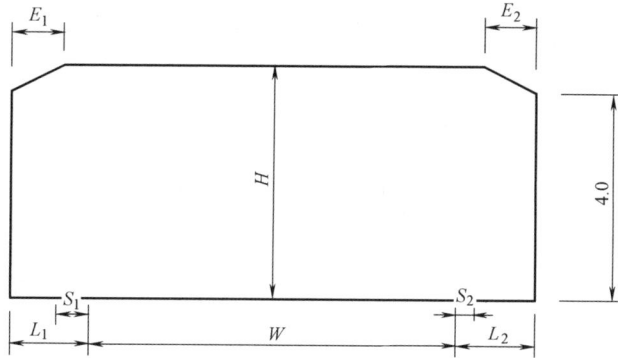

图 8-13　高速公路、一级公路（分离式）建筑限界（尺寸单位：m）

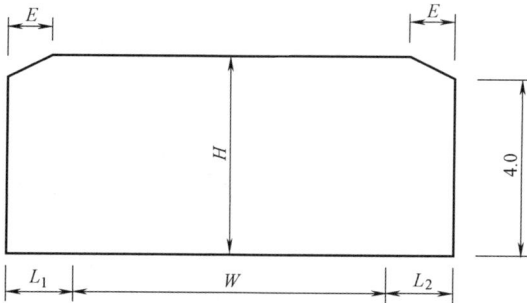

图 8-14　二、三、四级公路建筑
限界（尺寸单位：m）

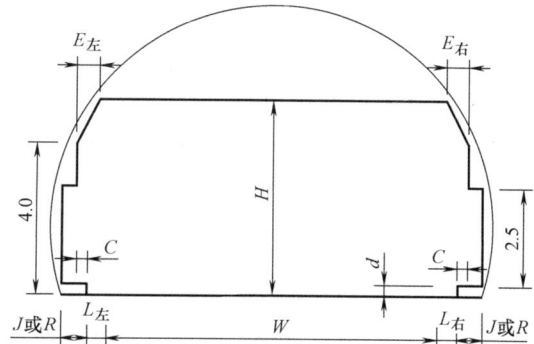

图 8-15　公路隧道建筑限界
（尺寸单位：m）

S_1——左侧路缘带宽度；

S_2——右侧路缘带宽度；

$L_左$——隧道内左侧侧向宽度；

$L_右$——隧道内右侧侧向宽度；

C——当设计速度大于 100km/h 时为 0.5m，小于或等于 100km/h 时为 0.25m；

D——路缘石高度，小于或等于 0.25m。一般情况下，高速公路可布设路缘石；

M_1——中间带宽度；

M_2——中央分隔带宽度；

J——检修道宽度；

R——人行道宽度；

d——检修道或人行道高度；

E——建筑限界顶角宽度，当 $L \leqslant 1m$ 时，$E = L$；当 $L > 1m$ 时，$E = 1m$；

L——侧向宽度。二级公路的侧向宽度为硬路肩宽度。三、四级公路的侧向宽度为路肩宽度减去 $0.25m$。设置护栏时，应根据护栏需要的宽度加宽路基；

E_1——建筑限界顶角宽度，当 $L_1 < 1m$ 时，$E_1 = L_1$，或 $S_1 + C < 1m$ 时，$E_1 = S_1 + C$；当 $L_1 \geqslant 1m$ 或 $S_1 + C \geqslant 1m$ 时，$E_1 = 1m$；

E_2——建筑限界顶角宽度，$E_2 = 1m$；

$E_左$——建筑限界左顶角宽度，当 $L_左 \leqslant 1m$ 时，$E_左 = L_左$；当 $L_左 > 1m$ 时，$E_左 = 1m$；

$E_右$——建筑限界右顶角宽度，当 $L_右 \leqslant 1m$ 时，$E_右 = L_右$；当 $L_右 > 1m$ 时，$E_右 = 1m$；

H——净空高度。

（1）设置加（减）速车道、紧急停车带、爬坡车道、错车道、慢车道、车道隔离设施等路段，行车道应包括该部分的宽度。

（2）八车道及以上的高速公路（整体式），设置左侧硬路肩时，建筑限界应包括左侧硬路肩宽度。

（3）一条公路应采用同一净高。高速公路、一级公路、二级公路的净高为 $5.0m$；三级公路、四级公路的净高为 $4.5m$。

（4）人行道、自行车道、检修道与行车道分开设置时，其净高应为 $2.5m$。

（5）路基、桥梁、隧道相互衔接处，其建筑限界应按过渡段处理。

2．《公路路线设计规范》JTG D20—2017 规定的建筑限界

（1）公路建筑限界概念

公路建筑限界是为了保证公路上规定车辆正常运行与安全，在一定宽度和高度范围内，不得有任何障碍物侵入的空间范围。

在公路横断面设计中，公路标志、护栏、照明灯柱、电杆、管线、绿化、行道树以及跨线桥的梁底、桥台、桥墩等的任何部分不得侵入公路建筑限界之内。勘测设计人员除了关注公路用地范围外，还应特别关注公路建筑限界。

（2）各级公路建筑限界规定

建筑限界除执行《公路工程技术标准》JTG B01—2014 外，还应满足：

1）隧道最小侧向宽度规定，见表 8-30。

隧道最小侧向宽度 表 8-30

设计速度（km/h）	高速公路			一级公路			二级公路		三级公路		四级公路
	120	100	80	100	80	60	80	60	40	30	20
左侧侧向宽度 $L_左$（m）	0.75	0.50	0.50	0.50	0.50	0.50	0.75	0.50	0.25	0.25	0.50
右侧侧向宽度 $L_右$（m）	1.25	1.00	0.75	1.00	0.75	0.75	0.75	0.50	0.25	0.25	0.50

2）桥梁、隧道设置检修道、人行道时，建筑限界应包括相应部分宽度。

（3）公路建筑限界的边界线划分规定，见图 8-16。

1）建筑限界的上缘边界线

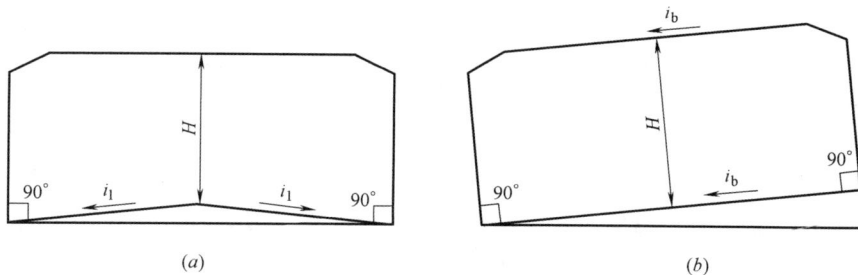

图 8-16　建筑限界的边界线划分

（a）一般路拱路堤；（b）全超高路拱路段

① 不设超高的路段，上缘边界线应为水平线。

② 设置超高的路段，上缘边界线应与超高横坡度平行。

2）建筑限界两侧的边界线，见图 8-16。

① 不设超高的路段，两侧边界线应与水平线垂直。

② 设置超高的路段，两侧边界线应与路面超高横坡度垂直。

（4）净空与预留

1）根据公路在路网中的地位与位置，同一公路应采用相同的净空高度。

2）三级、四级公路的路面采用沥青贯入、沥青碎石、沥青表面处治或砂石路面时，净空高度宜预留 20cm。

3）中央分隔带或路肩上设置桥梁墩台、标志立柱时，其前缘除不得侵入公路建筑限界外，且不得紧贴建筑物设置，应留有护栏缓冲变形的余宽。

4）凹形竖曲线上方设有跨线构造物时，其净高应满足鞍式列车有效净高的要求，见图 8-17。

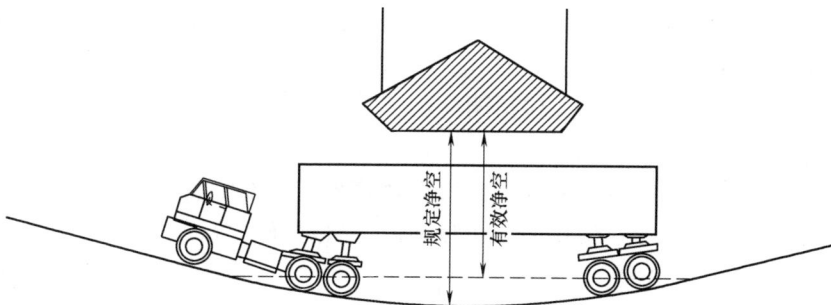

图 8-17　凹形竖曲线上方有效净空高度

5）公路下穿宽度较宽或斜交角度较大的跨线构造物时，其路面距跨线构造物下缘任一点的净高均应符合相应净空高度的规定。

8.3　横断面设计

8.3.1　准备工作

横断面设计又称为"戴帽子"，横断面设计之前的准备工作主要是资料准备。资料准备工作有：

（1）中桩记录表，含平曲线和缓和曲线中桩记录表，包括中桩里程、平曲线起终点、平曲线半径、超高加宽值、缓和曲线或缓和段长度。

（2）各个中桩的填挖高度，可以从路基设计表中直接查询，也可从纵断面图下面部分的表格中查询。

（3）行车道、路肩、路基宽度，含平曲线上的全加宽、缓和曲线或缓和段上的加宽值。

（4）边坡坡率及尺寸，边坡坡率可以根据设计人员的经验进行设计，可以借鉴路线附近已有公路的边坡率，可以参考已有成熟的资料，可以参考《公路路基设计规范》JTG D30—2015。

（5）弯道上视距保证的横向清除范围，详见 6.2 节。

（6）外业调查的护坡道、截水沟等。

8.3.2　横断面的设计

1. 横断面设计的三种断面形式

横断面的断面形式较多，归纳起来有三种形式：

（1）正常横断面

正常横断面包括两大类横断面：

1）直线上的无超高无加宽的正常横断面；

2）平曲线上的无超高无加宽的正常横断面。

（2）全超高、全加宽横断面

全超高、全加宽横断面包括两大类：

1）平曲线上的从起点 ZY 到终点 YZ 之间的全超高、全加宽横断面；

2）带有缓和曲线的曲线上的从 HY 点到 YH 点之间的全超高、全加宽横断面。

（3）缓和段或缓和曲线上的横断面

缓和段或缓和曲线上的横断面包括两类：

1）缓和段上的横断面

缓和段上的横断面指四级公路且平曲线半径较小需要设置缓和段，从缓和段起点到缓和段终点之间的断面。对一个交点而言，缓和段一般对称设置。

2）缓和曲线上的横断面

缓和曲线上的横断面指高速公路、一级公路、二级公路和三级公路且平曲线半径较小需要设置缓和曲线，从缓和曲线起点到缓和曲线终点之间的断面，缓和曲线一般对称设置，即从 ZH 点到 HY 点和 YH 点到 HZ 点之间的断面。

2. 横断面设计

（1）概述

横断面设计宜在厘米格纸或画有厘米格的 CAD 图上进行（也可在相关软件上完成）。

绘图比例一般为 1∶200，当然可以根据实际工程的填挖情况调整比例，填挖过小可以放大比例至 1∶100 或 1∶50，填挖过大可以缩小比例 1∶400 或 1∶500 或 1∶1000。

横断面图的绘制顺序：从下到上，从左到右。0^k+000 一定在 0^k 的第 1 页图的左下侧，见图 8-24。

由于横断面图较多，为了便于查询，宜在每张图幅右上侧采用下列方式标明绘制范围和千米号、总页数、第几页。方式一：$2^k+620 \sim 2^k+760$ 表示该横断面图中包含断面开始桩 2^k+620、结束桩 2^k+760 及其之间的中桩；方式二：$2\frac{6}{8}$ 表示该横断面图为第 2 千米（即 2^k），第 2 千米（即 2^k）共有 8 页横断面图，该横断面图为第 6 页，见图 8-25。

一个中桩横断面图只能绘制一次，不得出现在不同千米的图幅内，尤其注意千米桩。例如：1^k+000 的横断面图只能放在第 1 千米的第 1 页图幅范围内，不能放在 0^k 的图幅范围内。假定 0^k 共有 5 页图，1^k 共有 7 页图，则 1^k+000 不能放在 $0\frac{5}{5}$ 图内，只能放在 $1\frac{1}{7}$ 图内。又如：2^k 共有 6 页图，则 2^k+000 不能放在 $1\frac{7}{7}$ 图内，只能放在 $2\frac{1}{6}$ 图内。

下面对无中央分隔带的新建公路，以全超高、全加宽以新建公路的边轴旋转法为例，详细说明横断面的设计步骤。

（2）正常横断面的设计步骤

正常横断面的设计步骤，见图 8-18 和图 8-19。

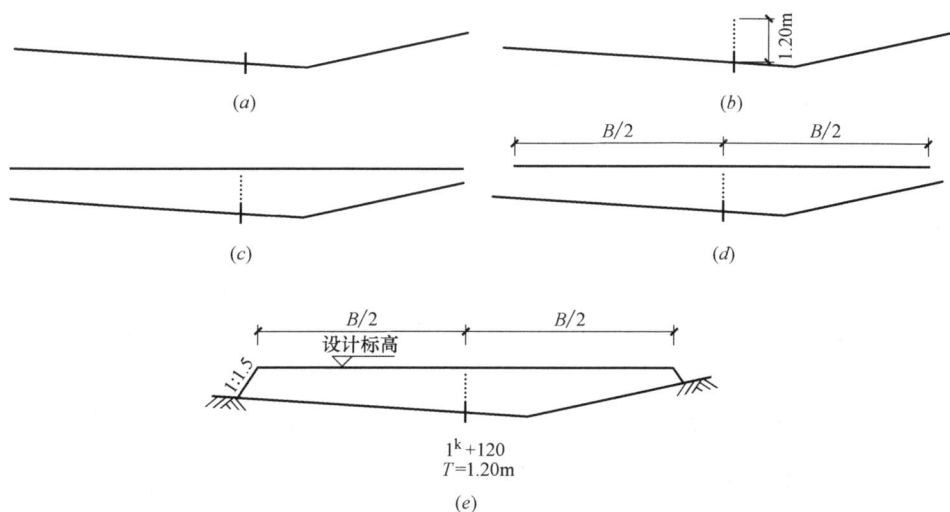

图 8-18　正常路堤横断面的设计步骤

1）在厘米格上定出中桩位置，写出中桩桩号，按 1∶200 的比例画出中桩横向地面线（野外实测或平面图上截取）。注意绘图顺序从下到上，从左到右。

2）查得中桩填挖值，写在中桩下面；填挖值可以在路基设计表上查出，也可在纵断面图中的下部分表格中查出。

3）确定设计标高。

在中桩中心与横断面地面线交叉点处，往上（填方）或往下（挖方）按 1∶200 的比例画出与填挖值垂直等高的水平线（即设计标高线）。

4）确定路基（或路肩）边缘点。

在设计标高线上过路面中心向左侧量出左侧路基宽度，定左侧路基边缘点；在设计标高线上过路面中心向右侧量出右侧路基宽度，定右侧路基边缘点。

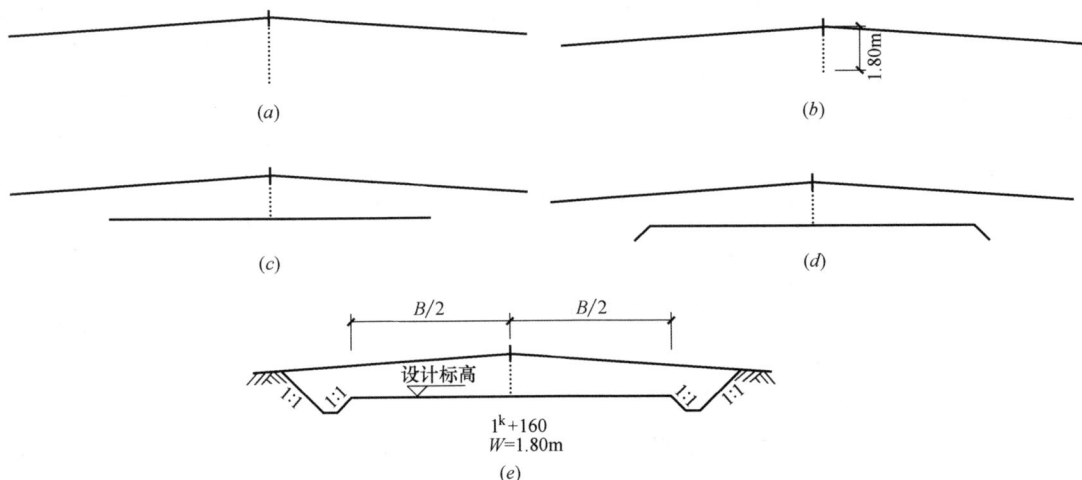

图 8-19 正常路堑横断面的设计步骤

5）画出边坡线。

① 填方路堤

过左右侧路基边缘点作边坡（一般为 1：1.5），交于横断面地面线的坡脚点。

② 挖方路堑

过左右侧路基边缘点作内坡和边沟；过边沟底作挖方路堑边坡（一般为 1：1），交于横断面地面线的坡顶。

6）其他内容设计

必要时根据具体情况，可以考虑填方路堤设计护坡道、挖方路堑设计截水沟、设计挡土墙路基、设计护肩路基、设计护脚路基等。特殊路基初步设计完成后，还需要进行稳定性分析和力学计算。

（3）全超高、全加宽横断面设计步骤

全超高、全加宽横断面设计步骤见图 8-20。

1）、2）和 3）与正常路基横断面设计相同。

4）在设计标高线上过路面中心向内侧量出内侧行车道宽度，定旋转中心轴 C 点（即未超高未加宽前的内侧路面边缘点），见图 5-7 和图 8-20。

5）过旋转中心轴 C 点，画超高横坡度线 i_b。

6）在超高横坡度线上，从路面中心，往内侧量出内侧路基宽度 B_n（$B_n = \dfrac{b}{2} + a + b_j$），定内侧路基（路肩）边缘点 A；在超高横坡度线上，从路面中心，往外侧量出外侧路基宽度 B_w（$B_w = \dfrac{b}{2} + a$），定外侧路基（路肩）边缘点 B。

剩下步骤同正常路基横断面的第 5）和 6）步。

值得注意的是，理论上讲图 5-7 和图 8-20 的 C 点是不一致的，在例 5-1 中，实际 C 点的特征值 $h_c = ai_0 = 0.25 \times 4\% = 0.01\text{m} = 10\text{mm}$，按 1：200 比例 $h_c = 10\text{mm}$ 几乎是设计标高线，故图 5-7 和图 8-20 的 C 点默认为同一个点。同理，进行正常路拱横断面设计时，常常将设计标高线默认为路拱线。在 1：200 的横断面图上显示不出来，实际施工怎

236

么办呢？实际施工可以采用多种办法，例如查询路基设计表、查询横断面设计说明。图 5-7 是放大后的效果，在 1∶200 的横断面图中路拱和设计标高线几乎是同一条水平线。

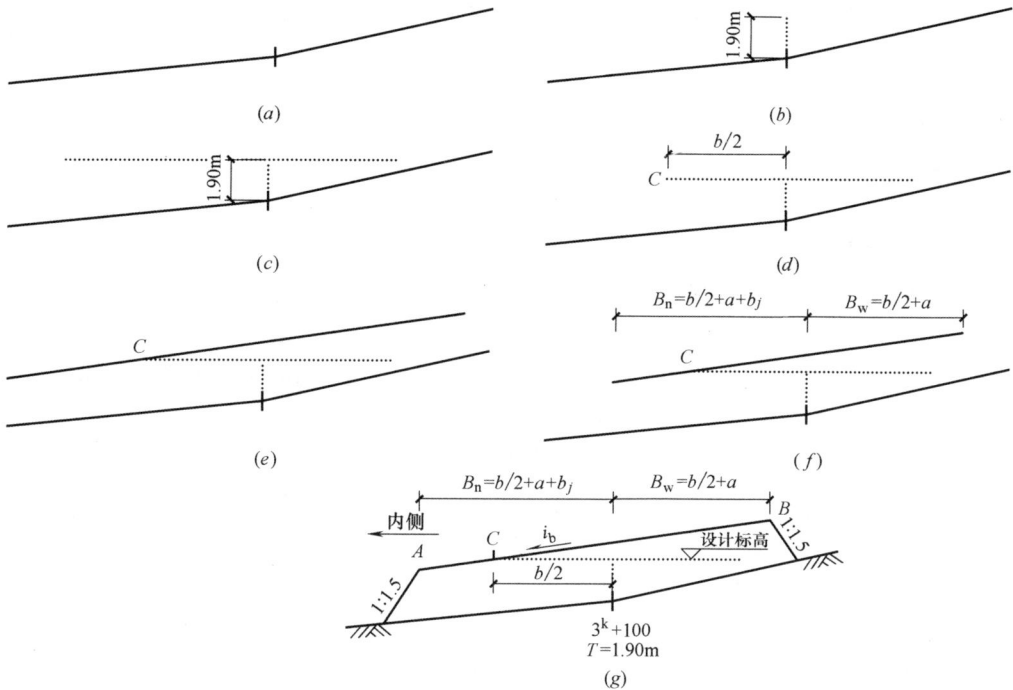

图 8-20　全超高全加宽路堑横断面的设计步骤

（4）缓和段或缓和曲线上的横断面设计步骤

缓和段或缓和曲线上的横断面设计比较麻烦，需要分清内断面、外断面等。可以直接利用路基设计表（如表 5-9）中的特征值画出来，简而言之利用路基宽度和特征值画出特征点。

1）～3）步同正常路基横断面设计。

4）在路基设计表中查询出左侧路基边缘点、路面中心点和右侧路基边缘点的特征值。

5）按照 1∶200 比例将这三个特征点的特征值画在横断面图上，定出左侧路基边缘点、路面中心点和右侧路基边缘点。

6）将左侧路基边缘点与路面中心点连接起来，将路面中心点与右侧路基边缘点连接起来，就是缓和段或缓和曲线上横断面的路拱。当然特征点的特征值过小时，在 1∶200 的横断面图上这些点几乎就落在设计标高线上。

余下步骤同正常路基横断面的第 5）和 6）步。

8.4　土石方计算与调配

8.4.1　横断面面积计算

1. 横断面面积计算

237

横断面面积计算方法有积距法、求积仪法、方格网法、几何图形法。在没有CAD等制图软件之前，积距法是手工计算最主要的方法，主体横断面面积通过积距法计算，少量边角部分可以通过几何图形法和方格网法补充计算。随着计算机技术的飞速发展，各种工程制图软件应运而生，在CAD或专业软件上绘制的横断面图，可以通过查询菜单、鼠标右键或快捷键等迅速地计算出任意横断面面积。

2. 横断面面积计算注意事项

考虑路基土石方涉及相应的费用，计算横断面面积时应注意：

(1) 填挖分开。

(2) 填方分填土、填石和砌石。

(3) 挖淤泥、台阶先计算挖方，再计算填方。

(4) 挡土墙工程量在挡土墙设计图中单独计算。

(5) 大、中桥起终点之间的土石方不计算在路基土石方范围内，计算在桥梁工程量里面；小桥涵一般不扣除过水部分面积的土石方。

一般来说，小桥涵和挡土墙包含在路基工程内。

8.4.2 路基土石方计算

计算横断面面积的目的是为了计算路基土石方。路基土石方指填或挖土石的体积（方量）。

土石方的计算方法有平均断面法，平均距离法、棱台体积法。一般常常采用平均断面法，该方法简单方便。棱台体积法精度高，计算时稍显麻烦、复杂，在发生争议需要仲裁时应采用棱台体积法。

1. 平均断面法

平均断面法按式（8-6）计算，见图8-21。

$$V = \frac{A_1 + A_2}{2} \times l \tag{8-6}$$

式中　V——相邻两个中桩之间的土石方量（m^3）；

　　A_1——后一个中桩的横截面面积（m^2）；

　　A_2——前一个中桩的横截面面积（m^2）；

　　l——相邻两个中桩之间的水平距离（即中桩桩号之差）（m）。

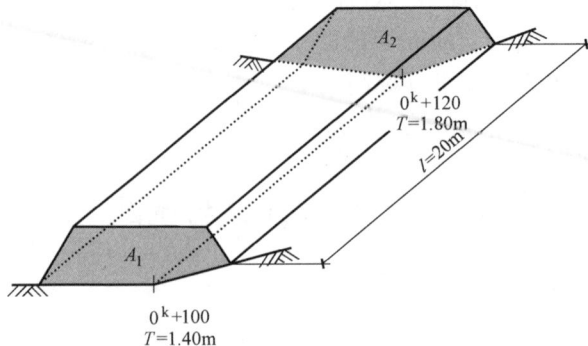

图8-21　平均断面法计算土石方

路基土石方数量计算表，见表8-31，计算方法参见例8-1。

2. 棱台体积法

棱台体积法，按式（8-7）计算。

$$V=\frac{A_1+A_2}{3}\times\left(1+\frac{\sqrt{m}}{1+m}\right)\times l \tag{8-7}$$

式中　A_1——相邻两个中桩中横截面较小的一个中桩的横截面面积（m²）；

　　　A_2——相邻两个中桩中横截面较大的一个中桩的横截面面积（m²），$A_2>A_1$；

　　　m——比例系数，$m=\dfrac{A_1}{A_2}$；

其余符号意义同前。

8.4.3 土石方调配

1. 基本概念

（1）纵向调配土石方：指中线上路基某处挖方路段有多余的挖方，需要沿中线调配到中线上路基某处填方路段。纵向调配土石方特点是不计挖方费用。即不管是否纵向调配这部分土石方，路基中线总挖方中已经包括这部分土石方；该部分土石方即使不进行纵向调配，在路基中线总挖方中已经计算了其挖方量。因此，在进行纵向调配时，这部分调配的土石方就不能再重复计算了。

纵向调配路基土石方需要考虑调运距离，调配距离较近是比较经济的，调配距离较远就不一定经济了；当然实际工程还需要考虑弃土、借土的临时或永久用地，还要考虑环境保护、农田水利保护、征地拆迁等因素。

（2）横向调配土石方：指某路段路基横断面处于半挖半填状态，如果该段路基挖方土石方可以用来填筑路堤，则将这段路基等断面中的半挖土石方横向调配到路基横断面中的半填位置。横向调配土石方的特点是不计挖方费用，调运距离较短，从费用效率看比较经济。

（3）竖向调配土石方：工程中这种情况比较少，仅仅出现在低等级公路的回头曲线上，一般来说回头曲线的山顶往往挖方，山脚往往填方，从山顶竖向沿山坡调配到山脚（直接推下山脚）。竖向调配的特点是不计挖方费用，下坡调配。

（4）挖方：一般中线上的路基挖方。

（5）借方：一般指公路中线以外的挖方。借方的特点是需要征地拆迁、计算挖方，就近挖方借土。

（6）欠方：路基某段填方不足，需要另外纵向调配或横向调配土石方或路外借方。

（7）弃方：路基某挖方路段，有多余的土石方，且该土石方又无法进行纵向调配利用的土石方，考虑弃方。弃方考合理考虑弃土场，需要临时或永久征地。

（8）余方：本路段路基多余的土石方，余方根据实际情况可以纵向调配或作为弃方。

2. 土石方调配原则

（1）半挖半填断面，首先考虑本段内进行横向调配，横向移挖作填。

（2）一般不宜跨越大沟、大河调配（有可利用的便道或便桥、必须修筑便道或便桥除外），尽可能减少或避免上坡运土。

（3）根据地形条件和施工条件，认真比较纵向调配还是路外借土；需要考虑经济运距、借土占地、赔偿青苗损失以及对农业生产的影响。

（4）位于上坡的回头曲线，优先考虑上、下线的竖向调配。

（5）土石方调配、借土和弃土，对借土场和弃土场应妥善处理，防止雨期发生事故。

3. 土石方调配方法和步骤

土石方调配方法有计算表调配法、调配图法、累计曲线法。常用计算表调配法，简单直观，调配路线清晰，精度较高，见表 8-31。

下面介绍计算表调配法的调配步骤。

（1）土石方数量的计算与复核，确认和复核表 8-31 中的第 2、3、4、5、6、7、8、9 等纵向栏。

（2）将可能影响运输调配的桥涵位置、陡坡、大沟等标注在备注纵向栏（表 8-31 第 37 栏）内。

（3）弄清各段桩的填挖情况，先作横向调配。

（4）横向调配完毕，明确本桩利用方、欠方、挖余方及纵向调配方。

（5）计算经济运距（后面叙述）。

（6）根据欠方、纵向调配方的分布情况，结合路线纵坡和自然条件，本着技术经济合理和支农的原则，具体拟定调配方案。

（7）纵向调配具体方法：逐桩、逐段地将相邻路段的可作纵向调配的土石方就近调配到欠方段内，加以纵向利用；把具体调配方向和数量用箭头和数量标注在纵向栏（表 8-31 第 30 栏）内；计算出土石方调配级数 n，并标注在相应位置。

（8）经过初步的纵、横向调配，如果仍然有欠方，可考虑借方；如果仍然有余方，可考虑弃方。应会同当地有关部门协商借土或弃土地点，确认借土或弃土距离中线的横向运距；计算借土或弃土的土石方调配级数 n；借土或弃土标注在借方数量、弃方数量纵向栏（表 8-31 中第 31~34 栏）内。

（9）校核

校核分横向校核、纵向校核和总体校核，其中横向校核为相邻两个中桩的横向一栏，而纵向校核为所有横向校核累计到横向的小计栏（表 8-31 横向小计栏）内，横向校核和纵向校核的公式相同。

1）横向校核、纵向校核，按式（8-8）和式（8-9）计算。

$$挖方＝本（段）桩利用方＋挖余方 \qquad (8\text{-}8)$$

$$填方＝本（段）桩利用方＋填缺方 \qquad (8\text{-}9)$$

2）总体校核

$$填方＝纵向调配方＋横向调配方＋借方 \qquad (8\text{-}10)$$

$$填方＋弃方＝挖方＋借方 \qquad (8\text{-}11)$$

3）校核注意事项

① 校核时可以土石一起校核，可以土石分开校核。

② 调配至上千米的土石方，针对全线是纵向调配方，针对本段（或本页）是弃方。

③ 以石代土的土石方加括号，注意区分什么时候按土计算，什么时候按石计算。

④ 校核公式为式（8-8）～式（8-11）。

路基土石方数量计算表　　　　　　　　　　　　　　　　　　　　　　　　　　　　　　　　　　　　　表 8-31

注:
1. (4)、(7)、(23)栏中"*"表示砌石;
2. (24)、(30)栏中"()"表示以石代土;
3. (31)~(34)栏中分子为数量,分母为运距;
4. (31)、(32)栏系指普通土和次坚石,如有不同,须加注明;
5. (30)~(34)栏中"○"内数字为平均超运距单位数。

计算者:　　　　　　　　　　　　　　　　　　　复核者:

桩号	横断面挖	横断面填土	横断面填石	平均挖	平均填土	平均填石	距离(m)	总数量	松土%	松土数量	普通土%	普通土数量	硬土%	硬土数量	软石%	软石数量	次坚石%	次坚石数量	竖石%	竖石数量	填方土	填方石	本桩利用土	本桩利用石	填缺土	填缺石	挖余土	挖余石	远运利用纵向调配示意	借方土	借方石	废方土	废方石	总运量土	总运量石	备注
1	2	3	4	5	6	7	8	9	10	11	12	13	14	15	16	17	18	19	20	21	22	23	24	25	26	27	28	29	30	31	32	33	34	35	36	37
14^k+000	60.0																																			
				71.1			17	1209				242		121				604		242							363	846	土:363 石:500 ↑调至上千米				346/③		1038	
+017	82.2		10.0																																	
				84.3		5.0 / 2.0*	8	674			20↓	135	10↓	67			50↓	337	20↓	135			40 / 16*		56		202	416	土:202 石:(87)				329/③		987	
+025	86.4		4.0*																																	
				43.2	39.0	5.0 / 2.0*	12	518				103		52				259		104	468	60 / 24*	155(279)	84	34				石:(34) ←							
+037		78.0																																		
				73.8			4														295				295											
+041		69.6																																		
				39.2	34.8		9	353				71						176		106	313		71(242)					40	石:(40) ←							
+050	78.4																																			
				56.4			10	564				113						282		169							113	451	土:113 石:8 / 538				443/②		886	
+060	34.4																																			
				60.6			12	727				145						364		218							145	582	土:145 石:(44) / 336							
+072	86.8																																			
				55.9			8	447				89						224		134							89	358	土:89 石:(22)							
+080	25.0																																			
				12.5	12.3	27.3	6	75				15						37		23	74	164	15	60	59	104			①②						8	
+086		24.6	54.6																																	
					26.3	55.3	8														210	442			210	442						226				
+094		28.0	56.0																																	
					24.0	56.0	6										50↓				144	336			144	336									33	
+100		20.0	56.0																																	
					22.0	50.0							20↓						30↓		176	400			176	400			①					35	206	
+108		24.0	44.0																																	
				12.0	12.0	22.0 / 1.0*	6	72				14						36		22	72	132 / 6*	14	58	58	80			①②							
+114	24.0		2.0*																																	
				35.0		1.5*	10	350				70						175		105			15*			15	70	265	土:70 石:265 / 215							
+124	46.0		1.0*																																	
				31.0	4.0	0.5*	16	496				99						248		149	64	8*	64	8			35	389	土:35 石:(129)				45			
+140	16.0	8.0																																		
				29.0	7.0		20	580				116						290		174	140		116(24)					440					440			
+160	42.0	6.0																																		
				52.0	3.0		20	1040				208						520		312	60		60				148	832				148	332			
+180	62.0																																			
				38.0	10.5		10	380				76						190		114	105		76(29)					275	石:(215)				60			
+190	14.0	21.0																																		
				7.0	28.5		10	70				14						35		21	285		14(56)		215				←							
+200		36.0																																		
小计							200	7555				480		1270				3777		2028	2406	1574 / 68*	585(630)	281	1191	1362	1165	4894	土:654 石:1362(537)			148	2495	35	3384	

有关校核计算见表 8-31。

计算某路段路基土石方时，该路段路基土石方数量计算表的最后一个中桩，在下一段路基土石方计算时应重复该中桩，否则将漏算部分土石方，见图 8-22。反之遇到大中桥、隧道（这些土石方不包含在路基土石方中）就必须断开，见图 8-23。

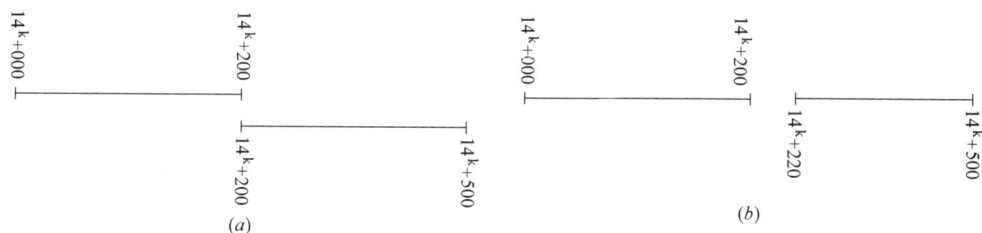

图 8-22　路基土石方连续计算与断开

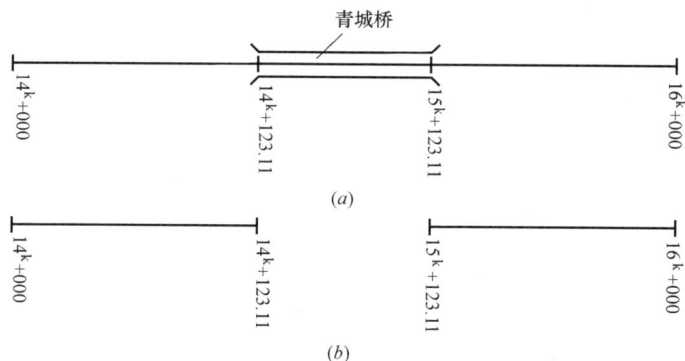

图 8-23　在路基土石方遇到大桥时断开

（10）经过校核无误后，分别计算计价土石方数量、运距、运量，编制预算。

4. 土石方调配的几个问题

（1）经济运距

1）路基填方用土来源主要包括纵向调配方、横向调配方、路外就近借方。

2）经济运距的概念

纵向调配土石方发生的费用（包括运输费用和装卸费用，不含挖方费用，挖方费用已经包含在路基总挖方费用之中）与路外借土石方（路基范围以外就近挖土石方）发生的费用（包括挖方费用、运输费用和装卸费用）相等时，纵向调配土石方的这一距离，称为经济运距，用 l_j 表示。

3）经济运距 l_j 的理论意义

当调配土石方的距离 $l<$ 经济运距 l_j 时，纵向调配土石方经济。

当调配土石方的距离 $l>$ 经济运距 l_j 时，路外借土石方经济。

4）经济运距 l_j 的计算，按式（8-12）计算。

$$l_j=\frac{B}{T}+l_m \tag{8-12}$$

式中　l_j——经济运距（m）；

　　　l_m——免费运距（m）；

B——借土单价（元/m^3），理论上要求就近借土，包括挖方、装卸费用；

T——运输单价（元/$m^3 \cdot m$），包括运输费用、装卸费，不计挖方费用。

（2）免费运距概念：免费运距指预算定额中规定的不计运输费用的距离，这个距离与相应的运输工具比较是比较短的，这段距离不是真正的不计运输费用，定额把这笔费用包含在挖方费用里面了，用 l_m 表示。

（3）运量

1）运量概念：运量是土石方运输平均距离与土石方调配数量的乘积。

2）运量计算，按式（8-13）计算。

$$n = \frac{\bar{l} - l_m}{N} \tag{8-13}$$

式中　n——土石方调配级数，无量纲；

$\bar{l}$——运输土石方的平均距离（m），一般指挖方段中计算段的中间点到填方段中计算段的中间点之间的距离；

l_m——定额中规定的免费运距（m）；

N——定额中规定的运输方式（人工、推土机、自卸汽车等）相应的第一个增运距离（m）。

$$运量 = V \times n \tag{8-14}$$

式中　运量——单位为"级·m^3"。

V——运输土石方数量（m^3）；

其余符号意义同前。

（4）计价土石方

1）概念

计价土石方指按照设计图纸计算的理论上的所有的挖方和填方。

2）计价土石方计算公式

计价土石方按式（8-15）、式（8-16）计算。

$$计价土石方(挖方) = 中线上路基挖方 + 路外借方 \tag{8-15}$$
$$计价土石方(填方) = 中线上路基填方 \tag{8-16}$$

3）计算计价土石方注意事项

① 不能重复计算，例如计价土石方（挖方）=中线上路基挖方+路外借方+纵向调配方这一结论是错误的，其中纵向调配方已经包含在中线上路基挖方里面了。

② 不能少算，例如计价土石方（挖方）=中线上路基挖方这一结论是错误的，其中少算了路外借方。

8.4.4　土石方调配计算示例

【例 8-1】　在路基土石方数量计算表 8-31 中，已知人工挖运土石方，查询《公路工程预算定额（上、下册）》JTG/T 3832—2018 可得人工挖运土石方：第 1 个 20m（即免费运距 l_m），每增运 10m（即 N）……若人工运输土石方经济运距 $l_j = 100$m。结合表 8-31，完成下列内容：

1. 进行土石方校核（土石共同校核）。

2. 计算 $14^k+050\sim14^k+094$ 之间的表 8-31 中第 30 栏的运量。

3. 表 8-31 中 $14^k+000\sim14^k+017$ 之间的调配至上千米后，反算废弃石方 $346m^3$ 距离中线的横向运距。

【解】

1. 土石方校核

（1）横向校核

① 校核 $14^k+000\sim14^k+017$ 的路段之间土石方

按式（8-6）、式（8-8）、式（8-9）计算。

挖方＝$1209m^3$，本（段）桩利用方＋挖余方＝$0+363+846=1209m^3$。

显然，挖方＝本（段）桩利用方＋挖余方，等式成立。

填方＝$0m^3$，本（段）桩利用方＋填缺方＝$0+0=0m^3$。

显然，填方＝本（段）桩利用方＋填缺方，等式成立。

② 校核 $14^k+017\sim14^k+025$ 的路段之间土石方

按式（8-6）、式（8-8）、式（8-9）计算。

挖方＝$674m^3$，本（段）桩利用方＋挖余方＝$56+(202+416)=674m^3$。

显然，挖方＝本（段）桩利用方＋挖余方，等式成立。

填方＝$40+16=56m^3$，本（段）桩利用方＋填缺方＝$56+0=56m^3$。

显然，填方＝本（段）桩利用方＋填缺方，等式成立。

其余横向校核同理。

（2）纵向校核

纵向校核只校核水平栏的小计栏，按式（8-8）、式（8-9）计算。

挖方＝$7555m^3$，本（段）桩利用方＋挖余方＝$(585+630+281)+(1165+4894)=7555m^3$。

显然，挖方＝本（段）桩利用方＋挖余方，等式成立。

填方＝$2406+1574+69=4049m^3$，本（段）桩利用方＋填缺方＝$(585+630+281)+(1191+1362)=4049m^3$。

显然，填方＝本（段）桩利用方＋填缺方，等式成立。

（3）总体校核

总体校核，按式（8-10）和式（8-11）计算。

填方＝$2406+1574+69=4049m^3$，纵向调配方＋横向调配方＋借方＝$(654+1362+537)+(585630+281)+0=4049m^3$。

显然，填方＝纵向调配方＋横向调配方＋借方，等式成立。

填方＋弃方＝$4049+(148+2495+363+500)=7555m^3$。调配至上千米的土 $363m^3$ 和石 $500m^3$，针对本段而言是弃方。挖方＋借方＝$7555+0=7555m^3$。

显然，填方＋弃方＝挖方＋借方，等式成立。

2. 计算 $14^k+050\sim14^k+094$ 之间的表 8-31 中第 30 栏的运量（图 8-24）

从表 8-31 中看出，$14^k+050\sim14^k+094$ 之间有 2 项纵向调配，一项是调配石方 $8m^3$，另一项是调配土方 $113m^3$。

（1）计算调配石方 $8m^3$ 的运量

$$\bar{l}=\frac{10}{2}+12+8+\frac{6}{2}=28\text{m}, \quad n=\frac{\bar{l}-l_\text{m}}{N}=(28-20)/10=0.8\approx1,\text{用①表示，见表 8-31}$$

纵向栏第 30 栏。②（调配石方 8m^3 的运量）$=8\times①=8$ 级·m^3。

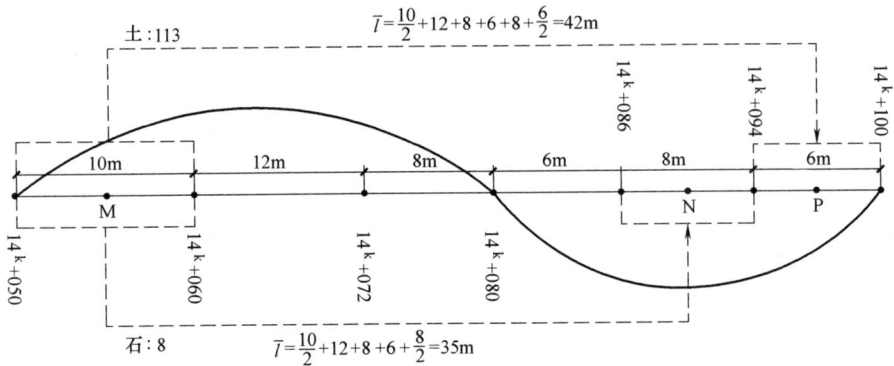

图 8-24　运输土石方运量计算

（2）计算调配土方 113m^3 的运量

$$\bar{l}=\frac{10}{2}+12+8+6+8+\frac{8}{2}=35\text{m}, \quad n=\frac{\bar{l}-l_\text{m}}{N}=(35-20)/10=1.5\approx2,\text{用②表示，见}$$

表 8-31 纵向栏第 30 栏。

调配土方 113m^3 的运量 $=113\times②=226$ 级·m^3。

将计算出来的运量填入总运量第 35、36 栏，见表 8-31。

3. 表 8-31 中 $14^\text{k}+000\sim14^\text{k}+017$ 之间的调配至上千米后，反算废弃石方 346m^3 距离中线的横向运距：

由 $n=\dfrac{\bar{l}-l_\text{m}}{N}$ 得，$\bar{l}=nN+l_\text{m}=③\times10+20=50\text{m}$。

说明废弃石方 346m^3 距离中线的横向运距为 50m。

8.5　横断面设计成果

横断面设计成果有路基土石方数量计算表、路基设计表、纵断面设计图等，也可以将公路用地图中的横向边界归属于横断面设计成果。

8.5.1　路基土石方数量计算表

路基土石方数量计算表，主要计算和调配路基土石方，见表 8-31。

8.5.2　路基设计表

路基设计表是一个非常重要的表格，路基设计表能够简单地反映平面、纵断面和横断面。

路基设计表不仅反映平面中的内容，还反映纵断面和横断面中的内容，其中纵栏的第

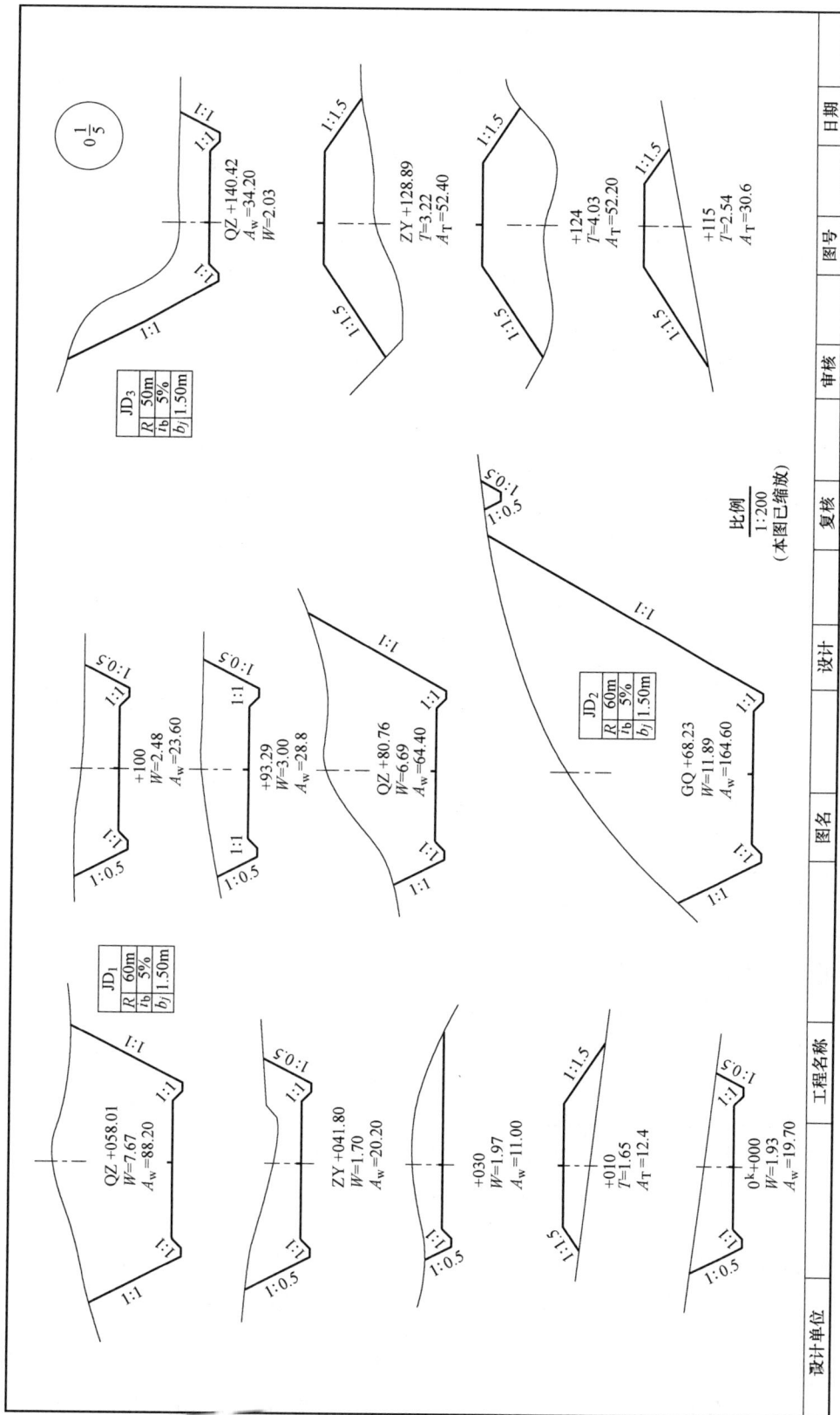

图 8-25 横断面设计图

245

11、12、13、14、15、16、17栏反映横断面中的路基宽度、特征值等重要内容，见表5-9。

8.5.3 横断面设计图

横断面设计图分为文字和图形两部分，其中文字有桩号、填挖值、面积、边坡率等；图形包括地面线和设计线等，见图8-25。

（1）数字部分应有桩号、填挖值、填方面积或挖方面积、边坡率、超高加宽值等。

（2）图形应包括横断面地面线、横断面设计线、桩中心线、截水沟、护坡道等。

复习思考题

1. 名词解释

（1）横断面；（2）行车道；（3）路肩；（4）路床；（5）一般路基；（6）特殊路基；（7）公路用地范围；（8）欠方；（9）纵向调配土石方；（10）借方；（11）横向调配土石方；（12）经济运距；（13）免费运距。

2. 简述题

（1）横断面有哪些组成？

（2）路肩的作用有哪些？

（3）边沟纵坡设置有哪些要求？

（4）怎么划分路床、路堤的？路床怎么划分上路床、下路床的，路堤怎么划分上路堤、下路堤的？

（5）路床和路堤技术指标有哪些？这些技术指标有何规律？

（6）横断面设计的准备工作有哪些？

（7）横断面的断面形式有哪几类？

（8）正常横断面的设计步骤有哪些？

（9）全超高、全加宽横断面的设计步骤有哪些？

（10）横断面面积计算注意事项有哪些？

（11）计算表调配法的调配步骤有哪些？

（12）土石方复核分为哪几类？它们的公式是什么？

（13）经济运距的理论意义有哪些？

（14）计价土石方包括哪些内容？

（15）横断面面积计算方法方法有哪些？常用什么方法？

（16）土石方计算方法有哪些？常用什么方法？

3. 计算题

（1）某公路，中桩6^k+400断面填方填石面积为$18m^2$，填方砌石面积为$26m^2$，挖方挖土方面积为$86m^2$；中桩6^k+420挖方挖土面积为$18m^2$，该段地质概况表明地下全部为松土。

1）计算该段路基土石方；

2）该段是否有本桩利用方，如果没有请说明理由，如果有，计算出本桩利用方；

3）如果该段挖方全部为弃方，弃土场大概在横向距离中线左侧下坡 50m，已知该段为人工挖运土方。《公路工程预算定额》规定人工挖运土方第一个运距为 20m，每增运运距为 10m。计算该段弃方运量。

（2）某公路，中桩 2^k+400 断面，挖方面积为 $86m^2$，填方填土面积 $32m^2$，填石面积为 $28m^2$；中桩 2^k+480，挖方面积为 $45m^2$，填方填石面积为 $32m^2$。路基地质调查表明，本段挖方中，普通土占 45%，次坚石占 55%。已知断链桩，改 $2^k+418.72=$ 原 2^k+470。

1）计算该段路基土石方；

2）该段是否有本桩利用方，如果没有说明理由，如果有计算出本桩利用方；

3）计算本段桩的余方、欠方（如果有）；

4）分析余方、欠方（如果有）可能的处理措施。

（3）由表 8-31 路基土石方数量计算表，计算并完成下列内容，可以土石分开，也可以土石合并。

1）横向校核；

2）纵向校核；

3）总体校核；

4）计算第 30 栏，涉及纵向调配土石方的运量。

第9章 选线与定线

9.1 概　述

公路工程选线，是根据公路的使用任务、性质、等级和技术标准，在规划的起点、终点之间结合地形、地质、水文及其他沿线条件，综合平面、纵断面、横断面，在实地或纸上选出路线基本走向、主要控制点、加密控制点，选出大中桥位、隧道隧位，较少或绕避不良地质地段，尽量提高路线技术标准，尽量降低工程造价；然后进行勘察和设计，根据实地选线进行实地定线或根据纸上定线进行实地放线；经过技术经济比较和方案比选，确定最为合理的理想路线。

选线是公路勘测设计中最为重要的一项工作，可以说比具体的平面设计、纵断面设计、横断面设计、桥涵设计、隧道设计、路基路面设计、小桥涵及挡土墙设计、防护工程设计、绿化和环保设计等中的任意工作重要。其中路线基本走向、大中桥位、隧道位置、路线长短、技术标准的高低、路基填挖土石方量、征地拆迁等任何一项不合理，可能导致工程造价不合理，运营后的使用品质和耐久性不合理，给后续改建或新建高等级公路等后续规划带来永久弊端，或者带来拆除或重复建设的巨大浪费。介于选线工作的特别重要性，可以把《道路勘测设计》这本教材又称为《选线》。因此新建或改建一条公路，必须做好选线工作，站在务实的角度，站在长久规划的高度，适当提高设计标准，特别是大中桥的设计标准，考虑目前我国超载车辆超过 100t 的不在少数等实际情况（当然特大荷载的桥梁荷载的标准亟待提高），避免新建不久就拆除，使用不久就大修甚至破坏。

读者通过平面、纵断面、横断面和选线的基本理论学习，能够掌握公路勘测设计的基本常识和基础；而选线的经验积累和水平的提高，需要读者在实际公路勘测设计中积累经验，总结教训，体验不同等级公路、不同地形、地质、地区、地物条件的勘测设计和选线，甚至参与典型工程施工，参与典型公路工程的设计文件的评审讨论。只有这样积累经验，选线水平才能得以提升。仅凭借现代电子技术，是做不好公路勘测设计的。

9.1.1 选线的原则

1. 在公路规划及设计的各个阶段，应运用各种先进手段对路线方案作深入细致的研究，在多方案论证、比选的基础上，选定最优路线方案。

2. 路线勘测设计应在保证行车安全、舒适、迅速的前提下，做到工程量小、造价低、运营费用省、效益好，并有利于施工和养护。高等级公路尽量采用高标准，中低等级公路在工程量增加不大时尽量采用较高的技术标准，不要轻易采用小指标或极限指标，也不要片面追求高标准。

3. 选线应注意同农田水利的基本建设相配合，做到少占田地，并尽量不占高产田、经济作物田或经济林等。

4. 通过名胜、风景、古迹地区的公路，应与周围环境、景观相协调，并适当照顾美观，注意保护原有自然状态和重要历史文物遗址。

5. 选线时应对工程地质和水文地质进行深入勘测调查，路线经过不良地质地带，大中桥跨越或隧道穿越时，应进行详细的地质勘察，特别是特大桥基础的原位地勘、断层破碎带及高瓦斯等复杂不良地质地段的隧道的真实地勘（而不是仅仅靠搜集资料得来的伪地勘）显得尤其重要。经过一般不良地质地段，应采取防护加固措施；经过严重的不良地质地段时宜采取绕避或改线方案，无法绕避或改线时应采取防护加固措施及其后续稳定性方案。

6. 选线时，大中桥桥位（含隧道隧位）原则上服从路线总方向，路桥（隧）综合考虑；小桥涵位服从路线。可以从两个方面理解，即从总体和局部理解：从总体上而言，大中桥桥位总体上应服从路线总的方向，大中桥桥位不宜偏离路线纵方向太远；从局部而言，路线应服从大中桥桥位，这是因为大中桥桥位选择考虑很多因素，在多个桥位比选方案中选择一个适宜的桥位。

桥位选择原则为：桥位轴线应与河流主流向正交，应选择地质、水文条件好的地点，应考虑顺直河段（不宜选择在变迁性河段），应考虑河道狭窄桥梁长度较短地点，应考虑连接城镇、工矿企业，应考虑与路线总方向接近，两端连接线应满足平面路线设计要求（半径、间直线长度等），应考虑平缓纵坡要求，应考虑桥下净高要求，应考虑桥头引道不受洪水影响要求，应考虑纵断面设计标高与总体路线协调，应考虑桥面设计标高可能受到城市规划、航空高度等的限制，应考虑城市环境保护和美观要求。

至于小桥和涵洞，可以随弯就弯，也可以随斜就斜。当然，小桥（涵）也可以弯桥正做，斜桥正做。

7. 选线时，应重视环境保护，综合考虑：路线对自然景观与资源可能产生的影响；征地拆迁的影响；路线对城镇布局、行政区划、农业耕作区、水利排灌体系等现有设计造成的分割而产生的影响；噪声对居民的影响；汽车尾气对大气、水源、农田所造成的污染及影响；对自然环境、资源的影响和污染的防治措施及其对策实施的可能性。

9.1.2 选线的方法和步骤

在公路选线之前的规划过程中，可能有多种路线方案。选线的任务就是在多个可能的方案中选择出一条符合设计要求、技术经济合理的最优方案。影响线路的因素很多，它们之间有的互相矛盾，有的又互相制约，各个因素在不同场合的重要程度也不相同，最有效的办法就是通过分阶段设计，由粗到细，反复比选，得到最佳方案。选线步骤一般分为以下三步。

1. 全面布局

全面布局，就是确定路线起点、终点和主要中间控制点，确定路线基本走向。即在路线总方向（路线的起点、终点和任务书规定必须经过的中间主要控制点）上，寻找出最合理的"通过点"作为主要控制点，这些主要控制点就基本决定了路线的基本走向。这一步纲领性工作通常在较小比例地形图（1：100000～1：10000）上从较大范围内找出各种可能的路线方案，收集各个方案的有关资料，进行初步评选，确定几条有进一步比较价值的方案。然后进行现场踏勘，通过多方案的比选，及专业人员会商和建设单位认同，选择一个最佳推荐方案。这一过程是粗过程，也是最重要的决定路线基本走向的决策过程。

2. 逐段安排

逐段安排，是在路线基本走向和主要控制点确定的基础上，以每相邻两主要控制点划分段落，逐段逐段地，根据公路标准、现场地形、地质、水文、气候等自然条件选择局部加密控制点。这一过程基本流程与全面布局相似，只是这一过程不是全面性的，而是局部的，逐段逐段进行安排的，加密局部控制点一般在中等比例地形图（1∶5000～1∶1000）上进行，初步确定局部加密控制点后，应安排相关专业人员共同到现场实地核查，研究比对，必要时调整或重新确定局部加密控制点。

3. 具体定线

具体定线，就是在全面布局和逐段安排的基础上，具体落实公路中线的详细过程。这一过程，就是确定交点、交点之间的链距、交点转角，选择平曲线半径，布置中桩，布置大中桥、隧道、小桥涵，进行平面、纵断面和横断面设计。全面布局是决定路线基本走向的决策工作，是粗工作，是总体工作，也是最为重要的工作；具体定线是具体性的工作，是精细工作，由哪个勘测单位都可以按部就班地完成，只是精度、速度不同而已，对路线基本走向、工程造价、总体影响不大。具体定线的详细内容见 9.5 节。

9.1.3　路线方案比选

路线方案，是根据全面布局、逐段安排确定的路线基本走向和逐段安排结果，及根据公路的使用任务、性质和其在公路网中的作用，综合考虑社会、经济、生活等各个方面因素和复杂的自然条件等拟定的路线基本走向和主要控制点。路线方案的选择是公路路线设计中最根本的问题。方案是否合理，不但直接关系公路本身的工程投资和运输效率，更重要的还影响路线在公路网中是否起到应有的作用，是否满足国家的整治、经济、国防上的要求和长远利益。路线方案比选就是选择出 2～3 个路线方案，进行全面的技术经济比较，在深入调查研究基础上，考虑专业人员的意见建议，结合选线意图，尊重建设单位的意见，结合实际情况，综合考虑各方面的因素，选择最优方案，作为推荐路线方案，提交推荐路线方案、比较线路方案设计图和技术经济一览表。

1. 路线方案选择的主要因素

（1）路线在政治、经济、国防上的意义，国家或地方建设对路线的使用任务、性质的要求，路线对改革开放、综合利用、战略等重要方针的体现程度。

（2）路线在铁路、公路、水运、航空等综合交通运输系统中的作用，与沿线工矿、城镇等规划的关系，以及与沿线农田水利等建设的配合及用地情况。

（3）沿线地形、地质、水文、气象等自然条件对路线方案的影响。对于严重不良地质地区、缺水地区、高烈度地震区以及高大山岭、困难峡谷等自然障碍，选线时宜考虑绕避。

（4）公路要求的路线技术等级与实际可能达到的技术标准及其对路线使用任务、性质的影响。

（5）路线长度、筑路材料来源、施工条件以及工程量、主材用量、造价、工期、劳动力等情况及其对公路运营、施工、养护等方面的影响。

（6）其他如与沿线旅游景点、历史文物、风景名胜的联系等。

2. 路线方案比选的方法和步骤

最佳推荐方案是通过诸多方案比选确定的。两个控制点之间的自然条件越复杂、距离越长，可能的比选方案就越多，需要淘汰的方案也就越多。受目前设计手段以及自然条件的限制，不可能对每条路线方案都进行实地勘察，因而要尽可能收集已有资料，先进行研究筛选，然后有的放矢针对性地对少数几条线路进行比选。

（1）收集资料

1）各种比例尺的地形图、地质图、卫星照片、航摄照片和以往的勘测设计、规划、计划等有关资料。

2）交通量及交通组成等交通调查资料。

3）相邻公路的主要技术标准、平面设计图、纵断面设计图和横断面设计图、交通路线及设计、施工和运营资料。

4）路线经过地区的地质、水文、气候等自然条件方面的有关资料。

5）路线经过地区的城镇、工矿、铁路、航空、水利建设和规划资料。

6）与路线方案有关的统计资料。

（2）初步拟定路线方案

根据确定的路线总方向和公路等级，先在小比例地形图上，结合搜集的资料，初步研究各种可能的路线走向。研究重点应放在地形、地质、地物复杂、外界干扰多和牵涉面大的段落，例如可能沿哪些河流、溪流、大沟、越过哪些垭口，路线经过城镇时，是穿越、靠近、用支线连接还是直接避开。要进行多种方案比选，提出方案进行实地踏勘。

（3）确定比选方案

对初步拟定的各种可能的方案，进行详细研究对比，并征求产权单位及与路线有干扰的部门意见，将劣势明显的方案淘汰，并提出应进行现场踏勘的路线方案。对于某些重要的或地形极为复杂、牵涉面较大的路线，有条件时还可以利用航测照片进行初步比选，最终确定比选方案。

（4）野外踏查

按照室内初步研究提出的可比方案进行实地踏查，连同野外踏查中发现的新方案，必须坚持跑到、看到、调查到，不遗漏一个可能的方案。

1）初步落实各大控制点和加密局部控制点的具体位置，规范指定的控制点如确实因干扰或技术上有很大困难不合理必须变动的，应及时反映，经过分析论证提出变动理由，报有关部门审定。

2）对路线、大桥、隧道均应提出推荐方案，对于确实因调查条件有限不能决定取舍的比较方案，应提出进一步勘测比较的范围和方法。

3）分段提出采用技术标准和主要技术指标的意见。

4）在深入踏查的基础上，通过比较，选定路线必须经过的控制点，如越岭线的垭口、跨越较大河流的桥位、与铁路或其他公路交叉地点、应绕避的城镇及大型的不良地质地段等。对于地形、地质、地物情况复杂地区，应提出路线的具体布局意见。

5）分段估算各种工程量。如路基土石方数量，路面工程量，桥梁、涵洞、隧道、挡土墙等的长度、类型、工程量等。

6）筑路材料调查。调查当地生产的砂石材料、路基填料，外购材料如水泥、钢材的价格、运距、运输方式、供应数量等情况。

7）其他如沿线民族风俗习惯、居住、生活供应、水源、运输条件、气候特征、沿线林木覆盖、地形险阻等情况也应进行调查，为下一步勘测打下基础。

（5）确定推荐方案

对室内比选及野外踏查后确定的几个较优的、优劣难辨的方案，进行技术经济指标计算，经过技术经济指标对比确定最佳推荐方案。

3. 路线方案比选的评价指标

（1）技术指标

1）展线系数，按式（9-1）计算。

$$\lambda = \frac{l_s}{l_{zh}} \times 100\% \qquad (9-1)$$

式中　λ——展线系数；

l_s——路线终点到起点之间的实际水平距离，或路线终点到起点之间的桩号之差；

l_{zh}——线路较短时为路线终点到起点之间的直线距离；线路较长时为路线终点到起点之间的航空长度。

展线系数 λ 越小，说明路线终点到起点之间就越直，行驶时间越短；展线系数 λ 越大，说明路线终点到起点之间就越弯曲，行驶时间越长。

2）转角数

转角数可分为全线的转角数和每千米的转角数。转角数是反映公路路线曲折变化的一项指标。

3）最小平曲线半径及个数

最小平曲线半径往往降低公路的行车速度，增大行车危险性，降低技术标准。

4）回头曲线个数

回头曲线一般是急弯与陡坡相重合的线形（即最小平曲线半径与大陡坡相重合），是极差的、标准极低、安全系数最小的线形。

5）最大纵坡、坡长限制段数

大陡坡和长陡坡对行车极为不利。

6）与原有公路和铁路的交叉数量，包括平面交叉和立体交叉。

7）限制速度、警告警示标志路段的个数和长度（居住区干扰点、小半径转弯处、交叉点及陡坡路段）。

（2）经济指标

1）全线土石方数量及每千米土石方数量。

2）大中桥和隧道工程数量，包括大桥、中桥、小桥和涵洞数量及长度；长、中、短隧道的个数和长度。

3）路面工程量。

4）防护工程数量，包括护坡、不良地质地段的加固。

5）主要材料用量。

6）工程总造价及每千米造价。

7）投资回收期。

8）效益费用比。

9）净现值、单位净现值。

10）内部收益率。

并非每项工程都进行以上指标比较，要根据工程项目的具体情况，抓住可以比较的控制方案的重点指标，针对关键要素对比分析，选定一个切实可行的最佳推荐方案。

4. 路线方案比选示例

下面用示例说明路线方案比选过程。

【例9-1】 图9-1为某干线公路，根据公路网规划要求按三级公路标准进行踏查，共选定4个比选方案，各个方案的技术经济指标，见表9-1。

某公路各个方案主要技术指标比较   表 9-1

指标		单位	第一方案	第二方案	第三方案	第四方案
通过县(市)		个	29	29	32	31
路线长度		km	1360	1347	1510	1476
其中:新建		km	133	200	187	193
改建		km	1227	1147	1323	1283
地形:平原、微丘		km	567	677	512	615
山岭、重丘		km	793	670	998	861
用地		km²	1525	1913	2092	1928
工程数量	土方	$10^4 m^2$	382	492	528	547
	石方	$10^4 m^2$	123	75	82	121
	次高级路面	km²	8303	5582	4449	5645
	大中桥	m/座	1542/16	1802/20	1057/13	1207/15
	小桥	m/座	1084/57	846/54	980/52	1566/82
	涵洞	道	977	959	1091	1278
	挡土墙	m³	73530	53330	99770	111960
	隧道	m/个	300/1	—	290/1	—
主材	钢材	t	1539	1963	1341	1469
	木材	m³	18237	19052	18226	19710
	水泥	t	30609	39159	31228	33638
劳动力		万工日	1617	1773	1750	1920
总造价		万元	5401	5674	5189	5966
最优方案			推荐			

【例9-2】 某公路在作巴、强寨两点之间，有南、北线两个方案，如图9-2所示。两个方案的技术经济指标见表9-2。

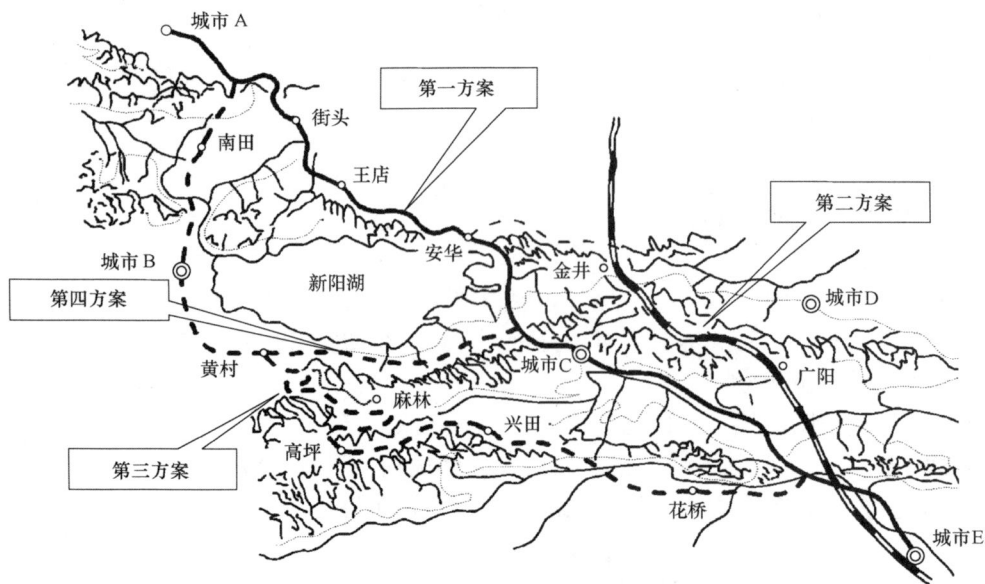

图 9-1　路线方案比选示意图 1

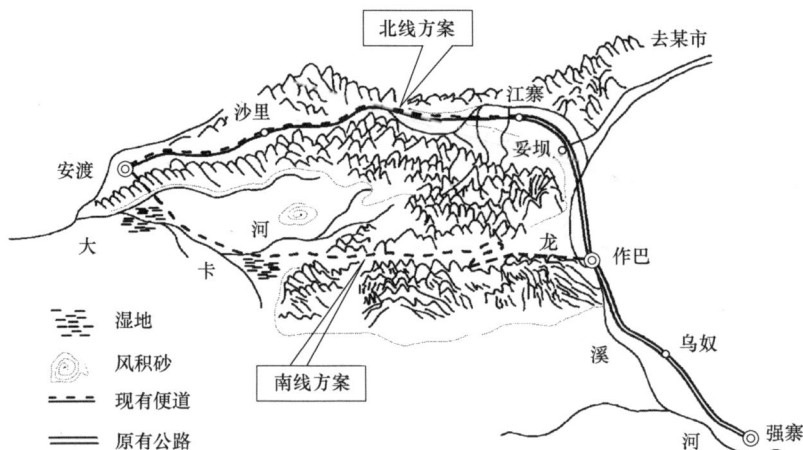

图 9-2　路线方案比选示意图 2

如路线仅连接强寨、安渡两地，则南线要近 23km，显然快捷得多。但从公路网规划需要考虑从安渡通往某市，则经南线通往某市绕远 11km，远不如北线快捷。两方案都有积雪问题。南线垭口海拔 3000m；北线垭口海拔 3300m。南线积雪虽比北线薄，且距离短，但越岭地形较陡，需要展线 6.5km，积雪难以处理。同时南线越岭段东侧有一段线形指标低，工程量集中，且有岩堆、崩坍、风积沙等病害需要处理。而北线沿线地形平坦，越岭不需要展线，线形指标较高。北线另一有利因素，是全线均有旧路或便道可以利用，略加改善即可达到新建标准，比南线工程要节省，施工也方便一些。

综上所述，推荐北线方案。

某公路南线、北线方案主要技术指标比较　　　　　　　　　　　**表 9-2**

指　　标		单位	南线方案	北线方案
路线长度		km	118	141
其中:新建		km	112	—
改建		km	1	141
工程数量	土方	$10^4\,m^3$	83	103
	石方	$10^4\,m^3$	15	10
	路面	km^2	708	594
	桥梁	m/座	110/8	84/15
	涵洞	道	236	292
	防护	m^3	6300	1300
比较结果				推荐方案

9.2　平原区选线

1. 平原区路线特点

平原区地势平坦，底面自然坡度平缓，一般在 3°以内。平原地区除了沼泽、盐渍土、河谷漫滩、草原、戈壁、沙漠等以外，一般人口稠密，农业发达。村镇、农田、河流、湖泊、水塘、沼泽、盐渍土等为平原区较为常见的自然障碍。平原区选线主要特征是平面矛盾，即主要考虑满足平面上的技术标准。

平面地区地形对路线的限制不大，高差不大。路线的基本线形应是短而直捷、顺直。两控制点之间，如无地物、地质等障碍物和应照顾的风景、文物及居民点等，则与两点直接连接相吻合的路线是最理想的。但是，一般地区，农田密布、灌溉渠道网络纵横交错，城镇、工业区较多，居民点较为稠密。按照公路的使用任务和性质，有的需要靠近它，有的需要绕避，从而产生了路线的转折，虽然增长了距离，而有时也是必要的。平原区选线，首先把路线总方向内规定经过的地点如城市、工厂、农场和乡镇一级文物风景地点作为大控制点，然后在大控制点之间进行实地勘察，了解农田优劣及地物分布情况，确定哪些可穿越，哪些应绕避，以及怎样绕避，从而建立一系列中间控制点。

平原区选线要充分考虑近期和远期相结合，在平面、纵断面线形上要尽量采用高标准，以便将来改建提高公路等级时能充分利用原有路基、桥涵等。

2. 平原区选线要点

(1) 合理运用技术标准

平原区路线，因地形平坦开阔，起伏不大，选线时没有纵断面高程限制，路线走向可自由选择，平面、纵断面和横断面都容易达到高标准，平原区选择应趋向于高标准，尽量避免长直线末端设小半径平曲线。

平原区路线经过居民点、河流等时，应特别注意平面技术指标的选用，做到既能满足平面半径、间直线等关键平面指标，又能与居民点、河流等自然顺畅连接过渡，充分照顾居民点。

（2）正确处理公路与农业的关系

平原区新建公路有时会占用一些农田，但要尽量做到少占或不占高产优质农田。选线要从路线对国民经济的作用、对支农运输的效果、地形条件、工程数量、后期运营费用等方面全面分析比较，既不能片面强求占用大片农田，也不能片面强调不占某块农田，使路线弯弯曲曲，造成行车条件恶化。如图 9-3 所示，公路通过某河流附近时，比选方案走优质农田中间穿越，路线短，线形好，但多占优质农田，路堤填筑取土困难；设计方案，将路线南移，路线长度略有增加，但避开了大片优质高产农田，方便路堤填筑取土。

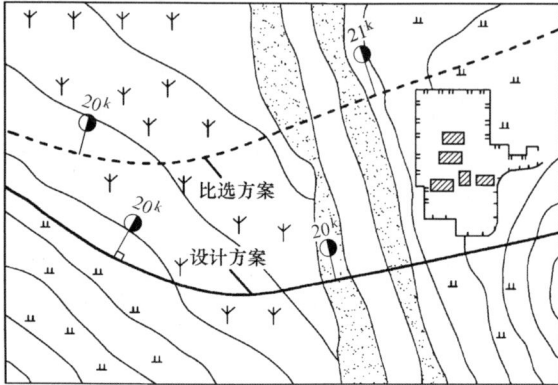

图 9-3　绕避优质高产田路线方案比选示意图

（3）正确处理路线与城镇的关系

平原区有较多的城镇、村庄、工业及其他设施，选线原则是应靠近但不宜直接穿越。

国防公路和高等级公路，应尽量避免穿越城镇、工矿区及较密集的居民点。同时应考虑便于交通运输，路线应尽量靠近这些地方，也可以采用支线方式进行连接，所谓靠村不进村。

路线应尽量避开重要的电力、通信设施，必须靠近或穿越时，应保持相关规范规定的最小水平距离和净高。

（4）正确处理路线与桥位的关系

平原区河流、湖泊较多，桥涵工程多，路线跨越河流时，平面上应满足平曲线半径和间直线距离、通视等，纵断面坡度应平缓。

特大桥是路线基本走向的控制点，大中桥桥位原则上要服从路线总方向，局部而言路线可以迁就大中桥，路桥综合考虑。一般而言，桥位中线应尽可能与河流主航道水流流向正交，桥位应选择在水文地质条件好、河道狭窄、适宜修建引道、与周围环境相协调、河道顺直、靠近路线总方向、与城市接近、方便居民（城市桥梁）、通视条件良好等地方。

图 9-4 中，路线跨越河流有三个方案，单就桥梁而言乙线较好，但是路线过长；就路线而言，甲线里程最短，但桥梁较多，且大多为斜交；丙线每个桥位能够保证正交，线形

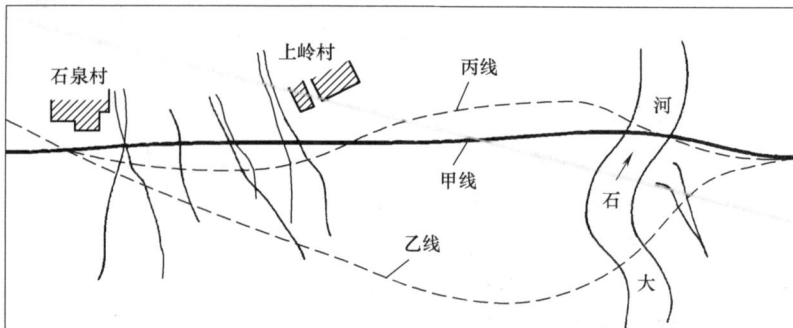

图 9-4　路线与桥位关系示意图

也较为舒适美观。综合各因素，最终选择甲线作为设计线的桥位。

9.3　越岭线选线

9.3.1　概述

1. 山岭区选线的限制条件

山岭区包括分水岭、起伏较大的山脊、陡峭的山坡，一般地面自然坡度在 20°以上。在地形方面，山高坡陡，沟深谷窄；地质方面，山区土层薄，岩层厚，岩层产状和地质构造复杂；气候方面，山区暴雨多，山洪急，溪流水位变化幅度大，冲刷严重。山岭区主要自然特征表现在：

（1）山高谷深，地形复杂，山脉水系分明

由于山区高差大，加之陡峻的山坡和曲折幽深的河谷，形成了错综复杂的地形，使得公路路线弯急、坡陡、线形差，给公路勘测设计和施工带来难度。另一方面，清晰的山脉水系也给山区公路选线提供了基本走向。

（2）石多、土薄、地质复杂

由于山区的地质层理和地壳性质在短距离内变化很大，地质构造现象如岩堆、滑坡、碎落、泥石流、冲刷等较多，它们直接影响着路线的位置和走向、路基的稳定性。在山区选线工作中，要认真作好地质调查，掌握区域地貌和地质概况，摸清地质不良现象的规律，处理好路线与地质的关系，并在选线设计中采取必要的防护加固措施。

（3）水文条件复杂

山区河流曲折迂回，河岸陡峻，河床比降大，水流湍急，一般大多处于河流的发源地或上游河段；雨季暴雨集中，洪水历时短暂，猛涨猛落，流速快，流量大，冲刷和破坏力很大。要求在选线中正确处理好路线和河流的关系，选择好桥位并对路基和排水构造物采取必要的加固措施，确保路基和桥梁的稳定性。

（4）气候条件多变

变化多端的山区地形地貌引起多变的气候。一般山区气温较低，冬季出现冰雪湿滑，昼夜温差大，山高雾大，空气较稀薄，气压较低。选线和进行公路勘测设计时充分考虑这些不利因素。

2. 山区选线途径

山区路线布局要与山区地形相适应，山区选线有两大类途径：

（1）路线基本走向与分水岭或溪流方向一致

路线基本走向与分水岭或溪流方向一致，即山脊线、山腰线或沿溪线。

（2）路线基本走向与分水岭或溪流方向横交

路线基本走向与分水岭或溪流方向横交，即越岭线、跨河线。

其中沿溪线和越岭线是山岭区选线中最具代表性的两大类型，平原区选线比它们简单得多，微丘区、重丘区选线难度不及山岭区的沿溪线和越岭线，本节和 6.4 节重点介绍山岭区典型的选线类型（越岭线和沿溪线）。不同地方可能有不同的选线特点和难度，这里不做全面讨论和介绍。

9.3.2　越岭线选线

1. 越岭线路线特点

越岭线路线最大特点就是平面和纵断面的矛盾，简单来说就是平面距离短、纵断面高差大。越岭线主要就是解决平面路线长度与高程的矛盾，即如何延长路线长度，如何减小垭口与山脚的高差。例如某一越岭地点，垭口到山脚的高差100m，按照平均纵坡为5%的标准路线需要水平距离为2000m，现实问题是垭口到山脚的水平距离仅仅500m。这需要延长水平距离，减小高差，使得线路以大致5%的平均纵坡越过垭口。

（1）越岭线的主要有利条件

1）路线布局不受河谷限制，活动余地较大。

2）不受洪水威胁和影响。

3）当采用隧道方案时，路线短捷且隐蔽，有利于国防和运营。

（2）越岭线的主要不利条件

1）里程较长、线形较差、指标较低

由于路线受距离和高差矛盾的限制，纵断面线形较差，常常出现急弯与陡坡相重合的线形，工程量较大。

2）施工、养护、运营条件差

越岭线线位高，远离河谷，施工用水、砂石材料运输不方便，回头展线路段，上下线重叠施工较为困难。

3）路线隐蔽性差，不利于国防和运营。

2. 越岭线路线布局需要解决的问题

越岭线路线布局需要解决3方面问题：垭口选择、过岭标高的确定和垭口两侧的展线。

（1）垭口选择

垭口是越岭线方案的重要控制点，应在基本符合路线走向的较大范围内选择，应对垭口的位置、标高、展线和地质条件等综合考虑从而选择满足设计要求的垭口。

1）根据位置选择垭口

在基本符合路线走向的前提下，垭口位置要结合两侧山坡展线方案考虑。首先考虑高差较小，而且展线降坡后能与山下控制点直接衔接，不需无效延长路线的垭口。其次考虑稍微偏离路线方向，但接线较顺，且不致增长过多里程的其他垭口。

2）根据标高选择垭口

垭口的高低及其与山下控制点的高差，对路线长短、工程量大小和运营条件有直接的影响，一般应选择标高较低的垭口。在寒冷地区，特别是积雪、冰冻地区，利用海拔低的垭口的路线对行车和养护非常有利。

3）根据展线条件选择垭口

山坡线是越岭线的主要组成部分，而山坡面的曲折程度、横坡陡缓、地质好坏等情况，与线形标准和工程大小有直接关系。因此，垭口选择要结合山坡展线条件一起考虑。如有地质条件较好、地形平缓、利于展线降坡的山坡，即使垭口位置略偏或较高，应进行比较，不要轻易放弃。

4）根据地质条件选择垭口

垭口一般地质构造薄弱，常有不良地质存在，应深入调查研究其地层构造，摸清其性质及对公路的影响。对软弱层型、构造型和松软土侵蚀型的垭口，只要注意到岩层产状及水的影响，路线通过一般问题不大。对断层破碎带及断层陷落型垭口，一般应尽量避开；必须通过时，应查清破碎带的大小及程度，选择有利部位通过，并采取可靠工程措施确保路基稳定。对地质条件恶劣的垭口，局部移动路线或采取工程措施也不能解决问题时，应予以放弃。

（2）过岭标高的确定

大垭口选择之后，过岭标高直接关系到路线的长短、工程量大小、两侧的展线条件等。过岭标高越低，路线就越短，但路堑或隧道就越深、越长，工程量也越大。因此，过岭标高应结合路线等级、越岭地段的地形、地质以及两侧展线方案、过岭方式等因素经过技术经济比较来确定。这些因素相互影响、相互制约，必须全面研究各种可能的比较方案，做出合理的选择。过岭方式有以下几种：

1）浅挖低填

当垭口处于两侧山坡平缓、垭口宽而厚的地形，有的达到一两千米，有时还有沼泽，展线比较容易，宜采用浅挖低填的方式过岭，过岭标高基本上就是垭口的标高。

2）深挖垭口

当垭口比较瘦小时，常用深挖的方式过岭。深挖垭口，虽然土石方工程量比较集中，但由于降低了过岭标高，相应缩短了展线长度，总工程量并不一定增加。即使总工程量有所增加，也可以从改善行车条件，节约运营费用中得到补偿。至于深挖程度，应视地形、地质、气候条件以及展线对垭口标高的要求等因素而定。一般挖深在 30m 以内，地质情况良好，还可深挖，垭口越瘦小，越宜深挖。但垭口通常地质条件较差，挖深应以不至危及路基稳定、山坡稳定为度。有条件时，可采用隧道过岭。深挖垭口工程量集中，往往需要处理大量废方，施工条件差，影响施工工期。

过岭标高是越岭线布局的重要控制因素，不同的过岭标高不同就有不同的展线方案。如图 9-5 所示，路线通过垭口，由于选用不同的挖深，出现了三个可能方案。甲方案挖深 9m，需要设两个回头曲线；乙方案挖深 13m，需一个回头曲线；丙方案挖深 20m，即可顺山势布线，不需回头曲线。丙方案线形好，路线最短，有利于行车和节约运营费用，在地质条件满足设计要求时是较好的方案。

3）隧道穿越过岭

当垭口挖深矮 20m 以上时，应与隧道方案进行技术经济比较。特别是垭口瘦薄时，采用不长的隧道能大大降低路线高度，缩短里程，提高路线线形标准，在经济上是非常合算的。另外为了避让严重不良地质地段以及减轻或消除积雪、结冰对公路的不良影响时，也应考虑隧道穿越过岭方案。

一般来说，隧道标高越低，路线越短，技术标准也越容易提高，对汽车运营也越有利。但隧道标高越低，隧道越长，造价就越高，工期就越长。因此，隧道标高的选定通常根据越岭地段的地质条件，并以临界标高作为研究基础。临界标高，指隧道造价和路线造价总和最小时相应垭口过岭标高。设计标高高于临界标高时，则路线展线增加的费用将多于隧道缩短减小的费用，采用隧道过岭经济；设计标高低于临界标高时，则隧道加长增加

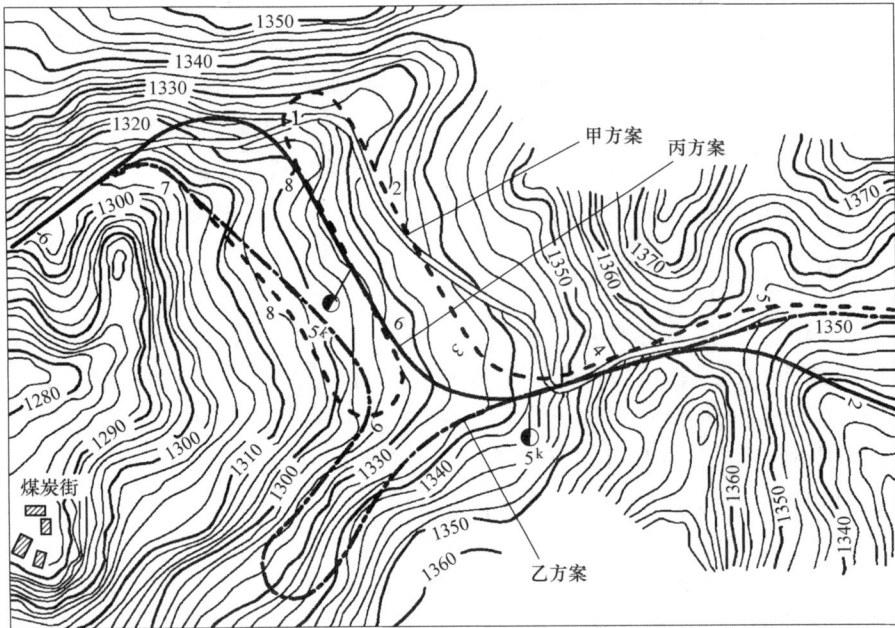

图 9-5 垭口采用不同挖深的展线方式

的费用将多于路线缩短而减小的费用，采用路线过岭经济。

隧道标高的选定除了考虑经济因素外，还应考虑：

① 综合考虑地质和水文条件，尽可能把隧道放在较好的地层中。

② 隧道标高应设在常年冰冻线和常年积雪线以下，以保证施工和行车安全。

③ 考虑施工期限和施工技术条件确定隧道长度。

④ 在不过多增加工程造价的情况下，适当考虑远景规划和发展，尽可能把隧道标高降低。

（3）垭口两侧的展线

1）展线方式

根据中间各控制点间的地形、地质等情况，越岭线的展线方式主要有自然展线、回头展线、螺旋展线三种方式。

① 自然展线

自然展线，是以适当的坡度，顺着自然地形，绕山嘴、侧沟来延展水平距离，克服高差。自然展线的优点是走向符合路线的基本方向，行程与升降统一，路线最短。与回头展线相比，线形简单，技术标准一般较高，特别是路线不重叠，对行车、施工、养护均有利。如路线经过地带地质稳定，无割裂地形阻碍，布线应尽可能采用这种方案。缺点是避让艰巨工程或不良地质的自由度不大，只有调整坡度这一条途径。如遇到高崖、深谷或大面积地质病害很难避开，而不得不采取其他展线方式。

② 回头展线

当控制点间的高差大，靠自然展线无法争取到水平距离以克服高差时，或因地形、地质条件限制，不宜采用自然展线时，路线可利用有利地形设置回头曲线进行展线，见图 9-6。

回头展线的确定是在同一坡面上，上、下线重叠，尤其是靠近回头曲线的上、下线相

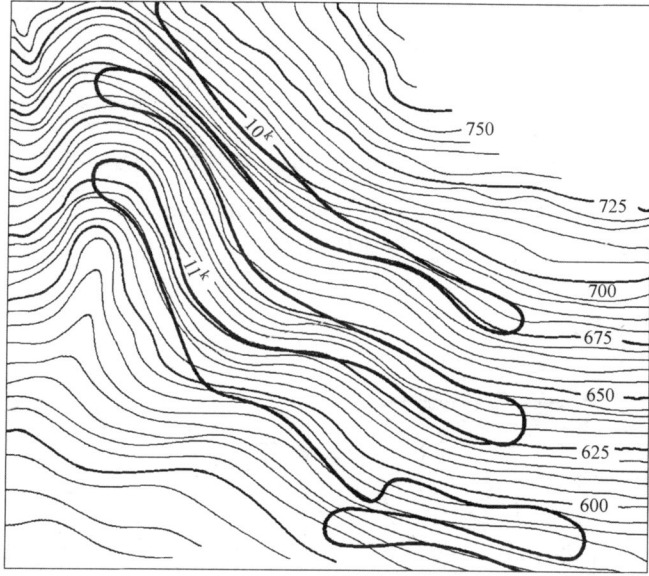

图 9-6　利用狭窄山坡回头展线

距很近，对于行车、施工、养护都不利，因此不得已时方可采用回头展线方式。回头展线的优点是便于利用有利地形，避让不良地形、地质和难点工程的自由度大。

回头地点对于回头曲线工程量大小和使用质量影响很大，应慎重选择。回头曲线的形状取决于回头地点的地形，直径较大、横坡较缓、相邻有较低鞍部的山包或平坦的山脊展线，如图 9-7（a）、（b）所示；地质、水文良好的平缓山坡展线，如图 9-7（c）所示；地形开阔，横坡较缓的山沟或山坳展线，如图 9-7（d）、（e）所示。

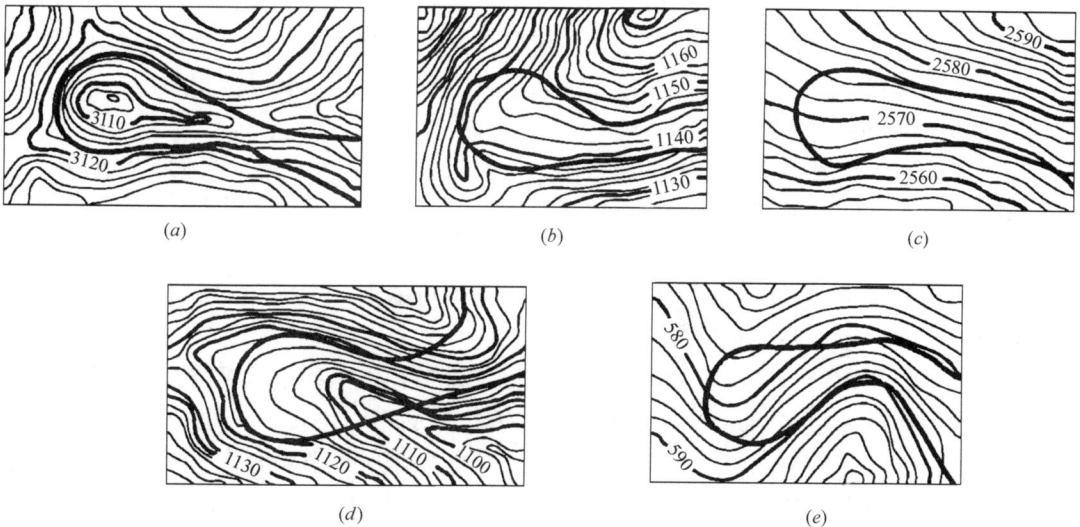

图 9-7　适宜设置回头曲线的有利地形

为了尽可能消除或减轻回头展线对于行车、施工、养护的不利影响，要尽可能把回头曲线间的水平距离拉长，以分散回头曲线，减少回头曲线个数。回头展线对不良地形、地质的避让有较大的自由度，但不要遇到难点工程，无论困难大小就轻易回头，致使路线在小范围内重叠盘绕。对障碍要进行具体分析，当突破一点就有利于全局时，就要想法突破它。

③ 螺旋展线

当路线受到限制，需要在某处集中地提高或降低高度才能充分利用前后有利地形时，可考虑采用螺旋展线。螺旋展线一般多在山脊利用山包盘旋，以旱桥或隧道跨越，如图9-8所示的实线。也有的在峡谷内，路线就地迂回，可利用桥梁跨沟跨线，如图9-9所示。

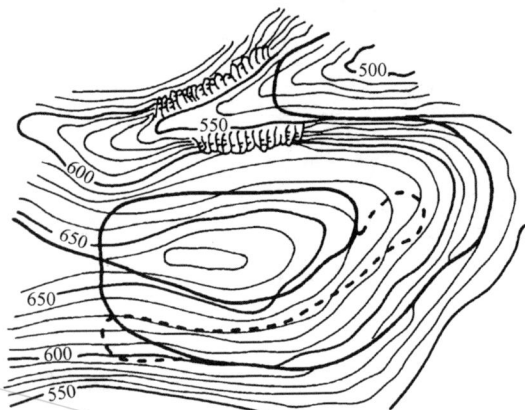

图 9-8　山脊螺旋展线

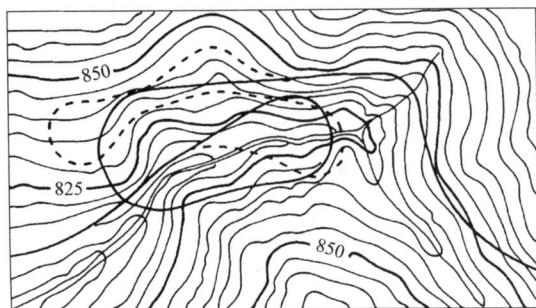

图 9-9　山谷螺旋展线

2）路线展线布局

越岭线的高差主要是通过垭口两侧山坡上的展线来克服的。虽然山坡地形千差万别，线形多种多样，但路线的布局首先要以纵坡度为指导，平面、纵断面、横断面要综合考虑。越岭线利用有利地形、地质，避让不良地形、地质，是通过合理调整坡度和设置必要的回头曲线来实现的，而回头曲线的布置，也要根据纵坡度来选定。只有符合纵坡标准的路线方案，才是有效的方案。展线布局比选从纵坡的安排开始，展线步骤如下：

① 拟定路线大致走向

在调查或踏查阶段确定的主要控制点间，进行广泛勘察，调查周围地形及地质情况，以带角手水准粗略勘定坡度作为引导，注意利用有利地形、地质，拟定路线的大致走向。

② 试坡定线

试坡的目的是进一步落实初步拟定的路线走向的可能性，发现和加密中间控制点，发现局部比较方案，拟定路线布局。

试坡由已定的控制点开始，越岭线通常在固定垭口，由上而下，视野开阔，便于争取有利地形。因此，一般多由垭口向下试坡。试坡选用的平均坡度，应根据标准的规定确定，地形曲折，小半径平曲线多的地段，可略低于规定值。在试坡过程中，遇到必须避让的地物、工程艰巨及地质不良地段，以及拟用作回头的地点，要把路线最适宜通过的位置，暂时作为一个中间控制点。如果它和试坡线接近，并与前面一个暂定控制点之间的坡度不致超过最大坡度或过于平缓，就把这个点大致的里程、高程以及可活动的范围记录下来，供以后调整落实时参考。如果这个点和试坡线的高差较大，则应返回重新试坡，或修改前面的暂定控制点，认为合格后再向前试坡。如经过修改后的路线纵断面或路线行经地

262

点不够理想，应另寻比较线。这就是通过试坡发现控制点和局部比较线的大致过程，当一系列中间控制点暂定下来后，路线布局大体就有轮廓了。

③ 分析落实控制点，确定布局方案

控制点有固定和活动之分，一种是位置和高差都不能改变，如工程特别艰难地点的路线和某些受限制很严的回头地点，必须利用的桥梁，必须通过的街道；另一种是位置固定，高差可以活动，如垭口、重要桥位等；第三种是位置、高差都有活动余地的，如侧沟展线的跨沟地点、宽阔平缓山坡的回头地点等。

第一种情况较少，第二、三种情况较多。也就是说控制点大多是有活动余地的，但活动范围有大有小。对活动范围小的控制点，可视为固定控制点，把位置、高程确定下来，然后再去研究固定控制点之间的、活动范围较大的那些控制点，以便通过适当调整，达到既不增大工程量而又能使线形更佳合理的目的。

活动性较大的回头地点，可从前后两个固定控制点以适当的坡度分头放坡交会得出；两固定控制点间的非回头曲线的活动控制点，应在其可活动的范围内调整，以使控制点间的坡度尽量均匀。

9.4 沿溪线选线

9.4.1 沿溪线的优缺点

1. 沿溪线的优点

（1）沿河流方向，路线方向明确。

（2）有较平缓的纵坡，便于利用有利地形。

（3）很少有回头曲线。

（4）平面和纵断面矛盾少。

（5）容易达到高标准，方便居民。

2. 沿溪线的缺点

（1）受水威胁大，特别是底线位。

（2）傍山时，偶尔遇到大石方段。

（3）沿线常有不良地质地段。

（4）小沟多，人工构造物多。

9.4.2 沿溪线的路线布局应解决的问题

沿溪线路线布局，主要解决三个方面的问题，即选岸（路线选择走河流的哪一岸）、定位（路线的线位放在什么高度）、跨河桥位选择（路线选择在什么地方设置桥位跨越河流）。这三个问题往往是相互联系和相互影响的，选线时抓住主要矛盾，根据路线等级和使用性质，结合自然条件，因地制宜，处理好三者关系，见图9-10。

1. 选岸

由于河谷两岸情况各有利弊，选线时应比较河流的地形、地质、水文等自然条件，充分考虑村镇的分布情况和农田水利的规划等因素，充分利用有利的方面，在适当情况、适

图 9-10　沿溪线示意图

当地点跨越跨河，绕避因地形、地质和水文条件造成的复杂艰巨工程。当建桥工程不复杂时，为了避开不利地形和不良地质地带，或为了争取缩短里程，提高线形标准，可考虑跨河换岸设线；但河流越宽，建桥工程也越大，跨河换岸就越要慎重考虑。河岸的选择一般应结合以下几方面，经过技术经济比较后选定。

（1）根据地形、地质和水文条件选岸

这是影响河岸选择的主要因素。由于河谷两岸的情况各有利弊，选线时应充分调查和了解，尽量选择有利的一岸。

路线应选在地形平坦，有阶地可利用，支沟较少、沟长较短，水文及地质条件良好的一岸。需要展线时，应选在支沟较大、利于展线的一岸。这些有利的条件交错出现在河流的两岸，选线时应深入调查，综合比较，决定取舍。如图 9-11 所示，沿响水河的一段路线，乙方案为避让河左岸的两处陡崖，跨河利用右岸的较好地形，但过夏村后，右岸出现更陡更长的悬崖，路线又需跨回左岸，在 3km 内，两次跨河，需建中桥 2 座。甲方案一直走左岸，虽要集中开挖一段石方，但比修建两座中桥经济得多，因此，不宜跨河换岸。

对区域性地质构造、滑坡、岩堆、崩坍、泥石流、岩溶、雪崩等严重不良地质地段，应认真调查其特征、范围及对路线的影响，如不易处理时，应跨河绕避。

（2）积雪和冰冻地区选岸

积雪和冰冻地区的阳坡和阴坡、迎风面和背风面的气候差异很大，在不影响路线整体布局稳定的前提下，尽可能选择阳坡和迎风的一岸，以减少积雪、冰冻等病害。

（3）考虑村镇、居民点分布选岸

除了国防公路、高速公路、一级公路外，路线一般应尽量选择在村镇较多、人口较密的一岸，以方便群众。但应避免路线穿过居民点，并尽量与农田、水利规划相结合。

2. 跨河桥位选择

264

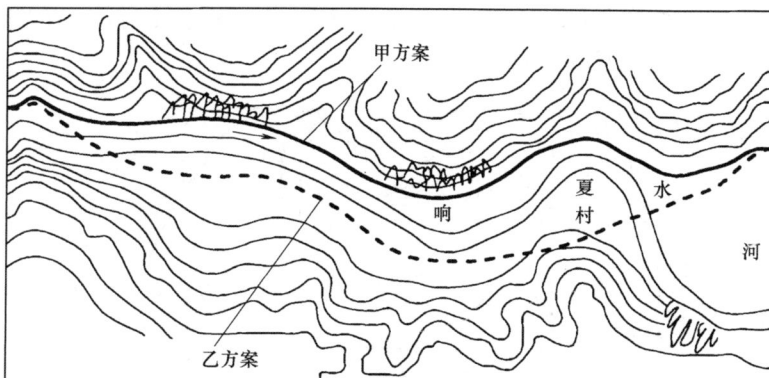

图 9-11 跨河换岸路线比较示意图

对于跨河桥位的选择应慎重，尽量处理好桥位与桥台路线的关系。按路线与河流的关系，跨河桥位有跨支流和跨主流两类桥位。跨支流的桥位选择，一般属于局部方案问题，而跨主流的桥位选择多属于路线布局的问题。跨主流的桥位往往是缺少路线基本走向的控制点，它与河岸选择相互依存、相互影响，进行河岸选择的同时要认真研究跨河桥位选择。当路线由于地形、地质原因需要换岸布线时，如果桥位选择不好，勉强跨河，或造成桥头线形差，或增大桥梁工程造价。

（1）跨河桥位选择要点

1）桥位应选在河道顺直，河床稳定，上游附近无支流流入，河床狭窄的河段上。

2）桥位处两岸地质良好，最好有裸露的未风化岩石处。

3）桥位选择应考虑便于与支岔线衔接。

4）桥位选择应照顾到当地的近期与远期规划。

（2）沿溪线跨河典型桥位

1）当路线要在 S 形河段跨河时，应在其腰部通过，以争取桥轴线与河流成较大交角，如图 9-12 所示。

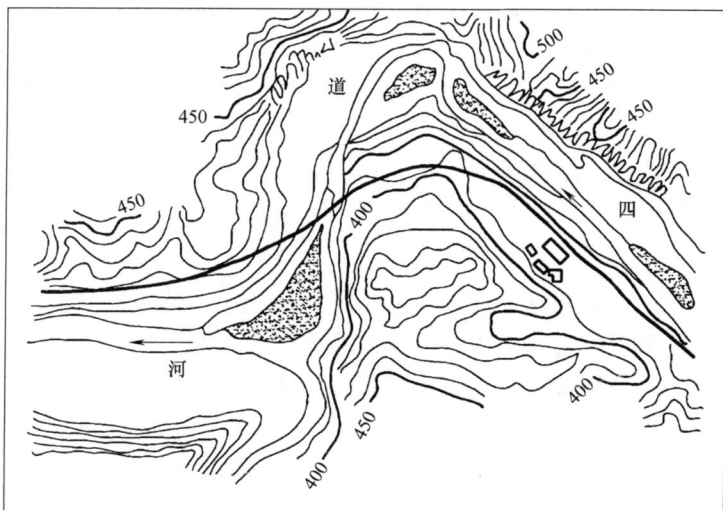

图 9-12 桥位设在 S 形河流的腰部跨越

2）在河湾附近选择有利位置跨越，如图 9-13 所示，但应注意河湾的水流对桥的冲刷，必要时采取相应的防护加固措施。

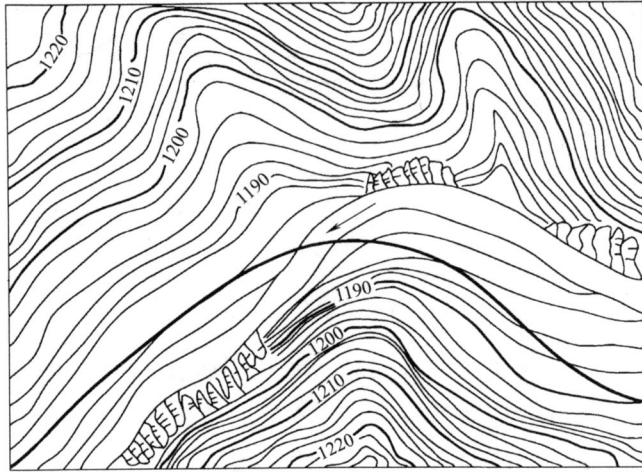

图 9-13　桥位设在河湾跨越

3）在与路线接近平行的顺直河段上跨河，桥头引道难以顺适，如图 9-14（a）所示，这种情况尽量避免设置桥位。当必须在这种河段跨越时，中、小桥可考虑设置斜桥以改善线形；如为大桥或特大桥时，当不宜设置斜桥时，宜把桥头路线做成勺形或布置一段弯引桥，如图 9-14（b）所示，或两者兼有。总之，桥头曲线要争取较大半径，以利行车。

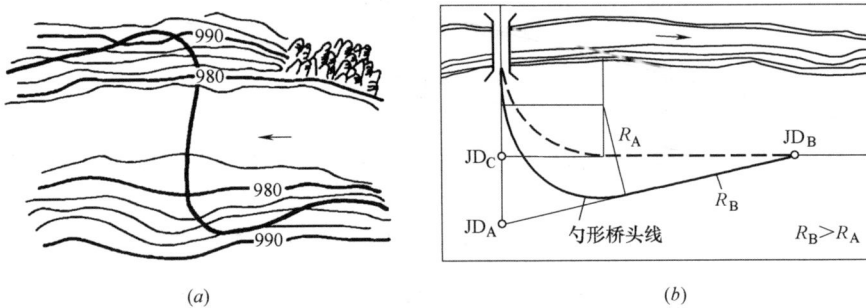

（a）　　　　　　　　　　　　　（b）

图 9-14　路线与河段平行时桥位跨越方式

路线跨越支流的桥位，有从支河（沟）口直跨河和绕进支沟上游跨越两种方案，如图 9-15 所示。

3. 定位

沿溪线的线位高低，是根据河流两岸的地形、地质、水流情况对河岸的影响等，结合技术标准和工程量经济等综合考虑的。其中最主要的因素是考虑洪水对路基的威胁，选线时做好洪水调查工作，把路线布置在规定的设计洪水频率对应的洪水水位影响线之上，以保证路基的稳定。

路线布设通常有低线和高线两种情况。按路线高度和设计水位的关系，沿溪线分为低线位和高线位两种。

（1）低线位

266

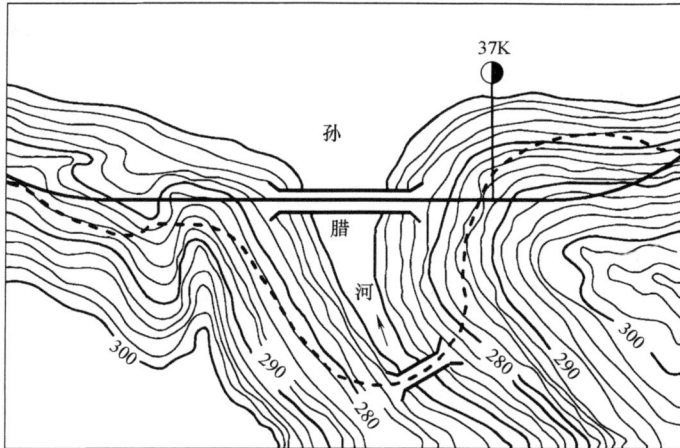

图 9-15　桥位设置在支流适当位置

低线位是指路基边缘的设计标高，应高出表 7-1 规定的设计洪水频率的技术水位加壅水高、波浪侵袭高和 0.5m 的安全高度不多的线位，路基临水一侧受到水威胁的线位。

低线位的优点是平面、纵断面线形比较顺直、平缓，易争取到较高标准，路基土石方工程量较小，填挖高度不大，路基自身稳定性较好；路线活动范围较大，便于利用有利地形和避让不良的地形、地质；便于在沟口直跨支流，必须跨越主流时处理自由度较大。其最大缺点是受洪水威胁大，防护工程较多。

（2）高线位

高线位是指路基边缘的设计标高，应高出表 7-1 规定的设计洪水频率的技术水位加壅水高、波浪侵袭高和 0.5m 的安全高度较多的线位。一般利用长而大的较高二阶台地或三阶台地，或傍山邻河低线位易被积雪掩盖以及为避让艰巨工程而提高线位等情况。高线位的优点是不受洪水侵袭，废方比较容易处理。但由于线位较高，通常位于山坡上，路线必然随山势曲折弯曲，线形差，工程量大；遇缺口时，常需要设置较高的挡土墙或其他构造物；避让不良地质地段和路线跨河时，比低线位困难。

（3）线位高低的一般处理原则

1）当出现设计洪水位时，将能保证路基不受水冲刷的高度作为设计高度，使路基更稳定。

2）对更大的洪水，则考虑宁淹勿冲的高度作为设计高度，线路虽然短时中断运营，但造价偏低，对路基和人工构造物的影响可降低到最小程度。

3）对交通量很小的中低等级公路，如果提高线位会使工程量增加很多时，可将路基被一定频率的洪水淹没的高度作为设计高度。

4）对于交通量较大的高等级公路，宜采用相应设计洪水频率的高线位或较高线位，避免较大洪水位淹没路基而中断交通。

9.5 定　　线

具体定线分为实地定线和纸上定线。实地定线指在现场实地确定路线。纸上定线，指在较大比例地形图（1：1000）上选线，经过全面布局和逐段安排，具体落实路线交点、选择半径、确定中桩（包括加桩和桥涵及隧道位置），最后实地放线（将地形图上选定的线路测设到实际现场地面上），现场校核比对，必要时进行调整或改线。

9.5.1　实地定线

1. 概述

（1）实地定线概念

实地定线指在现场选线定点，经过全面布局和逐段安排，具体落实路线交点、选择半径、确定中桩（包括加桩和桥涵和隧道位置），进行平面、纵断面和横断面测设的详细过程。

（2）实地定线优缺点

实地定线的优点是直观，速度快。实地定线的缺点是容易缺乏总体全局观念，精度不高。

（3）适用范围

实地定线适用于公路等级较低，地质、地形条件较为简单，适用于一阶段设计的方案较为明确的中小型工程。

2. 实地定线方法

（1）一般情况下定线

当路线不受纵断面限制，定线以平面控制为主，地形、地质较为明确，采用一般情况下定线。一般情况下定线要点：以点定线，以线交叉于点。以点定线，就是全面布局和逐段安排确定的控制点，结合各方面因素进一步确定影响公路中线位置的小控制点，然后，按照这些小控制点，大致画出公路直线的方法。以线交叉于点，在已经定的小控制点的基础上，结合路线标准和前后路线条件，先确定交点或临时交点，根据交点穿出直线，并延长交点的方法。

1）加密小控制点

两控制点之间，一般不可能直接连成直线，常常需要设置交点，使路线顺应地形转弯，从而避开障碍物，利用有利地形，以达到技术经济合理的目的。加密小控制点，就是在实地寻找控制和影响公路中线位置的具体点位，一般小控制点有经济性和技术性两类。

① 经济性控制点

如图 7-5 所示，技术性控制点主要在路线穿过斜坡地段，考虑将横向填挖平衡相应标高作为设计标高，并作为经济性控制点。

② 技术性控制点

技术性控制点，指按照技术指标（平面和纵断面技术要求）、不良地质、水文地质、需要绕避的艰巨工程、地面障碍物、路基边坡稳定因素等，从技术上综合确定的小的控制点。

2）穿线定点

受各种因素限制的平面位置控制点比较多，而且这些点在平面上的分布又没有规律，另一方面路线受技术标准和平面线形组合的限制，不可能照顾到每一个控制点。穿线定点，就是根据计算标准和线形组合的要求，满足控制点和经济性，前后考虑，用穿线的办法延长直线，交出交点。穿线定点注意事项为：

① 平曲线之间的间直线需要有足够的长度（复曲线除外）。

② 同向平曲线之间避免设置断臂曲线。

③ 注意行车视距要求，必要时增加挖方或清除障碍物或设置视距平台。

④ 注意力求平面线形指标均衡，保证线形的连续性，长直线尽头应尽量避免设置小半径平曲线；路线绕避障碍物时，要及早转向。

⑤ 路线平面弯曲要与纵断面起伏相协调，平、竖曲线尽量不要组合；如果要组合，均衡组合半径要求：竖曲线半径大致为平曲线半径的 $10\sim20$ 倍。

⑥ 长直线末端避免设置小半径平曲线。

⑦ 定线时应同时考虑纵断面线形指标，尽量少用或不用极限纵坡度，越岭线要避免设置反坡。

⑧ 尽量避免高路堤和深路堑。

⑨ 注意路线与桥涵和其他构造物的衔接。

（2）放坡定线

1）放坡

放坡，指按照要求的设计纵坡（地形高差较大时按照平均纵坡）在实地找出地面坡度线的工作。

在山岭区或山岭重丘区，天然地面坡度一般大于 $20°$，而平均纵坡一般要求不超过 5%，如图 9-16 所示，路线由 A 点到 B 点，如果沿最大地面自然坡度方向 AB 前进，路线纵坡度太大，显然上不去。如果路线沿等高线 AC 方向走，纵坡太平缓且偏离路线方向。寻找一个接近平均纵坡的从 AD 到 DB 的方向，这样路线平均纵坡基本满足要求，又使路线较短，这就是放坡的思路。

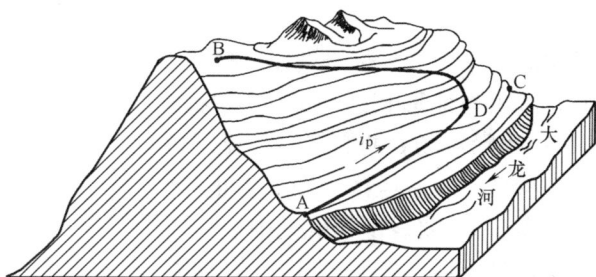

图 9-16 放坡原理示意图

2）放坡定线

① 作修正导向线

放坡后的坡度点就是概略的路基设计标高位置，而实地公路中线的位置对于路基的稳定和填挖工程量影响很大。

图 9-17 中，根据坡度线 $A_0A_1A_2A_3$……结合地面横坡考虑路基稳定和工程量经济即可确定合适的中线位置，并插上花杆或标志；连接 $B_0B_1B_2B_3$……即修正的导向线。根据经验，一般情况当地面横坡小于 $1:5$ 时，中线在坡度点附近对路基稳定和工程量经济影响不大；当地面横坡在 $1:5\sim1:2$ 时，中线与坡度点宜重合；当地面横坡大于 $1:2$ 时，中线宜在坡度点上方，以全挖路线的断面为宜。

图 9-18（a）中线在坡度点的下方，则横断面以填方路堤形式为主；图 9-18（c）中线在坡度点的上方，则横断面以挖方路堑形式为主。

② 穿线定点

修正导向线 $B_0B_1B_2B_3$……使其成为一条纵坡合理、横断面上位置最佳的折线，但是

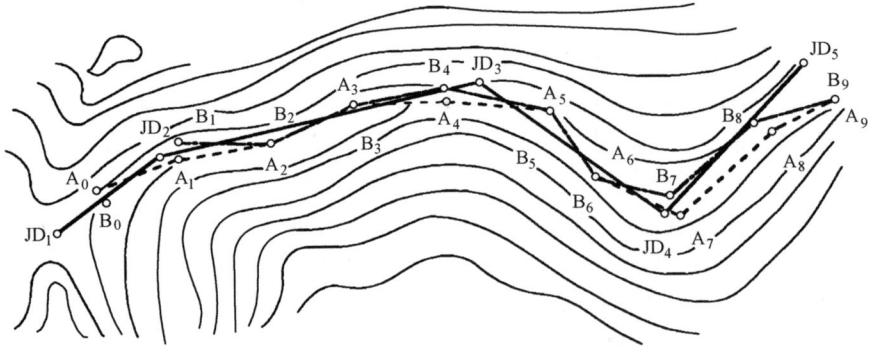

图 9-17　中线与坡度点在横断面上的位置调整

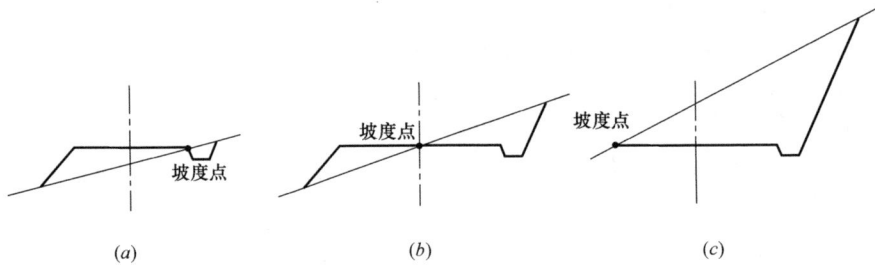

图 9-18　导向线与修正导向线示意图

它无法满足平面线形标准要求，需要裁弯取直、穿线定点，使平面、纵断面和横断面结合协调，画出与地形相适应并符合标准的直线，在直线合适位置定交点 JD_1、JD_2、JD_3、JD_4……实际现场有的交点需要反复核对、修改，最终达到基本满意（符合选线意图、满足设计标准、技术经济合理）为止。

　　3）选择平曲线半径敷设中桩

　　交点确定后，按照第 3 章的思路，选择交点的平曲线半径，计算平曲线或缓和曲线要素，并敷设中桩，选择隧道、桥位，进行平面、纵断面和横断面设计和桥隧设计。

9.5.2　纸上定线

　　纸上定线适用于公路等级较高、有现成的中等比例地形图、地形较为复杂等情况。

　　纸上定线优点是精度较高，全局观念较明确；缺点是没有现成中等比例地形图时需要实测中等比例地形图，耗费时间成本、人力成本、勘测成本较高。

　　1. 纸上定线

　　（1）定导向线

　　1）在大比例地形图上研究路线布局，拟定路线可能的基本走向，并选定最佳方案。纸上定线的总体布局和逐段安排与实地定线思路基本相同，纸上定线是在地形图上定线。

　　2）纸上放坡

　　根据等高线之间高差 h，平均纵坡 i_p（一般为 5% 左右），计算相邻等高线平均纵坡对应的水平距离 l，$l = \dfrac{h}{i_p}$，使卡规开度放到 l，进行纸上放坡，见图 9-19。

　　如图 9-20 所示，某回头曲线上纸上定线，A、B、C、D 为控制点，按上述方法放坡定点 A、a、b、c、d……D，每相邻两点之间的坡度均为平均纵坡 i_p。选择 B 点作为回头曲线控制点，是因为 B 点附近地面横坡较为平缓，有足够的平面空间（回头曲线上、下线之间的水平距离足够长）。这里设置回头曲线有两个目的，一是延长水平距离克服高差，二是满足路线基本走向。本例是从 A 点开始到 D 点，当然可以从 D 点开始到 A 点。

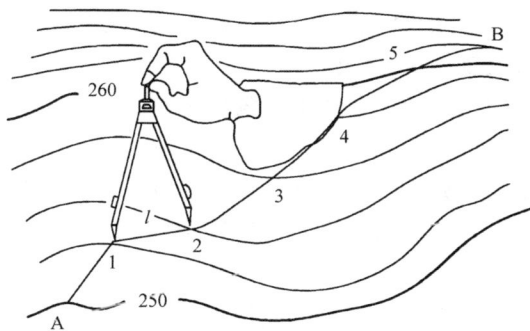

图 9-19　纸上分段放坡

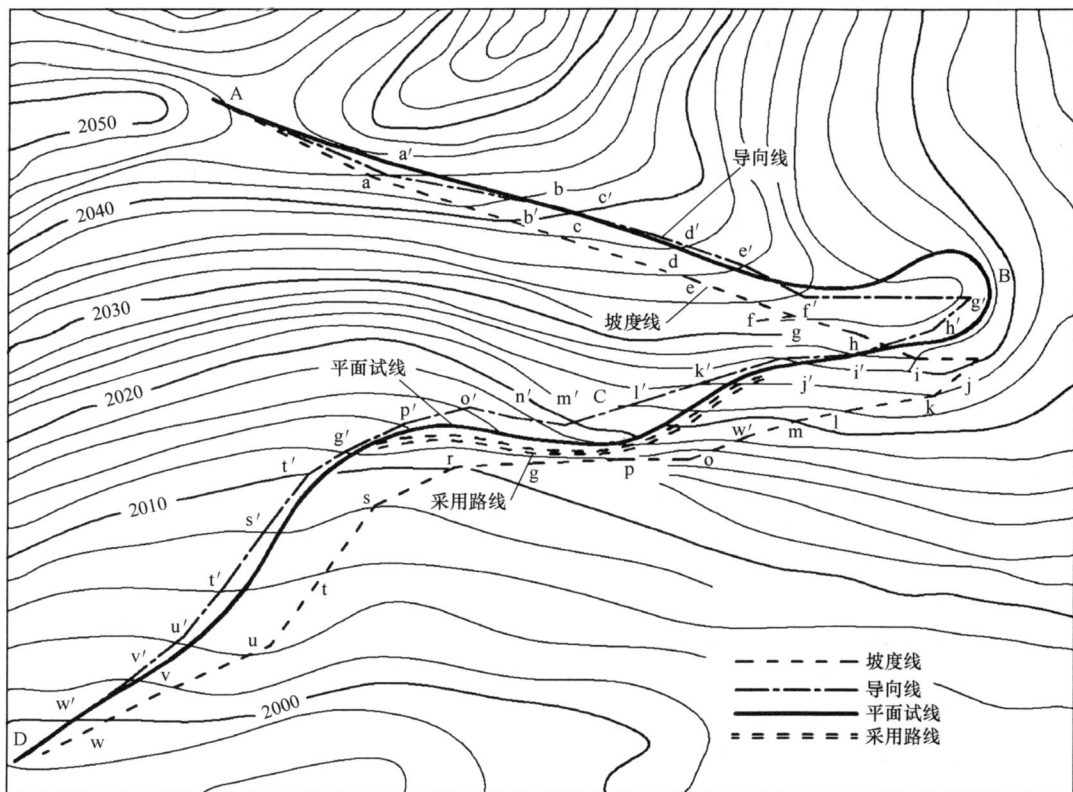

图 9-20　纸上定线放坡及回头曲线放坡示意图

3）作导向线

连接 A、a、b、c、d……D，即得初始选线的导向线。

（2）修正导向线

初始导向线 Aabcd……D，可能存在问题，需要进行修正，检查其利用有利地形和避让不良地质水文情况。图 9-20 中，C 点从陡岩中穿过，B 点有利于回头没有充分利用，将两侧的导向线适当上移，定 B、C 为中间控制点，将导向线进行修正，修正后的导向线为 Aa′b′c′d′……D。

（3）穿线定交点

导向线或者修正导向线，距离较短，比较零碎，基本不符合交点特征，需要裁弯取直，需要在导向线或者修正导向线上穿线定交点 JD_1、JD_2、JD_3、JD_4……必要时，需要进行反复校对和修改。

（4）选择平曲线半径敷设中桩

交点选定后，可以按照第 3 章的思路，选择交点的平曲线半径，计算平曲线或缓和曲线要素，并敷设中桩（计算出中桩坐标），选定隧、桥位置，初步进行平面、纵断面、横断面设计及隧道、大中桥设计。

2. 实地放线

将纸上定线成果，或初步设计成果，测设到实际现场地面上，做好相应的测设标志。

勘测设计单位会同选线、桥梁、隧道、路基、路面层相关专业工程师、建设单位，共同到现场核对比较纸上定线和实地放线吻合情况。现场比较核对后，吻合的部分可以直接采用；基本吻合仅仅需要作局部调整的进行局部调整；完全与实际不符且无法实施的纸上定线成果作完全否定处理，根据现场核对研究的新方案，重新进行纸上定线、现场放线、现场核对比较。

最终的平面、纵断面和横断面、桥梁涵洞、隧道设计图，以现场实地地形勘测设计为准，不宜直接将纸上定线地形或设计成果作为最终设计成果。

复习思考题

1. 名词解释

（1）选线；（2）全面布局；（3）逐段安排；（4）展线系数；（5）实地定线；（6）纸上定线。

2. 简述题

（1）选线的方法和步骤有哪些？

（2）路线方案比选评价指标有哪些（至少写出 8 个）？

（3）越岭线路线布局需要解决哪些问题？

（4）沿溪线路线布局需要解决哪些问题？

（5）沿溪线有哪些优缺点？

（6）纸上定线有哪两个程序？

（7）如何全面理解"选线时，大中桥桥位（含隧道隧位）原则上服从路线总方向，路桥（隧）综合考虑；小桥涵位服从路线"？

（8）简述选线在公路工程中的重要意义。

（9）一般公路展线系数等于 1 吗？理论上说，展线系数越小越好吗？为什么？展线系数越大，说明什么问题？

（10）越岭线选线主要解决什么矛盾？

（11）一般来说，较长的高等级公路，可以采用纸上定线吗？

（12）纸上定线的设计图能够直接用来修筑公路吗？

（13）平原区选线应考虑哪些因素？

（14）路线方案明确的短而小的公路，一定要采用纸上定线吗？

第10章 路线交叉

10.1 概　　述

公路与公路或公路与铁路在同一平面投影上相交的地方称为交叉口，交叉口分为平面交叉口和立体交叉口。

在路网中，各种道路纵横交错，必然会形成很多交叉口。交叉口是公路系统的重要组成部分，是公路交通的节点，有的是咽喉要道。相交公路的各种车辆和行人都要在交叉口汇集、通过和转换方向。公路网畅通与否，很大程度上取决于交叉口交通问题处理的好坏。车辆在一条公路上行驶，在交叉口上产生的延误约占全程时间的30%，而交叉口交通拥挤严重时会波及路段甚至整个路网系统，从而引起严重的延误，从而诱发交通事故、增加噪声和废气污染、增大能源浪费等一系列问题。如何正确设计交叉口，合理组织交通，对于提高交叉口的通行能力，避免交通阻塞，减少交通事故，都具有十分重要的意义。

交叉分为平面交叉与立体交叉，立体交叉又分为分离式立体交叉和互通式立体交叉。根据交叉对象分为公路与公路平面交叉、公路与公路立体交叉、公路与铁路交叉、公路与村道交叉、公路与管线交叉等。

10.2　平面交叉

10.2.1　交叉口平面设计构成及类型

1. 平面交叉及其构成

平面交叉，指相交道路几乎在一个平面内或接近在一个平面内（具有较小纵坡）的交叉。

交叉口，指相交公路边线延长后相交所包括的范围，但从平面交叉的几何设计和交通组织设计两方面出发，一个完整的平面交叉应由交叉口及其所连接的部分组成。如图10-1所示，平面交叉的基本构成包括以下方面：

（1）交叉口

交叉口为相连道路的共同组成部分，一般为转角缘石（或路面内缘）切点以内部分。

（2）交叉连接段

交叉连接段为与交叉口紧接的出入口道路。

（3）附加车道

附加车道是为提高交叉口通行能力，改善其使用功能，在交叉口入口处增设的车道。

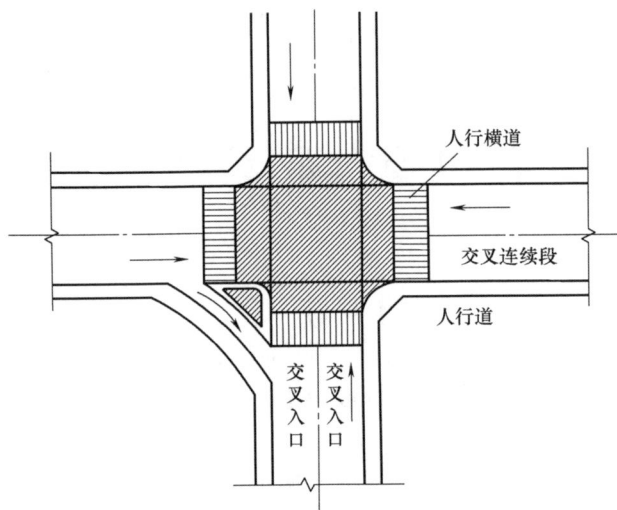

图 10-1　平面交叉组成

（4）交通岛、导流路

2. 平面交叉口的类型及其适用条件

平面交叉口的形式取决于公路网的规划和周围建筑的情况，以及交通量、交通性质和交通组织。根据相交道路和交通管制方式的不同，平面交叉口的类型分为：

（1）按相交道路条数分类

根据道路交叉口汇集的条数划分为三路交叉、四路交叉和五路交叉。一般称四路以上相交的交叉口为多路交叉，在设计和规划中应力求减少道路的多路交叉。

（2）按交叉集合形状分类

根据交叉口的几何形状，常见的形式有十字形、T 字形及其演变而来的 X 形、Y 形、错位交叉和环形交叉。

（3）按渠化交通的程度及类型分类

1）加铺转角式

加铺转角式交叉口适用于线形为平曲线的平顺连接的相交道路，见图 10-2。

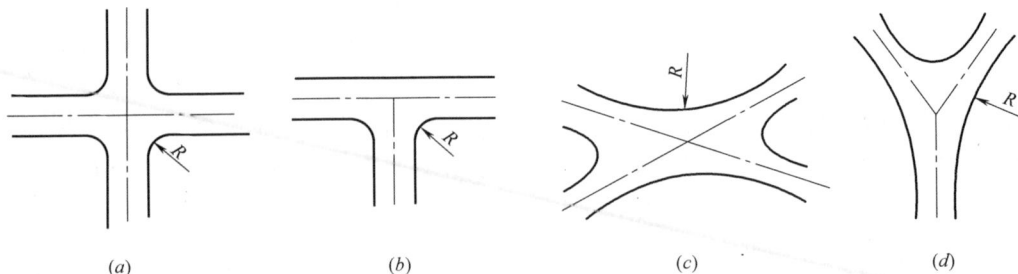

（a）　　　　　　　（b）　　　　　　　（c）　　　　　　　（d）

图 10-2　加铺转角式交叉口

加铺转角式的交叉口的形式简单，占地少，造价低，设计简便，但行车速度低，通行能力小。其适用于交通量较小，设计车速低，转弯车辆少的三、四级公路或地方道路。设计时主要解决合适的转角平曲线半径和足够的交叉口视距问题。

274

2）拓宽路口式

为使转弯车辆不影响其他车辆的正常行驶，在平面交叉口连接部分增设变速车道和转弯车道。

拓宽路口式可以单增设右转或左转车道，也可同时增设左转、右转弯车道，见图10-3。

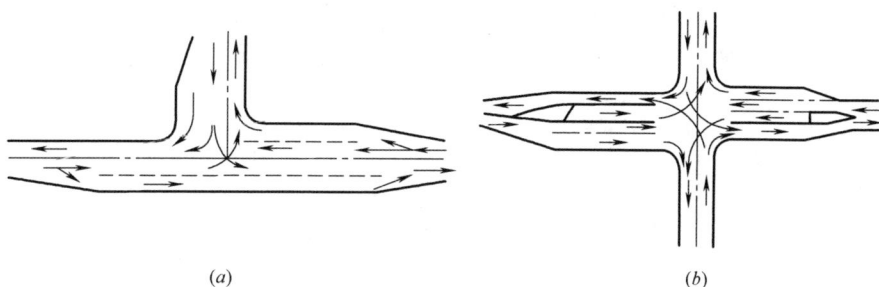

(a)   (b)

图 10-3　拓宽路口式交叉口

3）分道转弯式

分道转弯式是通过设置分隔岛、导流岛、划分车道等措施，使单向右转或双向左、右转弯车流以较大半径分道行驶的平面交叉，见图10-4。

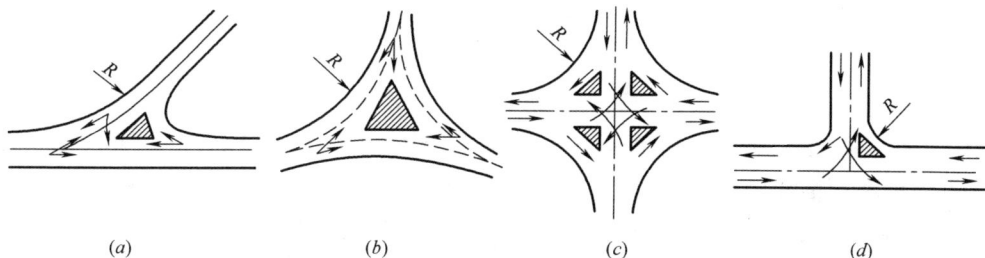

(a)   (b)   (c)   (d)

图 10-4　分道转弯式交叉口

4）环形交叉

环形交叉中央设置中心岛，用环道组织渠化交通，使进入环道的所有车辆一律按逆时针方向绕岛单向行驶，直至驶离目标出口，环形交叉俗称转盘。

根据车辆行驶规则环形交叉分为两类。一类按交通组织原理组织交通，经过验算后出、入口间的距离能满足交织长度的要求为普通环形交叉，如图10-5（a）所示。另一类按"入口让路"规则（非交织原理）组织交通并进行设计的交叉，称为入口让路环形交叉，见图10-5（b）。

环形交叉适用于交通量适中，转弯车辆较多且地形较平坦的三～五路交叉。设计时主要解决中心岛的形状和半径，环道的布置和宽度，交织段长度，交织角度，进出口曲线半径，出入口车道数和交叉口视距等问题。

（4）按交通控制方式分类

1）无信号控制交叉

无信号控制交叉分为主路优先和无优先交叉两类。当主次道路相交时，次要道路在交叉口入口处设置"让"或"停"交通标志；当相同等级道路相交叉时，也可在各路口均设

275

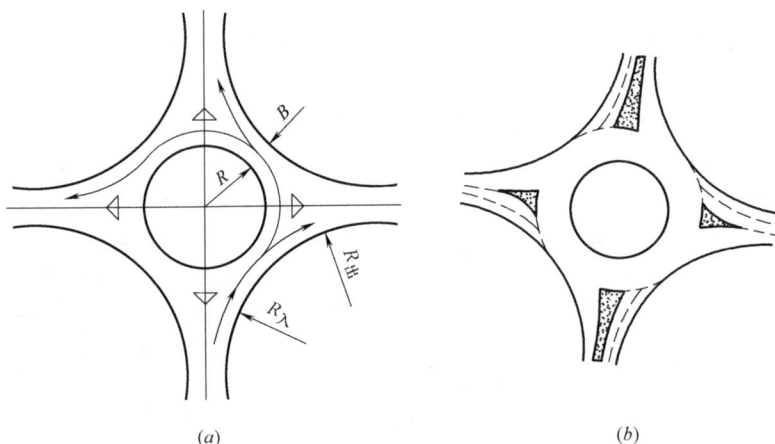

图 10-5 环形交叉口

置"让"或"停"交通标志。

2）有信号控制交叉

一般当交叉口相交道路等级较高或交通量较大时，应设置交通信号自动指挥车辆通行。

10.2.2 交叉口纵横坡度设计要求、原则及类型

交叉口纵横坡度设计，包括交叉口纵坡度设计和不同横断面横坡度设计；其中交叉口纵坡度设计就是按照 7.3 节方法确定交叉口不同段落的纵坡度，计算中桩的设计标高；而交叉口不同横断面横坡度设计就是确定不同横断面的横坡度，按照 5.2 节方法计算各个特征点的特征值。交叉口纵横坡度设计，有的教材称为立面设计或竖向设计。交叉口纵横坡度设计目的是通过调整交叉口范围内相交道路共同构筑面及其引道上各个中桩的设计标高及其不同横断面路基边缘的设计标高（5.2 节称为特征值），合理确定各相交道路之间及交叉口和周围建筑物之间共同面的关系，符合行车舒适、排水迅速和美观要求。

1. 交叉口纵横坡度设计的要求和原则

立面设计主要取决于相交道路的等级、交通量、横断面形状、纵坡大小和方向以及周围地形等。交叉口立面设计的一般原则为：

（1）相同等级道路相交时，一般维持各自的纵坡不变，而改变它们的横坡度。通常是改变纵坡较小道路的横断面形状，将路脊线（路面中心路拱顶点的连线）逐渐向纵坡较大道路的车行道边线移动，使其横断面的横坡度与纵坡度较大道路的纵坡一致。

（2）主要道路与次要道路相交时，主要道路的纵断面、横断面均维持不变，而将次要道路双坡横断面，逐渐过渡到与主要道路纵坡一致的单坡横断面，以保证主要道路的交通便利。

（3）设计时至少应有一条道路的纵坡方向背离交叉口，以利于排水。如遇特殊地形，所有道路纵坡方向都向着交叉口时，必须在交叉口内设置雨水口和排水管道，以保证排水要求。

（4）交叉口范围内布置雨水口时，一条道路的雨水不应流过交叉口的人行横道，或流

入另一条道路，也不能使交叉口内产生积水。所以，雨水口应设置在人行横道之前或低洼处。

（5）交叉口范围内横坡要平缓些，一般不大于路段横坡，以利于行车。纵坡度宜不大于 2%，困难情况下应不大于 3%。

（6）交叉口立面设计标高应与周围建筑物的地坪标高协调。

2. 交叉口纵横坡度设计的基本类型

交叉口纵横坡度设计的形式，主要取决于交叉范围内相交道路的纵坡度、横坡度及地形。以十字形交叉口为例，按其所处地形及相交道路纵坡方向，可划分为 6 种基本类型。

（1）交叉口处于凸形地形上，相交道路的纵坡方向均背离交叉口，见图 10-6（a）。

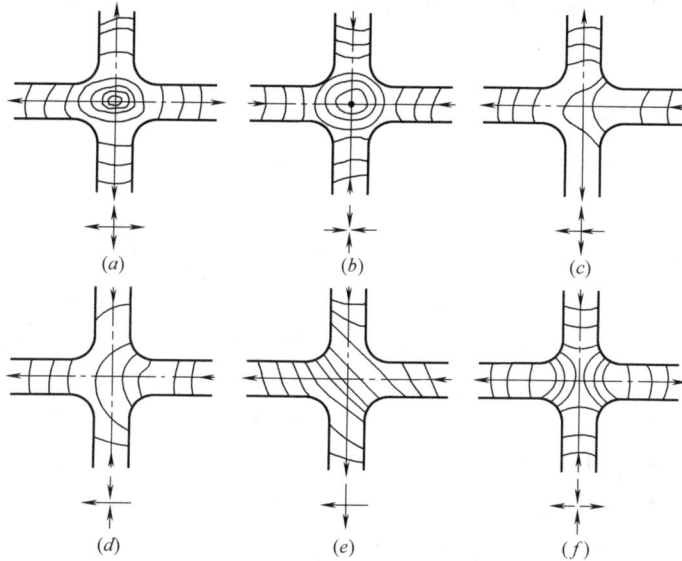

图 10-6　交叉口纵横坡度设计的基本类型

设计时使交叉口的纵坡度与相交道路的纵坡度一致，适当调整一下接近交叉口的路段横坡，让雨水流向交叉口四个转角的街沟或路基外排除，交叉口内不需设置雨水口。

（2）交叉口处于凹形地形上，相交道路的纵坡度方向都指向交叉口，见图 10-6（b）。

设计时地面水都向交叉口集中，排水比较困难，应尽量避免。因地形限制，必要时应设置地下排水管排水。为防止雨水汇集到交叉口中心，应适当改变相交道路的纵坡，以抬高交叉口中心标高，并在转角处设置雨水口。最好在相交道路纵坡设计时，将一条主要道路的变坡点设置在远离交叉口的地方，保证有一条道路的纵坡方向能背离交叉口。

（3）交叉口处于分水线地形上，有 3 条道路纵坡方向背离交叉口，而另外一条道路的纵坡指向交叉口，见图 10-6（c）。

设计时应将纵坡指向交叉口的道路路脊线在交叉口处分为 3 个方向，相交道路的横断面不变，并在纵坡指向交叉口道路的人行横道线外设置雨水口，防止雨水流入交叉口内。

（4）交叉口处于山谷线地形上，有 3 条道路纵坡方向指向交叉口，而另外 1 条道路纵坡背离交叉口，见图 10-6（d）。

设计时与山谷相交的道路进入交叉口之前，在纵断面上产生转折面形成过街横沟，不利于行车，应尽量使纵坡转折点离交叉口远一些，并在该处插入竖曲线。纵坡指向交叉口的人行横道线外应设置雨水口。

（5）交叉口处于斜坡地形上，相邻 2 条道路纵坡指向交叉口，而另外 2 条背离交叉口，见图 10-6（e）。

设计时相交道路纵坡均不变，而在进入交叉口前将 2 条道路的横坡逐渐向相交道路的纵坡方向变化，使交叉口上形成一个单向倾斜面，并在纵坡直线交叉口道路的人行横道线外设置雨水口。

（6）交叉口处于马鞍形地形上，相对 2 条道路纵坡指向交叉口，而另外 2 条道路纵坡背离交叉口，见图 10-6（f）。

设计时相交道路纵横坡都可按自然地形在交叉口内适当调整，并在纵坡指向交叉口的道路两侧设置雨水口。

10.2.3 交叉口纵横坡度设计的方法和步骤

交叉口纵横坡度设计方法有方格网法、设计等高线法和方格网与设计等高线组合法 3 种。

方格网法，是在交叉口范围内以相交道路中心线为坐标基线打方格网，测设出方格点上的地面标高，计算出设计标高，进而计算施工高度，在相应位置标出施工高度。

设计等高线法（这里的等高线并非地形图上的等高线，它指交叉口路拱高程线，又称排水流向线），是在交叉口范围内选定路脊线和标高计算线网，并计算其上各点的设计标高，勾绘交叉口设计等高线，计算设计标高，进而计算施工高度，最后在相应位置标出施工高度。比较方格网法和设计等高线法，设计等高线法比方格网法更能清晰地反映出交叉口的立面设计形状，对于单等高线上的标高点的施工放样采用方格网法更方便。通常将以上两种方法结合使用，即方格网与设计等高线组合法，它既能直观地看出交叉口的立面形状，又能方便施工放样。

对于普通交叉口，多采用方格网法或设计等高线法，其中混凝土路面宜采用方格网法，而沥青路面宜采用设计等高线法；对于大型、复杂的交叉口和广场的立面设计，通常采用方格网与设计等高线组合法。

下面以方格网与设计等高线组合法为例，介绍交叉口纵横坡度设计的方法与步骤。

1. 收集资料

（1）测量资料

收集交叉口的控制标高和控制坐标；收集或实测 1∶500 或 1∶200 地形图，详细标注附近地坪及建筑物标高。

（2）道路资料

相交道路的等级、宽度、半径、纵坡、横坡等平面、纵断面、横断面设计或规划资料。

（3）交通资料

交通量及其组成。

（4）排水资料

区域排水方式，已建或拟建地下、地上排水管渠的位置和尺寸。

2. 绘制交叉口平面图

按比例绘制出道路中心线、车行道、人行道及分隔带、路缘石转弯曲线和交通岛等。以相交道路中心线为坐标基线打方格网，斜交道路的方格网应选在便于施工放线测量的方向，方格的大小一般采用 5m×5m～10m×10m，并测量方格点的地面标高。

3. 确定交叉口的设计范围

交叉口的设计范围一般为路缘石转弯平曲线的起点以外 5～10m（相当于一个方格网的距离），主要用于路段与交叉口的纵横过渡处理以及标高的衔接等。

4. 确定立面设计图式和等高距

根据相交道路的等级、纵坡方向、地形情况以及排水要求等，确定所采用的立面设计图式（在图 10-6 中选择）。根据纵坡度的大小和精度要求选定等高线间距 h，一般 $h＝0.02～0.10m$，为方便计算取偶数。

5. 勾绘设计等高线

（1）路段设计等高线的计算和画法

当道路的纵坡、横断面形式及路拱横坡度确定以后，可按所需要的等高距 h，计算路段上设计等高线的水平距离。

如图 10-7 所示，i 和 i_{bx} 分别为行车道中心线和边线的设计纵坡，一般 $i＝i_{bx}$（%）；i_1 为行车道路拱横坡度（%）；b 为行车道（或路面）宽度（m）。这些符号的意义同 5.3 节。h_1 为行车道路拱中心到未超高未加宽前的路面边缘的距离，$h_1＝\dfrac{b}{2}\times i_1$。

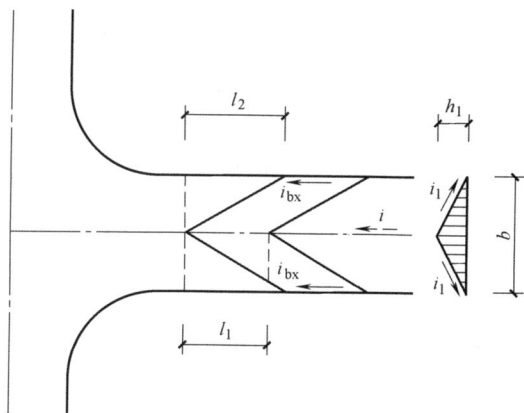

图 10-7　路段上设计等高线的绘制

中心线上相邻等高线的水平距离 l_1，按式（10-1）计算。

$$l_1=\frac{h}{i} \tag{10-1}$$

式中　l_1——中心线上相邻等高线的水平距离（m）；

　　　h——相邻等高线的高差（m）；

其余符号意义同前。

考虑路拱的设置，等高线在行车道边线上的位置沿纵向上坡方向偏移的水平距离 l_2，按式（10-3）计算。

$$l_2=\frac{h_1}{i_{bx}}=\frac{b}{2}\times i_1\times\frac{1}{i_{bx}}=\frac{b}{2}\times\frac{i_1}{i_{bx}} \tag{10-2}$$

式中　l_2——等高线在行车道边线上的位置沿纵向上坡方向偏移的水平距离（m）；

其余符号意义同前。

计算出 l_1 和 l_2 后，由 l_1 定出中心线上其余等高线的位置，再由 l_2 定出沿边线上相应等高线的位置，最后连接相应等高点，即得用设计等高线表示的交叉口前路段的纵横坡度设计（或交叉口前的路段立面设计图）。实际上，如路拱形式为抛物线形时，等高线以曲线勾绘，只有直线形路拱可用折线连接成等高线，为简化起见，用图 10-7 中的折线表示。

（2）交叉口上设计等高线的计算和画法

1）选定路脊线和控制标高

路脊线的选定，直接影响交叉口上的行车、排水和立面美观。路脊线通常是对向行车轨迹的分界线，即行车道的中心线，路脊线的交叉点即为控制标高点。

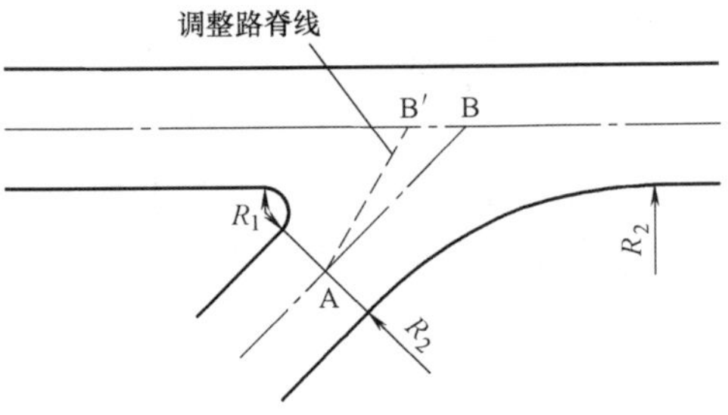

图 10-8　路脊线的确定

对于斜交过大的 T 形交叉口，其路中线不宜作为路脊线，应加以调整。如图 10-8 所示，调整路脊线的起点 A，一般为转角曲线切点断面处，而 B′ 的位置原则上应选在双向车流的中间位置。

交叉口的控制标高应以整个道路系统的立面规划标高为依据，并综合考虑相交道路的纵坡、交叉口周围的地形、路面厚度和建筑物的布置等来确定。在确定控制标高时不宜使相交道路的纵坡相差太大，一般要求差值不大于 0.5%，尽量使相交道路纵坡大致相等，以利于立面设计处理。

2）确定标高计算线网

当路脊线上的设计标高还不足以反映交叉口的立面形状，依靠它来勾绘交叉口的等高线比较困难，必须增加一些辅助线，及标高计算线网。实践证明，交叉口立面设计的关键是正确选择路脊线和标高计算线网，如果妥善解决这两个问题，则各点的标高计算也就简单了。标高计算线网主要有方格网法、圆心法、等分法和平行线法 4 种方法。

① 方格网法

如图 10-9 所示，方格网法标高计算线网就是前述已经打了方格的交叉口平面图，该法适用于道路正交的交叉口。

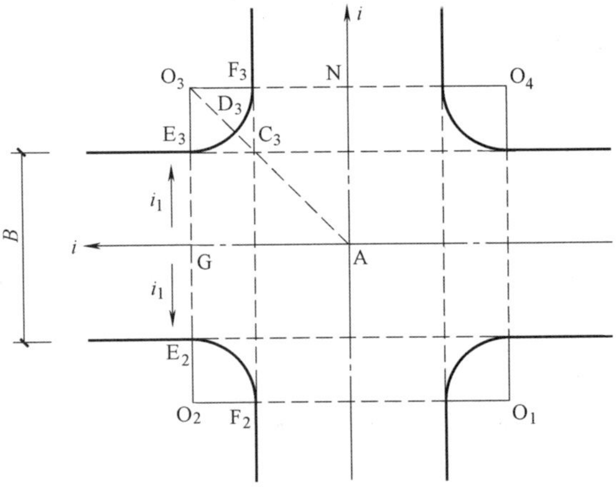

根据路脊线交叉点 A 的控制标高 h_A，可逐一推算出某些特征点的设计标高。转角曲线切点横断面上的 3 点标高，按式（10-3）和式（10-4）计算。

图 10-9　方格网法设计标高计算

$$h_G = h_A - AG \times i \qquad (10-3)$$

式中　AG——路脊点 A 到 G 之间的距离（m）；

　　　h_A——路脊线交叉点 A 的控制标高（m）；

　　　h_G——路脊线上点 G 的控制标高（m）；

其余符号意义同前。

$$h_{E_3}（或 h_{E_2}）= h_G - \frac{b}{2} \times i_1 \qquad (10-4)$$

式中　h_{E_3}（或 h_{E_2}）——边线上点 E_3（E_2）的控制标高（m）；

280

其余符号意义同前。

同理，可求得其余 3 个切点横断面上的 3 点标高。

由 E_3 或 F_3 的标高可推算出行车道边线延长线交叉点 C_3 的标高，按式（10-5）计算。

$$h_{C_3}=\frac{(h_{E_3}+R\times i)+(h_{F_3}+R\times i)}{2} \tag{10-5}$$

式中 h_{C_3}——由 E_3 或 F_3 的标高可推算出行车道边线延长线交叉点 C_3 的标高（m）；

其余符号意义同前。

过 C_3 的 A、O_3 连线与转角曲线相交于 D_3，则 D_3 的标高按式（10-6）计算。

$$h_{D_3}=h_A-\frac{h_A-h_{C_3}}{AC_3}\times AD_3 \tag{10-6}$$

式中 AD_3——A 到 D_3 之间的水平距离（m）；

AC_3——A 到 C_3 之间的水平距离（m）；

h_{D_3}——过 C_3 的 A、O_3 连线与转角曲线相交于 D_3 的标高（m）；

其余符号意义同前。

② 圆心法

如图 10-10 所示，在路脊线上，按施工要求每隔一定距离或等分定出若干点，并与转角曲线的圆心连成直线（至连到转角曲线上），即得圆心法标高计算线网。

③ 等分法

如图 10-11 所示，将路脊线等分为若干等份，相应地把转角曲线也等分为相同份数，连接对应点，即得等分法标高计算线网。

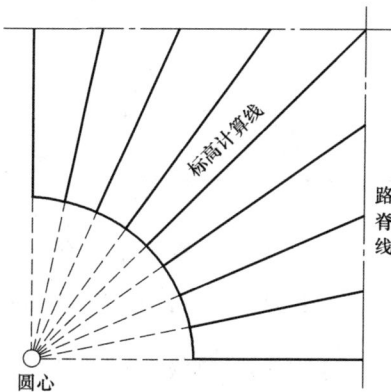

图 10-10 圆心法设计标高计算

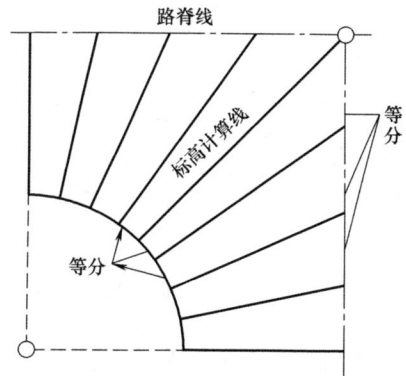

图 10-11 等分法设计标高计算

④ 平行线法

如图 10-12 所示，先把路脊线的交叉点与各转角曲线的圆心连成直线，然后按施工要求在路脊上分若干点，过这些点作该直线的平行线交于行车道边线，即得平行线法标高计算线网。

以上 4 种标高计算线网方法中，对于正交的十字形或 T 形交叉口，各种方法都可采用；而对斜交的交叉口宜采用圆心法和等分法。值得注意的是，标高计算线所在的位置是该断面路拱设计标高的依据，而标准的路拱横断面是与车辆行驶方向垂直的。如果所确定的标高计算线位置不与行车方向垂直，那么按路拱方程计算出的标高将不能准确地反映路拱形状。因此应尽量使标高计算线与路拱横断面的方向一致，同时也要便于计算。为此，推荐采用等分法或圆心法标高计算线网。

当主要道路与次要道路相交而主要道路在交叉口的横坡不变时，应将路脊线的交叉点 A 移到次要道路路脊线与主要道路行车道边线的交点 A′处，如图 10-13 所示。此时，无论采用哪一种标高计算线网，都必须以位移后的交点 A′为基准。

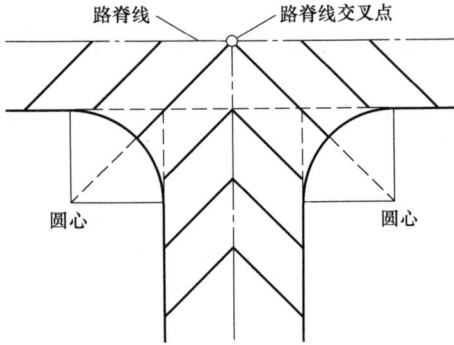

图 10-12　平行线法设计标高计算

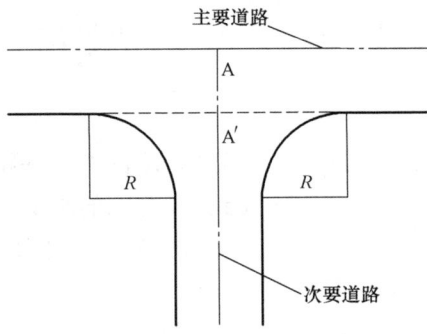

图 10-13　路脊线交叉点位移

3）计算标高计算线上的设计标高

每条标高计算线上标高点的数量，可依据行车道宽度、施工需要以及等高距来确定。对路宽、陡坡、施工精度要求高的路段，标高点可密集一些；反之，标高点可稀疏一些，见图 10-14 和图 10-15。

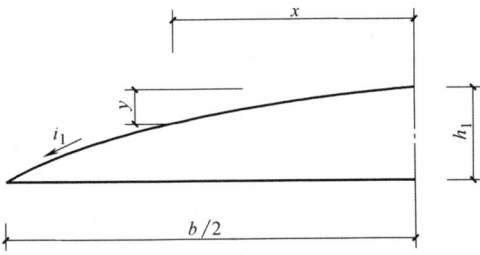

图 10-14　路拱标高计算

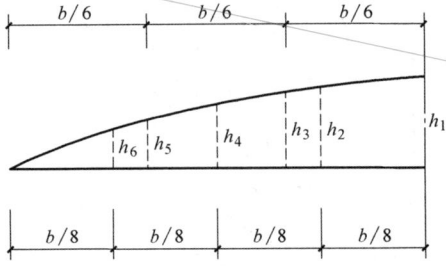

图 10-15　路拱标高计算的标高点划分

标高计算线上标高点的方程与所选用的路拱形式有关，当采用抛物线形路拱时，一般根据所选路面类型不同，宽 14m 以下的次高级路面和中级路面可用式（10-7）计算，而宽 14m 以上的高级路面可采用式（10-8）计算。

$$y = \frac{h_1}{b}x + \frac{2h_1}{b}x^2 \qquad (10\text{-}7)$$

$$y = \frac{h_1}{b}x + \frac{4h_1}{b^3}x^3 \qquad (10\text{-}8)$$

式中　h_1——标高计算线两端（其中一端在路脊线上）的高差或路拱高度（m），$h_1 = \frac{b}{2}i_1$，这里的 h_1 不是 3.8 节中的特征值，需要加上 ai_0 才相当于特征值；

b——行车道宽度（m）；

i_1——路拱横坡度（%）。

（3）勾绘和调整等高线

根据所选立面设计图式和等高距，把各个等高点连接起来，得到初步的设计等高线图。然后按行车平顺和路面排水迅速、通畅要求，进行等高线调整。其主要包括调整等高线的疏密（一般中间部分稀疏一些，而边沟处密集一些），使纵、横坡度变化均匀，调整个别不合适的标高，并补设雨水口。

6. 计算施工高度

根据设计等高线图，用内插法求出各个方格点上的设计标高，用设计标高减去地面标高，得到施工高度。

10.2.4 交叉口纵横坡度设计计算示例

【例 10-1】 已知某正交的十字形交叉口位于斜坡地形上，路面为沥青混凝土。相交道路车行道的中心线及边线的纵坡分别为 i 和 i_{bx}，均为 3%，路拱横坡度 i_1 为 2%，行车道宽度 b 为 15m，转角平曲线半径 R 为 10m。交叉口控制标高为 2.05m，若等高距 h 采用 0.10m，试绘制交叉口的纵横坡度设计图。

【解】 采用方格网设计等高线法进行设计，纵横坡度设计图式，见图 10-6（f）和图 10-16。

（1）路段上设计等高线的绘制

$$l_1 = \frac{h}{i} = \frac{0.1}{0.03} = 3.33\text{m}$$

$$l_2 = \frac{b}{2} \times \frac{i_1}{i_{bx}} = \frac{15}{2} \times \frac{0.02}{0.03} = 5.00\text{m}$$

由 l_1 和 l_2 就可以绘制路段上的设计等高线。

（2）交叉口上设计等高线的绘制

1）根据交叉口控制标高推算 F_3、N、F_4 三点的标高

$$h_N = h_A - \text{AN} \times i = 2.05 - 17.5 \times 0.03 = 1.52\text{m}$$

$$h_{F_3} = h_{F_4} = h_N - \frac{b}{2} \times i_1 = 1.52 - \frac{15}{2} \times 0.02 = 1.37\text{m}$$

同理，可求得其余道口切点横断面的三点标高分别为：

$$h_M = 2.58\text{m} \qquad h_{E_4} = h_{E_1} = 2.43\text{m}$$

$$h_K = 2.58\text{m} \qquad h_{F_1} = h_{F_2} = 2.43\text{m}$$

$$h_G = 1.52\text{m} \qquad h_{E_2} = h_{E_3} = 1.37\text{m}$$

2）根据 A、F_4、E_4 点标高，求得 C_4、D_4 等点的设计标高

$$h_{C_4} = \frac{(h_{F_4} + R \times i) + (h_{E_4} - R \times i)}{2} = \frac{(1.37 + 10 \times 0.03) + (2.43 - 10 \times 0.03)}{2} = 1.90\text{m}$$

$$h_{D_4} = h_A - \frac{h_A - h_{C_4}}{\text{AC}_4} \times \text{AD}_4$$

$$= 2.05 - \frac{2.05 - 1.90}{\sqrt{7.5^2 + 7.5^2}} \times [\sqrt{(7.5 + 10)^2 + (7.5 + 10)^2} - 10] = 1.84\text{m}$$

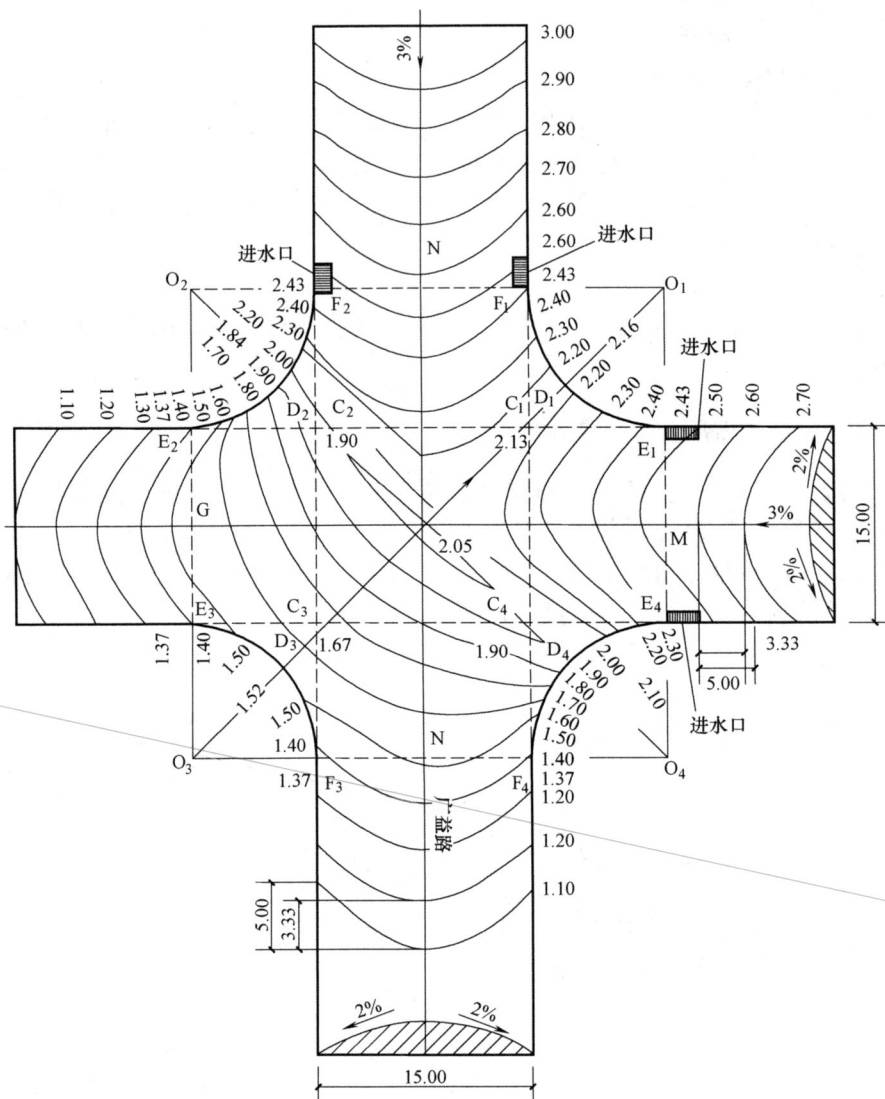

图 10-16 方格网与等高线组合法交叉口纵横坡设计图

同理，可得：

$$h_{C_1}=2.13\text{m} \quad h_{C_2}=1.90\text{m} \quad h_{C_3}=1.67\text{m}$$

$$h_{D_1}=2.16\text{m} \quad h_{D_2}=1.84\text{m} \quad h_{D_3}=1.52\text{m}$$

3）根据 F_4、D_4、E_4 点标高，采用平均分配法求得转角曲线上各点标高 F_4D_4 及 D_4E_4 的弧长 L 为：

$$L=\frac{1}{8}\times 2\pi R=\frac{1}{8}\times 2\pi\times 10=7.85\text{m}$$

F_4D_4 间应有设计等高线条数为 $\dfrac{1.84-1.37}{0.10}=4.70$，约 5 根。

等高线的平均间距为 $\dfrac{7.85}{5}=1.57\text{m}$。

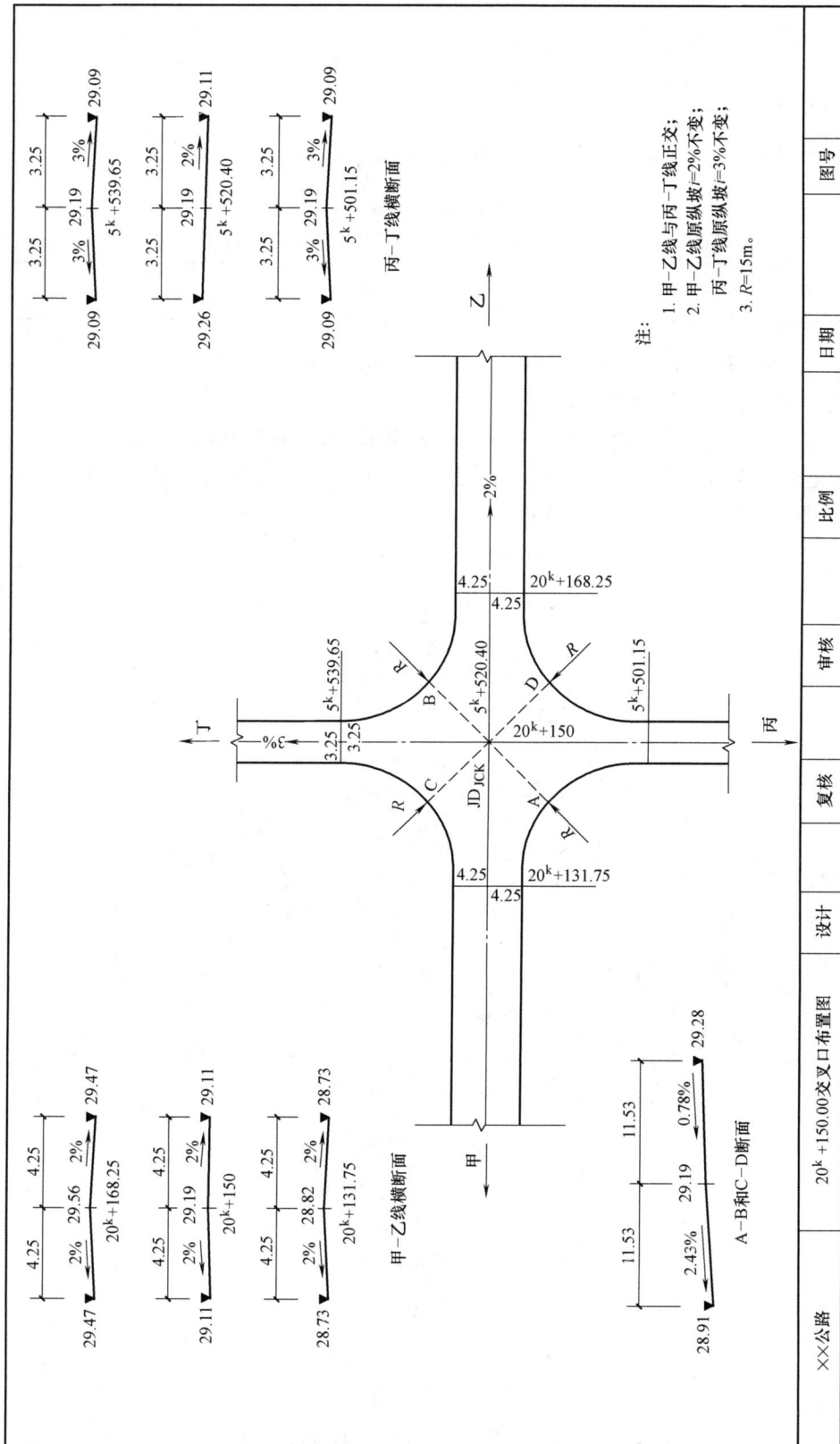

图 10-17 用典型断面法计算交叉口不同断面的特征值

丙-丁线横断面

甲-乙线横断面

A-B和C-D断面

注:
1. 甲-乙线与丙-丁线正交;
2. 甲-乙线原纵坡 $i=2\%$ 不变;
3. 丙-丁线原纵坡 $i=3\%$ 不变;
3. $R=15\text{m}$。

D_4E_4 间应有设计等高线条数为 $\dfrac{2.43-1.84}{0.10}=5.90$，约为 6 根。

等高线的平均间距为 $\dfrac{7.85}{6}=1.31\text{m}$。

同理可得其他弧上等高线根数及等高线间距，见表 10-1。

等高线数量和等高线间距   表 10-1

弧	E_1D_1	D_1F_1	F_2D_2	D_2E_2	E_3D_3	D_3F_3	F_4D_4	D_4E_4
等高线（根）	3	3	6	5	2	2	5	6
等高线间距（m）	2.62	2.62	1.31	1.57	3.93	3.93	1.57	1.31

4）根据 A、M、K、G、N 各个点标高及纵坡 i，可分别求出路脊线 AM、AK、AG、AN 上的等高点的位置（计算从略）。

5）按所选定的立面设计图式，将对应等高点连接起来，即得初步立面设计图。

6）根据交叉口等高线中间应疏一些，边缘应密一些，且疏与密过渡均匀的原则，对初定立面设计图进行调整，得到图 10-16。

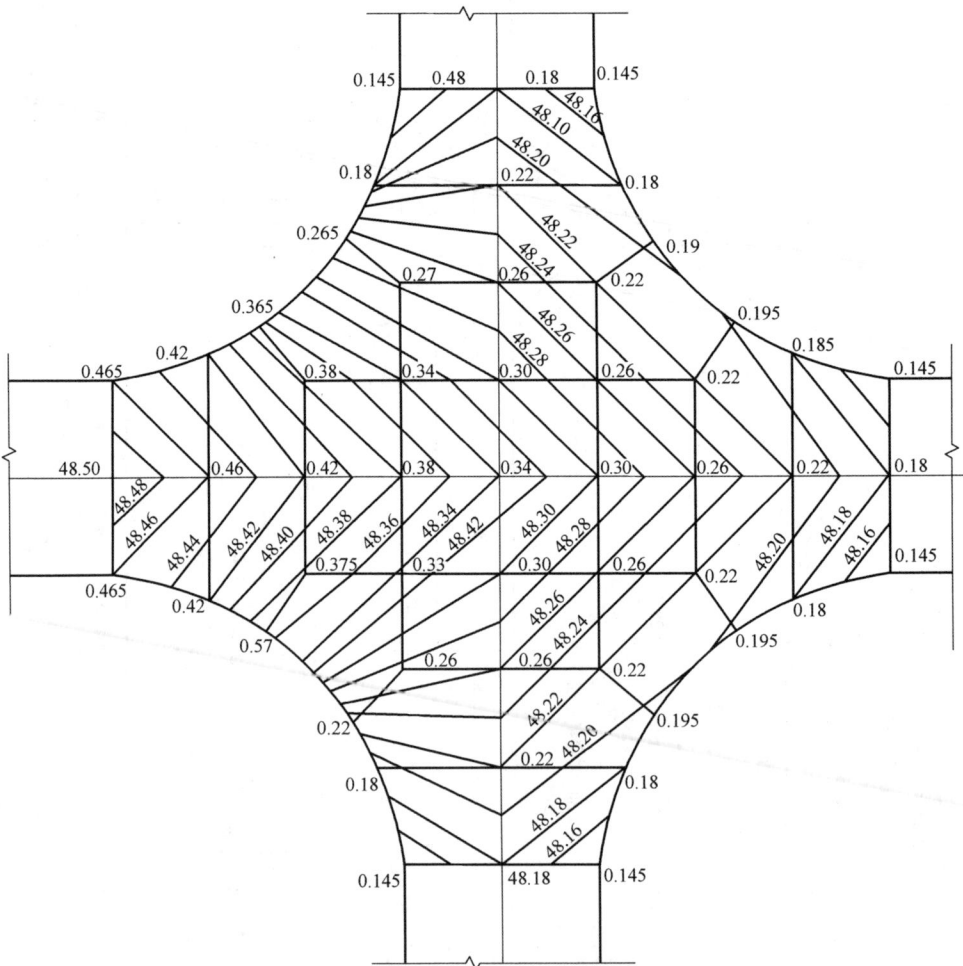

图 10-18 水泥混凝土路面交叉口纵横坡度设计图

【例 10-2】 某正交十字形交叉口设计布置，见图 10-17。试绘制交叉口的纵横坡度设计图。

对于简单交叉口的立面设计也可采用特殊断面法，即过路缘石曲线切点做相交道路的横断面，过曲线中点做与交叉点连线断面，或绘制其他便于施工放样的典型断面，然后根据交叉道路的纵、横坡度，由交叉口控制标高出发，依次推算出各个断面的左、中、右点设计标高，由此构成交叉口系列标高控制点。

根据交叉点标高及相交道路纵坡度，推算四个切点断面中线上的标高；由相交道路的横坡度，推算各个切点断面两边线的标高；由各转角曲线两端点的标高内插出曲线中点的标高。

【例 10-3】 某正交十字形水泥混凝土路面交叉口设计布置，见图 10-18。试绘制交叉口的纵横坡度设计图。

采用方格网等高线法进行设计。由于水泥混凝土路面为刚性板体，每块板不能有凹凸折面，板边缘必须是直线，等高线应为直线或折线，折点均应设在板缝位置，设计标高按水泥混凝土板分块式样在板角标注出来。

10.3 立 体 交 叉

10.3.1 概述

立体交叉，是利用跨线构造物使道路与道路（或铁路）在不同标高（不在一个平面上）相互交叉的连接方式。

立体交叉在空间上将各个方向车流进行分离，消除或减少了冲突点；车流在经过交叉口时可以较高的速度连续运行，提高了道路的通行能力；节约了运行时间和燃料消耗；降低了尾气、噪声等对环境的污染；控制了道路车辆的出入，减少了对高速道路的干扰，使行车更安全、畅通、便捷。

立体交叉分为互通式立体交叉和分离式立体交叉。

10.3.2 立体交叉的组成

由于立体交叉占地面积大、构造物多、施工复杂、造价高、对环境影响大、不易改建，因此，应根据路网规划，经过技术经济和环境效益的比较分析论证后慎重确定。

立体交叉组成包括跨线构造物、正线、匝道、出口与入口、变速车道、集散车道等，见图 10-19。

（1）跨线构造物

跨线构造物是立体交叉实现车流空间分离的主体构造物，包括设于地面以上的跨线桥（上跨式）以及设于地面以下的地道（下穿式）。

（2）正线

正线是组成立体交叉的主体，指相交道路的直行车道，主要包括连接跨线构造物两端到地坪标高的引道和交叉范围内引道以外的直行路段。

（3）匝道

匝道是立体交叉的重要组成部分，指供上、下相交道路转弯车辆行驶的连接道，有时

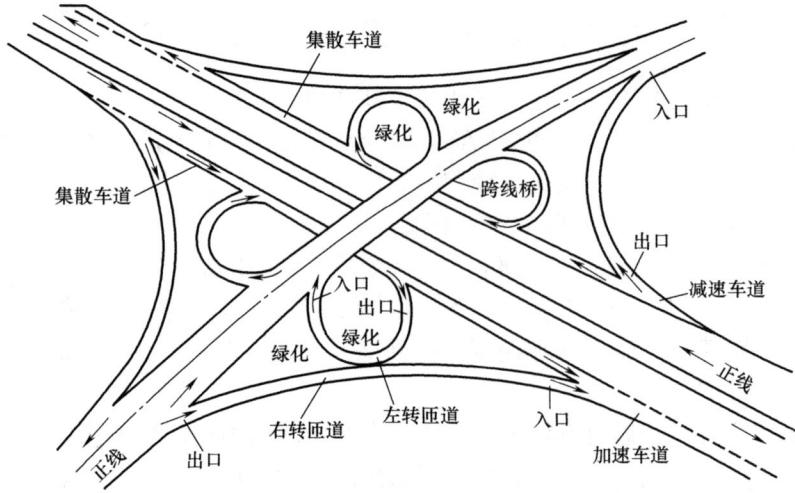

图 10-19 立体交叉组成

包括闸道与正线以及闸道与闸道之间的跨线桥或地道。

（4）出口与入口

正线驶出进入闸道的道口为出口，闸道驶入正线的道路为入口。

（5）变速车道

变速车道，指为适应车辆变速行驶的需要，在正线右侧的出入口附近设置的附加车道。正线出口端为减速车道，正线入口端为加速车道。

（6）集散车道

集散车道，指与高速干道平行且与之分隔的单向辅助性干道。立体交叉的设计范围一般指各个相交道路出入口变速车道渐变段顶点以内包含的正线、跨线构造物、闸道等全部区域。

10.3.3 立体交叉的分类及适用条件

1. 按相交道路跨越方式分类

立体交叉按相交道路跨越方式划分为上跨式和下穿式两类，见图 10-20。

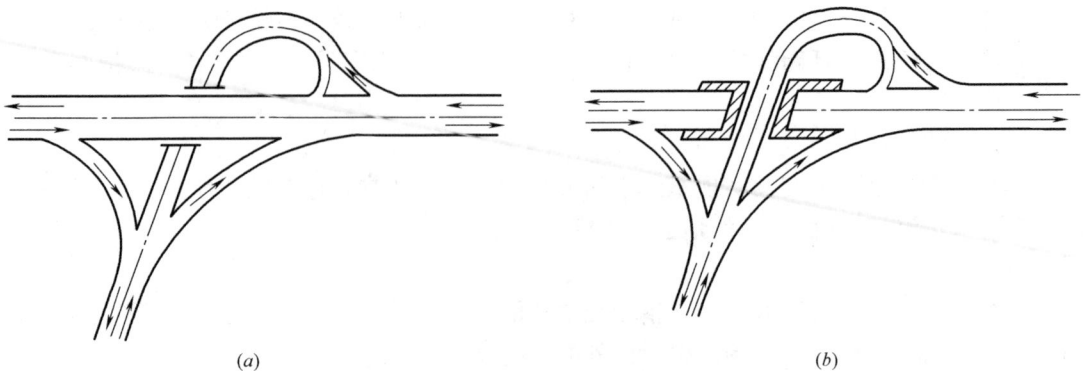

(a)

(b)

图 10-20 上跨式和下穿式立体交叉

（a）上穿式；（b）下穿式

（1）上跨式

上跨式，指用跨线桥从相交道路上跨过的交叉方式。这种立体交叉施工方便，造价较低，排水易处理，但占地大，引道较长，高架桥影响视线和市容，不利于机动车行驶。

（2）下穿式

下穿式，指用地道或隧道从相交道路下方穿过的交叉方式。这种立体交叉占地较少，里面易处理，对视线和市容影响小，但施工工期较长，造价较高，排水困难，造价高，养护和管理费用较大。

2. 按交通功能分类

按交通功能可划分为分离式和互通式立体交叉两类。

（1）分离式立体交叉

分离式立体交叉，仅仅设跨线构造物一座，使相交道路空间分离，上、下道路无匝道连接的交叉方式，如图 10-21 所示。

分离式立体交叉，结构简单，占地少，造价低，但相交道路的车辆不能互相通行。

（2）互通式立体交叉

互通式立体交叉，不设跨线桥构造物使相交道路空间分离，而且上、下道路有匝道连接，以供上下线道路车辆互相通行的交叉方式。互通式立体交叉，全部或大部分消除了冲突点，各个方向行车干扰较小，但立交结构复杂，占地多，造价高。

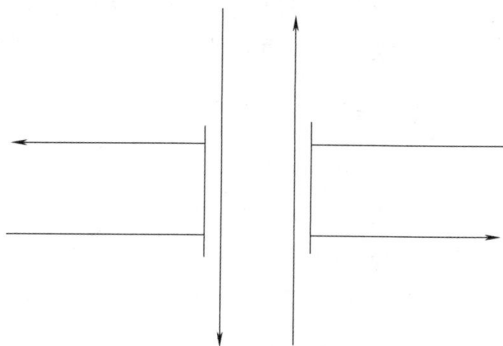

图 10-21　分离式立体交叉

互通式立体交叉按功能分为枢纽互通式立体交叉和一般互通式立体交叉。枢纽互通式立体交叉主要指高速公路相互交叉的互通式立体交叉，其上的转弯车流应为自由流，匝道上不得设置收费站，匝道端部不得出现穿越冲突。高速公路、一级公路与其他公路相交或其他公路之间的互通式立体交叉一般为一般互通式立体交叉。

10.4 《公路工程技术标准》JTG B01—2014 对路线交叉的规定

10.4.1 公路与公路平面交叉

（1）平面交叉形式应根据公路网规划、地形和地质条件、相交公路的公路功能、技术等级、交通量、交通管理方式和用地条件等确定。

（2）平面交叉的交通管理方式分为主路优先、无优先交叉和信号交叉三种，应根据相交公路的公路功能、技术等级、交通量等确定所采用的方式。

（3）平面交叉角宜为直角，必须斜交时，交叉角应大于 45°。同一位置平面交叉岔数不宜多于 5 条。

（4）两相交公路的技术等级或交通量相近时，平面交叉范围的设计速度可适当降低，但不宜低于路段设计速度的 70%。

平面交叉右转弯车道的设计速度不宜大于 40km/h；左转弯车道的设计速度不宜大于 20km/h。

（5）平面交叉的间距应根据其对行车安全、通行能力和交通延误等的影响确定。有条件时应尽量通过支路合并等措施，减少平交口数量，增大平交口间距。一、二级公路平面交叉的最小间距应不小于表 10-2 规定。

平面交叉最小间距　　　　　　　　　　　表 10-2

公路等级	一级公路			二级公路	
公路功能	干线公路		集散公路	干线公路	集散公路
	一般值	最小值			
间距(m)	2000	1000	500	500	300

（6）三级及三级以上公路的平面交叉均应进行渠化设计。

（7）各级公路平面交叉范围内应进行通视三角区停车视距检验。

10.4.2　公路与公路立体交叉

1. 设置立体交叉条件

（1）高速公路与各级公路交叉必须采用立体交叉。

（2）一级公路与交通量大的公路交叉应采用立体交叉。

（3）二、三、四级公路间的交叉，直行交通量大时，宜采用立体交叉。

2. 设置互通式立体交叉条件

（1）高速公路与承担干线和集散功能的公路交叉。

（2）高速公路与连接其他重要交通的连接线公路交叉。

（3）具有干线功能的一级公路与其他干线公路和集散公路交叉。

（4）一级公路采用平面交叉，冲突交通量较大，通过渠化或信号控制仍不能满足通行能力要求时。

3. 设置分离式立体交叉条件

符合设置立体交叉条件，但不符合设置互通式立体交叉条件时，宜设置分离式立体交叉。

4. 设置互通式立体交叉（分为枢纽互通式和一般互通式立体交叉）的规定

（1）相邻互通式立体交叉的间距不宜小于 4km。

受地形条件或其他特殊情况限制，经论证相邻互通式立体交叉的间距需适当减小时，其上一互通式立体交叉加速车道终点至下一互通式立体交叉减速车道起点之间的距离不得小于 1000m，且应进行专项交通工程设计，设置完善、醒目的标志、标线和警示、诱导设施。

相邻互通立体交叉的间距小于上述规定的最小值 1000m，且经过论证必须设置时，应将两互通式立体交叉合并设置为复合式互通式立体交叉。

（2）相邻互通式立体交叉的最大间距不宜大于 30km。在人烟稀少地区，其间距可适当加大，但应在适当位置设置 U 形转弯设施。

（3）互通式立体交叉与服务区、停车区、客运区停靠站、隧道等其他重要设施之间的距离应能满足设置出口预告标志的需要。

（4）互通式立体交叉匝道设计速度应符合表 10-3 规定。

互通式立体交叉匝道设计速度　　　表 10-3

匝道形式		直连式	半直连式	环形匝道
匝道设计速度(km/h)	枢纽互通式立体交叉	50～80	40～80	40
	一般互通式立体交叉	40～60	40～60	30～40

（5）互通式立体交叉匝道车道数应根据匝道交通量和匝道长度确定。主线与匝道或匝道与匝道的分、流连接部，应保持车道数的平衡。

5. 公路与公路立体交叉跨线桥桥下净空应符合规范要求，并应满足桥下公路的视距要求，其结构形式应与周围环境相协调。

10.4.3　公路与铁路交叉

1. 高速公路、一级公路与铁路交叉时，必须设置立体交叉。

2. 高速铁路、准高速铁路和路段旅客列车设计速度为 140km/h 的铁路与公路相交叉时，必须设置立体交叉。

3. 公路、铁路相交叉，符合下列条件之一应设置立体交叉：

（1）铁路与二级公路相交叉时。

（2）路段旅客列车设计速度为 120km/h 的铁路与公路相交叉时。

（3）由于铁路吊车作业对公路上行驶车辆会造成严重延误时。

（4）受地形等条件限制，采用平面交叉会危及行车安全时。

4. 铁路跨越公路上方时，其跨线桥下净空及布孔应符合公路建筑限界、停车视距规定，以及对前方信息识别的要求。

铁路穿越公路下方时，公路跨线桥下净空应符合现行铁路净空限界标准的规定。

5. 公路、铁路平面相交时，宜为正交；必须斜交时，交叉角应大于 45°，且道口应符合侧向瞭望视距的规定。

6. 铁路与公路平行时，铁路用地界与高速公路用地界间距不宜小于 30m，与一、二级公路用地界间距不应小于 15m，与三、四级公路用地界间距不应小于 5m。

10.4.4　公路与乡村道路交叉

1. 公路与乡村道路相交叉的位置、形式、间距等的确定，应考虑县、乡（镇）土地利用总体规划中农业耕作机械需求。必要时应结合规划，对农业机耕道作适当调整或归并。

2. **通道或天桥设置规定**

（1）高速公路与乡村道路相交叉时必须设置通道或天桥。

（2）一级公路与乡村道路相交叉时宜设置通道或天桥。

（3）二、三级公路与乡村道路相交叉时应设置平面交叉，四级公路与乡村道路相交叉时宜设置平面交叉，地形有利或公路交通量大时宜设置通道或天桥。

（4）二、三、四级公路与乡村道路相交叉时，应对其交叉范围一定长度的路段进行改造，使其达到四级公路的标准。

（5）二级及以上公路位于城镇或人口稠密的村落或学校附近时，宜设置专供行人横向通行的人行道或人行天桥。

3. 车行通道净空规定

（1）通行拖拉机、畜力车时，通道净高应不小于 2.70m；通行农用汽车时，通道净高应不小于 3.20m。

（2）通道净宽应根据交通量和通行农业机械类型选用，一般应不小于 4.00m；通道过长或敷设排水渠时，宜视情况加宽。

4. 人行通道净高应不小于 2.20m；净宽应不小于 4.00m。

5. 车行天桥桥面净宽按交通量和通行农业机械类型可选用 4.50m 或 7.00m；其汽车荷载应符合四级公路汽车荷载等级的规定。

6. 人行天桥桥面净宽应大于或等于 3.00m；其人群荷载应符合《公路工程技术标准》JTG B01—2014 规定。

10.4.5　公路与管线交叉

1. 电线、电力线、电缆、管道等均不得侵入公路建筑限界，不得妨碍公路交通安全和人员安全，并不得损害公路的构造和设施。

2. 架空送电线路与公路相交叉时，宜为正交；必须斜交时，交叉角度应大于 45°。架空送电线路跨越公路时，送电线路导线与公路交叉处距离路面的最小垂直距离必须符合相应送电线路标称电压规定的要求。

3. 原油管道、天然气输送管道与公路相交叉时，宜为正交；必须斜交时，交叉角度应大于 30°。

4. 管道与各级公路相交叉且采用下穿方式时，应设置地下通道（涵）或套管。通道或套管应按照相应公路等级的汽车荷载等级进行验算。

5. 严禁易燃、易爆、高压等管线设施利用或通过公路桥梁或隧道。

复习思考题

1. 名词解释

（1）平面交叉；（2）立体交叉；（3）上跨式立体交叉；（4）下穿式立体交叉。

2. 简述题

（1）道路交叉分哪几类？

（2）平面交叉基本构成有哪些？

（3）平面交叉按渠化交通的程度及类型分哪几类？

（4）平面交叉交叉口范围内的纵坡有何要求？

（5）平面交叉交叉口纵横坡度设计的方法与步骤有哪些？

（6）立体交叉的组成有哪些？

（7）立体交叉按相交道路跨越方式如何分类？

（8）设置立体交叉有哪些条件？

参 考 文 献

[1] 黄显彬，王朝令，肖维民 编. 公路勘测设计 [M]. 武汉：武汉理工大学出版社，2016.

[2] 张志清 主编. 道路勘测设计（第二版）[M]. 北京：科学出版社，2012.

[3] 孙家驷 主编. 道路勘测设计（第二版）[M]. 北京：人民交通出版社，2005.

[4] 杨少伟 等主编. 道路勘测设计（第三版）[M]. 北京：人民交通出版社，2009.

[5] 裴玉龙 主编. 道路勘测设计 [M]. 北京：人民交通出版社，2009.

[6] 周亦唐 主编. 道路勘测设计（第四版）[M]. 北京：人民交通出版社，2013.

[7] 刘松雪，姚青梅 主编. 道路勘测设计（第三版）[M]. 北京：人民交通出版社，2012.

[8] 张雨化 主编. 道路勘测设计 [M]. 北京：人民交通出版社，2001.

[9] 李泽球 主编. 全站仪测量技术 [M]. 武汉：武汉理工大学出版社，2012.

[10] 何保喜 主编. 全站仪测量技术（第二版）[M]. 郑州：黄河水利出版社，2012.

[11] 左美蓉 主编. GPS 测量技术 [M]. 武汉：武汉理工大学出版社，2012.

[12] 交通部公路司. 新理念公路设计指南 [M]. 北京：人民交通出版社，2005.

[13] 交通部公路司. 降低造价公路设计（第四版）[M]. 北京：人民交通出版社，2005.

[14] 李相然 等主编. 公路工程现场勘察与测量技术 [M]. 北京：人民交通出版社，2003.

[15] 何兆益，杨锡武 主编. 路基路面工程（第二版）[M]. 重庆：重庆大学出版社，2012.

[16] 中华人民共和国行业标准. 公路桥涵施工技术通用规范 JTG/T F50—2011 [S]. 北京：人民交通出版社，2011.

[17] 张维全，周亦唐，李松青 编. 道路勘测设计（第三版）[M]. 重庆：重庆大学出版社，2011.

[18] 中华人民共和国行业标准. 公路勘测规范 JTG C10—2007 [S]. 北京：人民交通出版社，2007.

[19] 中华人民共和国行业标准. 公路工程技术标准 JTG/T B01—2014 [S]. 北京：人民交通出版社，2015.

[20] 中华人民共和国行业标准. 公路路线设计规范 JTG/T D20—2017 [S]. 北京：人民交通出版社，2017.

[21] 中华人民共和国行业标准. 公路工程质量检验评定标准 JTG/T F80/1—2004 [S]. 北京：人民交通出版社，2004.

[22] 中华人民共和国行业标准. 公路工程基本建设项目设计文件编制办法（交公路发 [2007] 358 号）[S]. 北京：人民交通出版社，2007.

[23] 中华人民共和国行业标准. 公路路基施工技术规范 JTG F10—2006 [S]. 北京：人民交通出版社，2006.

[24] 中华人民共和国行业标准. 城市道路设计规范 CJJ 37—2012 [S]. 北京：中国建筑工业出版社，2012.

[25] 赖盛鹏. 国内公路勘察设计的现状及前景 [J]. 科技之友，2010（02）.

[26] 邓亚雄. 浅析公路勘察设计中项目管理的若干问题 [J]. 城市建设理论研究，2012（10）.

[27] 姜海东，张少武，蔡红兵. 林区道路的选线 [J]. 云南林业科技，2014（26）.

[28] 吕希奎，严晓惠，刘瑞. 浅析黑龙江省林区风电道路勘察设计要点 [J]. 林业科技情报，2015（10）.

[29] 何建明，刘晓东，黄雄. 区域水文地质遥感解译在公路勘察设计的应用 [J]. 公路交通科技，2013（07）.

[30] 郭竹兰，朱明海，张秋红. 林区道路的规划设计研究 [J]. 湖北林业科技，2013（28）.

[31] 张春香，孙云佩，郭根胜，冯生德. 基于 GIS 技术林区道路选线方案优化方法的研究 [J]. 中国地质灾害与防治学报，2013（39）.

[32] 中华人民共和国行业标准. 公路工程预算定额 JTG/T 3832—2018 [S]. 北京：人民交通出版社. 2018.

[33] 中华人民共和国行业标准. 公路工程基本建设项目概算预算编制办法 JTG 3830—2018 [S]. 北京：人民交通出版社，2018.

[34] 唐心能，王毅，黄显彬. 线路设计中圆曲线和缓和曲线里程计算的 CASIOFX-4500P 程序编制及应用 [J]. 黑龙江交通科技，2011（5）.